잡아함경 3

雜阿含經

잡아함경 3

雜阿含經

김월운 옮김

동국역경원

잡아함경 3

| 차 례 |

제21권

제22권

제23권

제24권

제25권

제26권

제27권

제28권

제29권

제30권

잡아함경雜阿含經 제21권

559. 가마경迦摩經

이와 같이 나는 들었다.

어느 때 부처님께서는 파라리불투로국波羅利弗妬路國에 계셨고, 존자 아난阿難과 존자 가마迦摩도 파라리불투로국 계림정사鷄林精舍에 있었다.

그때 존자 가마는 존자 아난의 처소에 찾아가, 서로 문안하고 위로한 뒤에 한쪽에 앉아, 존자 아난에게 말했다.

"신기합니다. 존자 아난이여, 눈〔眼〕이 있고 빛깔〔色〕이 있으며, 귀〔耳〕가 있고 소리〔聲〕가 있으며, 코〔鼻〕가 있고 냄새〔香〕가 있으며, 혀〔舌〕가 있고 맛〔味〕이 있으며, 몸〔身〕이 있고 감촉〔觸〕이 있으며, 뜻〔意〕이 있고 법法이 있습니다. 그런데 어떤 비구는 이런 법들이 있어도 지각하지 않을 수 있습니다. 무슨 까닭입니까? 존자 아난이여, 그 비구는 생각〔想〕이 있으면서 지각하지 않는 것입니까, 생각이 없기 때문에 지각하지 않는 것입니까?"

존자 아난이 가마 비구에게 말했다.

"생각이 있는 사람도 지각하지 않을 수 있는데 하물며 생각이 없는 사람이겠습니까?"

"존자 아난이여, 어떤 것을 존재하는 것에 대한 생각이 있으면서도 지각하지 않는 것이라고 합니까?"

존자 아난이 가마 비구에게 말했다.

"만일 비구가 욕심과 악하고 착하지 않은 법을 떠나 각覺도 있고 관觀도 있으며, 멀리 여윔에서 생겨난 기쁨과 즐거움으로 초선初禪에 완전하게 머물면, 이런 비구는 생각이 있지만 법이 있어도 지각하지 못합니다. 이와 같이 제2선·제3선·제4선·공입처空入處·식입처識入處·무소유입처無所有入處에 완전하게 머물면, 이런 비구는 생각이 있지만 법이 있어도 지각하지 못합니다. 그러면 생각이 없기 때문에 법이 있어도 지각하지 못한다는 것은 무엇인가? 이와 같은 비구가 모든 생각들을 기억하여 담아두지 않으면, 무상심삼매無想心三昧를 몸으로 증득하여 완전하게 머물게 되는데, 이것을 비구가 존재하는 법에 대한 생각이 없기 때문에 지각하지 못하는 것이라 합니다."

존자 가마 비구가 다시 물었다.

"만일 비구가 무상심삼매에서 들뜨지도 않고 빠지지도 않으며, 해탈하여 머물거나 머물러 해탈한다면, 세존께서는 그것을 무엇의 결과요 무엇의 공덕이라고 말씀하셨습니까?"

존자 아난이 가마 비구에게 말했다.

"만일 비구가 무상심삼매에서 들뜨지도 않고 빠지지도 않으며, 해탈하여 머물거나 머물러 해탈한다면, 세존께서는 그것을 지혜의 결과요 지혜의 공덕이라고 말씀하셨습니다."

그때 두 정사正士는 서로의 논의를 마치고 함께 기뻐하면서 각각 앉은자리에서 일어나 떠나갔다.

560. 탁량경度量經

이와 같이 나는 들었다.

어느 때 부처님께서는 구섬미국 구사라원에 계셨다. 그때 존자 아난도 그곳에 머물고 있었다.

그때 존자 아난이 비구들에게 말했다.

"만일 비구나 비구니가 내 앞에서 스스로 분명하게 말한다면〔記說〕[1] 나는 마땅히 '훌륭하다'고 위로하고 인사하거나, 또는 네 가지 도를 요구할 것입니다. 어떤 것이 네 가지인가?

'만일 비구나 비구니가 좌선하여 잘 머무는 마음〔善住心〕·집중하여 머무는 마음〔局住心〕, 이와 같이 머무는 마음을 써서 마음을 항복 받고 지관止觀을 닦으며, 한마음으로 정신 통일하여 분별하고, 법을 헤아려 닦아 익히고 많이 닦아 익히면 모든 번뇌〔使〕를 끊을 수 있다.'

만일 비구나 비구니가 내 앞에서 스스로 분명하게 말한다면 나는 곧 이와 같이 '훌륭하다'고 위로하거나 또는 이것을 요구하리니, 이것을 첫 번째로 도를 설명하는 것이라 합니다.

'비구나 비구니가 바르게 앉아 사유하여 법을 선택하고, 잘 머무는 마음·집중하여 머무는 마음, 이와 같이 머무는 마음을 헤아려 마음을 항복 받고 지관止觀을 닦으며, 한마음으로 정신 통일하여 이와 같이 바르게 향하고 많이 머물면 모든 번뇌를 여의게 된다.'

만일 비구나 비구니가 내 앞에서 스스로 분명하게 말한다면, 나는 마땅히 이와 같이 '훌륭하다'고 위로하거나 또는 이것을 요구하리니, 이것을 두 번째로 도를 설명하는 것이라 합니다.

'비구나 비구니가 들뜨고 어지러운 마음에 붙들리면 마음을 항복

---

1 과위果位를 얻거나 얻을 것에 대해 분명하게 말하는 것을 말한다.

받아 앉고, 잘 머무는 마음·집중하여 머무는 마음, 이와 같이 머무는 마음에 바르게 앉아 마음을 항복 받고 지관을 닦으며, 한마음으로 정신 통일하여 이와 같이 바르게 향하고 많이 머무르면 곧 모든 번뇌를 끊게 된다.'

만일 비구나 비구니가 내 앞에서 스스로 분명하게 말한다면 나는 곧 이와 같이 '훌륭하다'고 위로하거나, 또는 이것을 요구하리니, 이것을 세 번째로 도를 설명하는 것이라 합니다.

'비구나 비구니가 지止와 관觀을 화합해 함께 행하고 이와 같이 바르게 향하고 많이 머무르면 곧 모든 번뇌를 끊게 된다.'

만일 비구나 비구니가 내 앞에서 스스로 분명하게 말한다면, 나는 곧 이와 같이 '훌륭하다'고 위로하고 가르치거나 또는 이것을 요구하리니, 이것을 네 번째로 도를 설명하는 것이라 합니다."

그때 여러 비구들은 존자 아난의 말을 듣고 기뻐하며 받들어 행하였다.

561. 바라문경婆羅門經

이와 같이 나는 들었다.

어느 때 부처님께서는 구섬미국 구사라원에 계셨고, 존자 아난도 그곳에 머물고 있었다.

그때 어떤 바라문이 존자 아난의 처소로 찾아가, 서로 인사하고 위로한 뒤에 한쪽에 앉아 존자 아난에게 물었다.

"무엇 때문에 사문 구담瞿曇 밑에서 범행梵行[2]을 닦습니까?"

---

2 팔리어로는 brahmacariya라고 함. 바라문들은 음행淫行을 끊고 자慈·비悲·희喜·사

존자 아난이 바라문에게 말했다.

"끊기 위해서입니다."

"존자는 무엇을 끊으려 하십니까?"

"탐애〔愛〕를 끊으려 합니다."

"존자 아난이여, 무엇을 의지해 탐애를 끊을 수 있습니까?"

"바라문이여, 의욕〔欲〕[3]을 의지해 탐애를 끊습니다."

"존자 아난이여, 그러면 어찌 끝이 있겠습니까?"

"바라문이여, 끝이 없는 것이 아닙니다. 이러한 것은 끝이 있으니, 끝이 없는 것이 아닙니다."

"존자 아난이여, 어떤 것이 끝이 있어서, 끝이 없는 것이 아닙니까?"

"바라문이여, 내가 이제 그대에게 물으리니 마음대로 내게 대답하십시오. 바라문이여, 당신 생각에는 어떻습니까? 당신은 먼저 오려는 의욕이 있어서 정사에 온 것입니까?"

바라문이 대답하였다.

"그렇습니다, 아난이여."

"그와 같다면 바라문이여, 정사에 이르고 나서는 그 의욕이 쉬었습니까?"

"그렇습니다. 존자 아난이여, 그리고 저는 노력하고 준비하고 계획해서 이 정사에 왔습니다."

"이미 이 정사에 오고 나서는 그 노력과 준비와 계획은 쉬었습니까?"

捨의 하늘에 태어나기 위한 네 가지 청정한 행을 행하는 것을 범행이라 한다. 그러나 불교에서는 음행을 끊고 탐욕을 여의며 잘못을 여의어 청정한 것을 범행이라 하는데 열반에 이르기 위한 다섯 가지 행行 가운데 하나임.

3 여기서 '욕欲'은 희망希望·발심發心을 가리킴.

"그렇습니다."

존자 아난이 다시 바라문에게 말했다.

"그와 같이 바라문이여, 여래如來·응공應供·등정각等正覺께서는 알고 보신 것으로 네 가지 여의족如意足[4]을 말씀하시어, 일승一乘의 도로 중생을 깨끗하게 하고, 괴로움과 번민을 없애며, 근심과 슬픔을 끊게 하셨습니다. 어떤 것이 네 가지인가?

욕정欲定으로 끊기를 수행해 성취하는 여의족〔欲定斷行成就如意足〕과 정진정精進定·심정心定·사유정思惟定으로 끊기를 수행해 성취하는 여의족입니다. 그래서 거룩한 제자는 욕정으로 끊기를 수행해 성취하는 여의족을 닦아, 욕심 여읨에 의해, 욕심 없음에 의해, 생사를 벗어남〔出要〕에 의해, 멸함에 의해, 평정함〔捨〕으로 향하면, 나아가서는 탐애를 끊게 되고, 탐애가 이미 끊어지면 그 의욕도 또한 쉬게 됩니다. 정진정·심정·사유정으로 끊기를 수행해 성취하기를 닦아, 욕심을 여윔에 의해, 욕심 없음에 의해, 생사를 벗어남에 의해, 멸함에 의해, 평정함으로 향하면, 나아가서는 탐애가 다하게 되고, 탐애가 이미 다하면 사유도 곧 쉬게 됩니다. 바라문이여, 당신의 생각에는 어떻습니까? 이것이 끝이 아닙니까?"

바라문이 말했다.

"존자 아난이여, 그것은 곧 끝이요, 끝 아님이 아닙니다."

그때 바라문은 존자 아난의 말을 듣고 기뻐하면서 자리에서 일어나 떠나갔다.

---

4 네 가지 선정에 바탕을 둔 삼매와 그 의도적 노력으로 이루어지는 신통의 기초를 말한다. 네 가지 선정이란 욕정欲定·정진정精進定·심정心定·사유정思惟定임.

562. 구사라경瞿師羅經

이와 같이 나는 들었다.

어느 때 부처님께서는 구섬미국 구사라원에 계셨는데, 존자 아난도 그곳에 머물고 있었다.

그때 구사라瞿師羅 장자는 존자 아난의 처소로 찾아가 머리를 조아려 그 발에 예배하고 한쪽에 물러앉아 존자 아난에게 말했다.

"어떤 이를 세상에서 법을 설하는 사람이라 하고, 어떤 것을 세상에서 잘 향하는 것〔向〕이라 하며, 어떤 것을 세상에서 잘 도달한 것〔到〕이라 합니까?"

존자 아난이 구사라 장자에게 말했다.

"내가 이제 당신에게 묻겠으니 마음대로 대답하십시오. 장자여, 당신 생각에는 어떻습니까? 만일 어떤 이가 법을 설하여 탐욕을 항복 받고 성냄을 항복 받고 어리석음을 항복 받는다면, 세상에서 법을 설하는 사람이라 할 수 있겠습니까?"

장자가 대답하였다.

"존자 아난이여, 만일 어떤 이가 법을 설하여 능히 탐욕을 항복 받고 성냄을 항복 받고 어리석음을 항복 받는다면, 그는 세상에서 법을 설하는 사람이라 할 수 있습니다."

"당신 생각에는 어떻습니까? 만일 세상에서 탐욕을 항복 받고 성냄을 항복 받고 어리석음을 항복 받는 데로 향한다면, 그것을 세상에서 잘 향하는 것이라 하겠습니까? 만일 세상에서 이미 탐욕·성냄·어리석음을 항복 받았다면, 그것을 잘 도달한 것이라 하겠습니까, 아니라 하겠습니까?"

"존자 아난이여, 만일 탐욕을 항복 받아 이미 남김없이 끊고, 성냄과 어리석음을 이미 남김없이 끊었다면, 그것을 잘 도달한 것이라 할 것입니다."

"장자여, 내가 시험 삼아 당신에게 물은 것에 대해 당신은 곧 나에게 진실하게 대답해주었습니다. 그 이치가 그러하니 마땅히 받아 지녀야 할 것입니다."

구사라 장자는 존자 아난의 말을 듣고, 기뻐하면서 예배하고 떠나갔다.

563. 니건경尼揵經

이와 같이 나는 들었다.

어느 때 부처님께서는 비사리국毘舍離國 미후지獼猴池 가에 있는 중각강당重閣講堂에 계셨는데, 존자 아난도 그곳에 머물고 있었다.

그때 니건尼揵[5]의 제자 무외 리차無畏離車[6]와 아기비阿耆毘의 제자 총명동자聰明童子 리차가 존자 아난의 처소로 함께 찾아와 서로 인사하고 위로한 뒤에 한쪽에 앉았다. 그때 무외 리차가 존자 아난에게 말했다.

"우리 스승 니건자尼揵子는 불타는 법〔熾然法〕을 끄고 청정하고 뛰어나시어, 제자들을 위해 이러한 도를 설하셨으니, '숙명(宿命 : 前生)의 업은 고행苦行을 행함으로써 그것을 다 없애고, 몸의 업〔身業〕을 짓지 않음으로써 연결다리를 끊어 미래 세상에서는 모든 번뇌가 다시는 없고 모든 업이 아주 다하며, 업이 아주 다했기 때문에 온갖 고통

5 팔리어로는 Nigaṇṭha라고 함. 계박繫縛을 여읜다는 뜻으로 사람의 이름임.

6 팔리어로는 Abhaya Licchavi라고 함. 리차離車의 이름으로, 리차는 중인도 비사리국 찰제리刹帝利 종족의 이름임.

이 아주 다하고 온갖 고통이 아주 다했기 때문에 고통을 완전히 벗어난다'고 하셨습니다. 존자 아난이여, 이 뜻은 무엇입니까?"

존자 아난이 리차에게 말했다.

"여래·응공·등정각께서는 알고 보신 것으로 불타는 법을 여의고 청정하고 뛰어나게 하는 방법과 일승의 도로써 중생을 깨끗하게 하고, 근심과 슬픔을 여의며, 고통과 번민을 벗어나 진여법眞如法을 얻게 하기 위해 세 가지를 설하셨습니다. 어떤 것이 세 가지인가?

이러한 거룩한 제자는 깨끗한 계에 머물러 바라제목차波羅提木叉[7]를 받고 위의威儀를 구족하며, 모든 죄를 믿어 두려워하는 생각을 가집니다. 이렇게 받아 지니고서 깨끗한 계를 구족하면 전생의 업〔宿業〕이 점점 없어져 현세에서 불타는 법〔熾法〕을 여읠 수 있으며, 때를 기다리지 않고서도 바른 법을 얻게 되어, 통달하고 밝게 보고 관찰하여 지혜로써 스스로 깨닫게 됩니다. 리차 장자여, 이것이 이른바 여래·응공·등정각께서 알고 보신 것으로 불타는 법을 여의고 청정하고 뛰어나게 하며, 일승의 도로써 중생을 깨끗하게 하고, 고통과 번민을 없애며, 근심과 슬픔을 벗어나 진여법眞如法을 얻게 하기 위해 설하신 것입니다.

다시 리차여, 이와 같이 깨끗한 계를 구족하고 욕심과 악하고 착하지 않은 법을 떠나……(이하 생략)……제4선禪에 구족하게 머물면, 이것이 이른바 여래·응공·등정각께서는 불타는 법을 여의고……(이하 생략)……참다운 법을 얻게 하기 위해 설하신 것입니다.

다시 삼매정수三昧正受가 있어, 이 괴로움에 대한 성스러운 진리〔苦

---

7 팔리어로는 pātimokkha이며, 한역하여 별별해탈別別解脫 혹은 별해탈계別解脫戒라고도 함. 그릇되고 잘못됨에서 따로따로 해탈한다는 뜻. 즉 계행戒行을 지켜 능히 따로따로 몸과 입의 잘못을 방지함으로써 점차로 모든 번뇌의 속박에서 해탈하게 된다. 승단 가운데 비구·비구니라면 마땅히 지속적으로 지켜야 할 계율의 근본 조문.

聖諦]를 사실 그대로 알고, 이 괴로움의 발생에 대한 성스러운 진리[苦集聖諦]·괴로움의 소멸에 대한 성스러운 진리[苦滅聖諦]·괴로움의 소멸에 이르는 길에 대한 성스러운 진리[苦滅道跡聖諦]를 사실 그대로 압니다. 이와 같이 지혜로운 마음을 구족하여 업을 다시 짓지 않으면, 전생의 업이 점점 끊어져 현세에서 바른 법을 얻어 모든 불타는 법을 여윌 수 있으며, 때를 기다리지 않고서도 통달하고 밝게 보아 스스로 깨닫는 지혜가 생깁니다.

리차여, 이것이 이른바 여래·응공·등정각께서 알고 보신 것으로 불타는 법을 여의고 청정하고 뛰어나게 하며, 일승의 도로써 중생을 깨끗하게 하고, 고통과 번민을 여의고 근심과 슬픔을 없애 참다운 법을 얻게 하기 위해 세 번째로 설하신 것입니다."

그때 니건의 제자 리차 무외는 잠자코 있었다. 그때 아기비 제자 리차 총명은 리차 무외에게 거듭 말했다.

"이상하구려. 무외여, 왜 잠자코 있소? 여래·응공·등정각의 말씀과, 알고 보신 바와 좋은 설법을 듣고도 왜 기뻐하지 않소?"

리차 무외가 대답하였다.

"나는 그 이치에 대해 생각하느라고 잠자코 있었을 뿐이오. 세존이신 사문 구담의 설법을 듣고 누군들 기뻐하지 않겠소? 만일 누군가 구담의 설법을 듣고도 기뻐하지 않는 사람이 있다면 그는 어리석은 사람으로서 오랜 세월 동안 의롭지 못하고 이익이 없는 고통을 받을 것이오."

그때 니건 제자 리차 무외와 아기비 제자 총명은 부처님 설법과 존자 아난의 말을 거듭 듣고 기뻐하면서 자리에서 일어나 떠나갔다.

564. 비구니경比丘尼經

이와 같이 나는 들었다.

어느 때 부처님께서는 사위국 기수급고독원에 계셨는데, 존자 아난도 그곳에 머물고 있었다. 그때 어떤 비구니가 존자 아난의 처소에서 지내며 물들어 집착하는 마음을 일으키고는 사람을 보내 존자 아난에게 이런 말을 전하게 하였다.

"제가 몸에 병이 들어 앓고 있습니다. 존자께서 가엾게 여기시어 살펴봐 주십시오."

존자 아난은 이른 아침에 옷을 입고 발우를 가지고 그 비구니의 처소로 갔다. 그 비구니는 멀리서 존자 아난이 오는 것을 보고 벌거벗은 채 평상 위에 누워 있었다. 존자 아난은 멀리서 그 비구니의 몸을 보고 곧 모든 감각기관〔根〕을 추스르고 몸을 돌려 등진 채 서 있었다. 그 비구니는 존자 아난이 모든 감각기관을 추스르고 몸을 돌려 등진 채 서 있는 것을 보고 그만 부끄러워〔慚愧〕 일어나 옷을 입고 자리를 펴고 존자 아난을 나가 맞아들여 앉기를 청하고 머리를 조아려 그 발에 예배하고 한쪽에 물러나 서 있었다.

그때 존자 아난이 그를 위해 설법하였다.

"누이여, 이 따위 몸이라는 것은 더러운 음식으로 자라났고 교만으로 자라났으며, 탐애로 자라났고 음욕으로 자라난 것이오. 누이여, 더러운 음식을 의지해 마땅히 더러운 음식을 끊어야만 하고, 교만을 의지해 교만을 끊어야만 하며, 탐애와 음욕을 의지해 탐애와 음욕[8]을 끊어야만 하오.

8 고려대장경 본문에는 단지 애욕愛欲으로만 되어 있으나, 이것은 앞서 기술한 탐애와 음욕의 줄임말로 보여 앞 내용을 따랐다.

누이여, '더러운 음식을 의지해 더러운 음식을 끊는다'는 것은 무엇인가? 이른바 거룩한 제자는 음식에 대해 분수를 헤아리고 생각하면서 먹되, 좋아하여 집착하는 생각이 없고 교만한 생각이 없으며, 만져보고 싶다는 생각이 없고 예쁘게 꾸미겠다는 생각 없이, 몸을 보존하기 위해서요, 살아가기 위해서요, 굶주리고 목마른 병을 고치기 위해서요, 범행梵行을 거두어 닦기 위해서이니, 과거의 모든 감정을 없애고 모든 새 감정을 생기지 않게 해, 숭상하고 익혀 증대시켜 나가야 합니다. 혹은 노력하거나, 안락하거나, 접촉하거나 하는 데 있어서도 이와 같이 머물러야 하는 것이오. 비유하면 마치 상인이 소유(酥油 : 타락 기름)를 그 수레에 칠할 때, 물들어 집착하는 생각이 없고 교만한 생각이 없으며, 만져보고 싶다는 생각이 없고 예쁘게 꾸미겠다는 생각 없이, 다만 싣고 운반하기 위해서인 것과 같소.

또 마치 옴병〔瘡病〕을 앓는 사람이 소유를 바를 때, 집착하여 좋아하는 생각이 없고 교만한 생각이 없으며, 갈고 닦아내겠다는 생각이 없고 예쁘게 꾸미겠다는 생각 없이, 다만 옴병을 고치기 위해서인 것과 같소. 이와 같이 거룩한 제자는 분수를 헤아려 먹되, 물들어 집착하는 생각이 없고 교만한 생각이 없으며, 만져보고 싶다는 생각이 없고 예쁘게 꾸미겠다는 생각 없이, 다만 살아가기 위해서요, 굶주리고 목마름을 고치기 위해서요, 범행을 거두어 닦기 위해서이니, 과거의 모든 감정을 떠나고 모든 새 감정을 일으키지 않게 해 혹은 노력하거나, 안락하거나, 죄 없이 접촉함에 있어서도 안온하게 머물러야 하는 것이오. 누이여, 이것이 이른바 '음식을 의지해 음식을 끊는다'는 것이오.

'교만을 의지해 교만을 끊는다'고 했는데 어떤 것을 교만을 의지해 교만을 끊는 것이라고 하는가? 이른바 거룩한 제자는 '아무 존자와 아무 존자 제자는 모든 번뇌〔有漏〕가 다하여, 번뇌 없이 심해탈心解

脫·혜해탈慧解脫하고, 현세에서 스스로 자신이 증득한 줄을 알아 〈나의 생은 이미 다하고, 범행은 이미 섰으며, 할 일은 이미 마쳐, 후세의 몸을 받지 않는다〉라고 스스로 안다'는 말을 들으면, '저 거룩한 제자는 모든 번뇌가 다하여……(이하 생략)……〈후세의 몸을 받지 않는다〉라고 스스로 안다고 하는데, 나는 지금 어째서 모든 번뇌를 다하지 못했을까? 어째서 후세의 몸을 받지 않는다고 스스로 알지 못할까?'라고 생각하게 되오. 그러면 그는 그때 곧 모든 번뇌를 끊고……(이하 생략)……'후세의 몸을 받지 않는다'고 스스로 알 수 있는 것이오. 누이여, 이것이 이른바 '교만을 의지해 교만을 끊는다'는 것이오.

누이여, '탐애를 의지해 탐애를 끊는다'는 것은 무엇인가? 이른바 거룩한 제자는 '아무 존자와 아무 존자 제자는 모든 번뇌를 다하여……(이하 생략)……〈후세의 몸을 받지 않는다〉고 스스로 안다'는 말을 들으면, '우리들은 어째서 모든 번뇌를 다하지 못했는가?……(이하 생략)……후세의 몸을 받지 않는다고 스스로 알지 못하는가?'라고 하는데, 그는 그때 모든 번뇌를 끊고……(이하 생략)……후세의 몸을 받지 않는다고 스스로 알 수 있는 것이오. 누이여, 이것이 이른바 '탐애를 의지해 탐애를 끊는다'는 것이오. 누이여, 행하는 바가 없으면 음욕과 화합하는 다리〔橋樑〕도 끊어지는 것이오."

존자 아난이 이렇게 설법하자, 그 비구니는 티끌과 때를 멀리 여의고 법안法眼이 깨끗해졌다. 그 비구니는 법을 보아 법을 얻고 법을 깨달아 법에 들어갔으며, 의심을 벗어나, 남을 의지하지 않고도 바른 법과 율에서 마음에 두려움이 없게 되었다. 그래서 존자 아난의 발에 예배하고 존자 아난에게 말했다.

"저는 이제 잘못을 고백하고 참회합니다. 어리석고 착하지 못해 어쩌다 이와 같은 씻지 못할 종류의 일을 저지르고 말았습니다. 이제 존자 아난이 계신 곳에서, 스스로 잘못을 보고 스스로 잘못을 알아 고백하고 참회하오니 가엾게 여겨 주십시오."

존자 아난이 비구니에게 말했다.

"당신은 이제 진실로 스스로 죄를 보고 스스로 죄를 알았구려. 어리석고 착하지 못해 짝할 수 없는 죄를 지었음을 그대는 스스로 알았고, 그대는 이제 스스로 알고 스스로 보고서 잘못을 뉘우쳤으니, 미래 세상에서는 구족계具足戒를 받을 것이오. 나는 이제 가엾게 여겨 그대의 잘못에 대한 참회를 받아들이겠소. 그리고 그대로 하여금 착한 법이 더욱 자라나 끝내 물러나거나 멸하지 않게 하겠소. 왜냐하면 만일 스스로 죄를 보고 스스로 죄를 알아 능히 잘못을 참회하는 사람은 미래 세상에서 구족계를 얻고, 착한 법이 더욱 자라나 끝내 물러나거나 멸하지 않을 것이기 때문이오."

존자 아난은 이렇게 그 비구니를 위해 갖가지로 설법하여 가르쳐 보이고 기뻐하게 한 뒤에 자리에서 일어나 떠나갔다.

565. 바두경婆頭經

이와 같이 나는 들었다.

어느 때 부처님께서는 교지橋池[9]족 땅에 계시면서 인간 세상을 유행하시다가, 존자 아난과 함께 바두촌[婆頭聚落] 국경 북쪽에 있는 신서림身恕林으로 가셨다.

그때 바두촌의 여러 소년들은 존자 아난이 교지 땅에서 그 마을을 유행하다가, 바두촌 북쪽에 있는 신서림에 머물고 있다는 말을 들었

9 팔리어로는 Koḷiya라고 하며, 종족 이름임.

다. 그 말을 들은 후 그들은 서로를 불러 모았고 존자 아난의 처소로 나아가, 머리를 조아려 존자 아난의 발에 예배하고 한쪽으로 물러나 앉았다. 그러자 그때 존자 아난이 여러 소년들에게 말했다.

"제종帝種[10]들이여, 여래·응공·등정각께서는 네 가지 청정함을 말씀하셨으니, 계의 청정〔戒淸淨〕·마음의 청정〔心淸淨〕·견해의 청정〔見淸淨〕·해탈의 청정〔解脫淸淨〕이다.

어떤 것을 계의 청정이라 하는가? 이른바 거룩한 제자는 계, 즉 바라제목차波羅提木叉에 머물러 계가 차츰 자라고 위의威儀를 구족하여 조그마한 죄에 대해서도 두려움을 내며, 학계學界를 받아 지닌다. 계가 몸에 완전히 배지 않은〔不滿〕 사람은 완전히 배게 하고, 이미 완전히 밴 사람은 그대로 지속시켜 정진방편精進方便으로 뛰어나고자 하며, 용맹하게 꾸준히 힘써 모든 몸과 마음의 법을 감당하고 늘 능히 받아들인다. 이것을 계가 청정하여 끊는 것〔戒淨斷〕[11]이라 한다.

고종苦種이여, 어떤 것을 마음이 청정하여 끊는 것이라 하는가? 이른바 거룩한 제자는 욕심과 악하고 착하지 않은 법을 떠나……(이하 생략)……제4선에 구족하게 머문다. 그리고 선정이 몸에 완전히 배지 않은 사람은 선정이 몸에 완전하게 배게 하고, 이미 완전히 밴 사람은 그대로 지속시켜 정진하고자 하며 나아가 항상 받아들인다. 이

10 고려대장경 본문에는 '제종帝種' 혹은 '고종苦種'이 혼용되어 나타나고 있으나, 팔리본에는 일괄적으로 Vyagghapajja[호로虎路에 머무는 자]로 되어 있어 '제帝'자를 '호虎'자로 해석하고 있다. 팔리본 내용을 참고로 할 경우, '호종'은 바두婆頭촌 사람들을 가리킨다. 이 외에 송·원·명 3본에는 이 글자가 모두 '고苦'자로 되어 있다.

11 고려대장경 본문에는 '계정단戒淨斷'으로 되어 있으나, 앞 내용에 대한 부연설명이라면 '계청정戒淸淨'이 되어야 마땅할 것이다. 그러나 이후의 문장 내용도 '청정'이 '정단淨斷'으로 대치되었고, 송·원·명 3본에도 '정단'으로 되어 있으므로 이를 따라 해석하였다.

것을 마음이 청정하여 끊는 것〔心淨斷〕이라 한다.

고종이여, 어떤 것을 견해가 청정하여 끊는 것이라 하는가? 이른바 거룩한 제자는 부처님〔大師〕의 설법을 듣되, 이러이러하다고 설법하면 곧 이러이러함에 들어가 사실 그대로 바르게 관찰하고, 이러이러한 기쁨을 얻고 따라 기뻐하며 부처님을 따르게 된다. 다시 거룩한 제자는 부처님의 설법을 듣지는 못했으나, 다른 지혜가 밝고 존중할 만한 범행자로부터 존중할 만한 범행자의 이러이러하다는 설법을 들으면 곧 이러이러함에 들어가 사실 그대로 관찰하고, 이러이러하다고 관찰하고는 그 법에서 기쁨을 얻고 따라 기뻐하며 바른 법을 믿는다.

다시 거룩한 제자는 부처님의 설법도 듣지 못하고 또한 지혜가 밝고 존중할 만한 범행자의 말도 듣지 못하더라도, 이전에 들어 받아 지녔던 것을 거듭 외우고는 이전에 들어 받아 지녔던 것은 이러이러하다고 거듭 외우고 나서는 이러이러하다는 그 법에 들어가며, 나아가 바른 법을 믿는다.

다시 거룩한 제자는 부처님의 설법도 듣지 못하고, 지혜가 밝고 존중할 만한 범행자의 말도 듣지 못하며, 또 이전에 들어 받아 지녔던 것을 거듭 외워 익힐 수가 없더라도, 이전에 들었던 법을 남을 위해 널리 설명하고, 이전에 들었던 법은 이러이러하다고 남을 위해 널리 설명하고서는 이러이러하다는 그 법에 들어가 바른 지혜로 관찰하며 나아가 바른 법을 믿는다.

다시 거룩한 제자는 부처님의 설법도 듣지 못하고 지혜가 밝고 존중할 만한 범행자의 말도 듣지 못하며, 또 이전에 받아 지녔던 것을 거듭 외워 익힐 수도 없으며, 이전에 들었던 법을 남을 위해 널리 설명할 수도 없더라도 이전에 들었던 법을 혼자 고요한 곳에서 생각하고 관찰하고, 이러이러하다고 생각하고 관찰하고는 이러이러하다는 바른 법에 들어가며, 나아가 바른 법을 믿는다.

이와 같이 남에게서 듣고서 안으로 바르게 생각하면, 이것이 일어나지 않은 바른 소견을 일어나게 하고, 이미 일어난 바른 소견은 더욱 넓힌다는 것이요, 또 이것이 계가 몸에 아직 배지 않은 사람은 배게 하고, 이미 밴 사람은 그대로 거두어 받아들이며, 정진방편으로 항상 거두어 받아들이려 한다는 것이다. 이것을 견해가 청정하여 끊는 것〔見淨斷〕이라 한다.

고종이여, 어떤 것을 해탈함이 청정하여 끊는 것이라 하는가? 이른바 거룩한 제자는 탐하는 마음에 욕망이 없어 해탈하고 성냄과 어리석은 마음에 욕망이 없어 해탈한다. 이와 같이 해탈이 아직 배지 않은 사람은 배게 하고, 이미 밴 사람은 그대로 거두어 받아들이며, 정진하여 항상 거두어 받아들이려 한다. 이것을 해탈함이 청정하여 끊는 것〔解脫淨斷〕이라 한다. 고종이여."

존자 아난이 이 법을 설하자, 바두촌의 여러 소년들은 존자 아난의 말을 듣고, 함께 기뻐하면서 예배하고 떠나갔다.

566. 나가달다경那伽達多經 ①

이와 같이 나는 들었다.

어느 때 부처님께서는 암라菴羅부락 암라림菴羅林[12]에서 많은 상좌비구上座比丘[13]들과 함께 계셨다.

---

12 암바라녀菴婆羅女가 보시한 동산숲을 말함.

13 상좌上座에 앉은 사람이라는 뜻. 승려에 대한 2인칭의 경어. 장로. 교단 중에서 수행을 쌓은 지도적 지위에 있는 사람을 말함. 덕德이 뛰어난 수행승으로서 대덕大德·존자尊者·구수具壽 등은 그에 대한 경칭. 10년 이상 수행을 쌓은 승려의 호칭. 일반적으로 수행승의 경칭으로도 쓰임.

그때 질다라質多羅[14] 장자가 여러 상좌 비구들에게 찾아가 그 발에 머리를 조아려 예배하고 한쪽에 물러나 앉았다. 그때 여러 상좌 비구들은 질다라 장자를 위해 갖가지로 설법하여, 가르쳐 보이고 기뻐하게 하였고, 갖가지로 설법하여 가르쳐 보이고 기뻐하게 한 뒤에 잠자코 앉아 있었다. 그때 질다라 장자는 여러 상좌 비구들의 발에 머리를 조아려 예배하고 나가달다那伽達多 비구의 방으로 찾아가 나가달다 비구의 발에 머리를 조아려 예배하고서 한쪽에 물러나 앉았다.

그때 나가달다 비구는 질다라 장자에게 물었다.

"이런 말씀이 있습니다.

> 푸른 틀에 흰 천을 덮고
> 한 바퀴로 굴러가는 수레여
> 결박을 여의고 관찰하며 오는 자
> 흐름을 끊어 다시는 얽매이지 않네.

장자여, 이 게송에는 어떤 뜻이 있습니까?"

질다라 장자가 말했다.

"존자 나가달다여, 세존께서 이 게송을 말씀하셨습니까?"

"그렇습니다."

질다라 장자가 존자 나가달다에게 말했다.

"존자여, 잠깐만 조용히 기다려 주십시오. 제가 지금 그 뜻을 사유해보겠습니다."

그리고 잠깐 동안 잠자코 생각한 뒤에, 존자 나가달다에게 말했다.

"'푸르다'는 것은 계를 말함이요, '흰 덮개'는 해탈을 말하며, '한 바

---

14 팔리어로는 Citta이며, 부처님 재가在家 제자 가운데 지혜 제일인 인물임.

퀴'란 몸에 대한 생각〔身念〕이요, '구른다'는 것은 굴러 나아간다는 뜻이며, '수레'란 지관止觀을 말합니다. 여의는 '결박〔結〕'에 세 가지 결박이 있으니, 이른바 탐욕 · 성냄 · 어리석음입니다. 저 아라한은 모든 번뇌〔漏〕가 이미 다하고 이미 멸하고 이미 알아서, 마치 다라多羅 나무 밑동을 베어내면 다시는 생기지 않듯 그 근본을 이미 끊어 미래 세상에서도 멸해[15] 일어나지 않는 법이게 합니다. '관찰한다'는 것은 본다는 뜻이요, '오는 자〔來〕'란 그 사람을 가리키며, '흐름을 끊었다'는 것은 애욕으로 나고 죽음에 흐르는데, 저 아라한 비구는 모든 번뇌를 이미 다하고 이미 알아, 마치 다라 나무 밑동을 베어내면 다시는 생기지 않듯 그 근본을 끊어 미래 세상에서도 일어나지 않는 법이 되게 했다는 뜻입니다. '얽매이지 않는다'는 것은 이른바 세 가지 얽맴〔縛〕인 탐욕의 얽맴 · 성냄의 얽맴 · 어리석음의 얽맴에서, 저 아라한 비구는 모든 번뇌를 이미 다하고 이미 끊고 이미 알아, 마치 다라 나무 밑동을 베어내면 다시는 생기지 않듯 그 근본을 끊어 미래 세상에서도 일어나지 않는 법이 되게 했다는 뜻입니다.

그러므로 존자 나가달다여, 세존께서는 이런 게송을 말씀하신 것입니다.

푸른 틀에 흰 천을 덮고
한 바퀴로 굴러가는 수레여
결박을 여의고 관찰하며 오는 자
흐름을 끊어 다시는 얽매이지 않네.

15 고려대장경 본문에는 '멸滅'자로 되어 있으나, 명본明本에 의거하면 '성成'자로 되어 있고, 이후 본문의 반복되는 문장에도 '성'자로 나오는 것으로 보아 '성'자의 오기誤記인 듯하다.

이렇게 세존께서 말씀하신 게송을 나는 이미 분별하였습니다."

존자 나가달다가 질다라 장자에게 물었다.

"이 이치를 당신은 이전에 들은 적이 있습니까?"

"들은 적이 없습니다."

존자 나가달다가 말했다.

"장자여, 당신은 좋은 이익을 얻었습니다. 이 매우 깊은 부처님 법에서 성현의 지혜의 눈을 얻어 들어가셨군요."

그때 질다라 장자는 존자 나가달다의 말을 듣고, 함께 기뻐하면서 예배하고 떠나갔다.

567. 나가달다경 ②

이와 같이 나는 들었다.

어느 때 부처님께서는 암라 부락 암라림菴羅林의 정사에서 많은 상좌 비구들과 함께 계셨다.

그때 질다라 장자는 여러 상좌 비구들이 있는 곳으로 나아가, 그 발에 머리를 조아려 예배하고 한쪽에 물러나 앉았다. 그때 여러 상좌 비구들은 질다라 장자를 위해 갖가지로 설법하여, 가르쳐 보이고 기뻐하게 하였고 가르쳐 보이고 기뻐하게 한 뒤에 잠자코 있었다.

그때 질다라 장자는 존자 나가달다 비구의 처소에도 찾아가 그 발에 머리를 조아려 예배하고 한쪽에 물러나 앉았다. 존자 나가달다가 질다라 장자에게 말했다.

"무량심삼매無量心三昧 · 무상심삼매無相心三昧 · 무소유심삼매無所有心三昧 · 공심삼매空心三昧[16]가 있는데, 어떻습니까? 장자여, 이 법은 여러 가지 뜻이 있기 때문에 여러 가지 이름이 있는 것입니까? 뜻은 하나인데 여러 가지 이름이 있는 것입니까?"

질다라 장자가 존자 나가달다에게 물었다.

"이 여러 가지 삼매는 세존의 말씀입니까, 존자께서 자의적으로 하신 말씀입니까?"

존자 나가달다가 대답하였다.

"이것은 세존의 말씀입니다."

질다라 장자가 존자 나가달다에게 말했다.

"제가 잠시만 이 뜻을 사유하게 해주십시오. 그런 다음에 대답하겠습니다."

그리고 잠깐 사유한 뒤에 존자 나가달다에게 말했다.

"어떤 법은 여러 가지 뜻과 여러 가지 이름과 여러 가지 맛이 있으며, 어떤 법은 뜻은 하나인데 여러 가지 맛이 있습니다."

다시 장자에게 물었다.

"어떤 법에 여러 가지 뜻과 여러 가지 이름과 여러 가지 맛이 있습니까?"

장자가 대답하였다.

"무량無量삼매란, 이른바 거룩한 제자는 마음이 자애로움과 함께하여 원망도 없고 미움도 없고 성냄도 없어, 너그럽고 넓고 중후한 마음으로 한량없이 닦아 익히고 두루 인연해 일방一方에 충만하게 합니다. 이와 같이 2방·3방·4방·상하의 일체 세간에 마음이 자애로움과 함께하여 원망도 없고 미움도 없고 성냄도 없어, 너그럽고 넓고 중후한 마음으로 한량없이 닦아 익혀 모든 곳에 충만하게 하고 일체 세간에 두루 인연해 머뭅니다. 이것을 무량삼매라 합니다.

어떤 것이 무상無相삼매인가? 이른바 거룩한 제자는 일체 모양을

16 팔리본에는 앞의 각 삼매들이 해탈로 되어 있다.

생각하지 않아서 무상심삼매를 몸으로 증득합니다. 이것을 무상심삼매라 합니다.

어떤 것이 무소유심無所有心삼매인가? 이른바 거룩한 제자는 일체 한량없는 식입처識入處를 건너, 소유함 없이 소유함 없는 마음에 머뭅니다. 이것을 무소유심삼매라 합니다.

어떤 것이 공空삼매인가? 이른바 거룩한 제자는 세상이 공한 것을 세상은 공하다고 사실 그대로 관찰하여, 공함에 항상 머물러 변함없이 나〔我〕도 아니요 내 것〔我所〕도 아니라고 봅니다. 이것을 공심空心삼매라 합니다. 이것이 법에 여러 가지 뜻과 여러 가지 이름과 여러 가지 맛이 있다고 하는 것입니다."

다시 장자에게 물었다.

"어떤 것이 법이 뜻은 하나인데 여러 가지 맛이 있다는 것입니까?"

"존자여, 이른바 탐욕은 한량이 있으나 만일 다툼이 없으면, 이것은 가장 한량없는 것입니다. 이른바 탐욕은 모양〔相〕이 있고 성냄과 어리석음도 모양이 있으나 만일 다툼이 없으면, 이것은 모양이 없는 것입니다. 탐욕은 곧 소유요 성냄과 어리석음도 소유이나 만일 다툼이 없으면, 곧 소유함이 없는 것입니다. 다시 다툼이 없으면 공하여 탐욕에 대해 공하고 성냄과 어리석음에 대해 공하여, 공함에 항상 머물러 변함없이 나도 아니요 내 것도 아니면, 이것을 법이 뜻은 하나인데 여러 가지 맛이 있다고 하는 것입니다."

존자 나가달다가 물었다.

"어떻습니까? 장자여, 당신은 이러한 이치를 이전에 들은 적이 있습니까?"

"존자여, 들은 적이 없습니다."

다시 장자에게 말했다.

"당신은 큰 이익을 얻었습니다. 이 매우 깊은 부처님 법에서 현재에 성현의 지혜의 눈을 얻어 들어가게 되었군요."

질다라 장자는 존자 나가달다 말을 듣고 함께 기뻐하면서 예배하고 떠나갔다.

568. 가마경伽摩經

이와 같이 나는 들었다.

어느 때 부처님께서는 암라부락 암라림에서 여러 상좌 비구들과 함께 계셨다.

그때 질다라 장자는 여러 상좌 비구들이 있는 곳으로 찾아가 여러 상좌 비구들에게 예배한 뒤에, 다시 존자 가마伽摩 비구의 처소에도 찾아가 그 발에 머리를 조아려 예배하고 한쪽에 물러앉아 존자 가마 비구에게 물었다.

"이른바 행行이란 무엇을 행이라 이름합니까?"

가마 비구가 말했다.

"행이란 곧 세 가지 행을 말하나니, 몸의 행〔身行〕·입의 행〔口行〕·뜻의 행〔意行〕입니다."

"어떤 것이 몸의 행이고, 어떤 것이 입의 행이며, 어떤 것이 뜻의 행입니까?"

"장자여, 날숨〔出息〕·들숨〔入息〕을 몸의 행이라 하고, 각覺과 관觀이 있는 것을 입의 행이라 하며, 생각〔想〕과 의도〔思〕를 뜻의 행이라 합니다."

"어찌하여 날숨·들숨을 몸의 행이라 하고, 각이 있고 관이 있는 것을 입의 행이라 하며, 생각과 의도를 뜻의 행이라 합니까?"

"장자여, 날숨·들숨은 곧 몸의 법으로서 몸을 의지하고 몸에 속해 있고 몸을 의지해 활동합니다. 그러므로 날숨·들숨을 몸의 행이라 합니다. 각이 있고 관이 있기 때문에 곧 입으로 말을 합니다. 그러므로 각이 있고 관이 있는 것을 곧 입의 행이라 합니다. 생각과 의도는 곧 뜻의 행으로서 마음을 의지하고 마음에 속해 있고 마음을 의지해 활동합니다. 그러므로 생각과 의도는 곧 뜻의 행이라 합니다."

"존자여, 각과 관이 이미 입의 말로 드러나기 때문에 이 각과 관을 입의 행이라 하고, 생각과 의도는 곧 심수법心數法으로서 마음을 의지하고 마음에 속해 있고 마음을 의지해 활동합니다. 그러므로 생각과 의도를 뜻의 행이라 합니다.

존자여, 그러면 몇 가지 법이 있어 '만일 사람이 그 몸을 버릴 때/ 그 몸은 송장이 되어 땅에 눕고/ 다시 그것을 무덤에다 버리면/ 마음 없어 마치 나무나 돌과 같다네'라고 합니까?"

"장자여 '목숨과 더운 기운 또 의식은/ 몸을 버릴 때 함께 버려지기에/ 그 몸을 저 무덤에다 버리면/ 마음 없어 마치 나무나 돌과 같다네'라고 합니다."

"존자여, 만일 죽는 것과 멸진정수滅盡正受에 드는 것과는 어떤 차이가 있습니까?"

"목숨과 더운 기운을 버리면 모든 근根은 다 허물어져 몸과 목숨은 갈라지게 되나니, 이것을 죽음이라 합니다. 멸진정滅盡定[17]이란 몸·입·뜻의 행만 멸하는 것으로서, 수명을 버리지 않고 더운 기운도 여의지 않으며, 모든 근도 허물어지지 않아 몸과 목숨이 서로 붙어 있습니다. 이것이 곧 목숨이 끝나는 것과 멸진정수에 드는 것과의 차별적인 모습입니다."

---

17 멸수상정滅受想定이라고도 함. 구차제정九次第定에서 최고경지로서 이 선정에 들어간 사람은 이미 감수[受]작용과 생각[想]의 두 가지 심소心所가 멸하게 된다.

"존자여, 어떻게 멸진정수에 듭니까?"

"장자여, 멸진정수에 든다고 해도 '나는 멸진정수에 든다. 나는 장차 멸진정수에 들 것이다'라고 말하지는 않습니다. 그러나 먼저 이와 같이 어떤 점점 감소시키는〔息〕 방편을 써서, 그 먼저 방편대로 향해 정수에 드는 것입니다."

"존자여, 멸진정수에 들 때 어떤 법이 먼저 멸합니까? 몸의 행입니까, 입의 행입니까, 뜻의 행입니까?"

"장자여, 멸진정수에 드는 사람은 먼저 입의 행이 멸하고, 다음엔 몸의 행, 다음엔 뜻의 행이 멸합니다."

"존자여, 어떻게 멸진정수에서 나옵니까?"

"장자여, 멸진정수에서 나오려는 사람도 '나는 지금 정수에서 나간다. 나는 장차 정수에서 나갈 것이다'라고 말하지는 않습니다. 그러나 먼저 마음으로 방편을 정해 그 먼저 마음대로 일어납니다."

"존자여, 멸진정수에서 일어나는 사람은 어떤 법이 먼저 일어납니까? 몸의 행입니까, 입의 행입니까, 뜻의 행입니까?"

"장자여, 멸진정수에서 일어나는 사람은 뜻의 행이 먼저 일어나고, 다음엔 몸의 행이 일어나며, 다음엔 입의 행이 일어납니다."

"존자여, 멸진정수에 드는 사람은, 어디로 따라 나아가고 흘러들며 실려 갑니까?"

"장자여, 멸진정수에 드는 사람은, 여읨〔離〕으로 따라 나아가고 여읨으로 흘러들고 여읨으로 실려 가며, 벗어남〔出〕으로 따라 나아가고 벗어남으로 흘러들고 벗어남으로 실려 가며, 열반涅槃으로 따라 나아가고 벗어남으로 흘러들며 벗어남으로 실려 갑니다."

"존자여, 멸진정수에 머물 때는 몇 가지 감촉〔觸〕을 느끼게 됩니까?"

"장자여, 움직이지 않는 감촉, 모양이 없는 감촉, 소유함이 없는 감촉입니다."

"존자여, 멸진정수에 들 때는 몇 가지 법을 써야 합니까?"

"장자여, 그것을 먼저 물었어야 할 것인데 왜 이제야 묻습니까? 그러나 마땅히 당신을 위해 말해 주겠습니다. 비구여, 멸진정수에 들려는 사람은 두 가지 법을 써야 하나니, 곧 지止와 관觀입니다."

그때 질다라 장자는 존자 가마의 말을 듣고 따라 기뻐하면서 예배하고 떠나갔다.

569. 이서달다경梨犀達多經 ①

이와 같이 나는 들었다.

어느 때 부처님께서는 암라부락 암라림에서 많은 상좌 비구들과 함께 계셨다.

그때 질다라 장자는 여러 상좌 비구들이 있는 곳으로 찾아가 그 발에 머리를 조아려 예배하고 한쪽에 앉았다. 여러 상좌 비구들은 질다라 장자를 위해 갖가지로 설법하여 가르쳐 보이고 기뻐하게 한 뒤에 잠자코 있었다. 그때 질다라 장자는 자리에서 일어나 오른쪽 어깨를 드러내고 오른 무릎을 땅에 붙이고 열 손가락을 모아 합장하고 여러 상좌들에게 청하였다.

"여러 존자들이시여, 저의 변변찮은 음식 공양을 받아주십시오."

그때 여러 상좌들은 잠자코 그 청을 받아주었다. 그러자 그 장자는 여러 상좌들이 잠자코 그 청을 수락한 줄 알고, 발에 예배하고 떠나갔다. 그는 자기 집에 돌아가 갖가지 음식을 마련하고 자리를 깔고, 이른 아침에 사람을 보내 때가 되었음을 알리게 했다.

그때 여러 상좌들은 가사를 입고 발우를 가지고 장자 집으로 가서 자리에 앉았다. 장자는 상좌들의 발에 머리를 조아려 예배하고 한쪽에 앉아 아뢰었다.

"이른바 여러 가지 경계〔界〕란 어떤 것을 여러 가지 경계라 합니까?"

그때 상좌들은 잠자코 있었고 이렇게 하기를 두세 번 되풀이하였다.

그때 존자 이서달다梨犀達多[18]가 대중의 아랫자리에 있다가 여러 상좌 비구들에게 말했다.

"여러 존자들이시여, 제가 저 장자의 물음에 대답하고 싶습니다."

상좌들은 좋다고 대답하였다.

장자 질다라는 곧 물었다.

"존자여, 이른바 여러 가지 경계〔界〕란 어떤 것을 여러 가지 경계라고 합니까?"

이서달다가 대답하였다.

"장자여, 안계眼界가 다르고 색계色界가 다르고 안식계眼識界가 다르며, 이계耳界가 다르고 성계聲界가 다르고 이식계耳識界가 다르며, 비계鼻界가 다르고 향계香界가 다르고 비식계鼻識界가 다르며, 설계舌界가 다르고 미계味界가 다르고 설식계舌識界가 다르며, 신계身界가 다르고 촉계觸界가 다르고 신식계身識界가 다르며, 의계意界가 다르고 법계法界가 다르고 의식계意識界가 다릅니다. 이와 같이 장자여, 이것을 여러 가지 경계라 합니다."

그때 질다라 장자는 갖가지 깨끗하고 맛있는 음식을 차려 공양하였다. 여러 비구들은 식사를 마친 뒤에 손을 씻고 양치하고 발우를 씻었

18 팔리어로는 Isidatta라고 함. 또는 음사하여 예서달다隸犀達多·이사달다尼師達多라고도 하며, 의역하여 선수仙授 혹은 선시仙施라고도 함. 존자의 이름임.

다. 질다라 장자는 낮은 평상 하나를 펴고 상좌들 앞에 앉아 법을 경청하였다. 그때 여러 상좌들은 장자를 위해 갖가지로 설법하여, 가르쳐 보이고 기뻐하게 한 뒤에 자리에서 일어나 떠나갔다.

여러 상좌들은 도중에서 이서달다에게 말했다.

"훌륭하고 훌륭하셨습니다. 이서달다 비구여, 당신은 진실로 민첩하게 일을 잘 알고 말씀하셨습니다. 만일 다른 때라 해도 당신은 마땅히 늘 항상 그렇게 대답하셔야 합니다."

그때 여러 상좌들은 이서달다의 말을 듣고 기뻐하면서 받들어 행하였다.

570. 이서달다경 ②

이와 같이 나는 들었다.

어느 때 부처님께서는 암라부락 암라림에서 많은 상좌 비구들과 함께 계셨다.

그때 질다라 장자는 여러 상좌들이 있는 곳으로 나아가 그 발에 머리를 조아려 예배하고 한쪽에 물러앉아 여러 상좌들에게 말했다.

"세상의 여러 견해들은 혹은 내가 있다〔有我〕고 말하기도 하고, 혹은 중생을 말하며, 혹은 수명을 말하고, 혹은 세상의 길흉을 말하기도 합니다. 어떻습니까? 존자들이시여, 이 여러 가지 다른 견해들은 무엇을 근본으로 하고, 무엇이 원인〔集〕이며, 어디서 생겼고, 무엇이 변한 것입니까?"

그때 여러 상좌上座들은 잠자코 대답하지 않았다. 이렇게 세 번을 물었으나 세 번 다 잠자코 있었다. 그때 하좌下座 비구인 이서달다가 상좌들에게 말했다.

"제가 저 장자의 물음에 대답하고 싶습니다."

여러 상좌들이 말했다.

"잘 대답할 수 있으면 대답하시오."

그때 장자는 곧 이서달다에게 물었다.

"존자시여, 무릇 세상의 견해들은 무엇을 근본으로 하고, 무엇이 원인이며, 어디서 생겼고, 무엇이 변한 것입니까?"

존자 이서달다가 대답하였다.

"장자여, 무릇 세상의 견해들은 혹은 내가 있다고 말하기도 하고, 혹은 중생을 말하며, 혹은 수명을 말하고, 혹은 세상의 길흉을 말하기도 합니다. 그러나 이러한 여러 견해들은 모두 신견身見을 근본으로 하고, 신견이 원인이며, 신견에서 생긴 것이요, 신견이 변한 것입니다."

"존자시여, 무엇을 신견이라 합니까?"

"장자여, 어리석고 무식한 범부들은 '색色은 곧 나[我]다, 색은 나와 다르다, 색 안에 내가 있다, 내 안에 색이 있다'고 보고, 수受·상想·행行도 마찬가지며, '식識은 곧 나다, 식은 나와 다르다, 내 안에 식이 있다, 식 안에 내가 있다'고 봅니다. 장자여, 이것을 신견이라 합니다."

"존자시여, 어떻게 하면 그 신견이 없어지겠습니까?"

"장자여, 이른바 많이 아는 거룩한 제자는 '색은 곧 나다'고 보지 않고, '색은 나와 다르다'고도 보지 않으며, '내 안에 색이 있다'거나 '색 안에 내가 있다'고도 보지 않습니다. 수受·상想·행行도 마찬가지며, '식識은 곧 나다'고 보지 않고, '식은 나와 다르다'고도 보지 않으며, '내 안에 식이 있다'거나 '식 안에 내가 있다'고도 보지 않습니다. 이것을 신견이 없어진 것이라 합니다."

"존자시여, 당신의 아버지 이름은 무엇이며, 어디서 태어나셨습니까?”

“장자여, 저는 장자의 뒷집에서 태어났습니다.”

질다라 장자는 존자 이서달다에게 말했다.

“저와 존자 우리 둘의 아버지는 본래부터 좋은 친구였습니까?”

“그랬습니다, 장자여.”

질다라 장자가 이서달다에게 말했다.

“존자시여, 만일 이 암라림에 머무신다면 제가 몸과 목숨이 다할 때까지 의복·음식과 질병에 따른 탕약을 공양하겠습니다.”

존자 이서달다는 잠자코 그 청을 받아들였다.

그때 존자 이서달다는 질다라 장자의 청을 받았으나 그 공양이 장애가 되어 오랫동안 세존의 처소에 나아가지 못했다. 그때 여러 상좌 비구들은 질다라 장자를 위해 여러 가지로 설법하여 가르쳐 보이고 기뻐하게 하였고, 가르쳐 보이고 기뻐하게 한 뒤에 질다라 장자는 따라 기뻐하면서 예배하고 떠나갔다.

571. 마하가경摩訶迦經

이와 같이 나는 들었다.

어느 때 부처님께서는 암라부락 암라림에서 많은 상좌 비구들과 함께 계셨다.

그때 질다라 장자는 여러 상좌들이 있는 곳으로 나아가, 그 발에 머리를 조아려 예배하고 한쪽에 물러앉아 여러 상좌 비구들에게 아뢰었다.

“여러 존자들께서 목장에서 제 공양을 받아 주시기를 간절히 바랍니다.”

그때 여러 상좌들은 잠자코 그 청을 받아들였고, 질다라 장자는 여러 상좌들이 잠자코 그 청을 받아들인 줄을 알고, 자기 집으로 돌아가 밤새도록 갖가지 음식을 장만하였다. 그리고 이른 아침에 자리를 펴고 사람을 보내어, 여러 상좌들에게 때가 되었음을 알리게 했다.

여러 상좌들은 가사를 입고 발우를 가지고, 목장에 있는 질다라 장자의 집으로 가서 자리에 앉았다.

그때 질다라 장자는 손수 여러 가지 음식을 공양하였다. 공양을 마친 뒤에 발우를 씻고 손을 씻고 양치질을 마치자, 질다라 장자는 낮은 평상 하나를 깔고 상좌들 앞에 앉아 법을 들었다. 그때 여러 상좌들은 질다라 장자를 위해 갖가지로 설법하여 가르쳐 보이고 기뻐하게 하였고, 가르쳐 보이고 기뻐하게 한 뒤에 자리에서 일어나 떠났는데, 질다라 장자도 그 뒤를 따랐다. 여러 상좌들은 소락酥酪과 꿀을 배불리 먹은 데다 늦은 봄 더운 때라, 길을 걷기가 너무 힘들었다.

그때 마하가摩訶迦라는 하좌下座 비구가 여러 상좌들에게 말했다.

"오늘은 너무 덥습니다. 제가 구름과 비와 실바람을 일으키면 좋지 않겠습니까?"

여러 상좌들이 대답하였다.

"그대가 그렇게 할 수 있다면 좋을 것입니다."

그때 마하가가 곧 삼매에 들어 그와 같이 정수正受의 신통을 발휘하자, 바로 구름이 일고 보슬비가 내리며 시원한 바람이 살랑살랑 사방에서 불어왔다. 정사의 문에 도착하자 존자 마하가가 여러 상좌들에게 말했다.

"이젠 그만두어도 될까요?"

"그만두어도 좋소."

그때 존자 마하가가 곧 신통을 그치고 자기 방으로 돌아갔다.

그때 질다라 장자는 이런 생각을 하였다.

'제일 하좌 비구도 이런 큰 신통력을 가지고 있는데, 하물며 중좌中座나 상좌上座이겠는가?'

그리고는 곧 여러 상좌들 발에 예배하고 마하가 비구를 따라 그가 있는 방으로 가서 존자 마하가 발에 예배하고 한쪽에 물러앉아 말했다.

"존자여, 저는 보통사람을 뛰어넘는 존자의 신통변화〔神足現化〕를 보고 싶습니다."

존자 마하가가 말했다.

"장자는 무서울 테니 보지 마십시오."

이와 같이 세 번을 청하였으나 세 번 다 허락하지 않았다. 장자는 그래도 거듭해서 존자의 신통변화 보기를 청하였다.

존자 마하가가 장자에게 말했다.

"당신은 잠깐 밖에 나가 마른 나무를 가져다 쌓은 뒤에 담요 한 장을 그 위에 덮으시오."

질다라 장자는 곧 지시대로 밖으로 나가, 섶을 모아 더미를 만들어 놓고 와서, 존자 마하가에게 말했다.

"섶을 쌓아 더미를 만들고 담요로 그 위를 덮었습니다."

그때 존자 마하가가 곧 화광삼매火光三昧에 들어, 자물쇠 구멍으로 불꽃을 내보내어, 불이 섶을 태워 섶 더미가 다 탔으나 오직 흰 담요만은 타지 않았다. 그리고 장자에게 말했다.

"당신은 이제 보았습니까?"

"보았습니다. 존자시여, 진실로 신기한 일입니다."

"알아야 합니다. 이것은 다 방일放逸하지 않은 것이 근본이 되고, 방일하지 않은 것이 원인이며, 방일하지 않은 데서 생긴 것이요, 방일하지 않은 것이 변한 것으로서, 방일하지 않기 때문에 아뇩다라삼먁삼보리阿耨多羅三藐三菩提를 얻는 것입니다. 그러므로 장자여, 이것이나 그 밖의 다른 공덕도, 모두 다 방일하지 않은 것이 근본이 되고, 방일하지 않은 것이 원인이며, 방일하지 않은 데서 생기고, 방일하지 않은 것이 변한 것으로서, 방일하지 않기 때문에 아뇩다라삼먁삼보리와 그 밖의 다른 도품법道品法을 얻는 것입니다."

질다라 장자가 존자 마하가에게 말했다.

"언제나 이 숲에 머물러 주십시오. 그러면 저는 마땅히 목숨이 다하도록 의복·음식과 병에 따른 탕약을 공양하겠습니다."

그러나 존자 마하가는 가봐야 할 일이 있었기 때문에 그 청을 받아들이지 않았고, 질다라 장자는 설법을 듣고는 따라 기뻐하면서, 곧 자리에서 일어나 예배하고 떠나갔다.

존자 마하가는 공양의 이익이 장애가 되어 죄가 되게 하고 싶지 않았기 때문에 곧 자리에서 일어나 떠난 뒤로 끝내 다시는 돌아오지 않았다.

572. 계경繫經

이와 같이 나는 들었다.

어느 때 부처님께서는 암라림에서 많은 상좌 비구들과 함께 계셨다.

그때 많은 상좌 비구들은 식당에 모여 이렇게 논의하였다.

"여러 존자들이시여, 어떻게 생각하십니까? 이른바 눈이 색色을 얽어매는 것입니까, 색이 눈을 얽어매는 것입니까? 이와 같이 귀와 소리·코와 냄새·혀와 맛·몸과 감촉도 마찬가지며, 뜻과 법에 있어서 뜻이 법을 얽어매는 것입니까, 법이 뜻을 얽어매는 것입니까?"

그때 질다라 장자는 볼 일이 있어 정사를 지나다가, 여러 상좌 비구들이 식당에 모여 있는 것을 발견하고, 곧 나아가 여러 상좌들 발에 예배하였고, 발에 예배하고 나서 물었다.

"존자들께서는 식당에 모여 어떤 법에 대해 의논하고 계셨습니까?"

여러 상좌들이 대답하였다.

"장자여, 우리는 오늘 이 식당에 모여 이런 의논을 하고 있었습니다. '눈이 색色을 얽어매는 것인가, 색이 눈을 얽어매는 것인가? 이와 같이 귀와 소리·코와 냄새·혀와 맛·몸과 감촉과 마찬가지며, 뜻과 법에 있어서도 뜻이 법을 얽어매는 것인가, 법이 뜻을 얽어매는 것인가?'"

장자가 물었다.

"여러 존자들께서는 이 이치에 대해 어떻게 말씀하였습니까?"

"장자의 생각은 어떻습니까?"

장자가 여러 상좌 비구들에게 말했다.

"제 생각 같아서는 눈이 색을 얽어매는 것도 아니요, 색이 눈을 얽어매는 것도 아니며,……(이하 생략)……뜻이 법을 얽어매는 것도 아니요, 법이 뜻을 얽어매는 것도 아닙니다. 그 중간에 욕탐欲貪이라는 것이 있어서 그것에 얽매이는 것이니, 비유하면 검고 흰 두 마리의 소에게 하나의 멍에를 씌워놓은 것과 같습니다. 그때 어떤 사람이 '검은 소가 흰 소를 얽어맨 것인가, 흰 소가 검은 소를 얽어맨 것인가?' 라고 묻는다면, 그것을 바른 물음이라고 하겠습니까?"

"장자여, 그것은 바른 물음이 아닙니다. 왜냐하면 검은 소가 흰 소를 얽어맨 것도 아니요, 흰 소가 검은 소를 얽어맨 것도 아니고, 그 멍에가 바로 그들을 얽어맨 것이기 때문입니다."

"그렇습니다. 존자들이시여, 눈이 색을 얽어맨 것도 아니요, 색이 눈을 얽어맨 것도 아니며,……(이하 생략)……뜻이 법을 얽어맨 것도 아니요, 법이 뜻을 얽어맨 것도 아닙니다. 그 중간에 있는 욕탐이 바로 그것을 얽어맨 것입니다."

그때 질다라 장자는 여러 상좌들의 말을 듣고 함께 기뻐하면서 예배하고 떠나갔다.

573. 아기비가경阿耆毘迦經

이와 같이 나는 들었다.

어느 때 부처님께서는 암라림에 계셨다.

그때 질다라 장자의 옛 집안 친구인 어떤 아기비가阿耆毘迦 외도가 질다라 장자에게 찾아와 서로 인사하고 위로한 뒤에 한쪽에 섰다.

질다라 장자가 아기비가 외도에게 물었다.

"당신은 출가한 지 얼마나 되었습니까?"

"장자여, 나는 출가한 지 20여 년이 되었습니다."

질다라 장자가 물었다.

"당신이 출가한 지 20년이나 지났다면, 인간을 뛰어넘는 법〔過人法〕[19]과 궁극적 지견知見과 안락하게 머묾을 얻었습니까?"

"장자여, 내가 비록 출가한 지 20년이나 지났다고는 하지만, 인간을 뛰어넘는 법과 궁극적 지견과 안락하게 머묾을 얻지 못했습니다. 오직 벌거벗은 몸으로 삭발하고 걸식하면서 인간 세상을 유행하며 흙 속을 뒹굴 뿐입니다."

질다라 장자가 말했다.

"그것은 법法과 율律이라 부를 수 있는 것이 아닙니다. 그것은 나쁜 지식으로서 번뇌를 벗어나는 법〔出要法〕도 아니요, 바른 깨달음이라

19 팔리어로는 uttari-manussa-dhamma이며, 열 가지 선업도(善業道, dasa- kusala-pathā)를 말한다.

말할 수도 없으며, 찬탄할 것도 없고, 의지할 수도 없는 것입니다. 그저 부질없이 출가했다는 이름으로 20년을 지내면서 벌거벗은 몸으로 삭발하고 걸식하며 인간 세상을 유행하고 재〔灰〕 속에서 뒹굴었을 뿐입니다."

아기비가가 질다라 장자에게 물었다.

"당신은 사문 구담의 제자가 된 지 지금 얼마나 되었습니까?"

"저는 세존의 제자가 된 지 20년이 지났습니다."

다시 질다라 장자에게 물었다.

"당신이 사문 구담 제자가 된 지 20년이 지났다면, 당신은 인간을 뛰어넘는 법과 훌륭하고 궁극적인 지견知見을 얻었습니까?"

질다라 장자가 대답했다.

"당신은 이제 마땅히 알아야 합니다. 질다라 장자는 결코 다시는 어머니 태로 말미암아 생을 받지 않을 것이요, 또 무덤을 보태지 않을 것이며, 다시는 혈기血氣를 일으키지 않을 것이니, 세존께서 말씀하신 다섯 가지 하분결下分結에 있어서 끊지 못한 번뇌〔結〕를 한 가지도 볼 수 없습니다. 만일 한 가지 번뇌라도 끊지 못한 것이 있다면, 장차 다시 돌아와 이 세상에 태어날 것입니다."

이렇게 말하자 그때 아기비가는 슬피 탄식하며 눈물을 흘리다 옷으로 얼굴을 훔치면서 질다라 장자에게 말했다.

"제가 지금 마땅히 어떻게 해야 하겠습니까?"

"당신이 만일 바른 법과 율에 출가한다면, 저는 마땅히 당신께 의복과 발우 따위의 몸에 필요한 도구들을 공급하겠습니다."

아기비가는 잠깐 생각한 뒤에 질다라 장자에게 말했다.

"나는 이제 당신을 따르리니 내게 할 일을 가르쳐 주십시오."

그때 질다라 장자는 그 아기비가를 데리고 여러 상좌들이 있는 곳으로 나아가 여러 상좌들 발에 예배하고 한쪽에 앉아 여러 상좌 비구들에게 말했다.

"존자들이시여, 이 아기비가는 바로 제 옛 집안 친구인데, 지금 출가하여 비구가 되고자 합니다. 원컨대 여러 상좌들께서 출가시켜 제도해 주신다면, 제가 마땅히 의복과 발우 따위의 모든 도구를 공급하겠습니다."

그러자 여러 상좌들은 곧 출가시켜 수염과 머리를 깎이고 가사를 입혔다. 그는 출가하고 나서 생각하였다.

'선남자들이 수염과 머리를 깎고 가사를 입고 출가하여 부지런히 정진하여 도를 배우는 까닭은 범행을 깨끗이 닦아 아라한阿羅漢이 되기 위해서이다.'

574. 니건경尼揵經

이와 같이 나는 들었다.

어느 때 부처님께서는 암라부락 암라림에서 여러 상좌上座 비구들과 함께 계셨다.

그때 니건약제자尼揵若提子[20]는 5백 권속들과 함께 암라림으로 와서 질다라 장자를 꾀어 제자로 삼으려 하였다. 질다라 장자는 니건약제자가 5백 권속들을 거느리고 암라림으로 와서, 자기를 꾀어 제자로 삼으려 한다는 말을 듣고 곧 그곳으로 가서 서로 인사를 마치고 제각기 한쪽에 앉았다.

---

20 팔리어로는 Nigaṇṭha Nātaputta이며, 한역하여 니건타약제자尼乾陀若提子라고도 함. Jaina교敎의 개조開祖, 혹은 중흥조中興祖라고도 하며, 육사외도六師外道 가운데 한 인물. 경전에 자주 등장하지만 실제로 부처님께서 그를 직접 대면한 적은 없다고 한다.

그때 니건약제자가 질다라 장자에게 말했다.

"당신은 사문 구담이 무각무관無覺無觀삼매를 증득했다고 믿습니까?"

질다라 장자가 대답하였다.

"그를 믿기 때문에 찾아온 것은 아닙니다."

"장자여, 당신은 아첨하지 않고 속이지 않고 순박하고 곧으며, 순박하고 곧은 데서 태어난 사람입니다. 장자여, 만일 각覺과 관觀을 쉴 수 있다면 노끈으로 바람을 잡아맬 수도 있을 것이요, 만일 각과 관을 쉴 수 있다면 한줌의 흙으로 항하〔恒水〕의 흐름을 막을 수도 있을 것입니다. 나는 다니거나 섰거나 앉거나 눕거나 늘 앎〔知〕과 봄〔見〕을 일으킵니다."

질다라 장자가 니건약제자에게 물었다.

"믿음이 앞에 있는 것입니까, 지혜가 앞에 있는 것입니까? 믿음과 지혜는 어느 것이 앞서는 것이며, 어느 것이 훌륭한 것입니까?"

니건약제자가 대답하였다.

"믿음이 마땅히 앞에 있고, 그 뒤에 지혜가 있습니다. 그러나 믿음과 지혜를 서로 비교하면 지혜가 더 훌륭한 것입니다."

질다라 장자가 니건약제자에게 말했다.

"저는 이미 각과 관이 쉬게 됨을 구해 얻고 나서, 안으로 깨끗한 한 마음이 되어 무각무관삼매에서 생긴 기쁨과 즐거움을 갖춘 제2선에 구족하게 머뭅니다. 저는 낮에도 이 삼매에 머물고 밤에도 이 삼매에 머물며 밤이 새도록 언제나 이 삼매에 머뭅니다. 이미 이러한 지혜가 있는데, 세존에 대한 믿음이 무슨 소용이 있겠습니까?"

"당신은 아첨하고 거짓되고 곧지 않으며, 곧지 않은 데서 태어난 사람이군요."

"당신은 아까는 나를, 아첨하지 않고 속이지 않고 순박하고 곧으며,

순박하고 곧은 데서 태어난 사람이라고 말하더니, 지금은 어째서 아첨하고 거짓되고 곧지 않으며, 곧지 않은 데서 태어난 사람이라고 말합니까? 만일 당신이 먼저 한 말이 진실이라면 뒤의 말은 거짓이요, 뒤의 말이 진실이라면 먼저 한 말은 거짓일 것입니다. 당신은 아까 '나는 다니거나 섰거나 앉거나 눕거나 늘 앎〔知〕과 봄〔見〕을 낸다'고 말했는데, 당신은 앞뒤의 조그마한 일도 알지 못했습니다. 어떻게 인간을 뛰어넘는 법을 알며, 또 앎과 봄과 안락하게 머무는 일을 알겠습니까?"

장자가 다시 니건약제자에게 물었다.

"한 가지 물음·한 가지 해설·한 가지 주장에서부터 나아가 열 가지 물음·열 가지 해설·열 가지 주장을 가지고 있어야 하는데, 당신은 그것을 가지고 있습니까? 만일 한 가지 물음·한 가지 해설·한 가지 주장에서부터 나아가 열 가지 물음·열 가지 해설·열 가지 주장이 없다면, 어떻게 나를 꾈 수 있다고 이 암라림에 와서 나를 꾀려 하는 것입니까?"

그러자 니건약제자는 숨이 막혀 머리를 내저었고, 팔짱을 끼고 나가서 다시는 돌아보지도 않고 떠나갔다.

575. 병상경病相經

이와 같이 나는 들었다.

어느 때 부처님께서는 암라부락 암라림에서 많은 상좌 비구들과 함께 계셨다.

그때 질다라 장자는 병이 들어 여러 친족들에게 에워싸여 있었는데, 많은 하늘들이 장자의 처소에 내려와 말했다.

"장자여, 그대가 장차 발원하기만 한다면 전륜왕轉輪王[21]이 될 수 있을 것이다."

질다라 장자가 여러 하늘들에게 말했다.

"만일 전륜왕이 된다고 해도 그것 역시 무상無常한 것이요, 괴로움〔苦〕이며, 공空이요, 무아無我인 것이다."

그때 장자의 친족들이 장자에게 말했다.

"그대는 정신 차려라, 정신 차려라."

질다라 장자가 친족들에게 말했다.

"여러분은 왜 나를 보고 '정신 차려라, 정신 차려라'고 하였습니까?"

"그대가 '무상無常한 것이요, 괴로움〔苦〕이며, 공空이요, 무아無我인 것이다'라고 이런 말을 했기 때문에 그대에게 '정신 차려라, 정신 차려라'라고 말한 것이다."

"여러 하늘 사람들이 내 처소에 와서 나에게 말하기를 '그대가 장차 발원하기만 한다면 전륜성왕이 될 것이요, 발원을 따라 과보를 얻을 것이다'라고 말하기에, 내가 '그 전륜왕도 또한 무상한 것이요, 괴로움이며, 공空이요, 무아인 것이다'라고 대답했던 것입니다."

그 여러 친족들이 질다라 장자에게 말했다.

"전륜왕에게는 무엇이 있기에 그 하늘들이 그대에게 발원하여 구하라고 시켰는가?"

"전륜왕은 바른 법으로 다스려 교화합니다. 하늘들은 이러한 복과 이익을 보았기 때문에 와서 내게 발원하여 그것을 구하라고 시킨 것

21 팔리어로는 cakkavattin라고 하며, 인도 종교 가운데 전통적 행위인 인덕仁德 · 10선善 등을 행해 무력을 사용하지 않고 단지 정법正法으로만 전 세계를 통치하는 이상적 제왕을 가리킴.

입니다."

"그대는 지금 잘 생각해 보아라. 장차 어떻게 할 것인가?"

"여러 친족들이여, 제가 지금 잘 생각해보니 저는 다시는 어머니 태로 말미암아 생을 받지 않을 것이요, 또 무덤을 보태지도 않을 것이며, 다시는 혈기血氣를 일으키지 않을 것이니, 세존께서 말씀하신 다섯 가지 하분결下分結을 저에게서는 발견할 수 없고, 제가 끊지 못한 번뇌는 한 가지도 발견할 수 없습니다. 만일 번뇌를 끊지 못했다면 이 세상에 도로 태어날 것입니다."

그리고 장자는 곧 자리에서 일어나 가부좌加趺坐를 맺고서 바른 생각으로 여럿 앞에서 게송으로 말했다.

의복과 음식을 쌓고 또 쌓아
온갖 어려움에서 널리 벗어나고자
훌륭한 복전에 보시 행하여
이러한 다섯 가지 힘을 심는 것

이러한 뜻을 이루기 위해
속인으로서 집에 살면서
나는 이런 이익 모두 다 얻고
온갖 어려움 이미 벗어났다네.

세상에서 들어 익힌 것
여러 가지 어려운 일 멀리 여의고
삶의 즐거움 어렵다는 것 알아
등정각等正覺을 따르고

계 가진 이에게 공양 올리며
여러 범행梵行 잘 닦았나니
번뇌가 다한 아라한이나
성문이나 성자〔牟尼〕들

이러한 뛰어난 지견 가진 이
그 모든 훌륭한 분들에게
언제나 대장부의 보시 행하면
마침내 큰 과보 얻으리.

갖가지 많은 보시 꾸준히 행하고
모든 훌륭한 복전에 보시 행하면
이 세상에서 목숨 마치고
저 천상에 변화해 태어난 뒤에
다섯 가지 향락을 두루 갖추고
마음은 한량없이 즐거우리니

이러한 묘한 과보 얻음은
아끼는 마음 없기 때문이라서
어디고 태어나는 그곳마다
일찍이 즐겁지 않은 곳 없으리.

질다라 장자는 이 게송을 말하고는 이내 목숨을 마쳐 불번열천不煩熱天에 태어났다.

그때 질다라 장자는 이렇게 생각하였다.

'나는 여기에 머물지 말고 당장 저 염부제閻浮提로 가서 여러 상좌上

座 비구들께 예배해야겠다.'

그리고 마치 역사가 팔을 굽혔다 펴는 만큼의 짧은 시간에 하늘의 신통력으로 암라림으로 내려가 몸에서 하늘의 광명을 뿜어내어 암라림을 두루 비추었다. 그때 어떤 비구가 밤에 일어나 방밖으로 나가 한데를 거닐다가, 훌륭한 광명이 숲을 두루 비추는 것을 보고, 곧 게송으로 말했다.

어떤 오묘한 하늘이
저 허공에 머물러 있는 걸까?
마치 저 순금산純金山이나
염부단閻浮檀의 깨끗한 빛 같네.

질다라 천자도 게송으로 대답하였다.

나는 저 천상과 인간의 왕인
구담께서 아들이라 일컬었던
이 암라림 속의
질다라 장자 그 사람이네.

깨끗한 계를 갖춤으로써
생각을 잡아매어 스스로 적정해져
해탈한 몸을 완전히 갖추었고
지혜의 몸도 또한 그러했다네.

나는 법을 알기에 여기 왔나니
그대는 마땅히 알아야 하네.

장차 저곳에서 열반하리니
이 법은 법이 그러한 것이네.

질다라 천자는 게송을 말하고 나서 곧 사라져 보이지 않았다.

잡아함경 제22권

576. 난타림경難陀林經[1]

이와 같이 나는 들었다.

어느 때 부처님께서는 사위국 기수급고독원에 계셨다.

그때 얼굴이 아주 잘생긴 어떤 천자가 새벽에 부처님께서 계신 곳으로 찾아와 부처님의 발에 머리 조아리고서 한쪽에 물러앉아 있었는데, 그의 온몸에서 나오는 광명은 기수급고독원을 두루 비추었다.

그때 그 천자가 게송으로 부처님께 아뢰었다.

난타림難陀林[2]에서 살지 않으면
끝끝내 쾌락을 얻지 못하리.

1 이 경은 『별역잡아함경』 제9권 첫 번째 소경과 『증일아함경增一阿含經』 31품 아홉 번째 소경과 같은 내용이다.

2 도리천忉利天에 있는 환희원歡喜園을 말함.

나는 도리천 궁전에서
천제天帝라는 이름 얻었네.

그때 세존께서 게송으로 대답하셨다.

어리석고 철없는 그대가 어이 알리.
저 아라한이 말하였느니라.
일체의 행行은 모두 무상無常한 것
그것은 곧 나고 멸하는 법이니
누구나 태어나면 다시금 죽어야 하는 법
적멸寂滅의 경지에 이르러야만 즐거움이다.

그때 그 천자가 다시 게송으로 말했다.

오래전에 바라문을 보았는데
그는 반열반般涅槃을 얻어
모든 두려움에서 이미 벗어났고
세상 은애恩愛까지 영원히 벗어났네.

그때 그 천자는 부처님의 말씀을 듣고 함께 기뻐하면서 부처님의 발에 머리를 조아리고 이내 사라지더니 나타나지 않았다.

577. 구쇄경鉤鎖經[3]

이와 같이 나는 들었다.

어느 때 부처님께서는 사위국 기수급고독원에 계셨다.

그때 얼굴이 아주 잘생긴 어떤 천자가 새벽에 부처님께서 계신 곳으로 찾아와 부처님의 발에 머리를 조아리고서 한쪽에 물러앉아 있었는데, 그의 온몸에서 나오는 광명은 기수급고독원을 두루 비추었다.

그때 그 천자가 게송으로 말했다.

일체 갈고리와 쇠사슬 끊으신
모니牟尼께서는 집〔家〕이 없건만
사문은 그 교화에 집착하나니
나는 그것을 훌륭하다 하지 않네.

그때 세존께서 게송으로 대답하셨다.

일체 중생들은
모두 서로 얽매여 있나니
지혜가 있는 사람이라면
어느 누군들 가엾다 하지 않으랴.

선서善逝는 그들을 가엾게 여겨
언제나 중생들을 가르치나니
중생을 가엾게 여기는 것은

3 이 경은 『별역잡아함경』 제9권 두 번째 소경과 같은 내용이다.

곧 법에 마땅한 일이라네.

그때 그 천자가 다시 게송으로 말했다.

오래전에 바라문을 보았는데
그 바라문은 반열반을 얻어
모든 두려움에서 이미 벗어났고
세상 은애까지 영원히 벗어났네.

그때 그 천자는 부처님의 말씀을 듣고 함께 기뻐하면서 이내 사라지더니 나타나지 않았다.

578. 참괴경慚愧經[4]

이와 같이 나는 들었다.

어느 때 부처님께서는 사위국 기수급고독원에 계셨다.

그때 얼굴이 아주 잘생긴 어떤 천자가 새벽에 부처님께서 계신 곳으로 찾아와 부처님의 발에 머리를 조아렸는데, 그의 온몸에서 나오는 광명은 기수급고독원을 두루 비추었다.

그때 그 천자가 게송으로 말했다.

언제나 부끄러운 마음을 닦을 줄 아는
그런 사람 때때로 있어

4 이 경은 『별역잡아함경』 제9권 세 번째 소경과 같은 내용이다.

온갖 악을 능히 멀리 벗어남이
좋은 말에 채찍을 가하는 것 같네.

그때 세존께서 게송으로 말씀하셨다.

언제나 부끄러운 마음을 닦을 줄 아는
그런 사람 진실로 흔하지 않나니
온갖 악을 능히 멀리 벗어남이
좋은 말에 채찍을 가하는 것 같네.

그때 그 천자가 다시 게송으로 말했다.

오래전에 바라문을 보았는데
그 바라문은 반열반을 얻어
모든 두려움에서 이미 벗어났고
세상 은애까지 영원히 벗어났네.

그때 천자는 부처님의 말씀을 듣고 함께 기뻐하면서 부처님의 발에 머리를 조아리고 이내 사라지더니 나타나지 않았다.

579. 불습근경不習根經[5]

이와 같이 나는 들었다.

5 이 경은 『별역잡아함경』 제9권 네 번째 소경과 같은 내용이다.

어느 때 부처님께서는 사위국 기수급고독원에 계셨다.

그때 얼굴이 아주 잘생긴 어떤 천자가 새벽에 부처님께서 계신 곳으로 찾아와 부처님의 발에 머리를 조렸는데, 그의 온몸에서 나오는 광명은 기수급고독원을 두루 비추었다.

그때 그 천자가 부처님께 게송으로 말했다.

바른 법을 익혀 가까이하지 않고
온갖 삿된 견해만 좋아하고 집착하며
잠들어 스스로 깨어나지 못하지만
오랜 겁이 지나면 마음 깨칠 수 있습니까?

그때 세존께서 게송으로 대답하셨다.

바른 법을 오로지 닦아 익히고
착하지 않은 업을 멀리 여의면
그는 번뇌가 다한 아라한이니
험악한 세상도 평탄하리라.

그때 그 천자가 다시 게송으로 말했다.

오래전에 바라문을 보았는데
그 바라문은 반열반을 얻어
모든 두려움에서 이미 벗어났고
세상 은애까지 영원히 벗어났네.

그때 그 천자는 부처님의 말씀을 듣고 함께 기뻐하면서 부처님의 발에 머리를 조아리고 이내 사라지더니 나타나지 않았다.

580. 선조경善調經[6]

이와 같이 나는 들었다.

어느 때 부처님께서는 사위국 기수급고독원에 계셨다. 그때 얼굴이 아주 잘생긴 어떤 천자가 새벽에 부처님께서 계신 곳으로 찾아와 부처님의 발에 머리를 조아렸는데, 그의 온몸에서 나오는 광명은 기수급고독원을 두루 비추었다.

그때 그 천자가 게송으로 말했다.

법으로써 잘 길들여 항복 받고
모든 삿된 견해를 따르지 않으면
비록 잠에 집착해 빠지더라도
어느 땐가는 꼭 깨닫게 되리라.

그때 세존께서 게송으로 대답하셨다.

만일 법으로써 길들여 항복 받고
나머지 다른 견해를 따르지 않으며
이미 구경究竟에 이르렀다고 자만하지 않는다면
능히 세상의 은애恩愛를 벗어나게 되리라.

6 이 경은 『별역잡아함경』 제9권 다섯 번째 소경과 같은 내용이다.

그때 그 천자가 다시 게송으로 말했다.

오래전에 바라문을 보았는데
그 바라문은 반열반을 얻어
모든 두려움에서 이미 벗어났고
세상 은애까지 영원히 벗어났네.

그때 그 천자는 부처님의 말씀을 듣고 함께 기뻐하면서 부처님의 발에 머리를 조아리고 이내 사라지더니 나타나지 않았다.

581. 나한경羅漢經[7] ①

이와 같이 나는 들었다.

어느 때 부처님께서는 사위국 기수급고독원에 계셨다.

그때 얼굴이 아주 잘생긴 어떤 천자가 새벽에 부처님께서 계신 곳으로 찾아와 부처님의 발에 머리를 조아렸는데, 그의 온몸에서 나오는 광명은 기수급고독원을 두루 비추었다.

그때 그 천자가 게송으로 말했다.

혹 아라한 비구로서
스스로 할 일을 이미 마치고
모든 번뇌 다하여
그 마지막 몸을 가진 자도

7 이 경은 『별역잡아함경』 제9권 여섯 번째 소경과 같은 내용이다.

나라는 것이 있다고 말하거나
또는 내 것이라고 말하나이까?

그때 세존께서 곧 게송으로 대답하셨다.

만일 나한羅漢 비구로서
스스로 할 일을 이미 마치고
모든 번뇌도 다 끊으며
최후의 몸을 가졌다면
나라는 것이 있다고 말하든지
내 것이라고 말해도 잘못이 아니다.

그때 그 천자가 다시 게송으로 여쭈었다.

만약 나한 비구로서
스스로 할 일을 이미 마치고
모든 번뇌도 다 끊었으며
최후의 몸을 가지고서도

마음에 아만我慢이 가득하여
나라는 것이 있다고 말하거나
또는 내 것이라고 말하는
그런 말을 할 수도 있습니까?

그때 세존께서 게송으로 대답하셨다.

이미 아만을 여의었고
또한 아만심까지 없어서
나니 내 것이니 하는 데에서 벗어났으니
나는 그를 모든 번뇌 끊은 이라고 말하리라.

그는 나니 내 것이니 하는 것에 대해
마음이 이미 영원히 집착하지 않거니
이 세상에서 부르는 이름들은
모두가 임시로 붙인 이름임을 잘 아느니라.

그때 그 천자가 다시 게송으로 말했다.

오래전에 바라문을 보았는데
그 바라문은 반열반을 얻어
모든 두려움에서 이미 벗어났고
세상 은애까지 벗어났네.

그때 그 천자는 부처님의 말씀을 듣고 함께 기뻐하면서 부처님의 발에 머리를 조아리고 이내 사라지더니 나타나지 않았다.

582. 나한경 ②

이와 같이 나는 들었다.

어느 때 부처님께서는 사위국 기수급고독원에 계셨다. 그때 얼굴이 아주 잘생긴 어떤 천자가 새벽에 부처님께서 계신 곳으로 찾아와 부처님의 발에 머리를 조아렸는데, 그의 온몸에서 나오는 광명은 기수급고독원을 두루 비추었다.

그때 그 천자가 게송으로 말했다.

만약 나한 비구로서
번뇌 다 끊고 마지막 몸 가졌어도
혹 나[我]라는 것이 있다 말하고
또 내 것이라고 말합니까?

그때 세존께서 게송으로 대답하셨다.

설사 나한 비구로서
번뇌 다 끊고 마지막 몸 가졌어도
나라는 것이 있다고 말하고
또 내 것이라고도 말하느니라.

그때 그 천자가 다시 게송으로 여쭈었다.

만약 나한 비구라면
스스로 할 일을 이미 마쳤고
모든 번뇌를 이미 끊었으며
오직 마지막 몸을 가진 자일텐데
어째서 나라는 것이 있다고 하고
또 어째서 내 것이라고 말합니까?

그때 세존께서 게송으로 대답하셨다.

나한 비구는
스스로 할 일을 이미 마쳤고
모든 번뇌를 다 끊었으며
오직 최후의 몸을 가졌다.

나는 번뇌가 이미 다 끊어졌다 말하고
내 것이라고 집착하지 않는다고 말하니
그는 세상에서 부르는 이름들이
모두가 임시 붙인 이름임을 잘 아느니라.

그때 그 천자는 부처님의 말씀을 듣고 함께 기뻐하면서 부처님의 발에 머리를 조아리고 이내 사라지더니 나타나지 않았다.

583. 월천자경月天子經[8]

이와 같이 나는 들었다.

어느 때 부처님께서는 사위국 기수급고독원에 계셨다.

그때 라후라羅睺羅 아수라왕阿修羅王이 월천자月天子를 가리자, 모든 월천자들은 다들 두렵고 무서워서 부처님께서 계신 곳으로 찾아가서 부처님의 발에 머리를 조아리고서 한쪽에 물러서서 게송으로 부처님을 찬탄하였다.

가장 훌륭하게 깨달으신 분이시고

8 이 경은 『별역잡아함경』 제9권 일곱 번째 소경과 같은 내용이다.

일체 장애를 벗어나신 분께 예배합니다.
저희들은 지금 고통을 겪고 있기에
이렇게 찾아와서 귀의합니다.

저희들 월천자는
선서善逝께 귀의하오니
부처님이시여, 세상을 불쌍히 여겨
아수라의 장애를 풀어주소서.

그때 세존께서 게송으로 대답하셨다.

모든 어둠을 부숴 버리기 위해
광명으로 허공을 비추리니
이제 저 비로자나毘盧遮那의
맑고 깨끗한 광명 나타나리라.

라후 아수라는 허공으로 피하여
재빠른 토끼처럼 어느새 달아났으니
라후 아수라는
곧 달을 버리고 돌아갔다.

온 몸에는 땀이 흐르고
두려워 떨면서 안절부절못했고
정신은 아득하고 마음은 어지러워
마치 중병을 앓는 사람 같았네.

그때 바치婆稚라는 아수라는 라후라 아수라가 쏜살같이 달을 버리고 돌아가는 것을 보고 곧 게송으로 말했다.

라후 아수라여,
달을 버림이 어이 그리 빠른가?
온몸에 땀이 흘러
마치 중병을 앓는 사람 같구나.

라후 아수라가 게송으로 대답하였다.

구담瞿曇께서 주문 게송을 설하시어
만일 빨리 달을 놓아주지 않으면
머리가 일곱 조각으로 부서질 것이요
죽음과 같은 고통을 받으리라 하셨네.

바치 아수라가 다시 게송으로 말했다.

부처님의 출현은 일찍이 없었던 일이라
온 세상을 안온하게 해주시니
주문 게송으로 라후라 아수라로 하여금
달을 버리고 달아나게 하셨네.

부처님께서 이 경을 말씀하시자 월천자들은 부처님의 말씀을 듣고 함께 기뻐하면서 예를 올리고 떠나갔다.

584. 족본경族本經[9]

이와 같이 나는 들었다.

어느 때 부처님께서는 사위국 기수급고독원에 계셨다.

그때 얼굴이 아주 잘생긴 어떤 천자가 새벽에 부처님께서 계신 곳으로 찾아와 부처님의 발에 머리를 조아리고서 한쪽에 물러앉아 있었는데, 그의 온몸에서 나오는 광명은 기수급고독원을 두루 비추었다.

그때 그 천자가 게송으로 부처님께 여쭈었다.

종족의 뿌리가 있습니까,
전생轉生 종족이 있습니까?
서로 함께 이어져 가는 것이 있습니까?
결박을 벗어난다는 것은 무엇입니까?

그때 세존께서 게송으로 대답하셨다.

내게는 종족의 뿌리도 없고
전생 종족도 또한 없으며
서로 함께 이어져 가는 것도 영원히 끊어
일체의 결박에서 벗어났노라.

그때 그 천자가 다시 게송으로 말했다.

무엇을 종족의 뿌리라고 하고

9 이 경은 『별역잡아함경』 제9권 여덟 번째 소경과 같은 내용이다.

무엇을 전생 종족이라고 하며
어떤 것을 서로 함께 이어져 간다 하고
어떤 것을 단단한 결박이라 합니까?

그때 세존께서 게송으로 대답하셨다.

어머니가 세상 종족의 뿌리가 되고
아내를 전생 종족이라 부르며
자식들이 서로 함께 이어져 가는 것이요
애욕을 단단한 결박이라 하느니라.

나는 이러한 종족의 뿌리도 없고
전생 종족도 또한 없으며
서로 함께 이어져 가는 것도 없나니
이것이 단단한 결박에서 벗어난 것이니라.

그때 그 천자가 다시 게송으로 말했다.

훌륭하십니다. 종족의 뿌리가 없음이여,
태어날 종족도 없으시니 장하십니다.
훌륭하십니다. 이어져 감이 없음이여,
장하십니다. 결박에서 벗어나심이여.

오래전에 바라문을 보았는데
그 바라문은 반열반을 얻어
모든 원한에서 다 벗어났고

세상 은애까지 영원히 벗어났네.

그때 그 천자는 부처님의 말씀을 듣고 함께 기뻐하면서 부처님의 발에 머리를 조아리고 이내 사라지더니 나타나지 않았다.

585. 독일주경獨一住經[10]

이와 같이 나는 들었다.

어느 때 부처님께서는 석씨釋氏 우라제나優羅提那탑이 있는 곳에 머물고 계셨다.

그때 세존께서는 수염과 머리를 새로 깎고, 새벽에 결가부좌하고, 몸을 곧게 하시고서 뜻을 바르게 하여 생각을 앞에 매어두고, 옷을 머리에 뒤집어쓰고 계셨다. 그때 우라제나탑 곁에 어떤 천신天神이 머물고 있었는데, 그는 몸에서 광명을 놓아 정사를 두루 비추면서 부처님께 여쭈었다.

"사문이여, 근심스러우십니까?"

부처님께서 천신에게 말씀하셨다.

"무엇을 잃었던가?"

천신이 다시 물었다.

"사문이여, 기쁘십니까?"

부처님께서 천신에게 말씀하셨다.

"무엇을 얻었던가?"

천신이 다시 물었다.

10 이 경은 『별역잡아함경』 제9권 아홉 번째 소경과 같은 내용이다.

"사문이여, 근심스럽지도 않고 기쁘지도 않으십니까?"
부처님께서 천신에게 말씀하셨다.
"그렇다, 그렇다."
그때 천신이 곧 게송으로 말했다.

모든 번뇌를 여의셨습니까,
또한 기쁨도 없다고 하셨습니까?
어째서 홀로 계십니까?
무너짐이 즐겁지 않은 것은 아닙니까?

그때 세존께서 게송으로 대답하셨다.

나는 번뇌 없이 해탈하였고
또한 기쁨도 없어
즐거움도 없고 무너뜨릴 것도 없으니
그러므로 혼자 있는 것이다.

그때 천신이 다시 게송으로 말했다.

어째서 번뇌가 없으며
어째서 기쁨이 없습니까?
어째서 홀로 계십니까?
무너짐이 즐겁지 않은 것은 아닙니까?

그때 세존께서 다시 게송으로 말씀하셨다.

번뇌에서 기쁨이 생기고
기쁨에서 또한 번뇌가 생기나니
번뇌도 없고 기쁨도 없음을
천신아, 마땅히 보호해 지녀라.

그러자 천신이 다시 게송으로 말했다.

훌륭하십니다. 번뇌 없음이여,
훌륭하십니다. 기쁨 없음이여,
훌륭하십니다. 홀로 머무심이여,
함〔爲〕이 없어 기쁨도 무너짐도 없음이여.

오래전에 바라문을 보았는데
그 바라문은 반열반을 얻어
모든 원한에서 이미 벗어났고
세상 은애까지 영원히 벗어났네.

그때 그 천자는 부처님의 말씀을 듣고 함께 기뻐하면서 부처님의 발에 머리를 조아리고 이내 사라지더니 나타나지 않았다.

586. 이검경利劍經[11]

이와 같이 나는 들었다.

11 이 경은 『별역잡아함경』 제9권 열 번째 소경과 같은 내용이다.

어느 때 부처님께서는 사위국 기수급고독원에 계셨다.

그때 얼굴이 아주 잘생긴 어떤 천자가 새벽에 부처님께서 계신 곳으로 찾아와 부처님의 발에 머리를 조아렸는데, 그의 온몸에서 나오는 광명은 기수급고독원을 두루 비추었다.

그때 그 천자가 게송으로 말했다.

마치 예리한 칼날이 해치는 것과 같고
또한 머리에 불이 붙은 것과 같네.
탐욕의 불을 끊어 없애고
바른 생각으로 멀리 여의기를 구합니다.

그때 세존께서 게송으로 대답하셨다.

비유하면 예리한 칼날이 해치는 것과 같고
또한 머리에 불이 붙은 것과 같네.
후생의 몸을 끊어버리고
바른 생각으로 멀리 여의기를 구하라.

그때 그 천자가 다시 게송으로 말했다.

오래전에 바라문을 보았는데
그 바라문은 반열반을 얻어
모든 두려움에서 이미 벗어났고
세상 은애까지 영원히 벗어났네.

그때 그 천자는 부처님의 말씀을 듣고 함께 기뻐하면서 부처님의 발에 머리를 조아리고 이내 사라지더니 나타나지 않았다.

587. 천녀경天女經[12]

이와 같이 나는 들었다.

어느 때 부처님께서는 사위국 기수급고독원에 계셨다. 그때 얼굴이 아주 잘생긴 어떤 천자가 새벽에 부처님께서 계신 곳으로 찾아와 부처님의 발에 머리를 조아렸는데, 그의 온몸에서 나오는 광명은 기수급고독원을 두루 비추었다.

그때 그 천자가 게송으로 말했다.

에워싼 저 천녀天女들
마치 저 비사지毘舍脂[13]들 같거니
이 어리석음과 미혹의 숲을
무슨 방법으로 빠져나갈까?

그때 세존께서 게송으로 대답하셨다.

정직하고 평등한 길은
두려움을 여의는 방법일세.
고요하고 잠잠한 수레를 타고
법상法想으로 단단한 덮개를 삼네.

---

12 이 경은 『별역잡아함경』 제9권 열한 번째 소경과 같은 내용이다.

13 팔리어로는 piśācī라고 함. 여자 흡혈귀吸血鬼를 말함.

부끄러움으로 긴 고삐를 삼고
바른 생각으로 굴레를 삼으며
지혜로써 좋은 길잡이를 삼고
바른 소견으로 안내자를 삼아라.

이렇게 묘한 수레는
남자든 여자든 타야 할 수레로서
나고 죽음의 숲 속을 벗어나
안락한 곳에 이르게 되리라.

그때 그 천자가 다시 게송으로 말했다.

오래전에 바라문을 보았는데
그 바라문은 반열반을 얻어
모든 두려움에서 이미 벗어났고
세상 은애까지 영원히 벗어났네.

그때 그 천자는 부처님의 말씀을 듣고 함께 기뻐하면서 부처님의 발에 머리를 조아리고 이내 사라지더니 나타나지 않았다.

588. 사륜경四輪經[14]

이와 같이 나는 들었다.

14 이 경은 『별역잡아함경』 제9권 열두 번째 소경과 같은 내용이다.

어느 때 부처님께서는 사위국 기수급고독원에 계셨다.

그때 얼굴이 아주 잘생긴 어떤 천자가 새벽에 부처님께서 계신 곳으로 찾아와 부처님의 발에 머리를 조아렸는데, 그의 온몸에서 나오는 광명은 기수급고독원을 두루 비추었다.

그때 그 천자가 부처님께 게송으로 여쭈었다.

네 구름〔轉〕[15]과 아홉 개의 문[16]에
탐욕이 가득 채워져 있거니
저 수렁에 깊이 빠진 큰 코끼리
어떻게 그곳을 빠져 나오리.

그때 세존께서 게송으로 대답하셨다.

애정과 기쁨의 긴 고삐와
탐욕 따위의 모든 악을 끊고
애욕의 근본을 뽑아버리면
바로 그곳으로 향하게 되느니라.

그때 그 천자가 다시 게송으로 말했다.

오래전에 바라문을 보았는데

---

15 송·원·명 세 본本에는 '윤輪'자로 되어 있다. 여기에서 4전轉이라는 것은 행行·주住·좌坐·와臥를 가리키는 말로서 마음을 추스르고 위의를 바르게 하는 것을 말함.

16 9문門은 사람 몸의 두 개의 눈·두 개의 귀·두 개의 코·한 개의 입과 대·소변을 보는 구멍 두 곳 등 아홉 구멍[孔]을 말함.

그 바라문은 반열반을 얻어
모든 두려움에서 이미 벗어났고
세상 은애까지 영원히 벗어났네.

그때 그 천자는 부처님의 말씀을 듣고 함께 기뻐하면서 부처님의 발에 머리를 조아리고 이내 사라지더니 나타나지 않았다.

589. 나타국경羅吒國經[17]

이와 같이 나는 들었다.

어느 때 부처님께서는 사위국 기수급고독원에 계셨다. 그때 얼굴이 아주 잘생긴 어떤 천자가 새벽에 부처님께서 계신 곳으로 찾아와 부처님의 발에 머리를 조아리고 나서 한쪽에 물러앉아 있었는데, 그의 온몸에서 나오는 광명은 기수급고독원을 두루 비추었다.

그때 그 천자가 게송으로 부처님께 여쭈었다.

뢰타반제賴吒槃提라는 나라에
여러 상인들이 있는데
큰 부자로 재보財寶가 풍족하건만
저마다 부자 되기를 다투어
갖은 방법으로 재물과 이익을 욕심내니
그것은 마치 타오르는 불길 같네.

17 이 경은 『별역잡아함경』 제9권 스물세 번째 소경과 같은 내용이다.

이렇게 다투고 겨루는 마음에서
탐욕으로 언제나 휘몰아 다니나니
어떻게 하면 그 탐욕 끊어
이 세상 고달픔을 쉬게 할 수 있습니까?

그때 세존께서 게송으로 대답하셨다.

세속을 버리고 출가하여 집이 없고
아내와 자식과 재물까지 버리며
탐욕·성냄·어리석음의 욕심을 여읜
저 아라한은 모든 번뇌 다 끊고
바른 지혜로 마음이 해탈하여
애욕도 다하고 방편도 쉬었다네.

그때 그 천자가 다시 게송으로 말했다.

오래전에 바라문을 보았는데
그 바라문은 반열반을 얻어
모든 두려움에서 이미 벗어났고
세상 은애까지 영원히 벗어났네.

그때 그 천자는 부처님의 말씀을 듣고 함께 기뻐하면서 부처님의 발에 머리를 조아리고 이내 사라지더니 나타나지 않았다.

590. 상인경商人經[18]

이와 같이 나는 들었다.

어느 때 부처님께서는 사위국 기수급고독원에 계셨다.

그때 세존께서 비구들에게 말씀하셨다.

"과거 세상 어느 때 구살라국拘薩羅國에 많은 상인들이 살고 있었다. 그들은 5백 대의 수레에 나누어 타고 장사하러 함께 가다가 넓은 벌판에 이르렀다. 그 벌판에는 5백 명의 도둑 떼가 그들의 뒤를 쫓아 따라가면서, 틈을 보아 도둑질을 하려 하였다. 그때 그 벌판에 어떤 천신 하나가 길가에 서 있었는데 그 천신은 이렇게 생각하였다.

'내가 당장 저 구살라국의 모든 상인들이 있는 곳으로 가서 이치를 물어보리라. 만일 저 상인들이 내 물음을 기뻐하고 또 그것을 해설해 주면 나는 마땅히 방편으로 그들을 도둑들의 곤경에서 벗어나 안온하게 해줄 것이요, 만일 내 물음을 반가워하지 않으면, 마땅히 다른 천신들처럼 그들을 내버려두리라.'

그 천신은 이렇게 생각한 뒤에, 곧 몸에서 광명을 놓아 상인들의 수레가 모여 있는 곳을 두루 비추면서 게송으로 말했다.

> 누가 깨어 있는 이와 비교하면 잠자는 이이며
> 누가 잠자는 이와 비교하면 깨어 있는 이인가?
> 누가 이 이치를 알 수 있으며
> 누가 나를 위해 설명할 수 있는가?

그때 그 상인들 가운데 어떤 우바새優婆塞가 있었다. 그는 부처님을

---

18 이 경은 『별역잡아함경』 제9권 스물네 번째 소경과 같은 내용이다.

믿고 법을 믿고 비구 스님을 믿어, 일심으로 부처님·법·승가 대중을 향했고, 부처님·법·승가 대중에 귀의하는 자였다. 그래서 부처님에 대해 의심이 없고, 법과 승가 대중에 대해 의심이 없으며, 괴로움〔苦〕·괴로움의 발생〔集〕·괴로움의 소멸〔滅〕·괴로움의 소멸에 이르는 길〔道〕에 대한 의심을 여의어 네 가지 성스러운 진리를 알고 제일가는 무간등無間等의 과위를 얻은 자였다. 그런 그가 여러 상인들과 함께 길동무가 되어 상인들 속에 머물고 있었다. 그 우바새는 새벽에 단정히 앉아 깊이 사색하면서 생각을 매어 앞에 두고 12인연을 거꾸로 관찰하고 순차적으로 관찰하곤 하였다.

'이른바 이 일이 있기 때문에 이 일이 있는 것이고, 이 일이 일어나기 때문에 이 일이 일어나는 것이니, 즉 무명無明으로 말미암아 행行이 있고, 행으로 말미암아 식識이 있고, 식으로 말미암아 명색名色이 있고, 명색으로 말미암아 6입처入處가 있고, 6입처로 말미암아 접촉〔觸〕이 있고, 접촉으로 말미암아 느낌〔受〕이 있고, 느낌으로 말미암아 애욕〔愛〕이 있고, 애욕으로 말미암아 취함〔取〕이 있고, 취함으로 말미암아 존재〔有〕가 있고, 존재로 말미암아 태어남〔生〕이 있고, 태어남으로 말미암아 늙음〔老〕·죽음〔死〕·걱정〔優〕·슬픔〔悲〕·번민〔惱〕·괴로움〔苦〕이 있으니, 이리하여 순수한 큰 고통의 무더기가 발생하는〔集〕 것이다. 이와 같아서 무명이 멸하면 행이 멸하고, 행이 멸하면 식이 멸하며, 식이 멸하면 명색이 멸하고 명색이 멸하면 6입처가 멸하며, 6입처가 멸하면 접촉이 멸하고, 접촉이 멸하면 느낌이 멸하며, 느낌이 멸하면 애욕이 멸하고, 애욕이 멸하면 취함이 멸하며, 취함이 멸하면 존재가 멸하고, 존재가 멸하면 태어남이 멸하며, 태어남이 멸하면 늙음·죽음·걱정·슬픔·번민·괴로움이 멸한다. 이리하여 순수한 큰 고통의 무더기가 소멸하는〔滅〕 것이다.'

그때 그 우바새는 이렇게 생각한 뒤에 곧 게송으로 말했다.

나는 깨어 있는 이와 비교하면 잠자는 이이고
나는 잠자는 이와 비교하면 깨어 있는 이라네.
나는 이 이치를 잘 알고 있고
능히 남을 위해 설명할 수 있다네.

그때 그 천신이 우바새에게 물었다.

왜, 깨어 있는 이와 비교하면 잠자는 이라 하고
왜, 잠자는 이와 비교하면 깨어있는 이라 하는가?
어떻게 그것을 알 수 있고
어떻게 그것을 설명할 수 있는가?

그때 우바새가 게송으로 대답하였다.

탐욕과 성냄과
어리석음의 욕심을 여의고
번뇌가 다한 아라한은
바른 지혜로 마음이 해탈하였으니
그가 곧 깨어 있는 사람이고
나는 그와 비교하면 잠자는 사람이다.

고통이 생기는 원인과
고통을 발생시키는 인연과
이 일체의 고통을
남김없이 다 없앤 것에 대해 알지 못한다면

또 고통 없는 곳으로 평등하게 나아가는
바른 도를 알지 못한다면
이들이 바로 항상 잠자는 사람이니
나는 그들과 비교하면 깨어있는 사람이다.

이와 같이 깨어 있는 이와 비교해 잠자는 이라 하고
이와 같이 잠자는 이와 비교해 깨어있는 이라 하나니
이와 같이 그 이치 나는 잘 알아
이와 같이 그것을 설명할 수 있노라.

그때 그 천신이 다시 게송으로 말했다.

훌륭하다, 깨어 있는 이와 비교해 잔다고 함이여.
훌륭하다, 잠자는 이와 비교해 깨어있다고 함이여.
훌륭하다, 그 이치 잘 앎이여.
훌륭하다, 그것을 능히 설명함이여.

먼 옛날부터 지금에 이르기까지
여러 형제로서 함께 온 것 깨달았네.
그대의 은혜로운 힘으로 말미암아
저 여러 상인들이
도둑들의 환난을 모면하고
길을 따라 안락하게 갈 수 있게 하리라.

이와 같다. 여러 비구들아, 그리하여 저 구살라국의 여러 상인들은 다 안전하게 넓은 벌판을 벗어나게 되었느니라."

부처님께서 이 경을 말씀하시자 모든 비구들은 부처님의 말씀을 듣고 기뻐하며 받들어 행하였다.

591. 해주경海州經[19]

이와 같이 나는 들었다.

어느 때 부처님께서는 사위국 기수급고독원에 계셨다.

그때 부처님께서 여러 비구들에게 말씀하셨다.

"과거 세상 어느 때, 섬에 살고 있던 어떤 우바새가 다른 우바새의 집에 찾아가 사람들이 모여 앉아있는 가운데에서 애욕愛欲에 대하여 몹시 나무라면서 말했다.

'이 애욕이란 거짓이요 진실하지 않으며, 사람을 속이는 법으로서, 마치 꼭두각시가 어린애를 속이는 것과 같다.'

이렇게 말하던 그는 정작 자기 집에 돌아와서는 다섯 가지 애욕을 마음껏 누렸다. 그 우바새의 집에는 어떤 천신天神이 머물고 있었다. 그때 그 천신은 이렇게 생각하였다.

'이 우바새도 매한가지〔不勝不類〕이다. 다른 우바새의 집에서 여럿이 모여 앉아있는 자리에서는 애욕에 대하여 〈이러한 애욕이란 거짓이요 진실하지 않으며, 사람을 속이는 법으로서 마치 어린애를 속이는 것과 같다〉고 몹시 꾸짖어 말하더니, 정작 자기 집에 돌아와서는 다섯 가지 애욕을 마음껏 누리고 있다. 내가 지금 그를 깨우쳐주는 것이 좋겠다.'

그리고는 곧 게송으로 말했다.

19 이 경은 『별역잡아함경』 제9권 스물다섯 번째 소경과 같은 내용이다.

많은 사람들이 모인 자리에서는
애욕은 무상한 것이라고 나무라더니만
제 자신이 그 애욕에 빠지는 것이
마치 소가 수렁에 빠진 것과 같구나.

내가 그곳에 모인 이들을 관찰해보니
그 여러 우바새들
들은 것이 많아 법을 훤히 알고
깨끗한 계를 받들어 지니네.

너는 그들의 즐거운 법을 보고
애욕은 무상한 것이라고 말하더니
어째서 제 자신은 애욕을 누리며
탐욕과 애욕을 끊지 못하느냐?
어째서 세간을 좋아하여
처자와 권속을 기르고 있는가?

그때 그 천신이 이렇게 그 우바새를 깨우쳐 주자, 이렇게 그 우바새는 깨닫고 나서, 수염과 머리를 깎고 가사를 입고, 바른 믿음으로 집 없는 데로 출가하여 도를 배워 부지런히 닦아 익혀서 모든 번뇌〔有漏〕가 다해 아라한이 되었느니라."

부처님께서 이 경을 말씀하시자 모든 비구들은 부처님의 말씀을 듣고 기뻐하며 받들어 행하였다.

592. 급고독경給孤獨經[20]

이와 같이 나는 들었다.

어느 때 부처님께서는 왕사성에 있는 한림寒林[21]의 묘지 사이에 머물고 계셨다.

그때 급고독給孤獨 장자는 조금 볼 일이 있어 왕사성王舍城으로 가서 어느 장자의 집에 머물고 있었다. 밤에 그 장자는 그 처자와 종과 머슴들에게 말했다.

"너희들은 다들 일어나 장작을 쪼개 불을 지펴 밥을 짓고 떡을 만들고 여러 가지 요리를 만들고 온 집안을 장엄하도록 하라."

급고독 장자는 그것을 보고 이렇게 생각하였다.

'지금 이 장자에게 무슨 일이 생겼는가? 딸을 시집보내던가 며느리를 맞기라도 하는 건가? 아니면 손님이나 왕이나 대신을 초청하기라도 한 건가?'

이렇게 생각하고 나서 곧 그 장자에게 물었다.

"당신에게 무슨 일이라도 있습니까? 딸을 시집보내던가 며느리를 맞기라도 하는 겁니까? 아니면 손님이나 왕이나 대신을 초청하기라도 한 겁니까?"

장자가 급고독 장자에게 대답했다.

"나는 딸을 시집보내거나 며느리를 맞는 것도 아니며, 또한 왕이나 대신을 초청하지도 않았습니다. 다만 부처님과 비구스님을 초청하여 공양을 올리려고 할 뿐입니다."

그때 급고독 장자는 일찍이 들어본 적이 없는 부처님이라는 이름을

---

20 이 경은 『별역잡아함경』 제9권 스물여섯 번째 소경과 같은 내용이다.

21 팔리어로는 Sītavana라고 함. 죽은 시체들을 내다버리는 장소를 말함.

듣고는 마음이 너무 기뻐 온몸의 털구멍이 다 느긋해져 그 장자에게 물었다.

"어떤 이를 부처라고 합니까?"

장자가 대답하였다.

"사문 구담이라는 분이 계시는데, 그 분은 석가 종족의 아들로서 수염과 머리를 깎고 가사를 입고 바른 믿음으로 집 없는 데로 출가하여 도를 배워 아뇩다라삼먁삼보리阿耨多羅三藐三菩提를 얻으셨습니다. 그 분을 부처라고 합니다."

급고독 장자가 물었다.

"어떤 이를 스님이라고 합니까?"

그 장자가 말했다.

"만일 바라문의 종족이 수염과 머리를 깎고 가사를 입고 집에서 집 없는 곳으로 부처님을 따라 출가하거나, 혹은 찰리종刹利種·비사종毘舍種·수다라종首陀羅種의 선남자들이 수염과 머리를 깎고 가사를 입고, 바른 믿음으로 집 없는 데로 부처님께서 출가하셨듯이 그를 따라 출가하면, 그들을 스님이라고 합니다. 그래서 오늘 부처님과 현재 그 곳에 있는 스님들을 초청하여 모든 공양들을 베풀려고 하는 것입니다."

급고독 장자가 그 장자에게 물었다.

"제가 지금 세존을 찾아뵈어도 괜찮겠습니까?"

그 장자가 대답하였다.

"당신은 일단 여기에 계십시오. 제가 세존을 청해 우리 집으로 오시면 여기서 뵐 수 있을 것입니다."

급고독 장자는 그 날 밤에 지극한 마음으로 부처님을 생각하다가 이내 잠이 들었다. 아직 날이 밝기도 전인데 갑자기 환하게 밝은 형상이 보여 그는 날이 밝았다고 생각하고 그 집을 나와 성문으로 달려가서 성문 아래 이르렀는데, 밤의 2경更이 시작될 무렵이었으므로 아직 성문은 열리지 않을 시간이었다. 왕가의 일상적인 법도에서는 멀리서 오고 가는 사신들을 기다리기 위하여 초저녁〔初夜〕이 지나야 비로소 성문을 닫고, 한밤중이 지나면 곧 다시 문을 열어 행인들로 하여금 일찍 오가게 하고 있었다. 그러나 그때 급고독 장자는 성문이 열린 것을 보고 이렇게 생각하였다.

'이것은 틀림없이 밤이 지나고 새벽이 되어 문이 열린 것이다.'

그래서 밝은 형상을 따라 성문을 나왔는데 성문을 나오자, 그렇게 밝던 형상은 온데간데없고 도로 깜깜한 밤으로 되돌아갔다.

급고독 장자는 마음에 문득 두려움이 생겨 온몸의 털이 곤두서 이렇게 생각하였다.

'무위無爲를 증득한 사람이나 귀신 혹은 간교한 사람이 나를 놀라게 하려는 것이 아닌가?'

그래서 그는 곧 돌아가려고 하였다. 그때 성문 옆에 어떤 천신이 서 있었다. 그 천신은 몸에서 광명을 발하여 그 성문에서부터 한림의 묘지까지 광명을 두루 비추었다. 그는 급고독 장자에게 말했다.

"그대는 우선 앞으로 나아가라. 그러면 뛰어난 이익을 얻을 수 있을 것이다. 부디 물러나 되돌아가지는 말라."

그때 그 천신이 곧 게송으로 말했다.

백 필의 좋은 말에
백 근의 황금을 가득 실은
노새가 끄는 수레와 말이 끄는 수레
각각 백 대가 있네.

거기다가 갖가지 진기하고

값진 보물들을 실어다 주리니
과거에 착한 종자 심은 사람은
이런 복된 과보 얻으리라.

그러나 어떤 사람이 존경하는 마음으로
부처님 향해 한 걸음 나아간다면
앞에 말한 사람의 복은
그의 16분의 1도 되지 않으리라.

"그러므로 장자여, 그대는 마땅히 앞으로 나아가고 부디 물러나 되돌아가지 말라."

그리고 그는 다시 게송으로 말했다.

설산雪山의 큰 용상龍象
순금으로 장식되고
거대한 몸집에 크고 긴 어금니 지녔는데
이런 코끼리를 보시한 사람도
부처님을 향한 복에 비하면
16분의 1에도 미치지 못하리라.

"그러므로 장자여, 그대는 어서 앞으로 나아가 저와 같이 큰 이익을 얻어야 한다. 다시 되돌아갈 일이 아니다."

그는 다시 게송으로 말했다.

금보사국金菩闍國[22]에 있는
수백 명의 여자들은

갖가지 묘한 보배와
영락으로 잘 꾸몄네.

비록 그들을 남에게 준다 해도
부처님을 향해 한 걸음 나아가는
그 공덕에 비하면
16분의 1에도 미치지 못하느니라.

"그러므로 장자여, 어서 앞으로 나아가 저와 같이 뛰어난 이익을 얻어야 한다. 다시 되돌아갈 일이 아니다."

그때 급고독 장자가 천신에게 물었다.

"현자여, 당신은 누구십니까?"

천신이 대답하였다.

"나는 마두식건摩頭息揵이라는 큰 마나바摩那婆로서 옛날에 장자의 좋은 벗이었는데, 존자 사리불舍利弗과 대목건련大目揵連에게 믿고 존경하는 마음을 내어, 그 공덕의 인연으로 하늘에 태어나게 되었고 지금은 이 성문을 맡고 있다. 그래서 장자에게 '다만 앞으로 나아가고 부디 물러나 되돌아가지 말라. 앞으로 나아가면 이익을 얻을 것이니 다시 되돌아갈 일이 아니다'라고 말했던 것이다."

그러자 급고독 장자가 이런 생각을 하였다.

'부처님께서 이 세상에 출현하심은 작은 일이 아니다. 그리고 바른

---

22 팔리어로는 Kaṃboja라고 함. 인도 16대국 가운데 하나로서 의역하여 가애可愛라고 함. 인더스 강 서쪽에 위치한 나라로 원래는 과일 열매의 이름에서 유래한 것임. 그 나라 사람들의 얼굴이 과일 열매와 비슷하게 생겼기 때문에 이렇게 불리게 되었고, 유난히 미녀美女들이 많았다고 함. 지금은 대략 아프가니스탄 지방으로 추정됨.

법을 들을 수 있는 것도 또한 작은 일이 아니다. 그래서 천신은 내게 앞으로 나아가라고 권한 것이다. 나는 어서 가서 세존을 뵈어야겠다.'

그리고 급고독 장자는 곧 그 광명을 따라 한림의 묘지로 갔다.

그때 세존께서는 방에서 나와 한데를 거닐고 계셨다. 급고독 장자는 멀리 부처님이 보이자, 곧 그 앞으로 나아가 속인의 예법대로 공손히 안부를 여쭈었다.

"세존이시여, 어떠십니까? 기거하심이 편안하십니까?"

그때 세존께서는 게송으로 대답하셨다.

바라문이여, 열반은
언제나 안락하나니
애욕에 물들지 않고
해탈해 영원히 남음이 없다.

일체의 희망을 끊고
마음의 불길을 억눌렀으니
마음은 이제 고요히 쉬게 되어
편안하고 아늑하게 잘 수 있노라.

그때 세존께서는 급고독 장자를 데리고 방으로 들어가 자리에 앉아, 몸을 단정히 하고 생각을 모은 뒤에 그를 위해 설법하여, 가르쳐 보이고 기뻐하게 하셨다. 그리고 세존께서는 모든 법은 무상한 것이라는 것과, 보시라는 복된 일과, 계를 잘 지키는 복된 일과, 하늘에 태어나게 하는 복된 일에 대한 것과, 탐욕의 맛 · 탐욕의 근심 · 탐욕에서 벗어남과 멀리 여윔이라는 복된 일에 대해 말씀해 주셨다. 급고독 장자는 법을 듣고 법을 보고 법을 얻고 법에 들어가고 법을 알아 모든 의혹에서 벗어났고, 남의 믿음을 의지하지 않고 남의 제도에 힘입지 않고 바른 법과 계에 들어가, 마음에 두려움이 없게 되었다. 그는 곧 자리에서 일어나 옷을 단정하게 하고 부처님께 예를 올린 다음 오른 무릎을 땅에 대고 합장하고 부처님께 아뢰었다.

"세존이시여, 저는 이미 구제되었습니다. 세존이시여, 저는 이미 구제되었습니다. 선서시여, 저는 오늘부터 목숨이 다하는 날까지 부처님께 귀의하고 법에 귀의하며 승가에 귀의하여 우바새가 되겠습니다. 부디 저를 증명하소서."

그때 세존께서 급고독 장자에게 물으셨다.

"그대 이름이 무엇인가?"

장자가 부처님께 아뢰었다.

"제 이름은 수달다須達多이며, 늘 고독하고 빈곤하고 고통 받는 사람들을 구제해 준다고 하여, 요새 사람들은 저를 급고독給孤獨이라 부릅니다."

세존께서는 다시 물으셨다.

"그대의 집은 어디에 있는가?"

장자가 부처님께 아뢰었다.

"세존이시여, 저는 구살라국 사람인데, 그 성의 이름은 사위성舍衛城이라고 합니다. 원하옵건대 부디 세존께서는 사위성으로 오십시오. 그러면 저는 마땅히 목숨이 다하도록 의복·음식·방·침구와 병에 따른 탕약을 모두 공급하겠습니다."

부처님께서 장자에게 물으셨다.

"사위성에 정사精舍가 있는가?"

장자가 부처님께 아뢰었다.

"세존이시여, 없습니다."

부처님께서 장자에게 말씀하셨다.

"그대가 거기에 정사를 세워 여러 비구들이 오고 가면서 머물게 하라."

장자가 부처님께 아뢰었다.

"오직 세존께서 사위성에 오시기만 한다면 저는 마땅히 정사와 승방僧房을 지어, 여러 비구들이 오고 가면서 머물게 하겠습니다."

그때 세존께서는 잠자코 그 청을 들어주셨다.

장자는 불세존께서 잠자코 청을 들어주신 줄 알고 나서 자리에서 일어나 부처님의 발에 머리를 조아리고서 떠나갔다.

593. 급고독생천경給孤獨生天經[23]

이와 같이 나는 들었다.

어느 때 부처님께서는 사위국 기수급고독원에 계셨다. 그때 급고독 장자가 병으로 목숨을 마친 뒤에 도솔천兜率天에 태어나서 도솔천 천자가 되어 이렇게 생각하였다.

'나는 여기에 오래 머물지 말고 당장 가서 세존을 뵈어야겠다.'

이렇게 생각하고는 마치 역사力士가 팔을 굽혔다 펴는 만큼의 짧은 시간에 도솔천에서 사라져 부처님 앞에 나타나, 부처님 발에 머리를 조아리고 한쪽에 물러앉았다. 그때 급고독 천자는 몸에서 광명을 뿜어내어 기수급고독원을 두루 비추었다. 그리고 급고독 천자는 게송으로 말했다.

> 이 기환림祇桓林에
> 선인승仙人僧[24]들 살고

23 이 경은 『별역잡아함경』 제9권 스물일곱 번째 소경과 같은 내용이다.

여러 왕들 역시 이곳에 머무니
내 기쁜 마음은 더욱 더하네.

깊은 믿음과 깨끗한 계의 업과
지혜로 훌륭한 삶을 사는 것
이로써 모든 중생 청정해지나니
그것은 족성이나 재물 때문이 아니라네.

큰 지혜 있는 사리불은
바른 생각으로 언제나 고요하며
한가로이 살면서 멀리 여의기를 닦으니
청정한 업을 처음 닦는 이들의 좋은 벗이네.

이 게송을 말해 마치고 나서 이내 사라지고는 다시 나타나지 않았다.

그때 세존께서 그 밤이 지나자 스님대중들에게 나아가, 니사단尼師壇을 펴고 대중들 앞에 앉아 여러 비구들에게 말씀하셨다.

"어젯밤에 얼굴이 아주 잘생긴 어떤 천자가 나를 찾아와서 내 발에 머리를 조아려 예를 올리고 한쪽에 물러앉아 게송으로 말했다.

이 기환림에
선인승들 살고
여러 왕들 역시 이곳에 머무니
내 기쁜 마음은 더욱 더하네.

---

24 팔리어로는 isisaṅgha라고 함. 여기서 선인은 부처님을 가리킴.

깊은 믿음과 깨끗한 계의 업과
지혜로 훌륭한 삶을 사는 것
이로써 모든 중생 청정해지나니
그것은 족성이나 재물 때문이 아니라네.

큰 지혜 있는 사리불은
바른 생각으로 언제나 고요하며
한가로이 살면서 멀리 여의기를 닦으니
청정한 업을 처음 닦는 이들의 좋은 벗이네.

그때 존자 아난이 부처님께 아뢰었다.

"세존이시여, 세존의 말씀을 제가 이해하기로는 어젯밤에 급고독 장자가 저 천상에 태어난 뒤에 세존을 찾아와 뵙고 나서 저 급고독 장자가 존자 사리불을 지극히 존경하여 한 말일 것입니다."

부처님께서 아난에게 말씀하셨다.

"그렇다, 그렇다. 아난아, 급고독 장자가 저 천상에 태어난 뒤에 나를 보러 온 것이다."

그때 세존께서 존자 사리불에 대해 게송으로 말씀하셨다.

오직 여래를 제외해 놓고
일체 세간의 지혜 가진 이를
사리불의 지혜에 비교하면
16분의 1에도 미치지 못하느니라.

사리불의 그 지혜는
천자의 지혜와 동등하지만

그것도 또한 여래의 지혜에 비하면
16분의 1에도 미치지 못하느니라.

부처님께서 이 경을 말씀하시자 모든 비구들은 부처님의 말씀을 듣고 기뻐하며 받들어 행하였다.

594. 광야장자생천경曠野長者生天經[25]

이와 같이 나는 들었다.

어느 때 부처님께서는 광야정사曠野精舍[26]에 계셨다.

그때 그 광야에 어떤 장자가 살았었는데, 그는 병으로 목숨을 마친 뒤에 무열천無熱天에 태어났다. 그 하늘에 태어나서 그는 이런 생각을 하였다.

'나는 여기에 오래 머물지 말고 당장 가서 세존을 뵙지 않으면 안 된다.'

이런 생각을 한 그는 마치 역사力士가 팔을 굽혔다 펴는 만큼의 짧은 시간에 무열천에서 사라져 부처님 앞에 나타났다. 그때 그 천자는 하늘 몸을 땅에 맡기자 스스로 몸을 가눌 수가 없었다. 그것은 마치 소유酥油를 땅에 던지면 스스로 설 수 없는 것과 같았다. 이와 같이 그 천자의 하늘 몸은 곱고 부드러워 스스로를 지탱하고 서지 못했다. 그때 세존께서 그 천자에게 말했다.

---

25 이 경은 『별역잡아함경』 제9권 스물여덟 번째 소경과 같은 내용이다.

26 『별역잡아함경』에는 광야원曠野園 제일림第一林으로 되어 있고, 팔리본에는 사위국기원舍衛國祇園으로 되어 있다.

"너는 거친 몸으로 변신하여 땅에 서보아라."

그러자 그 천자는 곧 스스로 몸을 변화시켜 거친 몸이 되게 하여 땅에 섰다. 그리고 천자는 부처님 발에 예를 올리고 한쪽에 물러앉았다.

그때 세존께서 수手[27]천자에게 말씀하셨다.

"수천자여, 너는 전생에 이 세상에서 사람의 몸으로 있을 적에 들었던 경법經法을 지금도 잊지 않고 다 기억하느냐?"

수천자가 부처님께 아뢰었다.

"세존이시여, 전생에 들어 지녔던 것을 지금도 전부 잊지 않고 있습니다. 그리고 전생에 사람이었을 때 들은 법 중에 완전히 이해하지 못했던 법까지도 지금은 기억하고 있으니, 이는 세존께서 잘 말씀하신 것과 같습니다.

세존께서는 말씀하시기를 '만일 사람이 안락한 곳에서 지내게 되면 기억할 수 있는 법이 괴로운 곳에서 지낼 때와는 다를 것이다'고 하셨습니다. 그 말씀은 진실이었습니다. 세존께서 염부제閻浮提에 계시면서 갖가지 여러 부류들과 사부대중들에게 둘러싸여 그들을 위해 설법하시면, 사부대중들은 부처님의 말씀을 듣고 다들 받들어 행합니다. 저도 또한 그와 같아서, 무열천에서 여러 하늘 사람들을 위해 큰 모임에서 설법하면, 그 하늘 대중들도 다들 듣고 공부합니다."

부처님께서 수천자에게 말씀하셨다.

"너는 여기서 인간으로 있을 적에 몇 가지 법에 싫증을 내지 않았기에 저 무열천에 태어나게 되었는가?"

수천자가 부처님께 아뢰었다.

"세존이시여, 저는 세 가지 법에 싫증을 내지 않았기 때문에 몸이 무너지고 목숨이 끝난 다음 무열천에 태어났습니다. 어떤 것이 그 세

27 팔리어로는 Hatthaka라고 하며, 천자의 이름임.

가지 법인가 하면, 저는 부처님을 뵙는 일에 대하여 싫증을 내지 않았기 때문에 몸이 무너지고 목숨이 끝난 다음 무열천에 태어났으며, 저는 부처님 법에 대해서 싫증을 내지 않았기 때문에 무열천에 태어났으며, 대중 스님을 공양하는 일에 싫증을 내지 않았기 때문에 몸이 무너지고 목숨이 끝난 다음 무열천에 태어났습니다."

그때 수천자가 곧 게송으로 말했다.

부처님 뵙는 일에 싫증 내지 않고
법 듣는 일도 싫증내지 않았으며
대중 스님들 공양하는 일에도
일찍이 싫증을 낸 적이 없었네.

현성賢聖의 법을 받아 가지고서
아끼고 집착하는 때를 조복 받았네.
세 가지 법에 만족할 줄 몰랐으니
그런 까닭에 무열천에 태어났다네.

그때 수천자는 부처님 말씀을 듣고 기뻐하고 따라 기뻐하면서 이내 사라지더니 나타나지 않았다.

595. 무번천경無煩天經[28]

이와 같이 나는 들었다.

---

28 이 경은 『별역잡아함경』 제9권 스물아홉 번째 소경과 같은 내용이다.

어느 때 부처님께서는 사위국 기수급고독원에 계셨다. 그때 얼굴이 아주 잘생긴 무번천無煩天의 천자가 부처님께서 계신 곳으로 찾아와 부처님의 발에 머리를 조아리고 한쪽에 물러앉아 있었는데, 그 몸에서 나오는 광명은 기수급고독원을 두루 비추었다. 그때 그 천자가 게송으로 말했다.

저 무번천에 태어난
해탈한 일곱 비구
탐욕과 성냄을 이미 다 끊고
세상을 초월하고 은애恩愛까지 벗어났네.

죽음의 마군魔軍은 건너기 어렵거늘
어느 누가 모든 흐름을 건넜습니까?
누가 그 마군의 고삐를 끊고
번뇌의 굴레를 아주 벗어났습니까?

그때 세존께서 게송으로 대답하셨다.

존자 우파가優波迦와
그리고 파라건다波羅揵茶와
불가라사리弗迦羅娑梨와
발제跋提와 건타첩揵陀疊이며

바휴난제婆休難提와
또 바비수누波毘瘦瓮 등
이 여러 사람들은

모든 흐름을 다 건넌 이들이네.

죽음이란 마군의 고삐를 끊고
그 건너기 어려운 곳을 건넌 사람들
이제 죽음이란 마군의 고삐 끊고
모든 하늘의 굴레도 벗어났네.

매우 심오하고 묘한 법 설명하며
알기 어려운 것 깨닫고서는
교묘한 방편으로 깊은 이치 묻는데
지금 그대는 도대체 누구인가?

그때 그 천자가 게송으로 부처님께 아뢰었다.

저는 바로 아나함阿那含으로서
저 무번천에 태어났기에
탐욕과 성냄을 이미 버리고
세상 은애까지 아주 벗어난
저 해탈한 일곱 비구들
그런 이들을 잘 압니다.

그때 그 세존께서 다시 게송으로 말씀하셨다.

눈・귀・코・혀・몸과
여섯 번째 뜻의 입처入處며
또는 저 명名과 색色을

남김없이 멸하여 다 끊어버렸네.

이러한 모든 법을 다 잘 알아서
해탈한 저 일곱 비구들
유有를 탐하는 일 이미 버리고
세상 은애까지 아주 벗어났다네.

그때 그 천자가 다시 게송으로 말했다.

비발릉가鞞跋楞伽라는 마을
저는 그곳에서 살 때
난제바라難提婆羅라 하였고
여러 가지 질그릇을 만들었습니다.

저는 가섭 부처님의 제자가 되어
우바새의 법을 지키고
부모님을 공양하면서
탐욕을 떠나 범행을 닦았었는데
그들은 세상마다 저의 친구였고
저 또한 그들의 친구였습니다.

이러한 여러 큰 보살들과
전생부터 서로 화목하게 지내면서
몸과 마음을 함께 잘 닦아
이제 이 최후의 몸을 갖게 되었습니다.

그때 세존께서 다시 게송으로 말씀하셨다.

그렇다. 너 어진 선비여,
네가 한 말은 틀림없나니
그 비발릉가라는 마을에서
넌 난제바라라고 불렸느니라.

너는 가섭 부처님의 제자가 되어
우바새의 법을 받아 지니고
부모님을 공양하면서
탐욕을 여의고 범행을 닦았었다.
옛날에 그들은 너의 친구였고
너도 또한 그들의 좋은 친구였다.

그러한 여러 바른 선비들과
전생부터 서로 화목하게 지내면서
몸과 마음을 잘 닦아
이제 이 최후의 몸 갖게 되었다.

부처님께서 이 경을 말씀하시자 그 천자는 부처님의 말씀을 듣고 함께 기뻐하면서 이내 사라지고 나타나지 않았다.

596. 공포경恐怖經[29]

이와 같이 나는 들었다.

어느 때 부처님께서는 사위국 기수급고독원에 계셨다. 그때 얼굴이 아주 잘생긴 어떤 천자가 새벽에 부처님께서 계신 곳으로 찾아와 부처님의 발에 머리를 조아려 예를 올리고 한쪽에 물러앉아 있었는데, 그의 온몸에서 나오는 광명은 기수급고독원을 두루 비추었다.

그때 그 천자가 게송으로 부처님께 아뢰었다.

이 세상은 두렵고 무서운 일 많고
중생은 언제나 어지럽고 번민하네.
이미 생겨난 것도 또한 괴롭고
아직 생기지 않은 일도 괴롭네.
혹 두려움 벗어날 방법 있으면
그 지혜의 눈으로 말씀하소서.

그때 세존께서 게송으로 대답하셨다.

만일 고행 행함에 틀림이 없고
모든 감관 억누름에 틀림없으며
일체를 버림에 틀림없으면
그러고서야 해탈을 보게 되리라.

그때 그 천자가 다시 게송으로 말했다.

---

29 이 경은 『별역잡아함경』 제9권 21번째 소경과 같은 내용이다.

오래전에 바라문을 보았는데
그 바라문은 반열반般涅槃을 얻어
모든 두려움에서 이미 벗어났고
세상 은애恩愛까지 영원히 벗어났네.

그때 그 천자는 부처님의 말씀을 듣고 함께 기뻐하면서 부처님의 발에 머리를 조아리고 이내 사라지더니 나타나지 않았다.

597. 묘색경妙色經[30]

이와 같이 나는 들었다.

어느 때 부처님께서는 사위국 기수급고독원에 계셨다.

그때 얼굴이 아주 잘생긴 어떤 천자가 새벽에 부처님께서 계신 곳으로 찾아와 부처님의 발에 머리를 조아려 예를 올리고 한쪽에 물러앉아 있었는데, 그의 온몸에서 나오는 광명은 기수급고독원을 두루 비추었다.

그때 그 천자가 게송으로 부처님께 아뢰었다.

어떻게 해야 모든 중생들이
아름다운 몸을 받으며
어떻게 방편을 닦아야
세간 벗어날 방법을 얻겠습니까?

---

30 이 경은 『별역잡아함경』 제9권 스물한 번째 소경과 같은 내용이다.

중생들은 어떤 법에 머물러야 하고
중생들은 어떻게 닦아 익혀야 하며
또 어떤 중생이라야
여러 하늘들의 공양을 받겠습니까?

그때 세존께서 게송으로 대답하셨다.

계를 지키고 밝은 지혜로
스스로 정수正受를 닦아 익히고
정직한 마음으로 생각을 붙들어매면
불길 같은 근심도 모두 없어지리라.

이렇게 평등한 지혜를 얻어야
그 마음 번뇌에서 잘 해탈하나니
이러한 인연을 말미암기 때문에
아름다운 빛깔의 몸을 받느니라.

세간 벗어나는 방법을 성취해
거기에 마음 두고 공부해야 하나니
이러한 덕을 갖춘 자라야
여러 하늘의 공양을 받느니라.

그때 그 천자가 다시 게송으로 말했다.

오래전에 바라문을 보았는데
그 바라문은 반열반을 얻어

모든 두려움에서 이미 벗어났고
세상 은애까지 영원히 벗어났네.

그때 그 천자는 부처님의 말씀을 듣고 기뻐하면서 부처님의 발에 머리를 조아리고서 이내 사라지더니 나타나지 않았다.

598. 수면경睡眠經[31]

이와 같이 나는 들었다.

어느 때 부처님께서는 사위국 기수급고독원에 계셨다.

그때 얼굴이 아주 잘생긴 어떤 천자가 새벽에 부처님께서 계신 곳으로 찾아와 부처님의 발에 머리를 조아리고서 한쪽에 물러앉아 있었는데, 그의 온몸에서 나오는 광명은 기수급고독원을 두루 비추었다.

그때 그 천자가 게송으로 부처님께 아뢰었다.

잠에 곯아떨어지고
하품하며 따분해하고
포식과 가슴 답답함
열심히 정진하지 않는 게으름
이 열 가지[32]가 중생을 덮어
거룩한 길이 나타나지 않네.

---

31 이 경은 『별역잡아함경』 제9권 열다섯 번째 소경과 같은 내용이다.

32 열 가지가 중생을 덮어 거룩한 길이 나타나지 않게 한다고 나와 있으나, 이 게송 가운데에는 단지 수면 · 하품 · 포식 · 가슴이 답답함 · 게으름 등의 다섯 가지만 거론하였다.

그때 세존께서 게송으로 대답하셨다.

마음은 잠에 곯아떨어지고
하품하면서 따분해하며
배불리 먹고 가슴 답답해하며
열심히 정진하지 않는 게으름
부지런히 정진하여 닦아 익히면
거룩한 길 드러낼 수 있으리.

그때 그 천자가 다시 게송으로 말했다.

오래전에 바라문을 보았는데
그 바라문은 반열반을 얻어
모든 두려움에서 이미 벗어났고
세상 은애까지 영원히 벗어났네.

그때 그 천자는 부처님의 말씀을 듣고 기뻐하면서 부처님의 발에 머리를 조아리고서 이내 사라지더니 나타나지 않았다.

599. 전결경纏結經[33]

이와 같이 나는 들었다.
어느 때 부처님께서는 사위국 기수급고독원에 계셨다.

33 이 경은 『별역잡아함경』 제9권 열세 번째 소경과 같은 내용이다.

그때 얼굴이 아주 잘생긴 어떤 천자가 새벽에 부처님께서 계신 곳으로 찾아와 부처님의 발에 머리를 조아리고 한쪽에 물러앉아 있었는데, 그의 온몸에서 나오는 광명은 기수급고독원을 두루 비추었다.

그때 그 천자가 게송으로 부처님께 아뢰었다.

밖으로 그릇된 매듭에 묶이고
안으로 중생들 매듭에 묶여 있네.
제가 이제 구담께 여쭈오니
이 매듭을 풀 사람은 누구입니까?

그때 세존께서 게송으로 대답하셨다.

지혜로운 사람은 계를 바로 세우고
안의 마음〔內心〕으로 지혜를 닦나니
부지런히 닦고 익히는 비구가
이 결박에서 매듭을 풀 수 있으리.

그때 그 천자가 다시 게송으로 말했다.

오래전에 바라문을 보았는데
그 바라문은 반열반을 얻어
모든 두려움에서 이미 벗어났고
세상 은애까지 영원히 벗어났네.

그때 그 천자는 부처님의 말씀을 듣고 기뻐하면서 부처님의 발에 머리를 조아리고서 이내 사라지더니 나타나지 않았다.

600. 난가인경難可忍經[34]

이와 같이 나는 들었다.

어느 때 부처님께서는 사위국 기수급고독원에 계셨다.

그때 얼굴이 아주 잘생긴 어떤 천자가 새벽에 부처님께서 계신 곳으로 찾아와 부처님의 발에 머리를 조아리고서 한쪽에 물러앉아 있었는데, 그의 온몸에서 나오는 광명은 기수급고독원을 두루 비추었다.

그때 그 천자가 게송으로 부처님께 아뢰었다.

건너기 어렵고 견디기 어려운 까닭은
사문이 지혜가 없기 때문이라
여러 가지 어려움을 많이 일으키곤
둔하고 무거워 그 속에 빠지네.

마음이 깨달음 따라 자재하고 싶지만
번번이 그 속에 빠지니
사문들이 어떻게 행해야
그 마음을 잘 거두어 보호할 수 있겠습니까?

그때 세존께서 게송으로 대답하셨다.

비유하면 거북이 묘한 방편을 써서
껍질 속으로 여섯 부위 감추듯

34 이 경은 『별역잡아함경』 제9권 열네 번째 소경과 같은 내용이다.

비구도 오로지 선정을 익혀
모든 느낌과 생각을 잘 거두라.

그 마음 의지하는 데 없으면
그 어떤 것도 두려울 것 없나니
이것은 스스로 은밀한 것이어서
비방할 이 아무도 없느니라.

그때 그 천자가 다시 게송으로 말했다.

오래전에 바라문을 보았는데
그 바라문은 반열반을 얻어
모든 두려움에서 이미 벗어났고
세상 은애까지 영원히 벗어났네.

그때 그 천자는 부처님의 말씀을 듣고 기뻐하면서 부처님의 발에 머리를 조아리고서 이내 사라지더니 나타나지 않았다.

601. 살라경薩羅經[35]

이와 같이 나는 들었다.
어느 때 부처님께서는 사위국 기수급고독원에 계셨다.
그때 얼굴이 아주 잘생긴 어떤 천자가 새벽에 부처님께서 계신 곳

35 이 경은 『별역잡아함경』 제9권 열여섯 번째 소경과 같은 내용이다.

으로 찾아와 부처님의 발에 머리를 조아리고서 한쪽에 물러앉아 있었는데, 그의 온몸에서 나오는 광명은 기수급고독원을 두루 비추었다.

그때 그 천자가 게송으로 부처님께 아뢰었다.

살라薩羅[36]의 작은 물은
그 흐름을 어떻게 돌이키며
나고 죽는 길에서는
어떻게 해야 윤회하지 않겠습니까?
이 세상 온갖 괴로움과 즐거움은
무엇을 가지고 모조리 없앨 수 있습니까?

그때 세존께서 게송으로 대답하셨다.

눈·귀·코·혀·몸과
그리고 뜻 등의 입처入處와
명색名色이 남김없이 사라지면
살라의 작은 물 거슬러 흐르고
나고 죽는 길에서 윤회하지 않으며
괴로움과 즐거움 남김없이 멸하리라.

그때 그 천자가 다시 게송으로 말했다.

오래전에 바라문을 보았는데

36 팔리어로는 Sarā라고 하며, 못[池]이라는 의미임. 의미가 전환되어 생사윤회生死輪廻의 뜻으로 쓰임.

그 바라문은 반열반을 얻어
모든 두려움에서 이미 벗어났고
세상 은애까지 영원히 벗어났네.

그때 그 천자는 부처님의 말씀을 듣고 기뻐하면서 부처님의 발에 머리를 조아리고서 이내 사라지더니 나타나지 않았다.

602. 이니야경伊尼耶經[37]

이와 같이 나는 들었다.

어느 때 부처님께서는 사위국 기수급고독원에 계셨다. 그때 얼굴이 아주 잘생긴 어떤 천자가 새벽에 부처님께서 계신 곳으로 찾아와 부처님의 발에 머리를 조아리고서 한쪽에 물러앉아 있었는데, 그의 온몸에서 나오는 광명은 기수급고독원을 두루 비추었다.

그때 그 천자가 게송으로 부처님께 아뢰었다.

이니야伊尼耶 사슴 같은 다리[38] 가지신
선인仙人 중에서도 높은 분
조금만 먹고 맛을 즐기지 않으며
숲에서 선정에 들어 사색하기를 좋아하네.

---

37 이 경은 『별역잡아함경』 제9권 열일곱 번째 소경과 같은 내용이다.

38 이니야伊尼耶는 팔리어로는 Eṇeyya라고 하며, 사슴의 일종임. 다리는 팔리어로는 jaṅgha이며 장딴지 혹은 정강이를 말함. 이 문구의 맥락은 부처님의 양쪽 장딴지의 섬세하고 원만한 모습이 마치 사슴의 정강이와 같다고 비유한 것임. 마음을 오로지 하여 법을 듣고 연설하면 미묘한 상을 얻게 되는데, 이것은 부처님의 32상 가운데 하나이기도 하다.

저는 이제 공손히 머리를 조아리고
구담에게 여쭈옵니다.
어떻게 해야 고통에서 벗어나며
어떻게 해야 고통에서 해탈합니까?
제가 이제 해탈에 대해 여쭈오니
어떻게 완전히 없앨 수 있습니까?

그때 세존께서 게송으로 대답하셨다.

이 세상의 다섯 가지 탐욕과
여섯 번째 마음 법 등
이들 탐욕에 대해 욕심 없으면
일체 고통에서 벗어나리라.

이와 같이 고통에서 벗어나고
이와 같이 고통에서 해탈하나니
그대가 물은 해탈이란
그런 것들 멸해 없앤 것이니라.

그때 그 천자가 다시 게송으로 말했다.

오래전에 바라문을 보았는데
그 바라문은 반열반을 얻어
모든 두려움에서 이미 벗어났고
세상 은애까지 영원히 벗어났네.

그때 그 천자는 부처님의 말씀을 듣고 기뻐하면서 부처님의 발에 머리를 조아리고 이내 사라지더니 나타나지 않았다.

603. 제류경諸流經

이와 같이 나는 들었다.

어느 때 부처님께서는 사위국 기수급고독원에 계셨다.

그때 얼굴이 아주 잘생긴 어떤 천자가 새벽에 부처님께서 계신 곳으로 찾아와 부처님의 발에 머리를 조아리고서 한쪽에 물러앉아 있었는데, 그의 온몸에서 나오는 광명은 기수급고독원을 두루 비추었다.

그때 그 천자가 게송으로 부처님께 아뢰었다.

어떻게 해야 모든 흐름 건너고
어떻게 해야 큰 바다를 건너며
어떻게 해야 괴로움을 없애고
어떻게 해야 맑고 깨끗해집니까?

그때 세존께서 곧 게송으로 말씀하셨다.

믿음으로 능히 모든 흐름 건너고
방일하지 않음으로 바다를 건너며
정진으로 능히 괴로움을 없애고
지혜로 맑고 깨끗하게 되느니라.

그때 그 천자가 다시 게송으로 말했다.

오래전에 바라문을 보았는데
그 바라문은 반열반을 얻어
모든 두려움에서 이미 벗어났고
세상 은애까지 영원히 벗어났네.

그때 그 천자는 부처님의 말씀을 듣고 기뻐하면서 부처님의 발에 머리를 조아리고서 이내 사라지더니 나타나지 않았다.

잡아함경 제23권

604. 아육왕경阿育王經

이와 같이 나는 들었다.

어느 때 부처님께서는 왕사성 가란다죽원에 계셨다.

그때 세존께서는 이른 아침에 가사를 입고 발우를 가지고 여러 비구들과 함께 성에 들어가 걸식하셨는데, 다음 게송으로 읊은 것과 같다.

몸 빛깔은 황금산과 같고
단정하고 엄숙함 매우 미묘하셨네.
큰 거위 같은 걸음걸이에
깨끗한 보름달 같은 얼굴
세존께서는 대중들과 함께하셨네.

그때 세존께서 성문이 서있는 경계지점을 발로 밟으시자 땅이 여섯 가지로 진동하였으니, 다음 게송으로 읊은 것과 같다.

큰 바다와 온 땅덩이
성곽들과 모든 산
모니牟尼께서 발로 딛으신 곳
출렁이는 배처럼 흔들렸다네.

부처님께서 이와 같은 신통력을 나타내시자 여러 사람들은 큰 소리로 외쳤다.

"신기하구나, 저런 신통력이 나타남은 일찍이 없었던 일이다. 저 불세존께서는 성으로 들어오시면서 이러한 여러 가지 일찍이 없었던 법을 보여주시는구나."

다음 게송으로 읊은 것과 같다.

낮은 땅은 곧 평평해지고
높은 땅은 도리어 낮아지는구나.
부처님의 위엄 있는 신통력으로
가시밭도 기와조각도 조약돌들도
모두 다 다시는 보이지 않았네.

귀머거리·장님과 또 벙어리들이
곧 보고 듣고 또 말을 하였으며
그때 성곽들은 악기처럼
두드리지 않아도 오묘한 소리를 내었네.

그때 세존께서 마치 천 개의 해가 뜬 듯한 광명으로 두루 비추셨으니, 그 광경은 다음 게송으로 읊은 것과 같다.

세존 몸의 빛나는 광명이
온 성읍을 두루 비추니
백성들은 부처님의 광명을 입어
전단향 바른 것처럼 시원하였네.

그때 세존께서는 읍내를 거니셨다. 그때 그곳 모래밭에서 장난하고 있던 두 소년이 있었는데 하나는 상성上姓이고 다른 한 명은 차성次姓[1]이었으니, 한 명은 이름이 사야闍耶였고 다른 한 명은 이름이 비사야毘闍耶였다. 그들은 32대인상大人相으로 그 몸을 장엄하신 세존께서 오시는 모습을 멀리서 보았다. 그때 사야 소년은 마음속으로 '나는 보릿가루일망정 공양하리라'라고 생각하고서 이내 가는 모래를 손으로 바쳐 세존의 발우에 담았다. 그때 비사야는 합장하고 따라 기뻐하였으니, 다음 게송으로 읊은 것과 같다.

너무도 자비로우신 세존 뵈오니
온몸에서 뻗치는 광명 한 발이나 되네.
용맹스런 세존의 얼굴을 뵙고
마음으로 큰 존경과 믿음을 내어
모래일망정 받들어 공양했다네
태어남과 늙음의 경계 떠나신 분께.

그때 그 소년은 '이 보시의 선근공덕善根功德으로 한 천하를 얻어 그 지역을 통치하는 왕이 되어, 그 생에 여러 부처님께 공양할 수 있게 하소서'라고 소원을 빌었으니, 다음 게송으로 읊은 것과 같다.

---

1 상성이란 상등 족성族姓을 말하는 것이고, 차성이란 차등 족성을 말하는 것임.

모니牟尼께서는 아셨네, 그의 마음
또 그가 뜻하는 소원까지도.
큰 과보를 얻고 선근과
복전의 힘이 불어나도록
곧 큰 자비의 마음으로
그가 받드는 모래를 받으셨네.

그때 사야는 이 선근으로 말미암아, 장차 왕이 될 수 있어서 염부제閻浮提의 왕이 되고, 나아가서는 위없는 정각正覺을 이룰 수도 있었다. 그래서 세존께서는 빙그레 웃으셨다.

그때 아난은 세존께서 빙그레 웃으시는 것을 보고, 곧 합장하고 부처님께 여쭈었다.

"세존이시여, 모든 불세존 · 아라한〔阿羅訶〕 · 삼먁삼불타三藐三佛陀[2]께서는 아무 이유 없이 빙그레 웃으시지 않습니다. 지금 불세존께서는 무슨 까닭으로 빙그레 웃으셨습니까?"

다음 게송으로 읊은 것과 같다.

세존께서는 실없는 웃음 여의신
세상에서 위없이 높으신 어른
새하얀 이빨 백옥 같으신
가장 훌륭한 분 지금 웃으셨네.

용맹스럽게 부지런히 정진하여
스승 없이 스스로 깨달으신 분

2 삼먁삼불타는 팔리어로 samyak-sambuddha이며, 등정각자等正覺者의 의미임.

미묘한 말씀은 듣는 이 즐겁게 하고
그 음성 한없이 부드러우신 분.

그 소년 앞날을 예언하실 때
맑은 음성 멀리까지 맑게 사무쳤나니
위없는 양족존兩足尊
모래를 보시한 과보 예언하셨네.

그때 세존께서 아난에게 말씀하셨다.

“그렇다, 그렇다. 네 말과 같으니라. 모든 부처님은 아무런 이유 없이 웃으시지 않느니라. 내가 지금 웃은 것도 그 이유가 있느니라. 아난아, 알아야 한다. 내가 세상을 떠나고 백 년이 지난 뒤에 이 소년은 파련불읍巴連弗邑에서 한 지역을 통치하는 전륜왕轉輪王이 될 것이니, 성姓은 공작孔雀이요, 이름은 아육阿育[3]으로서 바른 법으로 다스리고 교화할 것이다. 또 내 사리舍利를 널리 전파하고 8만 4천 법왕法王의 탑을 만들어 한량없는 중생을 안락하게 할 것이다.”

그것은 다음 게송으로 읊은 것과 같다.

내가 이 세상을 떠난 뒤에
이 사람은 장차 왕이 되리니
성은 공작이요 이름은 아육
마치 저 정생왕頂生王처럼
이 염부제에서
홀로 왕으로서 세상의 존경을 받으리.

3 팔리어로는 Aśoka라고 하며, 의역하여 무우無憂라고도 함.

"아난아, 이 발우에 있는 보시 받은 모래를 가져다 여래가 경행經行하는 곳에 뿌려라. 지금 당장 그곳으로 가라."

아난은 분부를 받고 곧 발우의 모래를 가져다 경행하는 곳에 뿌렸다.

"아난아, 마땅히 알아야 한다. 파련불읍에 월호月護라는 이름의 왕이 있고, 그 왕은 또 빈두사라頻頭娑羅[4]라는 이름의 아들을 낳아 그가 나라를 다스릴 것이다. 그에게는 또 수사마修師摩라는 아들도 있을 것이다. 그때 저 첨파국瞻婆國의 어떤 바라문에게, 누구나 보기를 좋아하고 나라의 보배로 여기는 매우 단정한 딸 하나가 있을 것인데, 여러 관상가들은 그 여자의 상相을 보고 곧 이렇게 예언할 것이다.

'저 여자는 장차 왕비가 될 것이다. 그녀는 또 두 아들을 낳으리니 한 명은 천하를 통치할 것이요, 다른 한 명은 출가하여 도를 배워 성인이 될 것이다.'

그래서 그 바라문은 관상가의 말을 듣고 한량없이 기뻐하며, 곧 그 딸을 데리고 파련불읍으로 가서, 여러 가지 장식으로 그 몸을 치장하고 수사마 왕자에게 시집보내려 한다. 그러나 관상가는 말하기를 '저 빈두사라왕과 혼인시키십시오. 따님은 장차 복과 덕이 있는 아들을 낳아 대왕의 뒤를 이을 것입니다'라고 한다. 바라문은 곧 그 딸을 빈두사라왕에게 시집보내고, 왕은 그 여인의 단정함과 덕을 보고는 곧 부인으로 삼을 것이다.

그러나 먼저 부인들과 여러 채녀婇女들은 이 부인이 오는 것을 보고 '이 여자는 매우 단정하여 나라에서 보배로 여기는 사람이다. 만일 왕이 저 여자와 서로 즐긴다면 우리를 버린 채 눈으로 거들떠보지도

---

4 팔리어로는 Vindusāra라고 함. 빈바사라頻婆沙羅 · 병사甁沙로 음역하기도 함. 부처님께서 세상에 계실 때 인도 마갈타국摩竭陀國의 왕 이름.

않을 것이다'라고 생각한다. 그래서 여인들은 그녀에게 이발사의 일을 배우게 할 것이다. 그녀는 그것을 다 배운 뒤에 왕을 위해 이발을 해주는데, 이발이 끝났을 때 왕은 매우 기뻐하며 그녀에게 묻는다.

'너는 무엇을 원하느냐?'

그녀가 왕에게 말한다.

'오직 왕께서 마음으로 저를 사랑스럽게 여겨주시기를 바랄 뿐입니다.'

이렇게 세 번을 아뢴다.

그때 왕은 말한다.

'나는 찰리관정왕刹利灌頂王[5]이요, 너는 이발사인데 어떻게 너를 사랑할 수 있겠느냐?'

그녀가 왕에게 말한다.

'저는 천한 족성이 아닙니다. 저도 고귀한 족성인 바라문의 딸입니다. 관상가가 제 아버님께 〈이 딸은 국왕과 혼인시켜야 한다〉라고 말했기 때문에 제가 여기에 온 것일 뿐입니다.'

왕이 말한다.

'만일 그렇다면 누가 너에게 이런 미천한 일을 배우게 했느냐?'

그녀가 왕에게 말한다.

'먼저 부인과 채녀들이 저에게 이런 일을 배우게 하였습니다.'

그러면 왕은 곧 명령한다.

'지금부터 너는 다시는 그런 천한 일을 배우지 말라.'

그리고 왕은 곧 그녀를 첫 번째 부인으로 삼는다. 왕은 항상 그녀

---

5 일반적인 명칭은 찰리왕수요두종刹利王水澆頭種이다. '찰리'는 무사족武士族을 뜻하고, '수요두'는 관정灌頂의 의미로 왕족 계승 때 물을 머리에 붓는 의식을 행함. 따라서 왕족을 수요두종 혹은 관정왕이라고 함.

와 함께 서로 즐기게 되고 그녀는 곧 임신을 해 달이 차자 아들을 낳는다. 그리고 아들이 태어날 때 안온하여 그 어머니도 아무런 걱정이나 고통이 없으므로 이레가 지난 뒤 이름을 무우無憂라 지을 것이다. 그리고 또 아들을 낳는데, 그 아들의 이름은 이우離憂라 할 것이다.

무우는 몸이 추하고 못생겨 부왕은 그다지 가까이하지 않고 또 마음도 쓰지 않는다. 부왕은 두 아들을 시험하려고 빈가라아賓伽羅阿[6]를 불러 그 바라문에게 이렇게 말할 것이다.

'화상이여, 내 왕자들을 관찰해 보라. 내가 죽은 뒤에 누가 장차 왕이 되겠는가?'

바라문이 말한다.

'이 여러 왕자님들을 데리고 성을 나가 금전원관金殿園館으로 가서 상相을 보겠습니다.'

그리고 성을 나가 그 동산으로 간다.

그때 아육왕의 어머니는 아육에게 말한다.

'들으니, 왕께서 금전원관으로 나가 자신이 돌아가신 뒤에 장차 누가 왕이 될 것인가를 관상을 보신다고 하는데 너는 어째서 가지 않느냐?'

아육阿育이 말한다.

'왕께서는 벌써부터 저를 생각하지도 않고 저 보기를 좋아하지도 않으셨습니다.'

어머니는 다시 말한다.

'그저 그곳에 가보기만 하여라.'

아육은 다시 말한다.

'어머니께서 다시 가기를 명하시니 지금 잠깐 가보겠습니다. 그러

6 팔리어로는 Piṅgalavatsājīva라고 하며, 바라문 이름임.

면 어머니께서는 음식을 보내주셨으면 합니다.'

'그래라. 성을 나서거라.'

그때 성문을 나서다 아누라타阿㝹羅陀라 이름하는 한 대신을 만난다.

이 대신은 아육에게 묻는다.

'왕자께서는 지금 어디로 가십니까?'

'들으니, 대왕께서 지금 금전원관에 나가 계시면서 자신이 죽은 후 장차 누가 왕이 될 것인지 여러 왕자들의 상을 보신다고 들었습니다. 그래서 지금 그곳으로 가는 길입니다.'

왕은 이미 이전에 대신에게 '만일 아육이 오거든 그로 하여금 늙고 미련한 코끼리를 타고 오게 하고 또 늙은이로 권속을 삼게 하라'고 명령해놓은 상태일 것이다. 그래서 그때 아육은 그 늙은 코끼리를 타고 금전원관에 이르러 여러 왕자들 가운데로 가 땅에 앉게 된다.

그때 여러 왕자들은 제각기 자리에 앉아 음식을 먹고 있을 것이며, 아육의 어머니도 사기그릇에 낙酪과 밥을 담아 아육에게 보낼 것이다. 이렇게 여러 왕자들이 제각기 음식을 먹고 있을 때 부왕은 그 관상가에게 묻는다.

'이 중에서 누가 왕이 될 관을 가져 내 왕위를 이어 가겠는가?'

그때 그 관상가는 여러 왕자들을 관찰하다, 아육이 왕이 될 상을 갖추고 있어 장차 왕위를 이으리라는 것을 알지만 〈이 아육은 왕이 좋아하지 않는 사람이니, 만일 내가 장차 왕이 되리라고 말한다면 왕은 반드시 근심하고 걱정하며 불쾌히 여길 것이다〉라고 생각하고서 곧 이렇게 말할 것이다.

'제가 지금 모든 것을 예언하겠습니다.'

그러면 왕은 이렇게 대답한다.

'관상가가 시키는 그대로 하리다.'

관상가는 말한다.

'이 가운데서 만일 좋은 수레를 탄 사람이 있으면 그 사람이 왕이 될 것입니다.'

그때 여러 왕자들은 그의 말을 듣고 저마다 '내가 좋은 수레를 탔다'고 생각한다.

그때 아육이 말한다.

'나는 늙은 코끼리를 탔으니 내가 왕이 될 수 있다.'

그때 왕은 다시 관상가에게 말한다.

'원컨대 다시 관찰하여 예언하시오.'

'이 가운데서 제일 좋은 자리에 앉은 사람이 왕이 될 것입니다.'

여러 왕자들은 제각기 '내가 제일 좋은 자리에 앉았다'고 말할 것이고, 아육은 '나는 땅에 앉았다. 이것이 나의 가장 좋은 자리다. 내가 왕이 되어야 한다'고 말할 것이다.

그래서 다시 관상가에게 말한다.

'다시 신중히 관찰하시오.'

관상가는 다시 말한다.

'이 가운데서 제일 좋은 그릇에 제일 좋은 음식을 먹는 사람이 왕이 될 것입니다.'……(이하 생략)……아육은 이렇게 생각할 것이다.

'내가 가장 훌륭한 수레·훌륭한 자리·훌륭한 음식을 가졌다.'

그때 왕은 왕자들의 상 관찰하기를 마치고 곧 궁전으로 돌아간다.

아육의 어머니는 아육에게 묻는다.

'누가 장차 왕이 되겠느냐? 바라문은 누구라고 예언하더냐?'

아육이 아뢴다.

'제일 좋은 수레·제일 좋은 자리·제일 좋은 그릇·제일 좋은 음식을 가진 사람이 왕이 될 것이라고 했으니, 제가 분명 왕이 될 것입니다. 저는 늙은 코끼리를 탔고 땅에 앉았으며, 흰 그릇에 음식을 담았는데 멥쌀에 낙을 섞은 밥이기 때문입니다.'

그때 바라문은 아육이 왕이 될 것을 알고, 자주자주 그 어머니에게 인사를 드리고 그 어머니도 또한 바라문을 후히 대접하면서 묻는다.

'대왕께서 돌아가신 뒤에는 누가 왕이 되겠습니까?'

관상가가 대답한다.

'그것은 말씀드릴 수 없습니다.'

이렇게 세 번을 묻자, 관상가는 말한다.

'제가 왕비께 말씀드리겠으니 왕비께서는 부디 남들에게 알리지 마십시오. 왕비께서 아육이라는 왕자님을 낳으셨으니 바로 그 분입니다.'

부인이 말한다.

'내가 그 말씀을 들으니 뛸 듯이 기쁩니다. 만일 왕께서 들으시면 당신을 존경하지도 믿지도 않을 것이니, 관상가께서는 지금부터 본래 계시던 곳으로 돌아가 계십시오. 만약 왕자가 왕이 되면 관상가께서 모든 길하고 좋은 이익을 얻도록 목숨이 다할 때까지 공양하겠습니다.'

그때 빈두사라왕의 나라 변방에 있던 덕차시라德叉尸羅에서 반란이 일어날 것이다.

그때 왕이 아육에게 이렇게 말할 것이다.

'너는 네 종류의 군사〔四兵〕[7]를 거느리고 가서 저 나라를 쳐 평정하라.'

그러나 왕자가 떠날 때에 왕은 군사와 무기를 전혀 주지 않는다. 그래서 시종이 왕자에게 말한다.

'지금 가서 저 나라를 정벌하라고 했지만 군사와 무기가 없는데 어

---

7 고대 인도의 네 종류의 군대. 상병象兵·마병馬兵·차병車兵·보병步兵을 말함.

떻게 평정할 수 있겠습니까?'

아육은 말한다.

'만일 내가 왕이 될 사람이라면 선근善根의 과보가 있을 것이니, 군사와 무기는 저절로 올 것이다.'

이렇게 말하고 나면, 그 소리를 따라 이내 땅이 열리고, 그 땅에서 군사와 무기가 솟아나올 것이다. 그래서 그 네 종류의 군사를 거느리고 그 나라를 치러간다. 그때 그 나라 백성들은 아육이 온다는 말을 듣고, 곧 도로를 평평하게 닦고 성곽을 장식하고, 좋은 병에 물을 담고 갖가지 공양을 가지고, 이 왕자를 맞이하면서 이렇게 말할 것이다.

'저희들은 대왕과 아육 왕자님을 거역하지 않았습니다. 그러나 여러 신하들이 저희들을 못살게 굴었습니다. 그래서 저희들이 훌륭한 분들의 은혜〔聖化〕를 거스르게 된 것입니다.'

그리고는 곧 왕자에게 갖가지 공양을 올리고, 성안으로 들어오도록 초청할 것이다. 그 나라를 평정한 뒤에, 왕은 다시 가사국佉沙國을 치게 한다. 그때 그 나라의 두 역사力士는 왕을 위해 도로를 평평하게 닦고 모든 산의 돌을 밀어 쓰러뜨릴 것이다. 그리고 여러 하늘들은 그 나라에 이렇게 영을 내린다.

'아육은 온 천하의 왕이 될 것이다. 너희들은 거스르려는 뜻을 내지 말라.'

그래서 그 나라 왕도 이내 항복한다. 이리하여 나아가 바닷가에 이르기까지 온 천하를 평정하게 될 것이다. 그 무렵 수사마 왕자는 밖으로 나가 노닐다가 한 대신大臣을 우연히 만나게 되는데, 대신이 예법을 제대로 차리지 않자 왕자는 곧 사람을 시켜 그를 때리게 한다. 그래서 대신은 '이 왕자는 왕위에 오르지 않았는데도 마음 씀씀이가 이와 같으니 만일 왕위를 얻게 되면 감당할 수 없을 것이다. 또 아육은 천하를 얻어 5백 대신을 정벌했다고 들었다. 우리는 함께 아육을 왕으로 옹립해 이 천하를 다스리게 하리라'고 생각하게 된다.

그때 또 덕차시라국德叉尸羅國에서 반란이 일어나자, 여러 신하들은 서로 모의해 수사마 왕자를 보내자고 하고, 왕도 또한 좋다고 허락하여 곧 그 나라로 보내지만 항복 받지 못할 것이다.

그 무렵 부왕은 다시 큰 병을 얻게 되고 여러 신하들에게 이렇게 말할 것이다.

'나는 수사마를 세워 왕으로 삼고, 아육을 저 나라로 보내고 싶구나.'

그러나 여러 신하들은 아육을 왕으로 삼으려고, 노랑 물감을 아육의 몸과 얼굴과 손·발에 바른 뒤에 여러 신하들은 왕에게 아뢴다.

'아육 왕자는 지금 중병을 앓고 있습니다.'

그리고 여러 신하들은 다시 아육을 장엄하게 꾸며, 함께 왕의 처소로 나아가 아뢴다.

'우선 이 왕자를 세워 왕으로 삼으소서. 저희들이 뒷날 천천히 수사마를 세워 왕으로 삼겠습니다.'

그때 왕은 이 말을 듣고, 매우 불쾌히 여기고 근심하면서 좋지 않은 낯빛으로 잠자코 대답하지 않는다.

그때 아육은 가만히 생각하고는 말한다.

'내가 바로 왕위를 얻을 사람이라면 여러 하늘들이 스스로 찾아와 내 정수리에 물을 붓고 흰 비단으로 머리를 싸매리라.'

그 소리를 따라 여러 하늘들은 곧 아육의 정수리에 물을 붓고 흰 비단으로 머리를 싸맨다. 그때 왕은 이 모습을 보고 몹시 근심하고 괴로워하다가 이내 목숨을 마친다. 아육왕은 예법대로 부왕을 장사 치른 뒤에, 곧 아누루타阿㝹樓陀를 세워 대신大臣으로 삼는다. 그때 수사마 왕자는 아버지가 돌아가시고 아육을 세워 왕으로 삼았다는 소식을 듣고 참을 수 없는 마음에 곧 군사를 모아 아육을 치러 온다. 아육왕은 네 개의 성문에서 두 문에는 두 역사力士를 두고, 셋째 문에는 대신을 두고, 자기는 동쪽 문을 지킨다. 그때 아누루타 대신은 나무로 코끼리를 만들고, 또 아육왕의 형상을 만들어 그 코끼리에 태워 동쪽 문 밖에 두고는, 연기가 나지 않게 불구덩이를 만들고 다른 물건으로 그 위를 덮는다.

수사마가 도착하자, 아누루타 대신은 수사마 왕자에게 말한다.

'만일 왕이 되고 싶거든, 지금 아육이 동쪽 문에 있으니 가서 그를 치시오. 만일 그 왕을 잡을 수 있다면 저절로 왕이 될 수 있을 것이오.'

그때 그 왕자는 곧 동쪽 문으로 달려가다가 곧 불구덩이에 떨어져 이내 죽고 만다.

그때 발다라유다跋陀羅由陀라는 대역사大力士는 수사마가 죽었다는 소식을 듣고 세상이 싫어져, 한량없는 권속을 데리고 부처님 법으로 출가하여 도를 배운다. 그리고 더욱 정진하여 번뇌가 다하게 되어 아라한도를 이루게 된다.

아육왕은 바른 법으로 다스리고 교화하지만, 여러 신하들은 자기들이 함께 아육을 세워 왕으로 삼았다는 이유로 왕을 업신여겨 임금과 신하의 예를 지키지 않는다. 왕도 또한 여러 신하들이 자기를 업신여기는 줄을 알고 여러 신하들에게 말한다.

'너희들은 저 꽃과 과일 나무를 베고 그곳에 가시나무를 심어라.'

여러 신하들이 대답한다.

'가시나무를 베고 꽃이나 과일 나무를 심는 것은 보았지만, 꽃이나 과일 나무를 베고 가시나무를 심는다는 것은 일찍이 본 적도 들은 적도 없습니다.'

이렇게 왕이 세 번이나 베도록 명령하지만 그들은 역시나 따르지 않는다.

그때 국왕은 대신들에게 분노하여 곧바로 날카로운 칼을 집어 5백 명의 대신들을 죽인다. 또 어느 날 왕은 채녀와 권속들을 데리고 동산으로 나가 놀다가 꽃이 만발한 한 그루의 무우수無憂樹를 발견한다. 왕은 그것을 보고 '이 꽃나무는 나와 이름이 같구나'라고 하며, 마음속으로 매우 기뻐한다. 그러나 왕의 외모는 추하고 더러우며 피부는 까칠하여, 채녀들은 마음으로 왕을 사랑하지 않고 미워하기 때문에 손으로 그 무우수 꽃가지를 꺾어버린다. 왕은 잠에서 깨어나 무우수 꽃이 땅에 흩어져 있는 것을 보고 마음에 분노가 일어나, 여러 채녀들을 묶어 불에 태워 죽인다. 그래서 왕의 포악한 행동 때문에 다들 포악아육왕暴惡阿育王[8]이라 한다.

그때 아누루타 대신이 왕에게 아뢴다.

'왕께선 그런 일을 하셔서는 안 됩니다. 어떻게 손수 대신과 채녀들을 죽이실 수 있습니까? 왕께선 지금부터 백정을 두고서 마땅히 죽여야 할 사람이 있으면 그 사람을 대신 시키십시오.'

그래서 왕은 곧 백정을 두라고 명령한다.

그곳에 기리耆梨라는 산이 있는데, 그 산중에 직조공〔織師〕 집안이 있고 그 직조공에게는 기리耆梨라는 외아들이 있을 것이다. 그는 성질이 흉악하여 소년이나 소녀들을 때리고 결박하며, 또 물이나 뭍의 생물을 잡고, 나아가서는 부모마저 거역한다. 그래서 세상 사람들은 흉악기리자兇惡耆梨子라고 부른다.

그때 왕의 사신들이 그에게 말한다.

'너는 왕을 위해 흉악한 사람들을 죽일 수 있겠느냐?'

그가 대답한다.

'온 염부제의 죄 있는 자들이라 해도 저는 다 깨끗이 제거할 수 있거늘 하물며 이 한 나라쯤이겠습니까?'

8 팔리어로는 Caṇḍāśoka라고 하며, 아육왕이 불교를 믿기 전의 명칭이다.

그때 사신들은 왕에게 돌아가 아뢴다.

'이제 흉악한 사람을 찾았습니다.'

왕은 말한다.

'찾았으면 데리고 오라.'

여러 사신들이 가 그를 부르자, 그는 대답한다.

'잠깐 기다리시오. 먼저 부모님께 하직인사를 하겠습니다.'

그리고는 위의 사실을 자세히 말하자 그 부모가 말한다.

'아들아, 그런 짓을 하지 말라.'

이렇게 세 번을 타일렀으나, 그는 착하지 못한 마음을 내어 곧 그 부모를 죽인 뒤에 그곳에 다다른다. 그러자 사신들이 묻는다.

'무엇 때문에 빨리 오지 않고 시간이 오래 경과되었는가?'

그때 그 흉악한 사람은 위의 사실을 자세히 말하고, 사신들은 이 일을 또 왕에게 자세히 말한다.

왕은 곧 그에게 명령한다.

'나에게 죽어 마땅할 일을 저지른 죄인이 있는데 네가 알아서 처리하라.'

그가 왕에게 아뢴다.

'저를 위해 집을 지어 주십시오.'

왕은 곧 그를 위해 집을 지어주는데 방은 매우 단아하고 장엄하며, 문은 오직 하나만 내었는데, 그 문 역시 매우 정미로우면서도 장엄하다.

그 안에는 죄를 다스리도록 모형을 벌려놓은 광경은 마치 지옥과 같고, 그 감옥 또한 매우 훌륭하고 좋다. 그때 그 흉악한 사람은 왕에게 말한다.

'이제 왕에게 간절히 원하옵니다. 어떤 사람이라도 이 안에 들어오면 다시는 나가지 못하게 하소서.'

왕이 대답한다.

'네가 원하는 대로 다 들어주리라.'

그때 그 백정은 절에 가서 여러 비구들의 지옥 이야기를 듣게 되는데, 그때 어떤 비구가 『지옥경地獄經』을 설명한다.

'중생이 지옥에 태어나면 지옥에서는 곧 그 죄인을 잡아, 뜨거운 쇠집게로 그 입을 벌리고 뜨거운 쇠구슬을 그 입에 넣으며, 다음에는 끓는 구리쇳물을 입에 쏟으며 다시금 쇠도끼로 그 몸을 자르고, 그 다음에는 형틀과 사슬로 그의 몸을 묶는다. 그 다음에는 불수레〔火車〕와 숯불이 가득한 화로〔鑪炭〕, 그 다음에는 끓는 쇠솥〔鐵鑊〕, 그 다음에는 뜨거운 잿물이 흐르는 강〔灰河〕, 그 다음에는 칼산〔刀山〕과 칼나무〔劍樹〕 등이 있는데 더 자세한 내용은 『천오사경天五使經』에서 설한 바와 같다.'

그 백정은 비구가 이런 여러 가지 일들에 대해 설명하는 것을 듣고, 자신이 있는 곳에다 그가 말한 대로 죄를 다스리는 모형을 만들고 이 방법대로 죄인을 다스린다.

어느 때 한 상인 우두머리가 그 부인을 데리고 큰 바다로 나아간다. 바다로 나갔을 때 그 부인은 아들을 낳아 이름을 위해(爲海, Samudra)라 한다. 이렇게 10여 년 동안 바다에서 살면서 온갖 보물을 캐어 고향으로 돌아오다가, 도중에서 5백 명의 도둑을 만난다. 도둑들은 그 상인을 죽이고 그의 보물을 빼앗는다. 그때 그 상인의 아들은 아버지가 죽는 것을 목격하고 보물을 잃게 되자, 세상의 괴로움이 싫어진 까닭에 여래의 법에 출가한다. 그는 도를 배우고 그의 본래 고향으로 돌아와서는 여러 나라를 유행遊行하다가, 파련불읍에 이른다. 그 밤을 지내고 이른 아침에 가사를 입고 발우를 가지고 성에 들어가 차례로 걸식하다가 그 백정의 집에 잘못 들어가게 된다. 그때 그 비구는 멀리서 집 안을 보게 되는데, 불수레와 숯불이 그득한 화로

등으로 중생을 다스리는 것이 지옥과 같은 것을 보고 곧 두려움이 생겨 털이 다 곤두서서 이내 문을 나오려고 한다. 그때 그 흉악한 백정이 곧 달려와 그 비구를 붙잡고 말한다.

'이 안으로 들어온 사람은 아무도 빠져나가지 못한다. 너는 이제 여기서 죽게 되리라.'

비구는 그 말을 듣고 몹시 슬픈 마음에 눈물이 눈에 글썽글썽할 것이고, 백정은 그에게 이렇게 물을 것이다.

'너는 왜 어린애처럼 우는가?'

그때 비구는 게송으로 대답한다.

나는 죽음을 두려워하는 것이 아니라
진실로 원하여 해탈을 구했건만
구하던 결과를 얻지 못했으니
그러므로 눈물 흘리며 우는 것이네.

사람 몸으로 태어나기 극히 어렵고
출가하는 것 또한 그러한데
다행히 석씨의 사자왕을 만났건만
이제는 다시 뵙지 못하게 되었구나.

그때 백정〔兇主〕이 비구에게 말한다.

'너는 이제 틀림없이 죽을 것인데 무엇을 그렇게 근심하고 괴로워하는가?'

비구는 다시 슬픈 목소리로 대답한다.

'나에게 잠시만 생명을 빌려다오. 한 달이면 된다.'

그러나 그 흉악한 백정은 허락하지 않는다. 그래서 날짜를 하루씩

줄여 나가다 이레만 더 살 수 있게 해달라고 부탁하자 그는 허락한다. 그때 비구는 오래지 않아 죽을 줄 알고, 용맹 정진하여 좌선하며 마음을 쉬었으나, 끝내 도를 얻지 못한 채 이레를 맞게 된다.

그때 왕궁의 여인 중에 죽을죄를 지은 자가 있어 그 죄를 다스리도록 백정에게 보내진다. 백정은 그 여자를 잡아다 절구통 안에 넣고 절구공이로 찧어 가루를 만든다. 비구는 그것을 보고 그 몸이 몹시 싫어져 '아아 괴롭구나. 나도 오래지 않아 저렇게 되겠구나' 하고는 이내 게송으로 이렇게 말한다.

아, 크게 자비로운 스승께서는
바르고 묘한 법을 연설하시되
이 몸은 모여 있는 물거품 같아
이치로 보아 참 알맹이 없다고 하셨지.

아까 아름답던 여자의 그 모습
지금은 과연 어디 있는가.
나고 죽는 것 아주 버려야 하겠거늘
어리석은 사람들 탐하여 집착하네.

마음을 잡아매어 거기에 두어
이제 마땅히 사슬과 형틀 벗어나
삼계 존재[有][9]의 바다를 건너

---

9 3계界에 있어 각각의 존재하는 방법을 가리킴. 욕계欲界·색계色界·무색계無色界의 3계에 생존하는 것. 즉 욕유(欲有 : 욕계)의 생존·색유(色有 : 색계)의 생존·무색유(無色有 : 무색계)의 생존를 말함.

마침내 다시는 태어나지 않으리.

이렇게 부지런히 방편으로써
부처님 법을 알뜰히 닦아
일체 결박을 끊어버리고
마침내 아라한이 되게 되었네.

그때 그 흉악한 백정이 그 비구에게 말한다.
'기한이 다 되었다.'
비구가 묻는다.
'나는 네 말을 이해하지 못하겠구나.'
'전에 이레를 약속했는데 이제 그 기한이 다 되었다는 말이다.'
비구는 게송으로 대답한다.

내 마음 이미
무명의 큰 어둠 벗어났으니
온갖 존재의 덮개를 없애버리고
번뇌의 도적 죽여 버렸네.

지혜의 해가 이제 이미 솟아올라
심心·의意·식識을 밝게 살피고
나고 죽음을 분명히 깨달았으니
지금은 중생을 가엾이 여길 때

거룩한 법 그대로 따라 닦으며
나는 이제 내 이 몸뚱이를

네가 원하는 대로 맡겨두고
다시는 아끼거나 인색하지 않으리.

그때 그 백정은 비구를 잡아 쇠솥의 끓는 기름에 넣고 밑에서 불을 붙이지만 불은 끝내 붙지 않고, 설령 태우더라도 뜨겁지 않을 것이다. 백정은 불이 붙지 않는 것을 보고 그 부하를 때려 준 뒤에 스스로 불을 붙이는데 그때서야 불은 맹렬히 타오른다. 그러나 오랜 시간이 지난 뒤에 쇠솥 뚜껑을 열고 보면, 그 비구는 쇠솥 안에서 연꽃 위에 앉아 있다. 그는 이상하다는 마음이 생겨 곧 국왕에게 아뢰고, 왕은 곧 수레를 장엄하고는 한량없는 대중을 거느리고 찾아와 비구를 살펴본다. 그때 그 비구는 항복 받을 때가 되었다 여기고, 마치 기러기 왕처럼 몸이 허공으로 떠올라 여러 가지 변화를 보이는데, 다음 게송과 같다.

왕은 그 비구가
몸이 허공에 뜬 것을 보고
마음이 매우 기뻐 합장하고
그 성인을 우러러 보았네.

나는 이제 물을 것 있으니
알 수 없는 일이어라.
모습은 별다르지 않은 사람인데
신통력은 이제껏 처음 보는 것이네.

나를 위해 분별해 설명하라.
어떠한 법을 닦고 또 익혔기에
네가 청정하게 되었는지

나를 위해 자세히 연설하여라.

훌륭하고 묘한 법 얻게 한다면
나는 그 법을 밝게 안 뒤에
그대를 위한 제자가 되어
끝내 다시는 후회하지 않으리라.

그때 그 비구는 이렇게 생각한다.

'내가 이제 이 왕을 항복 받으면 가르칠 것이 많으리니, 부처님 법을 거두어 지니고서 여래의 사리舍利를 널리 펴 한량없는 중생을 안락하게 하고, 이 염부제로 하여금 다 삼보三寶를 믿게 하리라.'

이 인연으로 말미암아 스스로 그 덕을 나타내어 왕을 향해 게송으로 말할 것이다.

나는 곧 부처님 제자로서
모든 번뇌가 다하게 되었고
또 나는 곧 부처님 제자로서
일체의 존재〔有〕에 집착하지 않네.

나는 이제 내 마음 항복 받아
위없는 양족존(兩足尊 : 부처님)에게서
마음을 쉬고 고요함 얻어
나고 죽는 큰 두려움 모두 벗어났네.

나 이제 해탈을 얻어
삼계 존재의 결박을 여의었으니

이 여래의 거룩한 법 안에서
이러한 큰 이익 얻었다네.

그때 아육왕은 그 비구의 말을 듣고 부처님께 큰 존경과 믿음이 생겨 다시 비구에게 말한다.

'부처님께서 돌아가시기 전에 어떤 예언의 말씀이 계셨습니까?'

비구가 대답한다.

'부처님께서 대왕에 대해 예언하시기를 〈내가 세상을 떠난 지 백 년 뒤에 파련불읍에는 3억 가구가 있게 되고 그 나라에는 아육이라는 왕이 있을 것이다. 그는 이 염부제의 왕으로서 전륜왕이 되어 바른 법으로 다스리고 교화할 것이다. 그리고 내 사리를 두루 펴 염부제에 8만 4천 개의 탑을 세울 것이다〉라고 하셨습니다. 부처님께서는 대왕을 이렇게 예언하셨건만, 대왕께서는 이제 여기에 큰 지옥을 만들어 한량없는 백성들을 죽이고 있습니다. 왕께서는 지금 마땅히 모든 중생을 자애롭게 여겨 두려움을 갖지 않도록 베푸시어 그들로 하여금 안온함을 얻게 하십시오. 부처님께서 대왕에 대해 예언하신 바를 왕께선 법답게 수행해야 마땅할 것입니다.'

그리고 게송으로 말한다.

사랑하고 가엾게 여기는 마음으로
모든 중생들 괴롭히지 말고
부처님 법을 닦아 익히고
부처님 사리를 널리 펴야 하네.

그때 그 아육왕은 부처님께 지극한 존경과 믿음이 생겨 합장하고 비구를 향해 예를 올린다.

'제가 큰 죄를 지었습니다. 이제 비구스님께 참회합니다. 제가 저지른 짓은 아주 옳지 못한 것이었습니다. 원컨대 부처님 제자가 되게 하여 저의 참회를 받아주시고 마음을 편안히 하시어 꾸짖지 마십시오. 어리석은 제가 지금 거듭하여 귀의합니다.'

그리고 다시 게송으로 말한다.

저는 이제 부처님께 귀의하옵고
위없이 훌륭하고 묘한 그 법과
존경하는 여러 비구 대중께
저는 이제 목숨이 다하도록 귀의합니다.

저는 이제 마땅히 용맹스럽게
세존의 명령을 받들어
이 온 염부제 안에
여러 부처님 탑을 두루 세우리.

그리고 갖가지 모든 공양과
비단 수술을 달고 깃대 세우고
세존의 탑을 갖가지로 장엄하여
묘하고 아름다움 세상에 다시없게 하리.

그때 그 비구는 아육왕을 제도한 뒤에 허공을 타고 사라지고, 왕이 지옥에서 나가려 할 때 백정은 왕에게 말한다.

'왕께선 여기를 떠날 수 없습니다.'

왕이 말한다.

'네가 지금 나를 죽이려 하느냐?'

'그렇습니다.'

'누가 먼저 여기 들어왔느냐?'

'접니다.'

'만일 그렇다면 네가 먼저 죽어야 한다.'

그리고 왕은 곧 사람을 시켜 그 백정을 끌어내어 아교阿膠를 만드는 집에 가두고 그를 불태우게 하고, 또 명령하여 그 지옥을 부수어 중생들이 두려움을 갖지 않게 배려한다. 그때 왕은 다시 사리탑舍利塔을 세우려고 네 종류의 군사를 거느리고 왕사성으로 가서 아사세왕阿闍世王이 세운 부처님 탑 속의 사리를 꺼내 그것을 다시 세운 탑에다 옮기는데, 본래의 것과 다름이 없다. 이와 같이 일곱 개 부처님 탑 속의 사리를 가지고 라마촌羅摩村[10]에 이른다. 그때 여러 용왕들은 이 왕을 데리고 용궁으로 들어간다. 왕은 용왕을 따라 가서 사리를 공양하겠다고 청하자, 용왕은 곧 그것을 주고 왕은 그곳을 빠져나온다. 게송으로 읊은 것과 같다.

라마라촌에 있는
여러 부처님 탑은
용왕이 받들어 섬기고
지켜 보호하고 공양하던 것이다.

왕이 용왕에게 나눠줄 것 청하자
용왕들은 탑을 열어 그것을 주었으니
왕은 곧 그 사리를 가지고
다른 지방으로 차례차례 나아갔네.

---

10 팔리어로는 Rāmagrāma라고 하며, 마을 이름임.

그때 왕은 금·은·유리·파리頗梨로 된 8만 4천 개의 상자를 만들어 부처님의 사리를 담고, 또 네 가지 보배로 된 8만 4천 개의 병甁을 만들어 그 상자를 담고, 한량없는 백천 개의 깃발과 일산을 만든다. 또 여러 귀신들로 하여금 사리를 공양하는 기구를 가지게 하고, 그 귀신들에게 명령한다.

'이 염부제에서 바다 끝에 이르기까지 1억 가구가 넘는 도시나 촌락에서는 세존을 위해 사리탑을 세우라.'

그때 덕차시라德[11]叉尸羅라는 나라에는 36억 가구가 있는데, 그 나라 사람들은 귀신들에게 이렇게 말한다.

'36개 상자의 사리를 우리들에게 달라. 부처님 탑을 세우겠다.'

그러자 왕은 방편으로써 나라의 인구가 적을 경우 그들에게 나누어 주어 가구 수를 채워 탑을 세우게 한다. 그때 파련불읍에 야사耶舍라는 상좌上座가 있는데, 왕은 그가 있는 곳으로 찾아간다. 왕은 상좌에게 말한다.

'저는 하루 동안에 8만 4천 개의 부처님 탑을 이 염부제에 두루 세우겠다고 마음으로 이렇게 원을 세웠습니다.'

이는 다음 게송으로 찬탄한 것과 같다.

아육이라는 이름의 대왕은
옛날 그 여덟 탑 속에서
각각 그 사리를 가져와
이 염부제에다

11 고려대장경 본문에는 '저著'자로 되어 있으나, 본문 가운데는 덕차시라국으로 많이 등장하므로 '덕德'자의 잘못된 표기인 듯하다. 때문에 '덕'자로 바꾸어 표기하였다.

8만 4천 개의
여러 부처님 탑을 세우니
길이와 넓이 빼어나고 훌륭한데
하루 동안에 완전히 마쳤다네.

그때 그 상좌가 왕에게 말한다.

'훌륭합니다. 대왕이여, 이 뒤로 15일 월식月食 때까지 이 염부제에 여러 부처님 탑을 쌓도록 하십시오.'

이와 같이 하루 동안에 무려 8만 4천 개의 탑을 세워 세상 사람들을 한량없이 이익 되게 하므로 모두들 그를 법아육왕法阿育[12]王이라 할 것이니, 이는 다음 게송으로 찬탄한 것과 같다.

거룩한 종족 공작[13]의 왕은
세상 사람을 안락하게 하려고
이 염부제에다
훌륭하고 묘한 탑을 세웠다네.

본래는 나쁜 왕이라 이름했으나
이제는 이 훌륭하고 묘한 업 지었으니
모두들 법왕이란 이름으로 부르며
서로 전하여 후세까지 이르리.

---

12 팔리어로는 Dharmāśoka라고 함. 아육왕이 부처님을 믿은 후 정법으로 나라를 다스리면서 이런 명칭이 있게 된 것임.

13 팔리어로는 Maurya라고 함. 이것은 아육의 성姓으로 새의 이름임.

왕은 8만 4천 개의 탑을 세운 뒤에 기뻐 뛰면서 여러 신하들을 데리고 계작정사鷄雀精舍로 나아가 야사 상좌에게 말한다.

'비구여, 부처님께서 수기(授記 : 예언)하신 것으로써 불사佛事를 지어야 할 것이 있습니까? 제가 마땅히 그곳으로 가서 공양하고 공경하겠습니다.'

상좌가 대답한다.

'부처님께서는 반열반般涅槃하실 시기에 임박해서, 아파라阿波羅 용왕・도사陶師[14] 전다라旃陀羅・구파리瞿波梨 용왕을 항복 받고, 마투라국摩偸羅國으로 가시어 아난에게 〈내가 반열반한 지 백 년 안에 구다瞿多라는 장자가 있을 것이고, 우파굴다優波崛多라는 그의 아들은 출가하여 도를 배워, 상호 없는 부처로서 사람들을 가르치는 것이 가장 제일이 될 것이니, 그에게 불사를 지어야 한다〉라고 말씀하셨습니다. 부처님께서는 다시 아난에게 〈너는 멀리 저 산이 보이느냐?〉라고 말씀하셨고, 아난은 부처님께 〈보입니다. 세존이시여〉라고 말했습니다. 그러자 부처님께서 아난에게 〈저 산의 이름은 우유만다優留曼茶인데 그 아란야처阿蘭若處인 나다바저那茶婆低는 자유롭고 고요한 곳이니라〉라고 말씀하셨습니다. 그리고 다시 게송으로 찬탄하셨습니다.'

우파굴다 비구는
사람 가르치기 제일이어서
그 이름 두루 사방에 떨치고
가장 훌륭한 수기를 받을 사람.

내가 세상을 떠난 뒤에는

14 팔리어로는 Kumbhakāla라고 하며, 금을 다루는 연금술사鍊金術師를 말함.

마땅히 불사를 짓게 되리니
모든 중생들 널리 제도해
그 수는 한량이 없으리라.

그때 왕이 상좌에게 묻는다.

'존자 우파굴다는 지금 세상에 나왔습니까?'

'이미 세상에 나왔습니다. 출가하여 도를 배워 번뇌를 항복 받고 아라한이 되었습니다. 지금 1만 8천 명의 한량없는 비구 권속들과 함께 우류만다산 아란야처에 머물면서, 중생을 가엾게 여겨 부처님처럼 깨끗하고 묘한 법을 연설해 한량없는 모든 하늘과 사람을 제도해 감로성甘露城으로 들어가게 하고 있습니다.'

왕은 이 말을 듣고 기뻐 뛰면서, 곧 여러 신하들에게 명령해 빨리 가마를 꾸며 준비하게 하고는 한량없는 권속들을 거느리고 그가 있는 곳으로 찾아가 우파굴다에게 공경의 예를 올리고 공양하려 한다.

그때 신하들이 왕에게 아뢴다.

'그 성인이 이미 대왕의 나라에 사는 사람이니 서신을 보내 그를 맞이해야 마땅합니다. 그러면 그가 스스로 찾아올 것입니다.'

왕이 신하들에게 대답한다.

'그 분이 있는 곳으로 서신을 보낸다는 것은 마땅치 않은 일이다. 응당 내가 가야지 그 분을 오게 하는 것은 옳지 않다.'

그리고 게송을 읊는다.

너희들이 금강 같은 혀를 가졌다지만
어찌 부서지지 않을 수 있겠는가.
내게 간하는구나, 저곳으로 찾아가
존사람을 가까이 하지는 말라고.

왕은 곧 '어느 날 존자께서 계신 곳으로 찾아가겠습니다'라고 그 존자가 있는 곳으로 서신을 보낸다. 그때 존자는 생각한다.

'만약 왕이 찾아온다면 그를 따라오는 한량없는 사람들이 온갖 고통을 받을 것이요, 곤충들과 부락 사람들을 핍박하고 죽일 것이다.'

그래서 심부름꾼에게 대답한다.

'제가 마땅히 왕께서 계신 곳으로 가겠습니다.'

그때 왕은 존자가 몸소 찾아온다는 말을 듣고 뛰면서 기뻐한다. 그리하여 마투라摩偸羅에서 파련불읍 사이에 뱃길을 내고, 배에다 온갖 깃발과 일산을 단다. 존자 우파굴다는 왕을 가엾이 여겨 1만 8천 명의 아라한들을 데리고 물길을 따라 곧 왕국에 이른다. 그때 그 나라의 어떤 사람이 왕에게 아뢴다.

'존자 우파굴다가 1만 8천 명의 비구들을 데리고 왔습니다.'

왕은 그 말을 듣고 매우 기뻐 뛰면서 곧 천만 냥의 값어치가 나가는 영락瓔珞을 풀어 그에게 준다. 왕은 여러 대신과 권속들을 데리고 곧 존자가 있는 곳으로 나아가 아랫자리에 앉아 요기하고 온몸을 땅에 던져 그에게 예배한 뒤에 무릎을 땅에 대고〔長跪〕 합장하고서 이런 말을 한다.

'제가 지금 이 온 염부제의 왕위를 받는다 해도 기쁘지 않을 것입니다. 그러나 이제 존자를 뵈오니 기쁘기 한량없습니다. 여래의 제자라야만 능히 이러할 것이니, 마치 부처님을 뵌 것 같습니다.'

그리고 게송을 읊는다.

이미 적멸해 세상을 건넜건만
지금 당신은 부처님 하신 일 행해
세상의 모든 어리석음 없애니
마치 해가 부처 세상을 비추던 것 같습니다.

세상을 위해 인도하는 스승 되고
설법하는 이 중에서 제일이 되어
중생들 의지하고 힘입을 만하니
저는 이제 몹시도 기쁘고 즐겁습니다.

그때 왕은 사자使者를 시켜 온 나라에 영을 내려 '존자 우파굴다 비구께서 우리나라에 오셨다'고 공포하게 하고, 이런 게송을 읊게 한다.

부귀하게 되고자 하는 이나
가난과 궁핍의 고통 멀리 여의고
언제나 천상의 즐거움 만끽하며
해탈과 열반을 구하고자 하는 이들

마땅히 우파굴다 만나 뵙고
이제 곧 공경하고 공양 드려라.
그리고 부처님 뵙지 못한 이들
이제 이 우파굴다 만나 뵈어라.

그때 왕은 온 나라를 장엄하게 꾸미고 길을 평평하게 닦고, 비단 깃발과 일산을 달고 향을 피우고 꽃을 뿌리며, 온갖 음악으로 온 나라 백성들이 나와 존자 우파굴다를 맞이해 공양하고 공경하게 한다.

그때 존자 우파굴다가 왕에게 말한다.

'대왕께서는 바른 법으로 다스리고 교화하며 중생을 가엾게 여기십시오. 삼보는 만나기 어렵습니다. 삼보를 항상 공양하고 공경하며 깨끗한 생각으로 찬탄하고 사람들을 위해 널리 설명하십시오. 왜냐하면 여래 · 응공 · 등정각께서는 아는 사람과 보는 사람 모두에게 늘 〈나의 바른 법을 국왕과 내 비구들에게 부촉하노라〉고 말씀하셨기 때문입니다.'

그리고는 게송을 읊는다.

세상의 영웅, 사람들 중 높은 분
바르고 훌륭하고 묘한 큰 법을
대왕과 또
비구 스님들에게 부촉하셨네.

그때 왕이 우파굴다에게 말한다.

'저는 이미 바른 법을 세웠습니다.'

그리고는 게송을 읊는다.

저는 이미 여러 개의 탑을 만들고
모든 나라의 경계를 장엄했으며
여러 가지 공양을 베풀었고
깃발과 또 온갖 보배와
부처님 사리를 널리 퍼뜨려
이 염부제에 두루합니다.

저는 이와 같은 복을 일으켜
제 소원을 이미 성취했으니
제 몸과 아내와 또 자식들과
갖가지 보배와 이 영토
그것들 이제 모두 다 버려

성현의 탑에 공양했습니다.

그때 존자 우파굴다가 왕을 찬탄하여 말한다.

'훌륭하고 훌륭하십니다. 대왕이시여, 마땅히 그런 법을 행하셔야 합니다.'

그리고 게송을 읊는다.

몸과 재물과 목숨을 버리면
세세생생 걱정할 것 없고
끝없는 복을 받으며
반드시 위없는 깨달음 얻으리라.

왕은 존자 우파굴다를 청해 성안으로 들어와 갖가지 자리를 펴고는 존자를 자리하게 한 뒤 여러 스님들은 계작정사鷄雀精舍로 가게 한다.

그리고 존자에게 말한다.

'존자께서는 단정한 얼굴에 유연한 몸을 지니셨는데, 저는 추하고 더러운 몸에 거칠고 깔깔한 피부를 가졌습니다.'

존자가 게송으로 말한다.

내가 보시를 행했을 땐
깨끗한 마음에 좋은 재물로 했으나
왕이 부처님께
모래를 보시한 것보단 못하네.

그러자 왕도 게송으로 대답한다.

제가 동자로 있었을 때
모래흙을 보시한 것이
지금에 이런 과보 얻었으니
하물며 다른 묘한 보시겠습니까.

존자는 다시 게송으로 찬탄한다.

대단합니다, 훌륭한 대왕이여.
모래흙을 보시함으로써
위없는 복전에
심은 과보 다함없어라.

그때 아육왕이 여러 대신들에게 말한다.

'부처님께 모래를 보시하여 내가 이러한 과보를 얻었는데 어떻게 세존을 공경하지 않겠는가?'

왕이 다시 우파굴다에게 말한다.

'존자여, 부처님께서 말씀하신 법과 유행遊行하시던 곳을 제게 알려주십시오. 제가 거기 가서 공양하고 예배하고 모든 후세의 중생들을 위해 선근을 거두어 받겠습니다.'

그리고는 게송으로 말한다.

제게 부처님께서 말씀하신 법과
그 나라와 머무신 곳 알려주시면
저는 후세의 중생들을 위해
찾아가 공양하고 공경하리라.

그러자 존자가 말한다.

'대왕께서 그렇게 묘한 원을 세우시다니 훌륭하고 훌륭합니다. 제가 마땅히 후세 중생들을 위해 대왕께 그곳을 알려드리겠습니다.'

그때 왕은 네 종류의 군사를 거느리고 갖가지 공양물과 향·꽃·깃발과 온갖 악기를 가지고, 곧 존자와 함께 출발한다.

존자는 룽빈림隆頻林[15]에 이르러 '여기가 여래께서 탄생하신 곳입니다'라고 말하고 게송을 읊는다.

여기는 여래께서 처음 탄생하신 곳
탄생하시자 일곱 걸음 걸으시고
사방을 두루 돌아보시며
손을 들어 하늘을 가리키셨네.

나는 이제 최후로 세상에 나와
장차 위없는 도 얻을 것이니
천상이나 또 인간 세계에 있어
나는 위없이 높은 이 되리라.

그때 왕은 온몸을 땅에 던져 공양하고 예배한 뒤에 곧 부처님 탑을 세운다.

존자가 왕에게 말한다.

'대왕께서는 여러 천신들이 보았던, 부처님께서 탄생하시며 일곱

---

15 팔리어로는 Lumbinī라고 함. 또는 의역하여 람비니藍毘尼라고 하는데 화원花園의 이름임. 부처님의 어머니인 마야摩耶부인께서 길을 가다 이 화원에서 석가釋迦태자를 낳으셨다.

걸음 내딛으신 곳을 보고 싶습니까?'

왕이 말한다.

'기꺼이 보고 싶습니다.'

그러자 존자는 손을 들어 마야 부인께서 거머쥐셨던 나뭇가지를 가리키면서 그 나무신에게 말한다.

'나무신이여, 즉시 나타나 왕께서 너를 보고 매우 기뻐하게 하라.'

나무신은 소리를 따라 곧 나타나 존자 곁에 서서 이렇게 말한다.

'무슨 분부이십니까? 제가 곧 받들어 행하겠습니다.'

존자가 왕에게 말한다.

'이 신은 부처님께서 탄생하시던 무렵을 보았습니다.'

왕이 신에게 게송으로 묻는다.

당신은 장엄하게 생기신 그 몸
청련화(青蓮華 : 佛)[16]께서 탄생하셨을 때
발로 일곱 걸음 걸으시면서
입으로 말씀하시던 것을 보았소?

신이 게송으로 대답한다.

상호 갖추신 그 몸
이족존(二足尊 : 佛)[17]께서 태어나실 때
발을 들어 일곱 걸음 걸으시면서

---

16 팔리어로는 Uppala라고 함. 청련青蓮이라고도 하는데, 그 잎은 길고 넓으며 청과 백이 분명하므로 대인(大人 : 위대한 사람)의 눈의 특징을 갖추고 있음.

17 또는 양족존兩足尊이라고도 함. 두 발을 가진 생류(生類 : 인간) · 신 가운데 가장 존귀한 것의 뜻. 즉 부처님을 말함.

'모든 하늘과 사람 가운데
나는 위없는 높은 이 되리라'고
입으로 말씀하시는 것 나는 보았소.

그때 왕이 신에게 묻는다.
'부처님께서 탄생하셨을 때 어떤 상서로운 감응이 있었소?'
신이 대답한다.
'나는 그 오묘하고 훌륭했던 온갖 일들을 이루 다 말할 수 없습니다만, 이제 그 한 부분을 간략히 말하겠소.'

광명은 온 세상 두루 비추고
그 몸은 온갖 상호 갖추시어
보는 사람 기쁘고 즐겁게 하였고
하늘과 땅을 두루 감동시켰소.

그때 왕은 신의 말을 듣고 기뻐하면서 10만 냥 값어치의 보배를 주고 떠난다. 또 존자는 왕을 데리고 성안으로 들어가 말한다.
'여기는 보살께서 32상相[18]과 80종호種好를 나타내시고 그 몸을 자마금紫磨金 빛으로 장엄하시던 곳입니다.'
그러자 왕은 그곳을 향하여 예를 올리고, 갖가지 공양을 올린다.
또 존자는 왕을 데리고 천사天寺로 가서 왕에게 말한다.
'태자께서 탄생하셨을 때 저 신들에게 예배시키려 하였으나 도리어

18 32대인상大人相이라고도 함. 위대한 인간이 가진 서른두 가지 상서로운 상호相好 또는 부처님이나 전륜성왕轉輪聖王의 신체에 갖추어진 서른두 가지 뛰어난 신체적 특징. 특히 불상佛像을 조각할 때 이 특징들을 유의하여 표현함.

모든 신들이 다 보살께 예배하였습니다. 그래서 백성들이 보살을 위해 이름을 지었는데, 그것이 바로 천중천天中天입니다.'

그러자 왕은 또 갖가지로 공양한다.

존자는 또 왕을 데리고 어떤 곳을 보이면서 왕에게 말한다.

'여기는 그 부왕께서 여러 바라문들에게 보살을 보이며 그 상호와 덕성을 살피게 한 곳입니다.'

그러자 왕은 또 갖가지로 공양한다.

존자는 또 왕을 데리고 여러 곳을 보여준다.

'여기는 보살께서 공부하셨던 곳이고, 여기는 코끼리 타기를 배우셨던 곳이며, 여기는 말타기·수레 타기·활쏘기를 배우시는 등 이렇게 모든 기술들을 배우셨던 곳입니다. 그리고 여기는 보살께서 몸을 다스렸던 곳이고, 여기는 보살께서 6만 명의 부인들과 유희遊戲하던 곳이며, 여기는 보살께서 늙은 이·병든 이·죽은 이를 보셨던 곳입니다. 여기는 보살께서 염부제 나무 밑에 앉아 좌선하시어 탐욕을 떠나게 되었는데, 나무 그림자가 그 몸을 떠나지 않는 것을 보고 부왕이 그 분께 예를 올렸던 곳입니다. 그리고 여기는 보살께서 백천 명의 천신을 데리고 성을 나가셨던 곳이고, 여기는 보살께서 영락瓔珞을 벗어 차닉車匿[19]에게 주시고 말을 본국으로 돌려보냈던 곳입니다.'

그리고 게송으로 말한다.

보살은 여기에서
영락과 관을 벗어
차닉에게 주고

19 팔리어로는 Chandaka라고 함. 부처님께서 출가하시기 전 왕궁에 계실 때 거느렸던 마부의 이름.

말을 본국으로 돌려보낸 뒤
동무도 없이 혼자 걸어
이내 도를 배우러 산으로 들어가셨네.

'또 여기는 보살이 사냥꾼을 쫓아가 그에게 옷을 주고 그의 가사와 바꿔 입은 뒤 출가하셨던 곳이고, 여기는 선인들에게 고개 숙여 청을 받았던 곳이며, 여기는 병사왕甁沙王이 보살에게 나라의 절반을 주었던 곳이고, 여기는 우람불優藍弗 선인에게 질문하셨던 곳이며, 여기는 보살께서 6년 동안 고행苦行하셨던 곳입니다.'

다음 게송으로 말한 것과 같다.

6년 동안 고행하며
온갖 괴로움 혹독하게 겪다가
참다운 도道가 아님을 알고
익히던 수행 버리셨네.

'여기는 두 여인이 보살께 우유죽을 바쳤던 곳입니다.'

다음 게송으로 말한 것과 같다.

큰 성인께선 이곳에서
두 여인의 우유죽을 받으시고
여기에서 일어나
보리수를 향해 나아가셨네.

'이곳은 가리迦梨용왕이 보살을 찬탄했던 곳입니다.'

다음 게송으로 말한 것과 같다.

이곳은 가리용왕이
보살을 찬탄했던 곳이네.
옛날부터 행하던 길 따라
마땅히 위없는 묘한 과보 얻으리라고.

그때 왕이 존자에게 게송으로 말한다.

그 용왕이 부처님을 뵈었다는데
저는 이제 그 용왕을 보고 싶습니다.
지금부터는 보리菩提로 나아가
훌륭하고 묘한 과보 증득하겠습니다.

그때 존자는 손으로 용궁을 가리키며 말한다.
'가리용왕이여, 그대는 부처님을 만나 뵈었으니 지금 곧 몸을 나타내라.'
그러자 용왕이 그 소리를 좇아 곧 나타나서 존자 앞에 서서 합장하고 말한다.'
'무슨 분부이십니까?'
존자가 왕에게 말한다.
'이 용왕은 부처님을 만나 뵙고 여래를 찬탄하였습니다.'
그러자 왕은 용을 향해 합장하고 게송으로 말한다.

그대는 금강신金剛身을 뵈었소.
우리 스승은 짝할 이 없고
얼굴은 깨끗한 보름달 같았으리.
나를 위해 그 공덕을 말해주고

저 도량道場으로 나아가실 때의
그 열 가지 힘의 공덕을 말해주오.

그때 용왕은 게송으로 대답한다.

내 이제 마땅히 설명해주겠소.
발로써 땅을 밟으셨을 때
대지는 여섯 가지로 진동하였고
그 광명 햇빛보다 곱절이나 빛나
삼천대천세계를 두루 비추시면서
저 보리수菩提樹로 나아가셨네.

그러자 왕은 이러한 장소 곳곳에 갖가지로 공양하고 또 탑묘塔廟를 세운다.

그리고 존자는 왕을 데리고 보리수〔道樹〕 아래로 가서 왕에게 말한다.

'이 나무 밑에서 보살마하살은 자비삼매慈悲三昧의 힘으로 마군魔軍들을 부수고 아뇩다라삼막삼보리阿耨多羅三藐三菩提를 얻었습니다.'

그리고 게송으로 말한다.

이 보리수 밑에서
악마의 군사를 항복시키고
훌륭한 보리의 과위 얻으셨나니
하늘과 사람 중에 특별히 높아
모니牟尼이고 우왕牛王이신 높으신 분
능히 그 분과 짝할 이 없네.

그때 왕은 한량없는 보물을 내어 갖가지로 공양을 올리고 또 큰 탑묘塔廟를 세운다.

존자가 말한다.

'여기는 사천왕四天王이 제각기 발우를 가지고 부처님께 바칠 때 그 발우를 합해서 하나로 만든 곳이고, 여기는 상인〔賈客〕 형제에게서 갖가지 음식을 받으셨던 곳이며, 여기는 여래께서 바라내국波羅奈國으로 가실 때 아시바阿時婆[20] 외도가 부처님께 질문했던 곳이고, 여기는 선인들의 동산인 녹야원鹿野苑인데, 여래께서는 여기에서 다섯 비구를 위해 12행行의 법륜法輪을 세 번이나 굴리셨습니다.'

그리고 게송으로 말한다.

> 여기는 녹야원
> 여래께서 법륜을 굴리신 곳
> 12행의 법륜을 세 번이나 굴리시어
> 다섯 사람이 수다원〔道跡〕 얻었네.

그래서 왕은 그곳에서도 갖가지로 공양하고 탑묘를 세운다.

'여기는 여래께서 우루빈나가섭優樓頻螺迦葉 등의 선인들을 제도해 도인을 만드셨던 곳이고, 여기는 여래께서 병사왕甁沙王을 위해 설법하시어 왕은 진리를 보았고, 한량없는 사람과 모든 하늘들은 도를 얻었던 곳이며, 여기는 여래께서 제석천〔天帝釋〕을 위해 설법하시어 제석과 8만 하늘이 도를 얻었던 곳이고, 여기는 여래께서 큰 신통력으로 갖가지 변화를 나타내셨던 곳이며, 여기는 여래께서 천상에 올라 어머니를 위해 설법하시고 한량없는 하늘들을 데리고 인간 세계로 내

20 팔리어로는 Ājīvika라고 함. 또는 음사하여 아사바阿私婆라고도 함.

려오셨던 곳입니다.'

그러자 왕은 다시 갖가지로 공양하고 탑묘를 세운다.

그때 존자는 아육왕에게 구시나갈국鳩尸那竭國으로 가자고 말한다.

'여기는 여래께서 불사佛事를 완전히 마치시고, 무여반열반無餘般涅槃에서 반열반에 드셨던 곳입니다.'

그리고 게송으로 말한다.

모든 하늘과 사람
아수라·용·야차夜叉를 제도하시고
다함없는 법을 튼튼히 세워
부처님께서 하실 일 이미 마치셨네.

유위有爲 세계에서 적멸寂滅을 얻어
너무도 자비로우신 분 열반에 드셨으니
마치 땔감이 다해 불이 꺼져버린 듯
마침내 영원히 머묾에 드셨네.

그때 왕은 이 말을 듣고 상심하고 괴로워하다 어쩔 줄 몰라 땅에 쓰러지고, 여러 신하들이 물로 가슴과 얼굴을 씻자 한참 뒤에 깨어나 눈물을 흘리며 운다. 그리고 이내 갖가지로 공양하고 큰 탑묘를 세운다.

그때 왕이 다시 존자에게 말한다.

'저는 부처님으로부터 수기를 받은 부처님의 여러 대제자들을 찾아뵙고 그 사리에 공양하고 싶습니다. 원컨대 저에게 보여 주십시오.'

존자가 왕에게 말한다.

'훌륭하고 훌륭하십니다. 대왕께서 능히 그와 같은 묘한 마음을 내셨군요.'

존자는 왕을 데리고 사위국에 이르러 기원정사祇桓精舍로 들어가 손으로 탑을 가리키면서 말한다.

'이것은 사리불舍利弗의 탑이니 왕께서는 공양하십시오.'

왕이 말한다.

'그분에겐 어떤 공덕이 있었습니까?'

'이 분은 두 번째 법왕法王으로서 부처님을 따라 법륜을 굴리셨습니다.'

그리고 게송으로 말한다.

여래의 지혜를 제외하고서
일체 중생의 지혜를
사리불에 견주어 보면
16분의 1밖에 되지 않네.

여래께서 법륜을 굴리시면
그분도 능히 따라 굴렸으니
그분의 한량없는 공덕
누가 능히 그것을 이루 다 말하리.

그러자 왕은 매우 기뻐하면서 10만 냥 값어치의 보배를 내어 그 탑에 공양한다. 그리고 게송으로 말한다.

나는 사리불께 예배하나니
온갖 두려움에서 벗어나시고
그 이름 세상에 널리 퍼졌으며
그 지혜 아무도 짝할 이 없었네.

존자는 다시 대목건련大目揵連의 탑을 보이면서 말한다.

'왕께서는 마땅히 이 탑에 공양하십시오.'

왕이 다시 묻는다.

'그분에겐 어떤 공덕이 있었습니까?'

'이 분은 신통력이 제일이라서 발가락으로 땅을 밟으면 땅이 곧 진동하여 하늘 궁전까지 이르렀고, 난타難陀와 발난타跋難陀[21] 두 용왕을 항복 받기도 하였습니다.'

그리고 게송으로 말한다.

발가락으로 땅을 움직여
제석의 궁전까지 이르렀으니
짝할 이 없는 그 신통력
누가 그것 이루 다 말할 수 있으랴.

두 용왕 사납고 난폭하여
보면 무서워하지 않는 이 없었지만
그 분의 신통력으로
곧 항복시켜 성내지 않았네.

그러자 왕은 10만 냥 값어치의 보배를 내어 그 탑에 공양하고 게송으로 찬탄한다.

21 8대 용왕龍王 중에서 두 형제 용왕을 말함. 난타를 환희(歡喜, nanda)라 번역하고, 발난타를 선환희(善歡喜, upananda)라 번역함. 항상 마갈타국을 지키며 적당한 시기에 비를 내려 백성을 기쁘게 하고, 또 사람으로 변신하여 부처님 설법을 들었다.

신통력 제일이시며
늙음과 병과 죽음을 떠나셨으니
이러한 공덕 가진 분
대목건련께 지금 예배합니다.

또다시 마하가섭摩訶迦葉의 탑을 보이면서 왕에게 말한다.

'이것이 마하가섭의 탑이니 마땅히 공양하십시오.'

왕이 묻는다.

'그분에겐 어떤 공덕이 있었습니까?'

'그분은 욕심이 적어 만족할 줄을 알고 두타행頭陀行이 제일이었으며, 여래께서는 그분에게 자리〔座〕의 반을 내주시고 승가리僧伽梨를 주셨습니다. 그분은 중생을 가엾게 여겨 바른 법을 일으켰습니다.'

그리고 곧 게송으로 말한다.

공덕의 복밭으로 제일이신 분
가난하고 궁핍한 사람 가여워하고
부처님께서 주신 승가리 입고
능히 바른 법을 일으켜 세웠으니
그의 이와 같은 공덕
누가 그것 이루 다 말할 수 있으랴.

그러자 왕은 10만 냥 값어치의 보배를 내어 그 탑에 공양하고 게송으로 찬탄한다.

항상 고요함을 즐거워하여
숲을 의지해 머물고

욕심 적어 만족할 줄 알아 부자였던 분
대가섭께 지금 예배합니다.

또다시 존자는 박구라薄拘羅의 탑을 보이면서 말한다.
'이것은 박구라의 탑이니 마땅히 공양하십시오.'
왕이 묻는다.
'그분에겐 어떤 공덕이 있었습니까?'
'그분은 병病이 없기로 제일이었습니다. 그러나 남을 위해서는 한 구절의 법도 설명하지 않고 잠자코 있었습니다.'
'돈 1전錢만 공양하겠습니다.'
여러 신하들이 왕에게 말한다.
'공덕은 이미 같은데 어째서 여기에는 돈 1전만 공양합니까?'
왕이 말한다.
'제 말을 들어보십시오.'

비록 무명無明의 어리석음을 버리고
지혜로 능히 밝게 살필 줄 알아
박구라라는 이름 붙었다지만
이 세상에 무슨 보탬이 되었던가.

그때 그 1전의 돈은 도로 왕에게 돌아오고, 대신들은 이 희한한 일을 보고 모두들 같은 말로 그를 찬탄할 것이다.
'아아, 존자께서는 욕심이 적어 만족할 줄 알아 1전의 돈이라도 아예 받지 않으시는구나.'
존자는 다시 아난의 탑을 보이면서 왕에게 말한다.
'이것은 아난의 탑이니, 마땅히 공양하십시오.'

왕이 말한다.

'그분에겐 어떤 공덕이 있었습니까?'

'이 분은 부처님을 모시던 분으로서 말씀을 들어 아는 것이 제일이라서 부처님 경전을 편집하였습니다.'

그리고 게송으로 말한다.

모니의 발우를 받들어 모시면서
생각이 이르면 능히 결단하였으니
많이 들어 아는 지식의 큰 바다요
좋은 말솜씨에 부드럽고 연한 음성.

하늘이나 사람을 즐겁게 했고
세 분의 부처님 마음 잘 알았으며
일체를 환히 밝게 깨달았던
그 온갖 공덕의 보배 상자.

가장 뛰어나다고 칭찬 받았고
번뇌의 싸움을 항복 받았으니
이러한 공덕을 가지신 분께
마땅히 공양을 올려야 하네.

그러자 왕은 곧 백억 냥 값어치의 보배를 내어 그 탑에 공양한다.

그때 신하들은 왕에게 말한다.

'어째서 앞에서 한 것 모두보다 많은 공양을 이곳에 하십니까?'

왕이 말한다.

'내가 마음속으로 생각하는 그 까닭을 말할 것이니 들어라.'

여래의 몸은
법신法身으로 본성이 청정하신데
그가 끝까지 능히 받들어 모셨으니
그러므로 그 공양이 뛰어나니라.

법의 등불 언제나 세상에 있어
이 어리석음의 어둠을 멸하나니
그것은 모두 그에게서 나온 것
그러므로 가장 많이 공양하는 것이니라.

저 큰 바다의 물은
소 발자국에 담을 수 없는 것처럼
그와 같이 부처님의 지혜 바다는
다른 사람은 능히 가질 수 없네.

오직 이 아난 존자만이
한 번 들은 법 모두 받아 지녀
끝내 잃어버린 적이 없었으니
그러므로 가장 많이 공양하는 것이니라.

그때 왕은 이와 같이 갖가지로 공양한 뒤에, 존자를 향해 합장하고 이렇게 말한다.

내 지금은 이런 모습을 받았지만
다시는 이런 몸 짊어지지 않으리.
갖가지 한량없는 공덕을 닦아

지금은 사람 중의 주인 되었네.

내 이제 견고한 실속을 취해
여러 탑묘를 만들었으니
그 장엄은 이 세상에 있어
마치 별이 달을 장엄한 것과 같아라.

부처님 제자의 법을 받들어
모든 예절을 행하라.
나는 이제 할 일을 마치고
존자의 발에 머리를 조아리네.

존자의 은혜로운 그 힘을 입어
이제 훌륭하고 묘한 일 보고서
크고 좋은 이익을 유쾌하게 얻었으니
이 분별법分別法을 따르리라.

그때 왕은 이상의 갖가지 것들을 공양한 뒤, 한결같이 보리도량의 나무가 있는 데로 간다.

'이 나무 밑에서 여래께서는 아뇩다라삼먁삼보리를 얻으셨구나.'

그리고는 세상에서 드문 진귀한 보배로 공양하는 일로써 보리수를 공양한다.

그때 왕의 부인은 지사라치다低舍羅絺多인데 그 부인은 이렇게 생각한다.

'왕께선 나를 지극히 사랑하시고 나도 또한 왕을 사랑한다. 그런데 왕께선 지금 나를 버리고 떠나 온갖 진귀한 보배를 가지고 보리수가 있는 데로 가셨다. 내 이제 방편을 써서 저 보리수를 죽이리라. 나무가 말라죽고 잎이 떨어져 버리면, 왕께선 당연히 다시는 가시지 않고 나와 함께 언제나 즐기시리라.'

그리고는 곧 주술사를 불러 주술사에게 말한다.

'그대는 보리수를 죽일 수 있는가?'

그가 대답한다.

'가능합니다만, 저에게 금 천 냥을 주십시오.'

그래서 그 부인은 금 천 냥을 준다. 주술사는 곧 보리수 사이로 가서 주문呪文으로 나무를 저주하고 실로 나무를 맨다. 그때 나무는 점점 말라죽으며 곧 시들어 떨어지는데 아직 완전히 말라죽지는 않고 그 잎만 시들어 떨어진다. 그러다 주술사가 부인에게 말한다.

'다시 뜨거운 우유[乳]를 나무에 붓는다면 죽게 할 것입니다.'

부인이 왕에게 말한다.

'저는 지금 우유를 보리수에 공양하고 싶습니다.'

'당신 마음대로 하시오.'

이렇게 하여 급기야 뜨거운 우유를 보리수에 쏟고 나무는 곧 말라버린다.

그때 여러 부인들이 왕에게 말한다.

'보리수가 갑자기 말라죽어 잎들마다 변해 떨어집니다.'

그리고 게송으로 말한다.

여래께서 의지하시던 나무
그 이름은 보리
여기서 바른 깨달음 얻어
일체 지혜를 두루 갖추셨네.

대왕이여, 마땅히 아셔야 합니다.
이 나무가 지금 말라죽으며
잎사귀 빛깔도 변하였는데
어떤 이유인지 알 수 없습니다.

왕은 이 말을 듣고는 곧 정신을 잃고 땅에 쓰러진다. 사람들이 왕의 가슴과 얼굴에 물을 뿌리자 한참 뒤에 깨어나 눈물을 흘리면서 말한다.

내가 보리수를 보는 것은
곧 여래를 뵙는 것이었거늘
이제 그 나무 죽었단 말 들었으니
나도 또한 그 따라 죽으리라.

그때 그 부인은 왕의 근심하는 좋지 않은 기색을 보고 왕에게 말한다.

'왕이여, 근심하고 괴로워하지 마십시오. 제가 기꺼이 왕의 마음을 기쁘게 해드리겠습니다.'

왕이 말한다.

'만일 그 나무가 없다면 내 목숨도 또한 없는 것이오. 여래께서는 그 나무에서 아뇩다라삼먁삼보리를 얻으셨는데, 그 나무가 이미 없어졌다면 내가 살아 무슨 소용 있겠소?'

부인은 결심이 확고한 왕의 말을 듣고 돌아가 다시 찬 우유를 보리수 아래에 붓자 그 나무는 이내 살아난다. 왕은 우유를 나무에 붓자 도로 살아났다는 말을 듣고 날마다 천 항아리의 우유를 보내 나무 밑에 붓게 하니, 나무는 이전과 같이 회복된다.

그러자 여러 부인들이 왕에게 말한다.

'보리수는 이제 예전과 다름없이 회복되었습니다.'

그때 왕은 그 말을 듣고는 곧 기뻐하며 보리수 아래로 가, 보리수를 보면서 잠시도 눈을 떼지 못한다.

그리고 게송으로 말한다.

병사甁沙 지국왕持國王을 비롯한
어떤 왕들도 하지 못한 것
내 이제 마땅히 공양하리라.
내 이제 보리수를 목욕시키리라.

온갖 우유와 향수
꽃과 향과 바르는 향을 쓰고
그리고 다시 여러 비구들과
성현의 5부部 대중께 공양하리라.

그때 왕은 금·은·유리·파리頗梨로 만든 네 개의 보배 항아리를 마련하여, 온갖 향유香乳와 향탕香湯[22]을 담고, 갖가지 음식과 천 가지나 되는 깃발과 보배 일산, 갖가지 꽃과 향과 음악을 가지고, 팔지재八支齋[23]와 포살布薩[24]을 닦아 지닌 뒤에 희고 깨끗한 옷을 입고 향

22 정자향丁子香을 삶아낸 탕. 혹은 향을 넣어서 끓인 욕탕. 목욕하기 위한 것. 석가탄신일 때 불상을 목욕하는데 옛날에는 5색色의 향수를 사용했다. 뒤에 와서는 감초甘草 및 목감다木甘茶를 끓여서 대신 사용함. 가사袈裟를 빨 때도 이것을 사용한다. 선종禪宗에선 진피陳皮·복령茯苓·지골피地骨皮·육계肉桂·당귀當歸·지곡枳穀·감초甘草 등 일곱 가지를 끓인 것을 향탕香湯이라고 함.

23 8계戒의 약칭으로 즉 8관재계關齋戒를 말함. 8관재계는 팔리어로 Aṭṭhaṅgasīla라고 하며, 8재계齋戒·8계재戒齋·8계戒·8소응리所應離라고도 함. 재가자在家者가 하

로를 가지고 궁전 위에서 사방을 향해 예를 올리고 마음으로 생각하여 말한다.

'여래의 거룩한 제자로 모든 곳에 계신 분들은 저를 가엾게 여기시어 저의 공양을 받아주십시오.'

그리고 게송으로 말한다.

여래의 거룩한 제자로서
바른 도를 따라 모든 감관 고요하고
모든 3계界의 욕심을 여의어
모든 하늘이 공양할만한 분들.

이제 모두 다 이곳으로 모이시어
보잘것없는 제 마음의 보시 받아주시고
가엾게 여겨 제 뜻에 응하시어
법의 종자를 자라나게 하시며
언제나 고요한 데 머물기를 좋아하고
모든 곳의 집착에서 벗어나게 하소서.

여래의 진정한 제자로서
법을 좇아 변화해 태어나

룻밤 하루 낮 동안 받아 지키는 계.

24 팔리어 Uposatha의 음역. Uposatha는 베다의 제사에 있어서는 소마soma제사의 준비날을 말함. 불교에서는 불교교단의 정기 집회로서 한 달에 두 번, 보름마다 동일 지역의 스님이 모여 자기를 반성하고 죄를 고백 참회하는 모임으로 15일[滿月]·30일[新月]에 행함. 출가한 스님은 한 곳에 모여 계의 낱낱 조항을 소리 내어 읽고, 죄를 참회하며, 재가자는 8계를 지키고 설법을 듣고서 스님에게 음식을 공양함.

저 모든 하늘들의 공양 받는 분들
저를 가엾게 여기셔서
지금 곧 모두 여기 모이시어
보잘것없는 제 마음에 응해 주소서.

여러 성인들 곳곳에 계시나니
계빈[25]국罽賓國·다바바多波婆[26]이나
대림大林[27]·리파다離波多[28]나
아뇩대지阿耨大池[29] 근처.

강이나 산이나 숲 덤불 사이
이러한 모든 곳에 계시는 분들
지금 곧 모두 이곳으로
저를 가엾게 여기셔서
보잘것없는 제 마음에 응해 주소서.

또 천상의 시리사尸梨沙 궁전이나
향산香山의 돌집에 계시면서
신통력을 완전히 갖추신 분들
저를 가엾게 여기셔서
지금 곧 모두 이곳으로 모이소서.

---

25 산스크리트로 Kāśmīra라고 함. 나라 이름으로 북인도에 위치해 있다.
26 산스크리트로 Tamasāvana라고 하며, 지명地名임.
27 산스크리트로 Mahāvana라고 하며, 지명임.
28 산스크리트로 Revataka라고 하며, 지명임.
29 산스크리트로 Anavataptahrada라고 하며, 연못 이름임.

왕이 이렇게 말할 때 30만 비구들이 다 와서 모이는데, 그 대중 가운데 10만은 아라한阿羅漢이요, 20만은 학인學人과 범부 비구들이다. 그런데 상좌上座의 자리에는 아무도 앉는 사람이 없다.

그러자 왕이 여러 비구들에게 묻는다.

'어째서 상좌 자리에는 아무도 앉는 사람이 없습니까?'

그때 그 대중 가운데 큰 아라한으로서 여섯 가지 신통력을 갖춘 야사耶舍라는 비구가 있다가 왕에게 말한다.

'이 자리는 상좌上座의 자리이거늘 다른 사람이 어떻게 감히 거기에 앉을 수 있겠습니까?'

왕이 다시 묻는다.

'존자께서 계시는 곳에는 상좌가 있습니까?'

'상좌가 있습니다. 대왕이여, 그 분은 부처님께 수기〔記〕를 받은 사람으로서 이름은 빈두로賓頭盧[30]라 합니다. 그 분은 상좌이니 이 자리에 앉으실 수 있을 것입니다.'

왕은 매우 기뻐하면서 이렇게 말한다.

'이 가운데에 부처님을 직접 뵌 비구가 있습니까?'

---

30 산스크리트로 Piṇḍolabharadvāja라고 함. 16나한羅漢 가운데 한 사람. 한역하여 부동이근不動利根이라 하며, 부처님의 제자. 빈두로는 이름이고, 파라타頗羅墮는 성임. 흰머리에 긴 눈썹을 가진 나한으로 원래 발차국跋蹉國 구사미성 보상輔相의 아들로 태어남. 어렸을 때 불교에 귀의하여, 출가해서는 구족계具足戒를 받고 여러 곳으로 다니며 전도함. 부처님께서 득도하시고 6년 뒤에 이 나한이 왕사성에서 신통력을 나타냈다가 외도들의 조소를 받은 일로 부처님께서 이 뒤로는 부질없이 신통력을 나타내지 말라 하시고서 서구야니주西瞿耶尼洲에 가서 4부대중을 교화하고 부처님 법을 전하게 함. 뒤에 다시 돌아와서는 부처님의 명을 받고서 열반에 들지 않고 남인도의 마리산에 머물며 불멸후에 중생을 제도하며, 말세의 공양을 받아 대복전大福田이 되었으므로 주세住世아라한이라고 일컬어짐. 훗날 인도의 대승 사찰에서는 문수文殊를 상좌로 함에 대하여 소승의 사찰에서는 빈두로를 상좌로 하는 풍습이 생김. 우리나라에서도 독성獨聖·나반존자那畔尊者라 하여 절마다 봉안하기도 함.

'있습니다. 대왕이여, 빈두로께서는 아직도 옛날처럼 이 세상에 살고 계십니다.'

왕이 다시 말한다.

'그 비구를 만나 뵐 수 있습니까?'

'대왕이여, 오래지 않아 볼 수 있을 것입니다. 곧 오실 것입니다.'

그러자 왕은 큰 기쁨이 생겨 게송으로 말한다.

나 이제 기쁘게도 이익 얻게 되었네.
나를 거두어 받아주셨기 때문에
나로 하여금 내 눈으로 직접
존자 빈두로를 뵙게 하시네.

그때 존자 빈두로가 차례대로 뒤를 따르는 한량없는 아라한을 거느리고 오는데, 마치 큰기러기가 허공을 날아오는 것 같을 것이다. 그가 상좌의 자리에 앉자 여러 비구 스님들은 제각기 예경禮敬하고 차례로 앉는다. 그때 왕이 존자 빈두로를 보니 머리는 희고 몸은 벽지불辟支佛과 같다. 머리를 그의 발에 대어 예를 올린 뒤에 무릎을 땅에 대고 합장하고서 존자의 얼굴을 바라보면서 게송으로 말한다.

내가 지금 왕의 자리에 있어
이 염부제를 통솔하면서도
그것을 기쁨으로 여기지 않았는데
이제 존자를 뵙게 되었네.

나 이제 존자를 뵙게 되니
이는 곧 산 부처님 뵌 것이라

내 가슴 떨려 뛰는 것
왕 자리 얻을 때보다 더하기만 하네.

왕은 다시 존자에게 묻는다.

'존자께서는 3계에서 우러러 존경하는 세존을 뵈었습니까?'

그때 존자 빈두로는 손으로 눈썹을 치켜들고 왕을 보면서 말한다.

나는 여래를 뵈었네.
이 세상 무엇으로도 비유할 수 없는 분
그 몸은 황금빛에
서른두 가지 상호.

얼굴은 깨끗한 보름달 같고
맑은 음성은 너무도 부드러우며
모든 번뇌의 시달림 항복 받아
언제나 적멸에 들어 계셨네.

왕이 다시 묻는다.

'존자는 어디에서 부처님을 뵈었습니까?'

'여래께서 5백 아라한과 함께 처음으로 왕사성에서 안거하셨을 때, 저도 그때 그 가운데 있었습니다.'

그리고 게송으로 말한다.

대모니大牟尼 세존께서는
욕심을 여읜 이들에게 둘러싸여
왕사성에 계시면서

여름 석 달의 안거安居를 지내셨네.

나도 그때 그 대중들 속에 있으면서
언제나 여래 곁에 머물렀으니
이제 대왕이여, 마땅히 아소서
나는 직접 눈으로 참 부처님 뵈었네.

'또 부처님께서는 사위국에 계실 때 크게 신통력을 일으켜 갖가지로 변화하시고, 모든 부처님 형상을 지어 모든 곳에 두루 계셨는데, 나아가 아가니타천阿迦尼吒天[31]까지 이르렀었습니다. 저도 그때 그곳에 있으면서 여래의 갖가지 변화와 신통의 모습을 뵈었습니다.'

그리고 게송으로 말한다.

여래께서는 신통력으로
모든 외도 항복 받으시고
부처님 시방세계 거니실 때
나는 그 모습 친히 보았네.

'다시 여래께서 천상에서 그 어머니를 위해 설법하실 때 저도 또한 그 자리에 있었는데, 어머니를 위한 설법을 마치시고는 여러 하늘들을 거느리고 천상에서 승가사국僧迦奢國으로 내려 오셨습니다. 그때 나는 이 두 가지 일을 보았습니다. 즉 천인天人들이 복과 즐거움을 받았고, 우파라優波羅[32] 비구니가 전륜성왕轉輪聖王이 되어 한량없는 권

31 색구경천色究竟天을 말함. 색계色界 18천 가운데 맨 꼭대기에 있는 하늘로 5불환천不還天의 하나이고, 4선천禪天 가운데 가장 위의 하늘임.

속들을 거느리고 허공을 타고 내려와 세존께서 계신 곳으로 나아갔는데, 저도 그것을 보았습니다.'

그리고 게송으로 말한다.

여래께서는 천상에 계시면서
거기서 여름 안거 지내셨으니
저도 모니牟尼의 권속으로서
또한 그 가운데 있었습니다.

'또 세존께서는 5백 아라한들과 함께 사위국에 계셨었습니다. 그때 급고독給孤獨 장자의 딸이 마침 부루나발타나국富樓那跋陀那國에 있었는데, 그녀가 부처님과 비구 스님들을 청하였습니다. 그때 여러 비구들은 각자 허공을 타고 그곳으로 갔고, 저도 그때 신통력으로 큰산을 끼고서 그곳으로 가 공양을 받았습니다. 그런데 세존께서는 저를 꾸짖으셨습니다.

〈너는 어찌하여 그런 신통력을 부리느냐? 내 이제 너에게 벌을 주리라. 너는 언제나 이 세상에 있으면서 열반에 들지 말고 내 바른 법을 보호하고 지켜 멸하게 않게 하라.〉'

곧 게송으로 말한다.

세존께서는 5백 비구와 함께
그 여인의 청을 받았고
그때 나는 신통력으로

---

32 산스크리트로 Utpalavarṇā라고 함. 비구니 이름으로 즉 연화색蓮華色비구니를 말함.

큰산을 끼고 그곳으로 갔었네.

세존께서는 내게 벌을 주시되
세상에 머물면서 열반에 들지 말고
내 바른 법을 보호하고 지켜
법이 멸해 없어지지 않게 하라 하였네.

'또 여래께서 여러 비구들을 데리고 성에 들어가 걸식하실 때, 왕께서는 두 소년과 함께 모래밭에서 장난치다가, 부처님께서 오시는 것을 보고 모래를 떠서 부처님께 바쳤었습니다. 그러자 세존께서는 그 소년에게 수기를 주시면서, 〈내가 세상을 떠난 지 백 년 뒤에, 이 소년은 파련불읍巴連弗邑에서 왕위를 받아 염부제를 통솔할 것이고, 이름을 아육阿育이라 할 것이다. 그리고 내 사리를 널리 전파하고 하루 동안에 8만 4천 개의 탑을 지을 것이다〉라고 하셨는데, 지금의 왕이 곧 그 소년입니다. 저도 그때 그 자리에 있었습니다.'

그리고 게송으로 말한다.

왕께서 소년이었을 때
모래를 부처님께 바치자
부처님께서 왕에게 수기를 주셨는데
그때 나도 바로 그 자리에 있었네.

그때 왕이 존자에게 말한다.
'존자께서는 지금 어디서 머물고 계십니까?'
존자가 왕에게 대답한다.
'범행을 닦는 여러 비구들과 함께 북쪽 산에서 지내는데 산 이름은

건타마라揵陀摩羅[33]입니다.'

왕이 다시 묻는다.

'권속은 얼마나 됩니까?'

'6만 아라한 비구입니다.'

존자가 말한다.

'왕께선 왜 그리 많은 질문을 하십니까? 지금 준비해서 스님들에게 공양하십시오. 공양을 마치고 왕을 기쁘게 해드리겠습니다.'

'그렇게 하겠습니다. 존자여, 그런데 저는 부처님께 깨달음을 얻게 한 보리수에 먼저 공양을 올린 뒤, 향기롭고 맛있는 음식을 스님들께 베풀겠습니다.'

그리고 왕은 여러 신하들에게 명령하여 온 나라에 알리게 한다.

'왕께선 지금 금 10만 냥을 내어 비구들에게 보시하고 향탕香湯 천 항아리를 보리수에 부어주며, 5부 대중을 모으신다.'

그때 구나라拘那羅라는 왕자가 오른쪽에 있다가 두 손가락을 세운 채 말을 하지 않는데, 이는 두 배로 공양을 청하고 싶다는 뜻이다. 대중들은 그것을 보고 모두 웃음을 터뜨리는데, 왕도 또한 그것을 보고 웃음을 터뜨리면서 말한다.

'오오, 왕자여, 공덕을 많이 지어야 공양이 있는 것이다.'

왕은 다시 말한다.

'나는 다시 금 30만 냥으로 비구들께 공양하고, 다시 향탕 천 항아리를 더 내어 보리수를 목욕시키리라.'

그런데 그때 왕자는 다시 네 손가락을 세우는데, 네 배를 뜻하는

33 산스크리트로 Gandhamādana라고 함. 이것을 향취산香醉山 · 향적산香積山이라고도 쓰는데, 현재 히말라야산맥에 있는 마나사mānasa호 북쪽 기슭의 카이라사kailāsa산을 말함.

것이다. 왕은 화가 나서 신하들에게 말한다.

'누가 왕자에게 이런 일을 시켜 나와 겨루려 하느냐?'

신하들이 왕에게 말한다.

'누가 감히 왕과 겨루려 하겠습니까? 왕자님께서는 타고난 자질이 총명하고 지혜로워 공덕을 더 짓기 위해 그런 일을 했을 뿐입니다.'

그때 왕은 오른쪽으로 왕자를 돌아보면서 상좌에게 말한다.

'내 창고 물건을 제외한 그 밖의 모든 물건, 즉 염부제에 있는 부인과 채녀, 모든 신하와 권속, 그리고 내 구나라 왕자까지 모두 성스러운 비구들에게 보시하겠습니다. 또 온 나라에 외쳐 5부대중을 모으도록 하겠습니다.'

그리고 게송으로 말한다.

왕의 창고 물건을 제외한
부인과 채녀
신하와 백성까지 모든 대중을
성스러운 스님들께 보시하리니
내 몸과 왕자도
또한 다 보시하리라.

그때 왕과 상좌와 비구 스님들이 항아리의 향탕으로 보리수를 목욕시키자, 보리수는 곱절이나 아름답고 무성하게 성장한다.

게송으로 말한다.

위없는 분을 깨닫게 한
보리수를 왕이 목욕시키자
나무는 더욱 더 무성해지고

가지와 잎사귀는 부드러워졌네.

그때 왕과 신하들은 매우 기뻐한다. 왕은 보리수를 목욕시키고 나서 다시 여러 비구들에게 공양한다. 그때 상좌 야사耶舍가 왕에게 말했다.

'대왕이여, 지금 많은 비구 스님들이 모여 있습니다. 정성껏 신심信心을 다해 공양하십시오.'

그러자 왕은 위에서부터 아래에 이르기까지 손수 공양한다. 그때 두 사미沙彌가 음식을 얻어서는 각각 밀가루 덩어리로 환희환歡喜丸을 만들어 서로 던지는데, 왕은 그것을 보고 웃으면서 말한다.

'저 사미는 어린애 같은 장난을 하는군요.'

공양이 끝나 왕이 도로 상좌 앞에 섰을 때, 상좌는 왕에게 말한다.

'왕께선 저들에 대해 믿거나 공경하지 않는 마음을 내서는 안 됩니다.'

왕은 상좌에게 대답한다.

'공경하지 않는 마음은 없습니다. 그러나 저 두 사미를 보니 어린애 장난을 치는 것이 마치 세간 어린애가 흙덩어리를 가지고 서로 던지는 것처럼, 그 두 사미는 밀가루 덩어리를 가지고 환희환을 만들어 서로 던지고 있었습니다.'

상좌는 왕에게 말한다.

'저 두 사미 모두 구해탈俱解脫[34]을 한 아라한으로서 서로에게 음식을 보시한 것입니다.'

---

34 혜해탈慧解脫과 함께 선정의 장애[定障 : 不染汚無知 · 所知障의 일부분]를 끊은 것으로 심해탈心解脫이라고도 하며, 혹은 혜慧와 정定에 대한 두 가지의 장애 즉 번뇌장煩惱障과 해탈장解脫障을 벗어나 멸진정滅盡定을 얻은 것을 말함.

왕은 이 말을 듣고 신심이 더해져 이렇게 생각한다.

'이 두 사미는 기꺼이 끊임없이 서로에게 보시하는구나. 그러면 나도 이제 마땅히 모든 스님들께 비단과 무명을 보시하리라.'

두 사미는 왕의 마음속 생각을 알고서 서로에게 말한다.

'왕으로 하여금 공경하고 믿는 마음을 곱절이나 더하게 합시다.'

그래서 한 사미는 솥을 가져다 왕에게 주고 한 사미는 물감을 가져다 왕에게 주자 왕은 그 사미들에게 묻는다.

'무엇에 사용하라는 것이오?'

두 사미가 왕에게 말한다.

'왕은 우리로 인해 여러 스님대중들에게 비단과 무명을 보시하려고 합니다. 우리는 대왕께서 그것을 염색하여 여러 스님대중들께 보시하게끔 하려는 것입니다.'

왕은 이렇게 생각한다.

'마음속으로 생각은 하였지만 아직 입으로 말을 꺼내지도 않았는데, 이 두 통달한 대사〔達士〕는 남의 마음을 아는 지혜〔他心智〕를 얻어 내 마음을 알고 있구나.'

왕은 곧 머리를 조아려 스님대중들에게 예배하고 게송으로 말한다.

공작孔雀의 종족으로
안팎의 친한 권속들
이 은혜로운 보시로 말미암아
모두 큰 이익 얻었나니
좋은 복전 만나거든
기뻐하며 언제나 보시하라.

그때 왕은 사미에게 말한다.

'나는 당신들로 인해 스님들의 가사[僧衣]를 보시할 것이고, 스님들의 가사를 보시한 뒤에 다시 세 가지 옷[三衣][35]과 4억만 냥의 진귀한 보배를 5부대중께 보시하고, 그렇게 보시한 뒤에 다시 40억만 냥의 진귀한 보배로 염부제의 궁인·채녀·태자·신하들을 바꾸어 도로 찾을 것입니다.'

아육왕이 짓는 공덕은 이와 같이 한량없을 것이니라."

35 인도의 승단에서 개인의 소유를 허락한 세 종류의 옷. 대의大衣와 두 종류의 상의(上衣 : 七條衣, 五條衣)를 말한다. 첫째 대의는 일명 승가리僧伽梨라고 하며, 정장하는 옷으로 마을에 탁발을 나가거나 왕궁에 초대받았을 때 입는 옷으로 9내지 25조각의 천을 기워 합쳐서 한 장의 천으로 한 것으로 9조의條衣라고도 함. 둘째는 울다라승鬱多羅僧은 일명 입중의入衆衣로도 불리며, 예배·청강聽講·포살布薩 등에 사용되고, 7조각의 천으로 만들어졌기 때문에 7조의라고도 함. 셋째는 안타회安陀會로 일명 중의中衣·중착숙의中着宿衣라고도 함. 일상의 작업이나 취침 때에 착용하는 옷으로 이들 색은 선명한 정색正色이 아닌 탁한 괴색壞色으로 정해졌으므로 가사袈裟라고 불리게 됨. 한국·일본·중국에서는 3의를 형식화한 각종 가사가 만들어졌는데, 7조條·5조條 가사 등은 법의法衣를 형식을 따른 것임.

잡아함경 제24권

605. 염처경念處經 ①

이와 같이 나는 들었다.

어느 때 부처님께서는 사위국 기수급고독원에 계셨다.

그때 세존께서 여러 비구들에게 말씀하셨다.

"4념처가 있으니, 어떤 것들이 네 가지인가? 이른바 몸을 몸 그대로 관찰하는 염처〔身身觀念處〕와, 느낌〔受〕·마음〔心〕과, 법法을 법 그대로 관찰하는 염처이니라."

부처님께서 이 경을 말씀하시자 모든 비구들은 부처님의 말씀을 듣고 기뻐하며 받들어 행하였다.

606. 염처경 ②

이와 같이 나는 들었다.

어느 때 부처님께서는 사위국 기수급고독원에 계셨다. 그때 세존께서는 여러 비구들에게 말씀하셨다.

"4념처가 있으니, 어떤 것들이 네 가지인가? 이른바 몸을 몸 그대로 관찰하는 염처〔身身觀念處〕와, 느낌〔受〕·마음〔心〕과, 법法을 법 그대로 관찰하는 염처이니라. 이와 같이 비구들아, 이 4념처를 충분히 닦아 익히고, 방편으로 꾸준히 힘써 바른 기억과 바른 앎으로 공부해야 하느니라."

부처님께서 이 경을 말씀하시자 모든 비구들은 부처님의 말씀을 듣고 기뻐하며 받들어 행하였다.

607. 정경淨經

이와 같이 나는 들었다.

어느 때 부처님께서는 사위국 기수급고독원에 계셨다.

그때 세존께서 여러 비구들에게 말씀하셨다.

"모든 중생을 깨끗하게 하여 근심과 슬픔을 벗어나게 하고 번민과 고통을 없애 참다운 법〔如實法〕을 얻게 하는 일승一乘의 길[1]이 있나니, 이른바 4념처를 말한다. 어떤 것들이 네 가지인가? 몸을 몸 그대로 관찰하는 염처〔身身觀念處〕와, 느낌〔受〕·마음〔心〕과, 법法을 법 그대로 관찰하는 염처〔法法觀念處〕이니라."

부처님께서 이 경을 말씀하시자 모든 비구들은 부처님의 말씀을 듣고 기뻐하며 받들어 행하였다.

---

1 팔리어로는 ekayāno-maggo라고 함. 여기서 -āyano는 '도달하다'라는 뜻이고, yāna는 '타다[乘]'는 뜻으로 수레를 타다는 의미이다. 따라서 이 문구의 전체적인 의미는 '어떤 목적에 도달할 수 있는 유일한 길'을 뜻함.

608. 감로경甘露經

이와 같이 나는 들었다.

어느 때 부처님께서는 사위국 기수급고독원에 계셨다.

그때 세존께서 여러 비구들에게 말씀하셨다.

"만일 비구가 4념처를 떠나면 곧 참다운 성인의 법을 떠나게 될 것이요, 참다운 성인의 법을 떠나면 곧 성인의 도를 떠나게 되고, 성인의 도를 떠나면 곧 감로법(甘露法 : 不死法)을 떠나게 되고, 감로법을 떠나면 태어남 · 늙음 · 병듦 · 죽음 · 근심 · 슬픔 · 괴로움 · 번민에서 벗어나지 못하리니, 나는 그런 사람을 온갖 괴로움에서 해탈하지 못했다고 말하느니라.

만일 비구가 4념처를 떠나지 않으면 성인의 참다운 법을 떠나지 않게 될 것이요, 성인의 참다운 법을 떠나지 않으면 성인의 도를 떠나지 않고, 성인의 도를 떠나지 않으면 감로법을 떠나지 않고, 감로법을 떠나지 않으면 태어남 · 늙음 · 병듦 · 죽음 · 근심 · 슬픔 · 괴로움 · 번민에서 벗어나리니, 나는 그런 사람을 온갖 괴로움에서 해탈하였다고 말하느니라."

부처님께서 이 경을 말씀하시자 모든 비구들은 부처님의 말씀을 듣고 기뻐하며 받들어 행하였다.

609. 집경集經

이와 같이 나는 들었다.

어느 때 부처님께서는 사위국 기수급고독원에 계셨다. 그때 세존께서는 여러 비구들에게 말씀하셨다.

"내 이제 4념처念處의 모임〔集〕과 4념처의 사라짐〔沒〕에 대해 설명하리니 자세히 듣고 잘 사유하라.

어떤 것을 4념처의 모임과 4념처의 사라짐이라 하는가? 자양분이 되는 음식〔食〕[2]이 모이면 몸〔身〕도 모이고, 자양하기 위한 조건이 사라지면 몸도 사라진다. 이와 같이 이 몸의 모임을 따라 관찰하여 머물고, 몸의 사라짐을 따라 관찰하여 머무나니, 몸의 모임과 사라짐을 따라 관찰하여 머물면 곧 의지할 바 없이 머물게 되어 모든 세간에 대해 영원히 취할 바가 없어지느니라.

이와 같이 접촉〔觸〕이 모이면 느낌〔受〕이 모이고, 접촉이 사라지면 느낌도 사라진다. 이와 같이 모이는 법을 따라 느낌을 관찰하여 머물고, 사라지는 법을 따라 느낌을 관찰하여 머무나니, 모이고 사라지는 법을 따라 느낌을 관찰하여 머물면, 곧 의지할 바 없이 머물게 되어 모든 세간에 대해 영원히 취할 바가 없어지느니라.

명색名色이 모이면 곧 마음〔心〕이 모이고, 명색이 사라지면 마음이 사라진다. 모이는 법을 따라 마음을 관찰하여 머물고, 사라지는 법을 따라 마음을 관찰하여 머무나니, 모이고 사라지는 법을 따라 마음을 관찰하여 머물면, 곧 의지할 바 없이 머물게 되어 모든 세간에 대해 전혀 취할 바가 없어지느니라.

기억〔憶念〕이 모이면 법法이 모이고 기억이 사라지면 법이 사라진다. 모이는 법을 따라 법을 관찰하여 머물고 사라지는 법을 따라 법을 관찰하여 머무나니, 모이고 사라지는 법을 따라 법을 관찰하여 머물면, 곧 의지할 바 없이 머물게 되어 모든 세간에 대해 취할 바가 없어

2 팔리어로는 āhāra라고 하며, 음식물이라기보다는 삭인索引 · 장양長養 · 지속持續의 뜻을 가지고 있음. 중생의 육신肉身, 혹은 성자聖者의 법신法身을 이끌어 그 각각의 몸을 존재하게 하고, 또한 그 상태를 영원히 지속시키기 위해 양육養育작용을 하는 정신작용으로서의 음식 · 자양분을 말함.

진다. 이것을 4념처의 모임과 4념처의 사라짐이라 하느니라."

부처님께서 이 경을 말씀하시자 모든 비구들은 부처님의 말씀을 듣고 기뻐하며 받들어 행하였다.

610. 정념경正念經

이와 같이 나는 들었다.

어느 때 부처님께서는 사위국 기수급고독원에 계셨다.

그때 세존께서 여러 비구들에게 말씀하셨다.

"내가 4념처를 수행하는 것에 대해 말해주리니 자세히 듣고 잘 사유하라. 어떤 것을 4념처를 수행하는 것이라 하는가? 이른바 안의 몸〔內身〕을 몸 그대로 관찰하는 생각에 머물러 부지런히 노력하여 바른 지혜〔正智〕와 바른 기억〔正念〕으로 세간의 근심과 슬픔을 항복 받는 것이니라. 그리고 바깥의 몸〔外身〕과 안팎의 몸〔內外身〕을 관찰하여 머물러 부지런히 노력하여 바른 기억과 바른 앎〔正知〕으로 세간의 근심과 슬픔을 항복 받는 것이니라. 느낌〔受〕과 마음〔心〕도 마찬가지며, 법法에 있어서도 안의 법〔內法〕·바깥의 법〔外法〕·안팎의 법〔內外法〕을 관찰하는 생각에 머물러 부지런히 노력하여 바른 기억〔正念〕과 바른 앎〔正知〕으로 세간의 근심과 슬픔을 항복 받는 것이니라. 이것을 비구가 4념처를 수행하는 것이라 하느니라."

부처님께서 이 경을 말씀하시자 모든 비구들은 부처님의 말씀을 듣고 기뻐하며 받들어 행하였다.

과거와 미래에 있어 4념처를 수행하는 것에 대해서도 이와 같이 말씀하셨다.

611. 선취경善聚經

이와 같이 나는 들었다.

어느 때 부처님께서는 사위국 기수급고독원에 계셨다. 그때 세존께서는 여러 비구들에게 말씀하셨다.

"착한 법의 무더기〔善法聚〕와 착하지 않은 법의 무더기〔不善法聚〕가 있다. 어떤 것을 착한 법의 무더기라 하는가? 이른바 4념처를 말하나니, 이것은 바른 가르침〔正說〕이다. 왜냐하면 순전히 원만 청정하기 때문이다. 이른바 4념처에서 어떤 것이 네 가지인가? 이른바 몸을 몸 그대로 관찰하는 염처〔身身觀念處〕와 느낌〔受〕·마음〔心〕도 마찬가지며, 법을 법 그대로 관하는 염처〔法法觀念處〕이니라.

어떤 것을 착하지 않은 무더기라 하는가? 착하지 않은 무더기란 이른바 다섯 가지 덮개〔五蓋〕[3]이니, 이것은 바른 가르침이다. 왜냐하면 순전히 원만하지 못한 것이 착하지 않은 무더기이기 때문이다. 이른바 다섯 가지 덮개란 어떤 것이 다섯 가지인가? 탐욕개貪欲蓋·진에개瞋恚蓋·수면개睡眠蓋·도회개掉悔蓋·의개疑蓋를 말한다."

부처님께서 이 경을 말씀하시자 모든 비구들은 부처님의 말씀을 듣고 기뻐하며 받들어 행하였다.

612. 궁경弓經

이와 같이 나는 들었다.

3 팔리어로는 pañcanīvaraṇa라고 함. 개蓋는 장애nīvaraṇa를 뜻하는 말로서 마음을 덮는 다섯 종류의 번뇌 즉, 탐욕개(貪欲蓋 : 탐냄)·진에개(瞋恚蓋 : 화냄)·수면개(睡眠蓋 : 무지몽매함)·도회개(掉悔蓋 : 불안심리)·의개(疑蓋 : 의심)이다.

어느 때 부처님께서는 사위국 기수급고독원에 계셨다. 그때 세존께서는 여러 비구들에게 말씀하셨다.

"마치 어떤 사람이 네 종류의 탄탄한 활을 가지고 센 힘으로 기술을 부려[4] 다라多羅 나무 그림자를 쏘면 걸림 없이 빨리 지나가는 것과 같다. 이와 같이 여래의 네 성문聲門[5]은 뛰어난 방편과 날카로운 근기와 지혜로써 백 년 동안의 목숨이 다할 때까지, 여래에게서 백 년 동안 설법과 가르침을 받을 때, 다만 밥 먹고 글 쓰고 잠잘 때를 제외하고는 항상 말하고, 항상 들으며, 날카롭고 밝은 지혜로 여래의 말씀을 끝까지 받아 지녀 아무런 장애나 막힘이 없어 여래께 두 번 묻지 않아도 된다. 여래의 설법은 끝이 없는 것이라, 백세의 수명이 다할 때까지 법을 들어 목숨이 다하더라도 여래의 설법은 다할 수 없나니, 마땅히 알아야 한다. 여래 설법은 한량이 없고 끝이 없으며, 그 설법의 단어〔名〕와 구절〔句〕과 음절〔味〕의 몸[6]도 또한 한량이 없고 끝이 없다. 이른바 4념처에서 어떤 것이 네 가지인가? 몸을 관찰하는 염처〔身念處〕와 느낌〔受〕·마음〔心〕·법法을 관찰하는 염처이니라."

부처님께서 이 경을 말씀하시자 모든 비구들은 부처님의 말씀을 듣

---

4 고려대장경에는 '네 개의 탄탄한 활'로 표현되어 있으나, 팔리본S. 20. 6. Dhanuggaho 弓術師에는 '훌륭한 궁술을 가진 잘 배우고 숙련되고 훈련된 네 명의 궁술사'로 표현되어 있다.

5 즉 비구比丘·비구니比丘尼·우바새優婆塞·우바이優婆夷를 말함.

6 명구문신名句文身과 동일한 말로서 인도 일반의 문법학에서는 명(名, nāman)은 명사를, 구(句, pada)는 단어를, 문(文, vyañjana)은 자음을 의미함. 그러나 불교에서는 이를 좀 더 자세히 하여 명은 사물의 이름으로 단어를 가리키며, 구는 '제행무상諸行無常' 등의 성구成句 혹은 문장을 가리키고, 문은 명名과 구句가 근거로 하는 음성의 굴곡, 문자文字 즉 개개의 음절을 말함. 이것들이 각각 두 개 이상 집합할 때를 신身이라 하는데, 여기서 '신'은 집합의 뜻으로 복수를 나타내며 두 개 이상의 것은 다문신多文身·다명신多名身·다구신多句身이라 함. 부파불교 가운데 설일체유부說一切有部에서는 명구문 자체가 실재하는 것으로 본 반면, 경량부經量部나 유식파唯識派에서는 이를 가유假有의 것으로 봄.

고 기뻐하며 받들어 행하였다.

모든 사념처경四念處經은 모두 '그러므로 비구여, 4념처를 충분히 닦아 익히고, 왕성한 의욕을 일으키고 방편으로 꾸준히 힘써 바른 기억과 바른 지혜로 공부해야 하느니라'라는 구절로 끝을 맺는다.

613. 불선취경不善聚經

이와 같이 나는 들었다.

어느 때 부처님께서는 사위국 기수급고독원에 계셨다. 그때 세존께서는 여러 비구들에게 말씀하셨다.

"착하지 않은 무더기〔不善聚〕와 착한 무더기〔善聚〕가 있느니라. 어떤 것이 착하지 않은 무더기인가? 세 가지 착하지 않은 뿌리〔不善根〕이니 이것은 바른 가르침이다. 왜냐하면 순전히 착하지 않은 무더기이기 때문이다. 이른바 세 가지 착하지 않은 뿌리란 어떤 것이 세 가지인가? 이른바 탐욕의 착하지 않은 뿌리〔貪不善根〕와 성냄의 착하지 않은 뿌리〔恚不善根〕와 어리석음의 착하지 않은 뿌리〔癡不善根〕이니라.

어떤 것이 착한 무더기인가? 4념처念處를 말한다. 왜냐하면 순전히 착함을 원만히 갖춘 것을 4념처라 하기 때문이니, 이것은 바른 가르침이다. 어떤 것이 네 가지인가? 이른바 몸을 관찰하는 염처와 느낌·마음·법을 관찰하는 염처이니라."

부처님께서 이 경을 말씀하시자 모든 비구들은 부처님의 말씀을 듣고 기뻐하며 받들어 행하였다.

세 가지 착하지 않은 뿌리에 대해 말씀하신 것과 마찬가지로 몸으로 짓는 나쁜 행〔身惡行〕·입으로 짓는 나쁜 행〔口惡行〕·뜻으로 짓는 나쁜 행〔意惡行〕의 세 가지 나쁜 행과, 탐욕의 생각〔欲想〕·성냄의 생각〔恚想〕·해침의 생각〔害想〕 등 세 가지 생각과, 탐욕의 감각〔欲覺〕·성냄의 감각〔恚覺〕·해침의 감각〔害覺〕 등 세 가지 감각과, 탐욕의 경계〔欲界〕·성냄의 경계〔恚界〕·해침의 경계〔害界〕 등 세 가지 경계에 대해서도 또한 이와 같이 말씀하셨다.

614. 대장부경大丈夫經

이와 같이 나는 들었다.

어느 때 부처님께서는 사위국 기수급고독원에 계셨다.

그때 어떤 비구가 부처님 계신 곳으로 찾아가 부처님 발에 머리를 조아리고 한쪽에 물러앉아 부처님께 여쭈었다.

"세존이시여, 말씀하신 대장부大丈夫란 어떤 이를 대장부라 하며, 어떤 이를 대장부가 아니라고 합니까?"

부처님께서 그 비구에게 말씀하셨다.

"훌륭하구나, 훌륭하구나. 비구가 여래에게 대장부의 뜻을 묻는구나. 마땅히 너를 위해 설명해 주리니 자세히 듣고 잘 사유하라. 만일 비구가 몸을 몸 그대로 관찰하는 생각에 머물기는 하지만, 그가 몸을 몸 그대로 관찰하는 생각에 머물면서 마음이 욕심을 여의지 못하여 해탈하지 못하고 모든 번뇌〔有漏〕를 다하지 못했다면 나는 그를 대장부가 아니라고 하느니라. 왜냐하면 마음이 해탈하지 못하였기 때문이다.

만일 비구가 느낌〔受〕·마음〔心〕과, 법法을 법 그대로 관찰하는 생각에 머물면서 마음이 욕심을 여의지 못하여, 해탈하지 못하고 모든 번뇌를 다하지 못했다면 나는 그를 대장부라고 하지 않느니라. 왜냐하면 마음이 해탈하지 못하였기 때문이다.

만일 비구가 몸을 몸 그대로 관찰하는 생각에 머물면서 마음이 욕심을 여의어 해탈하고 모든 번뇌를 다했다면 나는 그를 대장부라고 하느니라. 왜냐하면 마음이 해탈하였기 때문이다. 느낌·마음도 마찬가지며, 만일 법을 법 그대로 관찰하는 생각에 머물고, 느낌·마음도 마찬가지며, 그가 법을 법 그대로 관찰하는 생각에 머물면서 마음이 탐욕을 여의어 해탈하고 모든 번뇌를 다했다면, 나는 그를 대장부라고 하느니라. 왜냐하면 마음이 해탈하였기 때문이니라.

비구여, 이런 이들을 대장부와 대장부가 아닌 자라 하느니라."

부처님께서 이 경을 말씀하시자 모든 비구들은 부처님의 말씀을 듣고 함께 기뻐하면서 그 발에 예배하고 떠나갔다.

615. 비구니경比丘尼經

이와 같이 나는 들었다.

어느 때 부처님께서는 사위국 기수급고독원에 계셨다.

그때 존자 아난은 이른 아침에 가사를 입고 발우를 가지고 걸식하러 사위성으로 들어가다가 도중에 '나는 지금은 먼저 비구니 사원으로 가야겠다'라고 생각하고서 곧 비구니 사원으로 갔다.

여러 비구니들은 멀리서 존자 아난이 오는 것을 보고, 빨리 자리를 펴 앉기를 청하였다. 그때 비구니들은 존자 아난의 발에 예배하고 한쪽에 물러앉아 존자 아난에게 말하였다.

"저희 비구니들은 4념처念處를 닦아 마음을 매어 머물면서, 앞의 생각〔前〕·뒤의 생각〔後〕, 마음의 안정됨〔昇〕·마음의 산란함〔降〕[7]을 스스로 알게 되었습니다."

존자 아난이 모든 비구니들에게 말했다.

"훌륭하오, 훌륭하오. 누이들이여, 마땅히 그대들이 말한 바대로 공부해야 할 것이오. 무릇 4념처를 닦아 익혀 마음을 매어 잘 머무는 이는 마땅히 그와 같이 앞의 생각·뒤의 생각, 마음의 안정됨·마음의 산란함을 알게 될 것이오."

그때 존자 아난은 여러 비구니들을 위해 갖가지로 설법하였고 설법하고 나서는 자리에서 일어나 떠나갔다. 그때 존자 아난은 사위성에서 걸식하고 돌아와 가사와 발우를 챙기고 발을 씻은 뒤에 부처님 계신 곳으로 나아가 부처님 발에 머리를 조아리고 한쪽에 물러앉아 비구니들의 말을 세존께 자세히 아뢰었다.

그러자 부처님께서 아난에게 말씀하셨다.

"훌륭하고 훌륭하구나. 마땅히 그렇게 공부하여야 한다. 4념처에 마음을 매어 잘 머물면 앞의 생각·뒤의 생각, 마음의 안정됨·마음의 산란함을 알게 되느니라. 왜냐하면 마음을 바깥에서 찾으나 그것을 제어한 뒤라야만 그 마음을 찾게 되며 마음이 산란하면 해탈할 수 없다는 것을 사실 그대로 알게 되기 때문이니라.

만일 비구가 몸을 몸 그대로 관찰하는 생각에 머문다면, 그는 몸을 몸 그대로 관찰하는 생각에 머물며 혹 몸이 잠에 빠지거나 마음이 게을러지더라도 그 비구는 마땅히 깨끗한 믿음을 일으키고 깨끗한 모양을 취할 것이다. 깨끗한 신심信心을 일으키고 깨끗한 모양을 기억하면 그 마음이 즐거울 것이요, 즐거운 뒤에는 기쁨이 생길 것이며, 그 마음이 기쁜 뒤에는 몸이 편히 쉴 것이요, 몸이 편히 쉬면 곧 몸의

7 4념처에 마음을 매어두고 수행할 때 앞의 생각과 뒤의 생각이 분명해지고 마음의 안정됨과 마음의 산란함을 스스로 알게 됨을 말한 것으로 여기서 '승昇'은 마음이 경지에 오른 상태 즉 안정된 상태를 뜻하고, '강降'은 마음이 후퇴한 상태 즉 산란한 상태를 뜻한다.

즐거움을 느낄 것이요, 몸의 즐거움을 느낀 뒤에는 그 마음이 곧 안정될 것이니라. 마음이 안정되면 그는 곧 거룩한 제자이니, '나는 이 이치에 있어서 밖으로 흩어지는 마음을 거두어 쉬게 하여, 거친 생각〔覺想〕과 세밀한 생각〔觀想〕을 일으키지 않고, 거친 생각도 없고 세밀한 생각도 없이 평정한 마음〔捨念〕으로 즐겁게 머물자'라고 마땅히 이렇게 공부하고서 즐겁게 머물면 사실 그대로 알게 되느니라. 느낌·마음·법에 있어서도 또한 그와 같다고 말하느니라."

부처님께서 이 경을 말씀하시자 존자 아난은 부처님의 말씀을 듣고 기뻐하며 받들어 행하였다.

616. 주사경廚士經

이와 같이 나는 들었다.

어느 때 부처님께서는 사위국 기수급고독원에 계셨다. 그때 세존께서는 여러 비구들에게 말씀하셨다.

"마땅히 자기 마음의 모습〔心相〕을 잡아 밖으로 흩어지게 하지 말라. 왜냐하면, 만일 비구가 어리석고 분별력이 없으며 현명하지 못하면, 자기 마음의 모습을 잡지 않고 바깥의 형상을 취하며 그런 뒤 타락하여 스스로 장애를 일으키게 되기 때문이다. 비유하면 요리사가 어리석고 분별력이 없어 숙련된 솜씨로 여러 가지 맛을 조화하지 못하면, 주인을 받들어 공양할 때에 시고 맵고 짜고 싱거운 것에 있어 주인의 생각을 맞추지 못하는 것과 같다. 주인이 좋아하는 시고 맵고 짜고 싱거운 여러 가지 맛의 조화를 잘 파악하지 못한다면, 그 주인을 친히 모시지도 또 가까이에서 그가 필요로 하는 것을 살피지도 못할 것이다. 그가 바라는 바를 잘 들어 그 마음을 잘 파악하고 스스로 마음을 써 여러 가지 맛을 조화시켜 주인에게 바쳐야 한다. 만일 주인의 뜻에 맞지 않으면 주인은 기뻐하지 않으리니, 기뻐하지 않기 때문에 상賞도 받지 못할 것이요, 또한 사랑도 받지 못할 것이다.

어리석은 비구도 그와 같아서 분별력이 없고 현명하지 못하면, 몸을 몸 그대로 관찰하는 데 머물면서 큰 번뇌를 끊지 못하고 그 마음을 거두어 잡지 못하며, 또한 안 마음〔內心〕의 적정함을 얻지 못하고 훌륭하고 묘한 바른 기억〔正念〕과 바른 앎〔正知〕을 얻지 못한 채 다시 네 가지 증상된 마음〔增上心法〕과 현세에 안락하게 머묾과 본래부터 얻지 못한 안온한 열반涅槃을 얻지 못한다. 이것을 비구가 어리석고 분별력이 없으며 현명하지 못하면, 안 마음의 모습을 잘 거두어 잡지 못하고 바깥 형상을 취해서 스스로 장애를 일으키는 것이라 한다.

만일 어떤 비구가 지혜롭고 말재주〔辯才〕가 있어 훌륭한 솜씨로 안 마음을 잡아 파악한 뒤에 바깥 형상을 취한다면, 그는 뒷날 끝내 후퇴하거나 스스로 장애를 일으키지 않을 것이다. 비유하면 요리사가 지혜롭고 총명하여 훌륭한 솜씨가 있으면 주인에게 공양할 때 능히 여러 가지 맛을 잘 조화하여 시고 맵고 짜고 싱거운 맛에 대해 주인이 좋아하는 맛을 잘 파악하고, 여러 가지 맛을 조화하여 그 마음에 맞추는 것과 같다. 그 주인이 원하는 맛을 잘 들어 자주 바치면, 주인은 기뻐서 반드시 녹祿을 주고 몇 곱이나 사랑이 더할 것이다.

이 지혜롭고 영리한 요리사가 주인의 마음을 잘 파악하는 것처럼 비구도 또한 그와 같으면, 몸을 몸 그대로 관찰하는 데 머물면서 큰 번뇌를 끊고 그 마음을 잘 거두며 안 마음이 고요히 쉬고 바른 기억과 바른 앎으로 네 가지 증상된 마음과 현세에 안락하게 머묾과 본래부터 얻지 못한 안온한 열반涅槃을 증득하게 될 것이다. 이것을 비구가 지혜롭고 말재주가 있어 훌륭한 솜씨로 안 마음의 모습을 잘 취해 가지고 바깥 형상을 거두어 가져서 끝내 타락해 스스로 장애가 생기는 일이 없는 것이라 하나니, 느낌 · 마음 · 법을 관찰함에 있어서도 또한 그와 같으니라."

부처님께서 이 경을 말씀하시자 모든 비구들은 듣고 기뻐하며 받들어 행하였다.

617. 조경鳥經

이와 같이 나는 들었다.

어느 때 부처님께서는 사위국 기수급고독원에 계셨다.

그때 세존께서 여러 비구들에게 말씀하셨다.

"옛날 세상에 라파羅婆[8]라는 새 한 마리가 있었는데, 매에게 사로잡혀 허공으로 날아오르면서 공중에서 이렇게 부르짖었다.

'나는 자각하지 못하여 갑자기 이런 변을 당했구나. 나는 공연히 부모의 경계境界를 버리고 벗어나 다른 영역〔他處〕을 노닐다 이런 곤경에 처한 것이다. 오늘 이렇게 남에게 곤란을 겪으면서 자유를 얻지 못하게 되었으니 이 일을 장차 어찌하리?'

매가 라파에게 말했다.

'자유를 얻을 수 있는 네 자신의 경계가 어디에 있느냐?'

라파가 대답했다.

'밭 언덕 밑에 내 경계가 있어 족히 모든 어려움을 면할 수 있다. 그곳이 내 집이요, 부모의 경계다.'

매는 라파에게 교만한 생각이 일어나 말했다.

'밭 언덕 밑으로 돌아가도록 너를 놓아주면, 내게서 벗어날 수 있겠

8 팔리어로는 lāpa라고 함. 메추라기[鶉]의 일종.

는가?'

이에 라파는 매 발톱에서 벗어나 밭 언덕 큰 흙덩이 밑으로 돌아가 편안히 머물게 되었다. 그러나 나중에 흙덩이 위에서 매와 싸우려고 하자, 매는 크게 화를 내었다.

'요 조그만 새가 감히 나와 싸우려 드느냐?'

그리고는 잔뜩 성을 내어 세차게 날아 곧장 곤두박질 쳤다. 그러자 라파는 흙덩이 밑으로 들어갔고 매는 날던 힘에 몰려 가슴을 단단한 흙덩이에 부딪치고는 몸이 부서져 곧 죽고 말았다.

그때 라파가 흙덩이 밑에 납작 엎드려 우러러 보며 게송으로 말하였다.

매가 잔뜩 힘을 쓰며 내려올 때
라파는 제 경계 의지하였네.
사납게 일어나는 분노의 힘을 따라
그 몸 부서지는 화를 입었네.

나는 샅샅이 꿰뚫어 알아
스스로 내 경계 의지하나니
원수를 항복 받은 그 마음 기쁘고
스스로 돌아보니 그 능력 기쁘네.

비록 너에게 사납고 어리석은
백천 마리 큰 코끼리의 힘이 있어도
그것은 마침내 내 지혜의
16분의 1에도 미치지 못하나니
저 서슬 시퍼런 매를 꺾어버린

뛰어나고 훌륭한 내 지혜를 보라.

이와 같이 비구들아, 저 새와 매의 경우처럼 어리석어 가까이 해야 할 부모의 경계를 스스로 버리고 다른 영역〔他處〕에서 노닐면 그런 재앙을 만나게 되느니라. 너희 비구들도 또한 그와 같이 자신의 경계와 노닐 영역을 잘 지키고 다른 경계〔他境界〕에서 벗어나기를 마땅히 배워야 할 것이니라. 비구들아, 다른 영역〔他處〕과 다른 경계〔他境界〕란 이른바 다섯 가지 탐욕의 경계이니, 눈으로 마음에 들고 사랑스러우며 기억할 만한 오묘한 빛깔〔色〕을 보면 욕심으로 물들어 집착하게 되고 귀로 소리를 인식하고 코로는 냄새를 인식하며 혀로는 맛을 인식하고 몸으로는 감촉을 인식하여 마음에 들고 사랑스러우며 기억할 만한 묘한 감촉을 인식하면 욕심으로 물들어 집착하게 되는데, 이것을 비구의 다른 영역과 다른 경계라고 한다.

비구들아, 자기 영역〔自處〕과 부모의 경계〔父母境界〕란 곧 4념처이니, 어떤 것이 네 가지인가? 이른바 몸을 몸 그대로 관찰하는 염처念處, 느낌·마음도 마찬가지며 법을 법 그대로 관찰하는 염처이다. 그러므로 비구들아, 자기가 다닐 영역과 부모의 경계에서 스스로 노닐고 다른 영역과 다른 경계에서 멀리 벗어나는 것을 마땅히 배워야 하느니라."

부처님께서 이 경을 말씀하시자 모든 비구들은 듣고 기뻐하며 받들어 행하였다.

618. 사과경四果經

이와 같이 나는 들었다.

어느 때 부처님께서는 사위국 기수급고독원에 계셨다. 그때 세존께서는 여러 비구들에게 말씀하셨다.

"4념처念處를 많이 닦아 익히면 네 가지 과보〔四果〕, 즉 네 가지 복과 이익을 얻을 것이다. 어떤 것이 네 가지인가? 이른바 수다원과須陀洹果·사다함과斯陀含果·아나함과阿那含果·아라한과阿羅漢果이니라."

부처님께서 이 경을 말씀하시자 모든 비구들은 듣고 기뻐하며 받들어 행하였다.

619. 사타가경私陀伽經

이와 같이 나는 들었다.

어느 때 부처님께서는 구살라국拘薩羅國 인간 세상을 유행하시다가 사가타私伽陀 마을 북쪽에 있는 신서림身恕林에 머무셨다.

그때 세존께서 여러 비구들에게 말씀하셨다.

"옛날 세상에 당기〔幢〕놀이를 하던 어떤 광대가 어깨에 당기를 세우고 제자들에게 말했다.

'너희들은 당기 위에 올라갔을 때 아래에 있는 나를 보호하라. 그러면 나도 너희들을 보호하겠다. 이렇게 서로 모여 보호하고 붙들어 주면서 광대놀이를 하면 많은 재물을 벌 것이다.'

그때 광대의 제자들이 그 스승에게 말했다.

'그 말씀대로 하면 안 됩니다. 그저 제각기 자신을 소중히 보호하면서 광대놀이를 하기만 하면 많은 재물을 벌고 몸에 별 탈 없이 안전하게 내려 올 수 있을 것입니다.'

그러자 스승이 대답하였다.

'너희들 말대로 제각기 자신을 소중히 보호하라. 그런데 그 의미는 내가 말한 것과 마찬가지다. 자신을 스스로 보호할 때 그것은 곧 남을 보호하는 것이요, 남을 보호할 때 그것은 역시 자신을 보호하는 것이니, 마음으로 스스로 친근하고 서로 닦아 익혀 보호함을 따라 체험을 얻으면, 이것을 스스로를 보호하고 남을 보호하는 것이라 한다. 어떻게 남을 보호하고 스스로를 보호하는가? 남을 두려워하지 않고 남을 어기지 않으며 남을 해치지 않고 인자한 마음으로 남을 가엾이 여기면, 이것을 남을 보호하고 스스로를 보호하는 것이라 한다.'

그러므로 비구들아, 마땅히 이렇게 배워야 한다. 즉 스스로를 보호하려는 이도 4념처를 닦아야 하고 남을 보호하려는 이도 또한 4념처念處를 닦아야 하느니라."

부처님께서 이 경을 말씀하시자 모든 비구들은 부처님의 말씀을 듣고 기뻐하며 받들어 행하였다.

620. 원후경猿猴經

이와 같이 나는 들었다.

어느 때 부처님께서는 왕사성 가란다죽원迦蘭陀竹園에 계셨다.

그때 세존께서 여러 비구들에게 말씀하셨다.

"큰 설산雪山[9] 속, 차가운 얼음이 있는 험준한 곳에는 원숭이조차 없는데 어떻게 사람이 있겠는가? 혹 어떤 산에는 원숭이는 살지만 사람은 없고, 혹 어떤 산에는 짐승과 사람이 함께 산다. 그런 산에다 사

9 팔리어로는 Himavanta라고 함. 인도 북부에 위치해 있으며, 지금의 히말라야산을 말하는데, 일 년 내내 눈이 항상 쌓여있는 데서 유래한 이름임.

냥꾼은 원숭이들이 다니는 곳에 밀떡 아교를 풀에 발라둔다. 그러면 영리한 원숭이는 그것을 멀리 피해가지만, 어리석은 원숭이는 그것을 멀리 피하지 않고 손으로 건드리다가 그만 손이 붙어버리고, 다시 두 손으로 그것을 떼려 하다가 곧 두 손이 다 붙어버리며, 발로 떼려 하다가 다시 발이 붙어버리고, 입으로 풀을 물어뜯다가 곧 입도 붙어버린다. 그렇게 다섯 부위가 함께 붙어 땅에 쓰러져 누워 있으면 사냥꾼이 와서 막대기로 꿰어 짊어지고 갔다.

비구들아, 알아야 한다. 어리석은 그 원숭이는 자기의 경계와 부모가 사는 영역을 버리고 다른 경계에서 놀다가 그런 고통을 당한 것이다. 그와 같이 비구들아, 어리석은 범부는 촌락을 의지해 살면서, 이른 아침에 가사를 입고 발우를 가지고 마을에 들어가 걸식할 때, 그 몸을 잘 단속하지 않고 감관을 지키지 않아서 눈으로 빛깔〔色〕을 보고는 곧 집착을 일으키고 귀는 소리에, 코는 냄새에, 혀는 맛에, 몸은 감촉에 모두 집착하나니, 어리석은 비구는 안의 감관과 바깥의 다섯 대상에 묶여 악마의 욕망대로 따르게 된다. 그러므로 비구들아, 마땅히 이렇게 배워 자신이 다닐 곳, 부모의 경계에 의지해 살고 다른 영역, 다른 경계는 다니지 말아야 한다. 비구들아, 어떤 것이 자신이 다닐 곳, 부모의 경계인가?

이른바 4념처이니, 몸을 몸 그대로 관찰하는 생각에 머물고 느낌·마음도 마찬가지며, 법을 법 그대로 관찰하는 생각에 머무는 것이니라."

부처님께서 이 경을 말씀하시자 모든 비구들은 듣고 기뻐하며 받들어 행하였다.

621. 연소비구경年少比丘經

이와 같이 나는 들었다.

어느 때 부처님께서는 사위국 기수급고독원에 계셨다. 그때 존자 아난은 많은 비구 대중들과 함께 부처님께서 계신 곳으로 나아가 머리를 조아려 발에 예배하고 한쪽에 물러앉았다.

존자 아난이 부처님께 여쭈었다.

"세존이시여, 이 여러 승랍이 적은 비구〔年少比丘〕[10]들을 장차 어떻게 가르쳐야 하며, 그들을 위해 어떻게 설법해야 하겠습니까?"

부처님께서 아난에게 말씀하셨다.

"이 여러 승랍이 적은 비구들은 4념처念處를 닦아 익히도록 가르쳐야 한다. 어떤 것이 네 가지인가? 이른바 몸을 몸 그대로 관찰하는 생각에 머물러 방편으로 꾸준히 힘쓰고 방일하지 않아 바른 지혜와 바른 기억으로 마음을 고요하게 하고,……(이하 생략)……몸을 사실 그대로 아는 것이니라. 느낌·마음도 마찬가지며, 법을 법 그대로 관찰하는 생각에 머물러 방편으로 꾸준히 힘쓰고 방일하지 않아, 바른 기억과 바른 지혜로 마음을 고요히 하고,……(이하 생략)……법을 사실 그대로 아는 것이다.

왜냐하면 만일 배우는 지위에 있는 비구가 아직 더 나아가지 못해 안온한 열반涅槃에 뜻을 두어 구할 때, 몸을 몸 그대로 관찰하는 생각에 머물러 방편으로 꾸준히 힘쓰고 방일하지 않아 바른 기억과 바른 지혜로 마음을 고요히 한다면, 또 느낌·마음도 마찬가지며 법을 법 그대로 관찰하는 생각에 머물러 방편으로 꾸준히 힘쓰고 방일하지 않아 바른 기억과 바른 지혜로 마음을 고요히 한다면,……(이하 생략)

10 출가한 지 얼마 되지 않은 법랍法臘이 어린 젊은 비구들을 말함.

……법에서 멀리 떠나게 되기 때문이다. 또 만일 아라한으로서 모든 번뇌가 이미 다하고 할 일을 이미 마쳤으며 모든 무거운 짐을 버리고 모든 번뇌〔有結〕를 다하여 바르게 알고 잘 해탈하였더라도, 마땅히 그때에도 마찬가지로 몸을 몸 그대로 관찰하는 생각에 머묾을 닦아 방편으로 꾸준히 힘쓰고 방일하지 않아 바른 기억과 바른 지혜로 마음을 고요히 한다면, 또 느낌 · 마음도 마찬가지며 법을 법 그대로 관찰하는 생각에 머문다면,……(이하 생략)……법에서 멀리 떠나게 되기 때문이니라."

그때 존자 아난은 따라 기뻐하면서 예배하고 떠나갔다.

622. 암라녀경菴羅女經

이와 같이 나는 들었다.

어느 때 부처님께서는 발지국跋祇國 인간 세상을 유행하시다가 비사리국鞞舍離國의 암라원菴羅園[11]에 이르러 머무셨다.

그때 암라녀菴羅女는 세존께서 발지국 인간 세상을 유행하시다가 암라원에 이르러 그곳에 머물고 계신다는 말을 듣고 세존께서 계신 곳으로 찾아가 공경하고 공양하기 위해 곧 자신의 수레를 치장하고 비사리성을 출발하였다. 그리고 암라원의 문에 이르러서는 수레에서 내려 걸어가다가 세존께서 대중들에게 둘러싸여 설법하시는 것을 멀리서 보았다. 세존께서도 멀리서 암라녀가 오는 것을 보시고 여러 비구들에게 말씀하셨다.

11 팔리어로는 Vesāliyaṃ Ambapālivane라고 하며, 또는 암바라림菴婆羅林으로 쓰기도 함. 암라녀菴羅女가 부처님께 시주한 동산을 말함.

"너희들 비구는 힘써 마음을 거두어 머물며, 바른 기억〔正念〕과 바른 지혜〔正智〕로 있어라. 지금 암라녀가 오고 있기 때문에 너희들을 경계시키는 것이다.

어떤 것을 비구가 힘써 마음을 거두어 머무는 것이라 하는가? 비구는 이미 생긴 악하고 착하지 않은 법을 끊어야 하나니, 의욕을 일으켜 방편으로 꾸준히 힘써 마음을 거두고 아직 생기지 않은 악하고 착하지 않은 법은 일어나지 않게 하며 아직 생기지 않은 착한 법은 생기게 하고 이미 생긴 착한 법에는 언제나 머물러 잊지 않게 하여 닦아 익히고 더욱 채우며 의욕을 일으켜 방편으로 꾸준히 힘써 마음을 거두면, 이것을 비구가 힘써 마음을 거두어 머무는 것이라 하느니라.

어떤 것을 비구의 바른 지혜〔正智〕라 하는가? 만일 비구가 가고 오는 위의威儀에 있어 항상 바른 지혜를 따르고, 돌아보고 바라보기와, 굽히고 펴기와, 구부리고 우러르기와, 옷과 발우를 지니기와, 가고 머물고 앉고 눕기와, 자고 깨고 말하고 침묵하기에 있어 다 바른 지혜를 따라 머물면 이것을 바른 지혜라 한다.

어떤 것을 바른 기억〔正念〕이라 하는가? 만일 비구가 안의 몸〔內身〕을 몸 그대로 관찰하는 생각에 머물러 방편으로 꾸준히 힘써 바른 지혜와 바른 기억으로 세간의 탐욕과 근심을 항복 받고 느낌〔受〕·마음〔心〕에 있어서도 마찬가지며, 법法을 법 그대로 관찰하는 생각에 머물러 방편으로 꾸준히 힘써 바른 지혜와 바른 기억으로 세상의 탐욕과 근심을 항복 받으면, 이것을 비구의 바른 기억이라 한다. 그러므로 너희들은 힘써 그 마음을 거두어 바른 지혜와 바른 기억으로 있어야 한다. 지금 암라녀가 오고 있기 때문에 너희들을 경계시키는 것이다."

그때 암라녀는 세존께서 계시는 곳으로 나아가 머리를 조아려 발에 예배하고 한쪽에 물러앉았다. 그때 세존께서는 암라녀를 위하여 갖가지로 설법하여 가르치고 기쁘게 한 뒤에 잠자코 계셨다. 그러자 암라녀가 옷을 여미고 부처님께 예배하고 합장하고서 부처님께 아뢰었다.

"오직 원하옵건대 세존께서는 여러 대중들과 함께 내일 점심 공양을 올리고자 하는 저의 청을 받아주십시오."

그때 세존께서는 잠자코 그 청을 받으셨다. 암라녀는 세존께서 잠자코 청을 받아주신 것을 알고 그 발에 머리를 조아려 예배하고 자기 집으로 돌아가 갖가지 음식을 장만하고 자리를 벌여 놓은 뒤에 이른 아침에 심부름꾼을 보내 부처님께 때가 되었음을 아뢰도록 했다.

그때 세존께서는 대중과 함께 암라녀의 집으로 나아가 자리에 앉으셨다. 그러자 암라녀는 손수 갖가지 음식을 공양하였다. 공양이 끝나 손을 씻고 양치질하고 발우도 씻었다. 그때 암라녀는 작은 평상 하나를 가지고 와서 부처님 앞에 앉아 부처님의 설법을 경청하였다. 그때 세존께서는 암라녀를 위해 기쁨을 따르는 게송을 말씀하셨다.

보시하는 이는 사람들이 사랑하고
많은 사람들 그를 따르며
그 이름은 날로 더욱 높아져
멀고 가까운 모든 곳에서 알리니
대중과 함께할 땐 언제나 부드럽고
인색함을 떠났으매 두려움이 없다네.

그러므로 그 지혜로운 보시는
인색함을 영원히 남김없이 끊어
도리천忉利天에 태어나
오랜 세월 동안 쾌락을 누리고
목숨이 다하도록 언제나 덕을 닦아
기쁨의 동산에서 즐거워하리니

온갖 종류의 하늘 음악이 있고
다섯 가지 향락[12]은 그 마음 즐겁게 하리라.

그는 이 인간 세상에서
부처님께서 설하시는 법 듣고서
그 선서善逝의 제자가 되었다가
그 몸 바꿔 태어나 즐거워하리.

그때 세존께서는 암라녀를 위해 갖가지로 설법하여 가르침을 보이시고 기뻐하게 하셨고 가르침을 보여 기뻐하게 하고 나서는 자리에서 일어나 떠나셨다.

623. 세간경世間經

이와 같이 나는 들었다.

어느 때 부처님께서는 바라내波羅奈의 선인이 살던 녹야원鹿野苑에 계셨다.

그때 세존께서는 여러 비구들에게 말씀하셨다.

"세상에서는 미인〔美色〕을 말하는데, 세상의 미인〔世間美色〕[13]은 능

12 색色·성聲·향香·미味·촉觸의 다섯 가지 경계를 말함.

13 팔리본 주석서[Sāratthappakāsinī이하 Srp라고 약칭함. III. 227]에 따르면, 세상의 미인이란 나라에서 최고의 미인을 뜻하는 말로서 여섯 가지 육체적 허물이 없는 여인을 말한다. 즉 너무 크지도 않고, 너무 작지도 않으며, 너무 마르지도 않고, 너무 살찌지도 않으며, 너무 검지도 않고, 너무 희지도 않은 여인으로 인간을 초월한 하늘의 미색美色을 갖춘 여인을 말한다. 이것이 여섯 가지 육체적 결점이 없다는 것이다. 이와 더불어 피부의 아름다움, 육체의 아름다움, 힘줄의 아름다움, 골격의

히 많은 사람들로 하여금 모여들어 보게 하는가?"

여러 비구들이 부처님께 아뢰었다.

"그렇습니다, 세존이시여."

부처님께서 여러 비구들에게 말씀하셨다.

"만일 세상의 미인이 있다면, 세상의 미인은 갖가지의 노래와 춤과 음악으로 대단히 많은 사람들로 하여금 모여들어 보게 하는가?"

비구들이 부처님께 대답하였다.

"그렇습니다, 세존이시여."

"만일 세상의 미인이 있다면, 세상의 미인은 어느 한 곳에서 갖가지로 노래하고 춤추며 음악을 연주하고 웃음 지어 다시 많은 사람을 구름처럼 모여들게 할 것이다. 만일 이때 어리석지 않고 미련하지도 않으며, 즐거움을 좋아하고 괴로움을 피하고자 하며, 살기를 원하고 죽기를 두려워하는 어떤 장부〔士夫〕가 있다고 하자. 사람들이 그에게 '장부여, 그대는 기름이 가득 찬 발우〔乳鉢〕를 들고서 세상의 미인과 그곳에 모인 대중들 사이를 지나가라. 사람을 잘 죽이는 한 사람을 시켜 칼을 빼어 들고 너를 따르게 하여, 만일 기름 한 방울이라도 떨어뜨리면 곧 네 목을 자르게 하리라'고 말한다면, 어떤가? 비구들아, 그 기름 발우를 든 장부가 과연 기름 발우를 생각하지 않고 사람 죽이는 이도 생각하지 않고서 그 기녀나 대중들을 바라볼 수 있겠는가?"

"아닙니다. 세존이시여, 왜냐하면 세존이시여, 그 장부는 뒤에 칼을 빼어 든 사람이 있다는 것을 스스로 알기 때문입니다. 그는 늘 이런 생각을 할 것입니다.

'내가 만일 기름 한 방울이라도 떨어뜨리면 칼을 빼어 든 저 사람이

아름다움, 젊음의 아름다움 등 다섯 가지 아름다움을 가진 사람을 다섯 가지 아름다움을 갖춘 사람이라고 말한다.

반드시 내 머리를 벨 것이다. 그러니 마음을 하나로 하여 생각을 기름이 든 발우에 집중하고 세상의 미인과 그 대중들 사이를 천천히 걸어 지나갈 것이요, 감히 돌아볼 엄두도 내지 말자.'"

"그와 같이 비구들아, 만일 어떤 사문 바라문이 몸을 바로 하고 자신을 소중히 여겨, 그 마음과 생각을 하나로 해 소리나 빛깔을 돌아보지 않고, 모든 마음을 잘 거두어 잡아 몸을 관찰하는 염처〔身念處〕에 머문다면 곧 이 사람은 나의 제자요, 나의 가르침을 따르는 사람이니라.

어떤 것을 비구가 몸을 바로 하고 자신을 소중히 여겨 그 마음과 생각을 하나로 해 소리나 빛깔을 돌아보지 않고 모든 마음을 거두어 잡아 몸을 관찰하는 염처에 머무는 것이라 하는가? 그와 같아서 비구여, 몸을 몸 그대로 관찰하는 생각에 머물러 방편으로 꾸준히 힘써 바른 지혜와 바른 기억으로 세간의 탐욕과 근심을 항복 받아야 하고 느낌·마음도 마찬가지며, 법을 법 그대로 관찰하는 생각에 머무는 것도 그와 같나니, 이것을 비구가 몸을 바로 하고 자신을 소중히 여겨 그 마음과 생각을 하나로 해 소리나 빛깔을 돌아보지 않고 마음을 잘 거두어 4념처에 머무는 것이라 하느니라."

그때 세존께서는 곧 게송으로 말씀하셨다.

전일한 마음과 바른 기억으로
기름 발우를 잘 유지하듯
자신의 마음을 그 따라 보호하면
일찍이 이르지 못했던 곳
극심한 어려움을 지나
훌륭하고 묘하며 미세한 곳에 이르리.

모든 부처님께서 말씀하신

그 가르침의 날카로운 칼을
그 마음 전일하게 하여
꾸준히 보호하고 간직해야 하네.

저 못난 범부들의
방일한 그 일로는
이러한 방일하지 않은
가르침에는 들어가지 못하네.

부처님께서 이 경을 말씀하시자 모든 비구들은 부처님의 말씀을 듣고 기뻐하며 받들어 행하였다.

624. 울저가경鬱低迦經

이와 같이 나는 들었다.

어느 때 부처님께서는 사위국 기수급고독원에 계셨다.

그때 존자 울저가鬱低迦가 부처님께서 계신 곳으로 나아가 부처님 발에 머리를 조아리고 한쪽에 물러앉아 아뢰었다.

"훌륭하십니다. 세존이시여, 저를 위해 설법해 주신다면 저는 그 법을 들은 뒤에 혼자 고요한 곳에서 꾸준하고 면밀하게 생각하며 방일하지 않게 머물면서 '선남자善男子가 수염과 머리를 깎고 바른 믿음으로 집 없는 데로 출가하여 도를 배우는 목적대로……이 사이의 내용은 앞에서 자세히 말한 것과 같다.……후세의 몸을 받지 않는다'라고 사유하겠습니다."

부처님께서 울저가에게 말씀하셨다.

"그렇다, 그렇다. 네 말과 같으니라. 그러나 다만 내 설법에 대해서 네가 내 마음을 기쁘게 하지 않는다면, 네가 하고자 하는 일도 성취하지 못할 것이고, 설사 내 뒤를 따르더라도 아무런 이익을 얻지 못하고 도리어 장애만 생길 것이다."

울저가가 부처님께 여쭈었다.

"세존께서 말씀해 주시면 저는 곧 세존의 마음을 기쁘게 하고 제가 하고자 하는 일을 성취하여 장애가 생기지 않게 하겠습니다. 오직 원컨대 세존께서 저를 위해 설법해 주시기만 한다면, 저는 혼자 고요한 곳에서 꾸준하고 면밀하게 사유하며 방일하지 않게 머물면서……이 사이의 내용은 앞에서 자세히 말한 것과 같다.……후세의 몸을 받지 않겠습니다."

이렇게 두 번 세 번 청하였다.

그러자 세존께서 울저가에게 말씀하셨다.

"너는 먼저 그 본래의 업業을 깨끗이 하고, 그러고 나서 범행梵行을 닦아 익혀야 하느니라."

울저가가 부처님께 아뢰었다.

"제가 지금 어떻게 본래의 업을 깨끗이 하고 범행을 닦아 익혀야 하겠습니까?"

부처님께서 울저가에게 말씀하셨다.

"너는 먼저 그 계를 깨끗이 하고 그 견해를 바르게 하여 세 가지 업을 두루 갖춘 뒤에 4념처를 닦아야 한다. 어떤 것이 네 가지인가? 안의 몸을 몸 그대로 관찰하는 생각에 머물러 방편으로 꾸준히 힘써 바른 지혜와 바른 기억으로 세간의 탐욕과 근심을 항복 받아야 하고, 이와 같이 바깥의 몸과 안팎의 몸을 몸 그대로 관찰하는 생각에 머물러야 한다. 느낌·마음도 마찬가지며, 법을 법 그대로 관찰하는 생각에 머무는 것 역시 앞에서 자세히 설한 것과 같으니라."

그때 울저가는 부처님 말씀을 듣고 따라 기뻐하면서 자리에서 일어나 떠나갔다.

그때 울저가는 부처님의 가르침을 들은 뒤에 혼자 고요한 곳에서 꾸준하고 면밀하게 생각하며 방일하지 않게 머물면서 '선남자가 수염과 머리를 깎고 가사를 걸치고서 바른 믿음으로 집 없는 데로 출가하여 도를 배우는 목적대로……이 사이의 내용은 앞에서 자세히 말한 것과 같다.……후세의 몸을 받지 않는다'라고 사유하였다.

울저가의 물음과 같이 다른 비구의 물음에도 또한 앞에서와 같이 말씀하셨다.

625. 바혜가경婆醯迦經

이와 같이 나는 들었다.

어느 때 부처님께서는 사위국 기수급고독원에 계셨다.

그때 바혜가婆醯迦라는 비구가 부처님께서 계신 곳으로 찾아와 그 발에 머리를 조아려 예배하고 한쪽에 물러앉아 아뢰었다.

"세존이시여, 훌륭하신 세존이시여, 저를 위해 설법하여 주십시오."

……이 사이의 자세한 내용은 앞의 울저가경鬱低迦經에서 말한 것과 같고, 다만 다른 내용은 다음과 같다.

"그와 같이 바혜가 비구여, 본래의 업을 청정하게 하고 몸을 몸 그대로 관찰하는 생각에 머무는 사람은 모든 악마를 뛰어넘는다. 느낌·마음도 마찬가지며, 법을 법 그대로 관찰하는 생각에 머무는 사람은 모든 악마를 뛰어넘느니라."

그때 바혜가 비구는 부처님의 설법과 훈계를 들은 뒤에 따라 기뻐하면서 예배하고 떠나갔다. 그리고 혼자 고요한 곳에서 꾸준하고 면밀하게 생각하며 방일하지 않게 머물러……(이하 생략)……후세의 몸을 받지 않았다.

626. 비구경比丘經

두 번째 경도 앞에서 말한 것과 같다. 다만 다른 것은 "이와 같이 비구여,……(이하 생략)……나고 죽음〔生死〕을 뛰어넘느니라"라고 말씀하신 것이다.

627. 아나율다경阿那律陀經

이와 같이 나는 들었다.

어느 때 부처님께서는 사위국 기수급고독원에 계셨다.

그때 존자 아나율다는 부처님께서 계신 곳으로 나아가 머리를 조아려 그 발에 예배하고 한쪽에 물러앉아 아뢰었다.

"세존이시여, 만일 배우는 지위에 있는 어떤 비구가 아직 위로 나아가 안온한 열반을 얻지 못해 방편으로 그것을 구한다면, 그 거룩한 제자는 어떻게 바른 법과 율을 닦아 익히고 많이 닦아 익혀야 모든 번뇌가 다하고……(이하 생략)……후세의 몸을 받지 않는 줄을 스스로 알게 됩니까?"

부처님께서 아나율다에게 말씀하셨다.

"만일 배우는 지위에 있는 거룩한 제자가 아직 위로 나아가 안온한 열반을 얻지 못해 방편으로 그것을 구한다면, 그는 그때 안의 몸을 몸 그대로 관찰하는 생각에 머물러 방편으로 꾸준히 힘써 바른 지혜와 바른 기억으로 세간의 탐욕과 근심을 항복 받아야 한다. 또 느낌·마음도 마찬가지며, 법을 법 그대로 관찰하는 생각에 머물러 방편으로 꾸준히 힘써 바른 지혜와 바른 기억으로 세간의 탐욕과 근심을 항복 받아야 하느니라. 이와 같이 거룩한 제자가 많이 닦아 익히면 모든 번뇌가 다하게 되고……(이하 생략)……후세의 몸을 받지 않는 줄을 스스로 알게 되느니라."

그때 존자 아나율다는 부처님의 말씀을 듣고 따라 기뻐하면서 예배하고 떠나갔다.

628. 계경戒經

이와 같이 나는 들었다.

어느 때 부처님께서는 파련불읍巴連弗邑 계림정사鷄林精舍[14]에 계셨다. 그때 존자 우타이優陀夷와 존자 아난阿難도 파련불읍 계림정사에 있었다.

그때 존자 우타이가 존자 아난이 있는 곳으로 찾아가 서로 인사하고 위로한 뒤에 한쪽에 물러앉아 존자 아난에게 말했다.

"여래如來·응공應供·등정각等正覺께서는 알고 보신 것으로 여러 비구들을 위해 거룩한 계를 말씀하셨습니다. 그리하여 단절하지 않고 허물지 않으며, 가리지 않고 여의지 않으며, 계에 집착하지 않게 하고 완전하게 체득해 잘 지니게 하시어 지혜로운 이들이 칭찬하고 미워하지 않게 하셨습니다. 그러면 여래·응공·등정각께서는 무엇 때

14 팔리어로는 Kukkuṭrārmaā라고 함. 계원승가람鷄園僧伽藍이라고도 하며, 중인도 마갈타국摩竭陀國 화씨성華氏城에 위치해 있다.

문에 알고 보신 것으로 여러 비구들을 위해 거룩한 계를 말씀하시어 단절하지 않고 허물지 않으며……(이하 생략)……지혜로운 이들이 칭찬하고 미워하지 않게 하셨습니까?"

존자 아난이 우타이에게 말했다.

"4념처念處를 닦게 하기 위해서입니다. 어떤 것이 네 가지인가? 이른바 몸을 몸 그대로 관찰하는 생각에 머물고 느낌·마음도 마찬가지며, 법을 법 그대로 관찰하는 생각에 머무는 것입니다."

그때 두 정사正士는 서로 이야기한 뒤에 제각기 자기 처소로 돌아갔다.

629. 불퇴전경不退轉經

이와 같이 나는 들었다.

어느 때 부처님께서는 파련불읍 계림정사에 계셨다. 그때 존자 아난과 존자 발타라跋陀羅도 그곳에 있었다.

그때 존자 발타라가 존자 아난에게 물었다.

"닦아 익히고 많이 닦아 익히면 뒤로 물러서지 않게 되는 법이 있습니까?"

존자 아난이 존자 발타라에게 말했다.

"닦아 익히고 많이 닦아 익히면 수행하는 이를 뒤로 물러서지 않게 하는 법이 있으니, 이른바 4념처念處이다. 어떤 것이 네 가지인가? 이른바 몸을 몸 그대로 관찰하는 생각에 머물고 느낌·마음도 마찬가지며, 법을 법 그대로 관찰하는 생각에 머무는 것입니다."

그때 두 정사正士는 서로 이야기를 나눈 뒤에 제각기 자기 처소로 돌아갔다.

630. 청정경清淨經

이와 같이 나는 들었다.

어느 때 부처님께서는 파련불읍 계림정사에 계셨다. 그때 존자 아난과 존자 발타라도 그곳에 머물고 있었다.

그때 존자 발타라가 존자 아난에게 물었다.

"닦아 익히고 많이 닦아 익히면 깨끗하지 않은 중생이 깨끗해지고 광택을 더욱 더하게 되는 법이 있습니까?"

존자 아난이 존자 발타라에게 말했다.

"닦아 익히고 많이 닦아 익히면 깨끗하지 않은 중생이 깨끗해지고 광택을 더욱 더하게 되는 법이 있나니, 이른바 4념처念處입니다. 이른바 몸을 몸 그대로 관찰하는 생각에 머물고 느낌·마음도 마찬가지며, 법을 법 그대로 관찰하는 생각에 머무는 것입니다."

그때 두 정사正士는 서로 이야기한 뒤에 제각기 자기 처소로 돌아갔다.

631. 도피안경度彼岸經

이와 같이 나는 들었다.

어느 때 부처님께서는 파련불읍 계림정사에 계셨다. 그때 존자 아난과 존자 발란타도 그곳에 머물고 있었다.

그때 존자 발란타가 존자 아난에게 물었다.

"닦아 익히고 많이 닦아 익히면 저 언덕으로 건너지 못한 중생이 저 언덕으로 건너가게 되는 법이 있습니까?"

존자 아난이 존자 발타라에게 말했다.

"닦아 익히고 많이 닦아 익히면 저 언덕으로 건너가지 못한 중생이 저 언덕으로 건너가게 되는 법이 있나니, 이른바 4념처입니다. 어떤 것이 네 가지인가? 이른바 몸을 몸 그대로 관찰하는 생각에 머물고 느낌·마음도 마찬가지며, 법을 법 그대로 관찰하는 생각에 머무는 것입니다."

그때 두 정사正士는 서로 이야기를 나눈 뒤에 제각기 자기 처소로 돌아갔다.

632. 아라한경阿羅漢經

이와 같이 나는 들었다.

어느 때 부처님께서는 파련불읍 계림정사에 계셨다. 그때 존자 아난과 존자 발타라도 그곳에 머물고 있었다.

존자 발타라가 존자 아난에게 물었다.

"닦아 익히고 많이 닦아 익히면 아라한을 얻게 되는 그런 법이 있습니까?"

존자 아난이 존자 발타라에게 말했다.

"닦아 익히고 많이 닦아 익히면 아라한을 얻을 수 있는 법이 있나니, 이른바 4념처念處입니다. 어떤 것이 네 가지인가? 이른바 몸을 몸 그대로 관찰하는 생각에 머물고 느낌·마음도 마찬가지며, 법을 법 그대로 관찰하는 생각에 머무는 것입니다."

그때 두 정사正士는 서로 이야기를 나눈 뒤에 제각기 자기 처소로 돌아갔다.

633. 일체법경一切法經

이와 같이 나는 들었다.

어느 때 부처님께서는 파련불읍 계림정사에 계셨다.

그때 세존께서 여러 비구들에게 말씀하셨다.

"일체 법이라고 말한 것에서, 일체 법이란 4념처念處를 말하는 것이니, 이것은 바른 가르침이다. 어떤 것이 네 가지인가? 이른바 몸을 몸 그대로 관찰하는 생각에 머물고, 느낌・마음도 마찬가지며, 법을 법 그대로 관찰하는 생각에 머무는 것이니라."

부처님께서 이 경을 말씀하시자 모든 비구들은 듣고 기뻐하며 받들어 행하였다.

634. 현성경賢聖經

이와 같이 나는 들었다.

어느 때 부처님께서는 파련불읍 계림정사에 계셨다.

그때 세존께서 여러 비구들에게 말씀하셨다.

"만일 비구가 4념처念處를 닦아 익히고 많이 닦아 익힌다면 현성의 벗어남〔賢聖出離〕이라 할 것이다. 어떤 것이 네 가지인가? 이른바 몸을 몸 그대로 관찰하는 생각에 머물고, 느낌・마음도 마찬가지며, 법을 법 그대로 관찰하는 생각에 머무는 것이니라."

부처님께서 이 경을 말씀하시자 모든 비구들은 부처님의 말씀을 듣고 기뻐하며 받들어 행하였다.

벗어남〔出離〕이라고 말씀하신 것과 마찬가지로, 바르게 괴로움을 다함, 괴로움을 완전히 벗어남, 큰 과보를 얻음, 큰복과 이익을 얻음,

감로법甘露法을 얻음, 감로법을 완전히 성취함, 감로법을 체득함이라고 말씀하셨는데 그 자세한 내용은 앞에서 말씀하신 것과 같다.

635. 광택경光澤經

이와 같이 나는 들었다.

어느 때 부처님께서는 파련불읍 계림정사에 계셨다.

그때 세존께서는 여러 비구들에게 말씀하셨다.

"만일 비구가 4념처念處를 닦아 익히고 많이 닦아 익힌다면 아직 깨끗하지 못한 중생은 깨끗해지고, 이미 깨끗해진 중생은 광택을 더욱 더하게 될 것이니, 어떤 것이 네 가지인가? 이른바 몸을 몸 그대로 관찰하는 생각에 머물고 느낌·마음도 마찬가지며, 법을 법 그대로 관찰하는 생각에 머무는 것이니라."

부처님께서 이 경을 말씀하시자 모든 비구들은 듣고 기뻐하며 받들어 행하였다.

중생을 깨끗하게 한다고 말씀하신 것과 마찬가지로, 저 언덕으로 건너지 못한 이를 건너게 하고, 아라한阿羅漢을 얻고, 벽지불辟支佛을 얻고, 아뇩다라삼먁삼보리阿耨多羅三藐三菩提를 얻게 한다고 말씀하셨는데 그 자세한 내용은 앞에서 말씀하신 것과 같다.

636. 비구경比丘經

이와 같이 나는 들었다.

어느 때 부처님께서는 파련불읍 계림정사에 계셨다.

그때 세존께서 여러 비구들에게 말씀하셨다.

"너희들을 위해 4념처念處를 닦는 것에 대해 설명하리라. 어떤 것이 4념처를 닦는 것인가? 비구들아, 여래如來·응공應供·등정각等正覺·명행족明行足·선서善逝·세간해世間解·무상사無上士·조어장부調御丈夫·천인사天人師·불세존佛世尊께서 세상에 출현하여 바른 법을 연설하실 땐, 맨 처음의 말씀도 훌륭하고 중간의 말씀도 훌륭하고 맨 마지막의 말씀도 훌륭하시며, 훌륭한 이치와 훌륭한 뜻이 순전하게 원만 청정하여 범행梵行을 나타내 보이실 것이다. 만일 족성자(族姓子 : 善男子)와 족성녀(族姓女 : 善女人)들이 부처님에게서 법을 들으면 깨끗한 신심信心을 얻어 이와 같이 닦고 배울 것이다.

가정생활의 화합은 향락의 허물이요 번뇌의 결박임을 보고, 텅 비고 한가한 곳에서 살기를 좋아하여 출가해 도를 배우며, 집에 있는 것을 좋아하지 않아 집 아닌 곳〔非家〕[15]에 살면서, 한결같이 청정하고자 하여, 그 목숨이 다할 때까지 순전하게 원만 청정하면 범행이 희고 깨끗하게 될 것이다. 그래서 '나는 수염과 머리를 깎고 가사를 걸치고서 바른 믿음으로 집 없는 데로 출가하여 도를 배우자'라고 생각한다.

이렇게 생각하고는 곧 재물과 친족을 버리고 수염과 머리를 깎고 가사를 걸치고서 바른 믿음으로 집 없는 데로 출가하여 도를 배우되 몸의 행을 바로 하고 입의 네 가지 허물〔四過〕[16]을 단속하며, 바른 생활로 청정하고 성현의 계를 익히며, 모든 감관〔根門〕을 지켜[17] 마음을 단속하고 생각을 바르게 한다. 눈으로 빛깔을 볼 때도 그 형상을 취하

---

15 집착을 벗어나 가정 생활[家法]을 버리고 출가出家생활을 하는 것을 말함.

16 즉 험담[惡口]·이간하는 말[兩舌]·거짓말[妄語]·농담[綺語]을 말함.

17 6식識의 감관感官을 통제하여 5욕欲에 빠지지 않게 하는 것을 말함.

지 않나니, 만일 눈이 율의律儀가 아닌 것〔不律儀〕[18]에 머무르면 세간의 탐욕과 근심과 악하고 착하지 않은 법이 항상 마음에서 새어나온다. 그러나 그는 눈에서 바른 계를 일으키나니, 귀·코·혀·몸·뜻에서 바른 계를 일으키는 것도 또한 그와 같으니라.

그는 성현의 바른 계를 성취함으로써 감관을 잘 거두어 잡아, 가고 오고 돌아다니고 돌아보기와 굽히고 펴고 앉고 눕기와, 자고 깨고 말하고 잠잠하기를 모두 지혜에 머물러 지혜를 바르게 한다. 그는 이러한 성인의 계를 성취하여 감관을 지켜 단속하고 바른 지혜와 바른 기억으로 고요히 세간을 멀리 떠나, 쓸쓸한 곳이나 나무 밑이나 고요한 방에 홀로 앉아 바른 몸과 바른 생각으로 마음을 집중해 편안히 머무르며, 세간의 탐욕과 근심을 끊고, 탐욕貪欲을 떠나 탐욕을 깨끗이 버린다. 또 세간의 진에개瞋恚蓋·수면개睡眠蓋·도회개掉悔蓋·의개疑蓋를 끊고, 진에개·수면개·도회개·의개를 떠나, 진에개·수면개·도회개·의개를 완전히 없애버린다. 그리하여 마음과 지혜의 힘을 약하게 하는 모든 장애로서 열반에 나아가지 못하게 하는 5개蓋의 번뇌를 끊어 없앤다.

그러므로 안의 몸을 몸 그대로 관찰하는 생각에 머물러 방편으로 꾸준히 힘써 바른 지혜와 바른 기억으로 세간의 탐욕과 근심을 항복받아야 하고, 이와 같이 바깥의 몸과 안팎의 몸을 몸 그대로 관찰하는 생각에 머물러야 하나니, 느낌·마음도 마찬가지며, 법을 법 그대로 관찰하는 생각에 머무는 것 역시 이와 같다고 말하리라. 이것을 비구가 4념처를 닦는 것이라 하느니라."

부처님께서 이 경을 말씀하시자 모든 비구들은 듣고 기뻐하며 받들어 행하였다.

18 비율의非律儀, 혹은 악계惡戒라고도 함. 선을 방해하고 악을 일으키는 마음 준비.

637. 바라제목차경波羅提木叉經

이와 같이 나는 들었다.

어느 때 부처님께서는 사위국 기수급고독원에 계셨다. 그때 세존께서 여러 비구들에게 말씀하셨다.

"마땅히 4념처를 닦아야 한다.……이 사이의 자세한 내용은 앞의 경에서 말한 것과 같고, 다만 다른 내용은 다음과 같다.……이와 같이 출가하고 나서 고요한 곳에 머물러 바라제목차波羅提木叉의 율의律儀[19]를 거두어 수호하고[20] 알맞은 장소에서 바른 행위를 실천하며〔行處具足〕,[21] 사소한 잘못에도 크게 두려워하고 계법을 받아서 배워야 한다. 살생을 떠나고 살생을 끊고 살생을 좋아하지 않으며,……(이하 생략)……모든 업의 방도에 대해서도 앞에서 말한 것과 같으니라. 가사와 발우를 몸에 지니는 것은 새의 양 날개와 같나니, 이와 같이 계법을 배워 성취하고 4념처를 닦아야 하느니라."

부처님께서 이 경을 말씀하시자 모든 비구들은 듣고 기뻐하며 받들

---

19 율장律藏에 포함된 계들의 집성集成을 말하는데, 바라제목차는 팔리어로 Pātiokkha라고 하며, 의역하여 별별해탈別別解脫이라고 함. 한 가지 한 가지의 계행戒行을 지니고 잘 지켜, 몸과 입으로 짓는 그릇된 죄의 허물을 삼가고 막으면, 점차로 번뇌를 해탈하게 되는 것을 말함. 율의律儀는 선을 일으키는 계의 의미로, 바라제목차와 합하여 별해탈율의別解脫律儀라고도 함. 수계受戒의 작법에 따라 많은 계를 실천하여 신·구·의의 악업을 벗어나는 것을 총체적으로 일컫는 말임. 이렇게 하여 많은 계의 조문이 완전히 구비된 것이 구족계具足戒임.

20 여기서 부처님께서는 네 가지 계 가운데 중요한 계행catunnaṃ sīlānaṃ jeṭṭaka-sīlaṃ을 요구했다. 첫째는 계본戒本의 수호守護, 둘째는 감관感官의 수호, 셋째는 생활의 청정, 넷째는 생필품과 관련된 계행이다.

21 이 부분은 팔리본에 ācāra-gocara-sampanno라고 되어 있는데 ācāra는 바른 행위를 뜻하고, gocara는 소가 풀을 뜯는 장소를 의미한다. 따라서 이 문맥의 전체적 의미는 '바른 행위를 실천할 수 있는 장소를 갖추고', 즉 알맞은 장소에서 바른 행위를 실천하는 것을 뜻한다.

어 행하였다.

638. 순다경純陀經

이와 같이 나는 들었다.

어느 때 부처님께서는 왕사성 가란다죽원에 계셨다.

그때 존자 사리불舍利弗은 마갈제摩竭提 나라那羅 마을에서 병으로 열반하였다. 순다純陀 사미沙彌가 그를 간호하고 공양하였었는데 존자 사리불이 병으로 열반하자 존자 사리불을 공양한 뒤에 남은 사리舍利를 수습해 가사와 발우를 가지고 왕사성으로 가서 가사와 발우를 챙기고 발을 씻은 뒤에 존자 아난이 있는 곳으로 나아갔다. 그리고 존자 아난의 발에 예배하고 나서 한쪽에 물러서서 존자 아난에게 말했다.

"존자시여, 마땅히 아십시오. 저의 화상 존자 사리불께서는 이미 열반하셨습니다. 저는 그분의 사리와 가사와 발우를 가지고 왔습니다."

그러자 존자 아난은 순다 사미의 말을 듣고 부처님께서 계신 곳으로 나아가 아뢰었다.

"세존이시여, 저는 지금 온몸을 가눌 수 없고 사방이 캄캄하고 아득하며 말문이 막혀버렸습니다. 순다 사미가 제게 찾아와 '화상 사리불이 이미 열반하시어 그 분의 사리와 가사와 발우를 가지고 왔습니다'라고 하였습니다."

부처님께서 말씀하셨다.

"어떠냐? 아난아, 그 사리불이 받은 계의 몸〔戒身〕22을 가지고 열

22 이 부분이 팔리본에는 sīla-kkhandham으로 되어 있는데 이를 한역하면 '계온戒蘊'

반하였느냐? 선정의 몸〔定身〕·지혜의 몸〔慧身〕·해탈의 몸〔解脫身〕·해탈지견의 몸〔解脫知見身〕을 가지고 열반하였느냐?"

아난이 부처님께 아뢰었다.

"아닙니다. 세존이시여."

부처님께서 아난에게 말씀하셨다.

"그러면 저 법法을 내 스스로 깨달아 등정각等正覺을 이루고서 말한 이른바 4념처念處·4정단正斷·4여의족如意足·5근根·5력力·7각지覺支·8도지道支를 가지고 열반하였느냐?"

"아닙니다. 그러나 세존이시여, 비록 받은 계의 몸에서부터 나아가서 도품道品의 법에 이르기까지 어느 것도 가지고 열반하진 않으셨지만, 존자 사리불께서는 계를 지니고 많이 들었으며, 욕심이 적어 만족할 줄 아셨고, 항상 세간을 멀리하며 수행하고, 방편으로 꾸준히 힘썼으며, 생각을 거두어 편안히 머물고 한마음으로 선정에 들어 민첩하고 날랜 지혜〔捷疾智慧〕·깊고 예리한 지혜〔深利智慧〕·초월하는 지혜〔超出智慧〕·분별하는 지혜〔分別智慧〕·큰 지혜〔大智慧〕·넓은 지혜〔廣智慧〕·매우 깊은 지혜〔甚深智慧〕·비할 바 없는 지혜〔無等智慧〕의 보배를 성취하시어 보이고 가르치며 비추고 기쁘게 하며 잘 칭찬하면서 대중을 위해 설법하셨습니다.

그러므로 세존이시여, 저는 법을 위하고 법을 받는 이〔受法者〕를 위해서 근심하고 괴로워한 것입니다."

부처님께서 아난에게 말씀하셨다.

"너는 근심하거나 괴로워하지 말라. 왜냐하면 앉거나 일어나거나 혹은 생성하는 일들은 무너지고야 마는 법이니 어떻게 무너지지 않을 수 있겠느냐? 아무리 무너지지 않게 하려 한들 그것은 있을 수 없는

즉 '계행의 다발'이라고 할 수 있다.

일이니라. 내가 전에 이미 말한 것처럼 사랑스러운 모든 사물과 마음에 드는 것 등 일체의 것들은 다 어긋나고 이별하게 되는 법으로서 늘 존재할 수는 없는 것이니라. 비유하면 큰 나무의 뿌리・줄기・가지・잎・꽃・열매가 무성한 데서 큰 가지가 먼저 부러지는 것처럼, 큰 보배산에서 큰 바위가 먼저 무너지는 것처럼, 여래의 대중권속에서 저 대성문大聲門이 먼저 반열반般涅槃한 것이니라.

만일 그곳이 사리불이 머물고 있던 곳이면 그곳에서 내가 해야 할 일은 없었다. 그처럼 그곳에서 나는 공허하지 않았으니, 그건 사리불이 있었기 때문이었고 내가 이미 그에게 말했기 때문이었다.

아난아, 내가 말했듯이 사랑스럽고 갖가지 마음에 드는 것들은 다 이별하기 마련인 법이니, 너는 이제 너무 근심하거나 괴로워하지 말라. 아난아, 마땅히 알아야 한다. 여래 또한 오래지 않아 가버리고 말 것이다. 그러므로 아난아, 마땅히 자기〔自〕를 섬으로 삼아 자기를 의지하고, 법法을 섬으로 삼아 법을 의지하며, 다른 것을 섬으로 삼지 말고 다른 것을 의지하지 말라."

아난이 부처님께 여쭈었다.

"세존이시여, 어떤 것이 자기를 섬으로 삼아 자기를 의지하는 것입니까? 어떤 것이 법을 섬으로 삼아 법을 의지하는 것입니까? 어떤 것이 다른 것을 섬으로 삼지 않고 다른 것에 의지하지 않는 것입니까?"

부처님께서 아난에게 말씀하셨다.

"비구라면 몸을 몸 그대로 관찰하는 염처에서 방편으로 꾸준히 힘써 바른 지혜와 바른 기억으로 세간의 탐욕과 근심을 항복 받아야 한다. 이와 같이 바깥의 몸과 안팎의 몸, 느낌・마음도 마찬가지며, 법을 법 그대로 관찰하는 염처에 있어서도 또한 이와 같다고 말하리라.

아난아, 이것을 자기를 섬으로 삼아 자기를 의지하고 법을 섬으로 삼아 법을 의지하며 다른 것을 섬으로 삼지 말고 다른 것을 섬으로 삼아 의지하지 말라고 한 것이니라."

부처님께서 이 경을 말씀하시자 모든 비구들은 부처님 말씀을 듣고 기뻐하며 받들어 행하였다.

639. 포살경布薩經

이와 같이 나는 들었다.

어느 때 부처님께서 마투라국摩偸羅國 발타라跋陀羅강 가에 있는 산개암라傘蓋菴羅 숲에 계셨는데, 존자 사리불과 목건련이 열반하고서 오래지 않은 때였다.

그때 세존께서는 그 달 보름날 포살布薩 때 대중 앞에서 자리를 펴고 앉으셨다. 세존께서는 대중의 모임을 관찰하신 뒤에 여러 비구들에게 말씀하셨다.

"내가 대중을 관찰해보니 텅 빈 것처럼 보이는구나. 그것은 사리불과 대목건련이 반열반般涅槃하였기 때문이다. 나의 성문聲門들 중에 오직 이 두 사람만이 능히 잘 설법하고 훈계하고 가르치고 변설辨說하기를 만족스럽게 행했었다.

두 종류의 재물이 있으니 금전이란 재물과 법이란 재물이다. 금전이란 재물은 세상 사람들로부터 구했었고, 법이란 재물은 사리불과 목건련으로부터 구했었지만, 여래는 이미 세간〔世〕[23]의 재물과 법의 재물에서 떠났느니라. 그러나 너희들은 사리불과 목건련이 열반하였다고 하여 근심하거나 괴로워하지 말라. 비유하면 큰 나무의 뿌리·

23 고려대장경 원문에는 '시施'자로 되어 있으나 앞뒤 문맥의 흐름과 송宋·원元·명明 본을 참조하여 '세世'자로 바꿔 해석하였다.

줄기·가지·잎·꽃·열매가 무성한 데서 큰 가지가 먼저 부러지는 것과 같고, 보배산에서 큰 바위가 먼저 무너지는 것처럼, 여래의 대중 가운데서 사리불과 목건련이라는 두 대성문大聲聞이 먼저 반열반한 것이다.

그러므로 비구들아, 너희들은 근심하거나 괴로워하지 말라. 생긴 법·일어난 법·지어진 법·만든 법·무너지는 법으로서 어떻게 닳아 없어지지 않을 것이 있겠는가? 아무리 무너지지 않게 하려 하여도 그것은 있을 수 없느니라. 내가 전에 이미 말한 것처럼, 사랑스러운 어떤 것도 모두 떠나고 흩어지기 마련이니, 나도 오래지 않아 가버리고 말 것이다.

그러므로 너희들은 '자기〔自〕를 섬으로 삼아 자기를 의지하고, 법法을 섬으로 삼아 법을 의지하며, 다른 것을 섬으로 삼지 말고 다른 것을 의지하지 말라'고 한 것을 마땅히 알아야 한다. 이른바 안의 몸을 몸 그대로 관찰하는 생각에 머물러 방편으로 꾸준히 힘써, 바른 지혜와 바른 기억으로 세간의 탐욕과 근심을 항복 받아야 한다. 그와 같이 바깥의 몸과 안팎의 몸과, 느낌·마음도 마찬가지며, 법을 법 그대로 관찰하는 생각에 머물러 방편으로 꾸준히 힘써 바른 지혜와 바른 기억으로 세간의 탐욕과 근심을 항복 받아야 하느니라. 이것이 '자기를 섬으로 삼아 자기를 의지하고 법法을 섬으로 삼아 법을 의지하며 다른 것을 섬으로 삼지 말고 다른 것을 의지하지 말라'고 한 것이니라."

부처님께서 이 경을 말씀하시자 모든 비구들은 부처님의 말씀을 듣고 기뻐하며 받들어 행하였다.

잡아함경 제 25 권

640. 법멸진상경法滅盡相經

이와 같이 나는 들었다.

그때 세존께서 존자 아난에게 말씀하셨다.

"이 마투라국摩偸羅國에 미래 세계에 어떤 상인商人이 아들을 둘 터인데, 그 아들의 이름은 굴다掘多라고 할 것이다. 그 굴다도 아들을 둘 것이니, 그 아들의 이름은 우파굴다優波掘多라고 할 것이다. 우파굴다는 내가 죽은 뒤 백 년 후에 마땅히 불사佛事를 짓되, 법을 가리키는 스승〔教授師〕들 가운데 제일가는 사람이 될 것이다.

아난아, 너는 저 멀리 푸른 총림叢林이 보이느냐?"

아난이 부처님께 아뢰었다.

"예. 보입니다. 세존이시여."

"아난아, 저 산은 우유만다산優留曼茶山이라고 하는데, 여래가 죽은 뒤 백 년 후에 저 산에는 나타발치가那吒跋置迦라는 절이 세워질 것이다. 그곳은 순조롭고 고요하기로 으뜸이 될 것이다."

그때 세존께서 이런 생각을 하셨다.

'내가 만일 교법敎法을 사람들에게 부촉付囑한다면, 아마 내 교법은 오래 머물지 못할 것이요, 하늘에게 부촉하더라도 내 교법은 오래 머물지 못할까 걱정이 되는구나. 그러면 세상 사람들은 법을 받을 이가 없게 될 것이다. 나는 이제 바른 법을 사람들과 하늘에 부촉하여 모든 하늘과 세상 사람들이 함께 법을 거두어 받으면 내 교법은 천 년 동안 흔들리지 않을 것이다.'

그리고는 세존께서 세속의 마음을 일으키시자, 그때 제석천帝釋天과 네 큰 천왕天王들은 부처님께서 마음속으로 생각하고 계시는 것을 알고, 부처님 계신 곳으로 나아가 머리를 조아려 그 발에 예배하고 한쪽으로 물러나 앉았다.

그때 세존께서 제석천과 네 큰 천왕들에게 말씀하셨다.

"여래는 머지않아 무여열반無餘涅槃에 반열반般涅槃하리라. 내가 반열반한 뒤에 너희들은 내 바른 법을 보호해 지키도록 해야 하느니라."

그때 세존께서는 다시 동방 천왕에게 말씀하셨다.

"너는 동방에서 바른 법을 보호해 지키도록 하라."

다시 남방·서방·북방 천왕에게 말씀하셨다.

"너희들은 각각 남방·서방·북방에서 바른 법을 보호해 지키도록 하라. 천 년이 지나 내 교법이 멸할 그때에는 반드시 법 아닌 것이 세상에 출현出現해 열 가지 착한 법은 모두 무너질 것이다. 그리하여 이 염부제閻浮提에는 나쁜 바람이 사납게 일어나고 때 아닌 때에 비가 내려 세상 많은 사람들이 굶주리게 될 것이다. 우박의 재앙은 비 쏟아지듯 내리고 강물이 마르며, 꽃과 열매가 여물지 않고 사람들은 광택이 없으며, 벌레와 귀신에게 마을들은 모두 망할 것이다. 음식은 맛을 잃고 보배들은 침몰沈沒하며, 사람들은 모두 거칠고 떫은 것을 먹고 초목으로 옷을 만들어 입을 것이다. 그때 석가왕釋迦王·야반나왕耶槃那王·발라바왕鉢羅婆王·도사라왕兜沙羅王들은 많은 권속을 데리고 여래의 정수리 뼈와 부처님의 치아와 부처님의 발우를 동방에 잘 보관할 것이다.

서방에 있는 발라바왕은 백천 권속들을 데리고 탑과 절을 부수고 비구들을 죽일 것이요, 북방北方에 있는 야반나왕도 백천 권속들을 데리고 탑과 절을 부수고 비구들을 죽일 것이다. 남방에 있는 석가왕도 백천 권속들을 데리고 탑과 절을 부수고 비구들을 죽일 것이요, 동방에 있는 도사라왕도 백천 권속들을 데리고 탑과 절을 부수고 비구들을 죽일 것이다. 그리하여 사방이 모두 어지럽게 되면 여러 비구들은 중국中國으로 모여 올 것이다."

그때 구섬미국拘睒彌國의 마인다라서나摩因陀羅西那라는 왕이 아들을 낳았는데, 그 왕자의 손은 피를 바른 것 같았고 몸은 갑옷을 입은 것 같았으며 큰 용맹과 힘이 있었다. 그가 태어나던 날 5백 명의 대신들도 5백 명의 아들을 낳았는데, 모두 왕자와 같이 핏빛을 띤 손과 갑옷을 걸친 듯 한 몸이었다. 그때 구섬미국에는 하루 동안 피 비〔血雨〕가 내렸다. 구섬미국의 왕은 그 불길한 광경을 보고 매우 두려워하여 관상가〔相師〕를 청해 물었다.

관상가가 왕에게 아뢰었다.

"왕이 지금 낳으신 아들은 장차 염부제의 왕이 되어 많은 사람들을 죽일 것입니다."

왕은 아들을 낳은 지 이레 만에 이름을 난당難當이라고 지었다. 그 아이는 해가 갈수록 무럭무럭 자라났다. 그때 사방四方의 나쁜 왕들은 사방에서 들어와 백성들을 죽였다. 마인다라서나왕은 그 소문을 듣고 매우 두려워하였다.

그때 어떤 천신이 왕에게 말하였다.

"대왕이여, 우선 난당을 옹립하여 왕으로 삼으면 충분히 저 네 나쁜 왕을 항복 받을 수 있을 것입니다."

그러자 마인다라서나왕은 천신의 지시를 받고 즉시 왕자에게 왕위를 내어주고 상투에 꽂은 밝은 진주 동곳을 아들 머리에 꽂고 모든 대신들을 모으고 향내 나는 물을 정수리에 부었다.

그리고 같은 날 태어난 5백 대신들의 아들들을 불러, 몸에 갑옷을 입고 왕을 따라 전쟁터에 나가 네 나쁜 왕의 대중과 싸워 이기고는 적을 남김없이 다 죽여 버리고, 염부제의 왕이 되어 구섬미국을 다스리고 있었다.

그때 세존께서 네 큰 천왕들에게 말씀하셨다.

"파련불국巴連弗國에 아기니달다阿耆尼達多라는 바라문이 있는데, 그는 베다〔比陀〕 경론經論을 통달하였다. 그 바라문은 장차 아내를 맞이할 것인데, 그때 중음中陰[1] 중생이 와서 그의 아들이 될 것이요, 그것이 어머니의 태胎에 들어가 있을 때, 그 어머니는 사람들과 논의하기를 좋아할 것이다. 그래서 그 바라문은 여러 관상가들에게 물어보면 관상가들은 이렇게 대답할 것이다.

'이 태胎 안에 들어있는 중생은 장차 일체 경론을 밝게 통달할 것입니다. 그래서 그 어머니에게 그렇게 논의할 마음을 내게 한 것입니다.'

이리하여 달이 차서 어머니 태에서 나와 소년이 되자 일체 경론을 밝게 깨알아 항상 그 경론으로써 5백 바라문의 아들들을 가르치고, 또 다른 여러 논으로 다른 사람을 가르치며, 의약 방문으로 의사들을 가르칠 것이다.

그리하여 많은 제자를 두게 될 것이요, 많은 제자를 두게 되기 때문에 그 이름을 제자弟子라고 할 것이다. 다음에는 그 부모를 따라 출가出家하여 도를 배우기를 청할 것이요, 마침내 부모는 그가 출가하

1 중유中有라고도 함. 죽은 후에 다시 태어나기 전까지의 중간상태中間狀態를 말함.

는 것을 허락할 것이다. 그러면 그는 곧 우리들의 법으로 출가하여 도를 배워 삼장(三藏 : 經 · 律 · 論)을 통달할 것이고 법을 잘 설할 것이며 훌륭하고 묘한 말솜씨가 있어 말과 이야기로 많은 권속을 거둘 것이다."

세존께서는 다시 네 큰 천왕들에게 말씀하셨다.

"또 이 파련불읍국巴連弗邑國에는 장차 수다나須陀那라는 상인의 우두머리가 있을 텐데, 중음中陰 중생이 와서 그 어머니의 태에 들 것이다. 그 중생이 어머니 태에 들면, 그때 그 어머니를 순박하고 정직하며 부드럽게 만들어 어떤 삿된 생각도 없고 모든 감관이 다 고요해질 것이다. 그때 그 상인의 우두머리가 곧 관상가에게 물어보면 관상가는 이렇게 대답할 것이다.

'태 안에 있는 중생이 지극히 선량하기 때문에 어머니를 그렇게……(이하 생략)……모든 감관이 고요해진 것입니다.'

달이 차서 아들을 낳으면 그 아이의 이름을 수라타修羅他라고 할 것이요, 나이 들어 점점 장성하면……(이하 생략)……부모에게 아뢰어 출가하여 도를 배우기를 청할 것이다. 그래서 부모가 곧 허락하면 우리들의 법으로 출가하여 도를 배우게 되는데, 그는 부지런히 정진精進하고 도업道業을 닦고 익혀, 곧 번뇌가 다하게 되어 아라한阿羅漢의 과위〔果〕를 증득할 것이다. 그러나 그는 들은 것이 적고 욕심이 적어 만족할 줄을 알며, 또 아는 친구도 적어 산림 속에 살게 되는데, 그 산의 이름은 건타마라揵陀摩羅라고 할 것이다. 그때 그 성인은 항상 와서 난당왕을 위해 설법할 것이다. 그 부왕이 죽을 때가 되어 그 죽는 날에 다다르면 난당은 그 아버지가 세상을 떠나는 것을 보고 두 팔로 아버지의 시체를 끌어안고 슬피 울부짖으면서 번민하고 상심할 때, 저 삼장三藏[2]이 많은 권속들을 거느리고 왕이 있는 곳으로 나아가 왕을 위해 설법할 것이다. 왕은 그 설법을 듣고는 근심과 괴로움이 곧 그치고 불법佛法에 대해 크게 공경하고 믿는 마음이 생겨 큰 소리로 이렇게 외칠 것이다.

'지금부터 나는 여러 비구들에게 보시하고 두려움을 주지 않아 뜻을 따라 즐겁게 해주리라.'

여러 비구들에게 물을 것이다.

'이전에 네 명의 나쁜 왕들이 부처님의 법을 헐어 없앤 지가 몇 해나 되었습니까?'

모든 비구들이 대답할 것이다.

'12년이나 지났습니다.'

그러면 왕은 마음속으로 생각하고서 사자처럼 외칠 것〔師子吼〕이다.

'나는 장차 12년 동안 다섯 대중을 공양할 것이고,……(이하 생략)……모든 공양거리를 마련할 것이다.'

그리고서 곧 보시를 행하면 그 보시하는 날 하늘은 염부제에 골고루 향기롭고 은혜로운 비를 내려 모든 열매와 종자가 다 잘 자라나게 할 것이요, 사방 백성들은 모두 공양供養거리를 가지고 구섬미국으로 와서 여러 비구들을 공양하게 되어 여러 비구들은 많은 공양을 받게 될 것이다.

그러나 그 여러 비구들은 남의 보시를 받으면서도 경서經書를 읽거나 외우지도 않고 홀로 있으면서 선정에 들어 사유思惟하지도 않으며,[3] 도를 행하지도 않으며, 실없는 이야기로 날을 보내고 누워 잠자

2 원래는 경經·율律·논論의 3장藏을 가리키는 것은 아니지만, 여기서는 3장을 통달한 상좌上座를 가리키는 것으로 즉 아기니달다阿耆尼達多의 아들을 지칭한 말이다.

3 이 부분이 고려대장경에는 『불살사위인수경不薩闍爲人受經』으로 되어 있는데, 무슨 뜻인지 의미가 매끄럽지 못하다. 대만 발행 『불광장경』 각주에 의하면 "『대비바사론大毘婆沙論』 제183권에는 불락독처정려사유不樂獨處精慮思惟로 되어 있다"고 하였으므로 역자도 그를 따라 번역해 둔다.

는 것으로 밤을 새운다. 이양利養을 탐하고 집착하며 제 자신을 꾸미기만 좋아하여 몸에는 아름다운 옷을 입고 온갖 번뇌를 벗어나는 방법과 고요함과 출가한 뜻과 삼보리三菩提의 즐거움을 잃고 만다. 그들은 이렇게 꼴만 닮은 비구들은 사문의 공덕을 여의고 말 것이니, 그들은 이 법 안의 큰 도적일 따름이니라. 그들은 말세末世에 있어서 바른 법의 깃대 부수는 일을 도와 악마惡魔의 깃대를 세우며, 바른 법의 횃불을 죽이고 번뇌의 불을 붙이며, 바른 법의 북〔鼓〕을 부수고 바른 법의 바퀴를 깨뜨리며, 바른 법의 바다를 말리고 바른 법의 산을 무너뜨리며, 바른 법의 성城을 깨뜨리고 바른 법의 나무를 뽑으며, 선정禪定의 지혜를 헐고 계율의 영락瓔珞을 끊으며, 바른 도를 더럽힐 것이다. 그때엔 저 하늘·용·귀신·야차夜叉·건달바乾闥婆들은 모든 비구들에 대해 나쁜 마음을 내어 비구들을 헐뜯고 비방하며 싫어하고 미워해 멀리 떠나 서로 친하지 않으며, 모두 꼭 같은 소리로 '아아, 저런 나쁜 비구들은 여래의 법에 어울리지 않는다'라고 하면서 게송으로 말할 것이다.

> 좋지 않은 행과 나쁜 행으로
> 모두 삿된 견해의 법을 행하네.
> 저러한 모든 어리석은 사람들
> 바른 법의 산을 쳐 무너뜨리네.
>
> 온갖 나쁜 계법戒法만 행하고
> 법다운 행行은 모두 버리며
> 훌륭하고 묘한 법 다 버리니
> 이제 저 부처님 법을 뽑아 없애는구나.

믿지 않고 자기를 항복 받지도 않으며
모든 나쁜 행을 즐겨 행하네.
아첨과 거짓으로 세상을 속여
저 모니牟尼의 법을 부숴 버리네.

모습을 허물고 온갖 악을 익혀
흉하고 모진 행위 천 가지에 미치네.
법을 빙자하여 세상사람 속이되
원통하고 분해하고 스스로 뽐내네.

명예와 이익을 탐하고 집착하여
온갖 나쁜 짓이란 빠짐없이 다하네.
부처님의 말씀에 비추어 보면
법이 망하려면 이런 꼴이 있다고 하셨다.

이제 그것을 모두 이미 다 보았거니
지혜로운 사람은 그것을 천하게 여기네.
이제 이미 이런 법이 나타났으니
무니牟尼의 정법正法의 바다가

오래지 않아 장차 말라 없어지리.
지금은 바른 법 조금 남았으나
장차 나쁜 사람들 다시 일어나
우리의 바른 법을 헐어 없애리.

그때 저 모든 하늘·용·귀신들은 모두 불쾌한 마음을 내어 다시는 비구들을 보호하지 않으리라 생각하고 같은 소리로 이렇게 외칠 것이다.

'부처님 법은 지금부터 이레 뒤에는 다 멸해 없어지고 말 것이다.'

같은 소리로 이렇게 외치면서 슬피 울부짖을 것이다. 그리고 서로 말하기를 '비구들에게 계戒를 연설하는 날에 이르러서는 서로 싸움이 일어날 것이니, 여래의 바른 법은 거기서 멸할 것이다'라고 하면서, 여러 하늘들은 슬피 울며 괴로워할 것이다.

그때 구섬미국 성 안에 있는 5백 명의 우바새優婆塞들은 모든 하늘들의 말을 듣고 모든 비구들에게 나아가 비구들의 싸움을 간諫하는 게송을 읊을 것이다.

아아, 몹시도 괴로운 해〔歲〕이어라.
모든 중생들 삶을 가엾게 여기던
석사자왕釋師子王의 법
그 법이 이제 갑자기 멸하는구나.

나쁜 수레바퀴가 법의 수레바퀴 부수리니
이와 같이 금강 같으신 몸도 사라졌거늘
어찌 능히 견뎌 부서지지 않으리.
안온한 때는 이미 다하고
위험한 법은 이미 일어나
지혜로운 사람은 이미 떠나갔구나.

이제 이러한 조짐을 보고
마땅히 알아야 하리, 오래지 않아
모니牟尼의 법은 끊여 없어져

이 세상에 다시는 밝음 없으리.

더러운 번뇌를 여의신 고요한 입
모니의 태양이 이제 지고 말았으니
세상 사람들 부처님의 가르침을 잃고
선과 악의 차별도 없어졌구나.
만일 선악의 차별이 없어지고 나면
그 어느 누가 바른 깨침 얻으리.

그러나 법등法燈이 아직 세상에 남았으니
때를 놓칠세라 모든 착함 행하라.
한량없는 온갖 복전福田인
이 법도 이제 소멸되리라.

그러므로 이제 여기 우리들
재물의 든든한 것 아님을 알고
지금 이때에 단단한 알맹이 취해야 하리.

그리고 보름날이 되어 계戒를 설명할 때 법은 곧 사라지고 말 것이니, 그 날 5백 우바새들은 하루 동안에 5백 개의 불탑佛塔을 만들 것이다. 그러나 그때 모든 우바새들은 저마다 다른 일이 있어 다시는 여러 스님들의 모임에 왕래하지 않을 것이다. 그때 건타마라산揵陀摩羅山에 있던 수라타修羅他 아라한은 '오늘 어디서 비구들의 계율 설명이 있는가?' 하고 염부제閻浮提를 관찰하다가 구섬미拘睒彌국에서 여래의 제자들이 계를 설명하여 포살布薩하는 것을 보고 곧 구섬미국으로 나아갈 것이다.

그때 저 스님 대중들 백천 명이 있었는데, 그 가운데 오직 한 아라한만 수라타일 것이고, 또한 한 명의 삼장三藏은 그 제자일 것이다. 그리고 그것은 여래 제자들의 최후의 큰 모임이 될 것이다. 그때 유나維那[4]는 사라주沙羅籌[5]를 놀리고 삼장 상좌에게 아뢸 것이다.

'비구들 백천 사람이 다 모였습니다. 그들을 위해 바라제목차波羅提木叉를 설명해 주십시오.'

그때 그 상좌는 이렇게 대답할 것이다.

'염부제의 여래 제자 백천 사람이 다 여기에 모였습니다. 이 대중들 가운데 제가 상수上首입니다. 저는 삼장을 밝게 통달하였으나 아직 계율戒律에 대해서는 배우지 못했습니다. 그런데 더구나 나머지 배울 것이 있는 사람이겠습니까? 그러면 지금은 마땅히 누구를 위해 계율을 설명해야 하겠습니까?'

그리고 게송을 말할 것이다.

오늘은 보름날
밤은 고요하고 달은 밝은데
이러한 모든 비구들은
이제 계 설하는 것을 들으러 모였네.

이 염부제의

4 산스크리트로 karmadāna라고 한다. 도유나都維那라고도 함. 절 안의 대중大衆 업무를 맡아 관리하고 또 그들을 지도 감독하는 직책에 있는 사람. 큰 사찰에서는 상좌上座・사주寺主・도유나, 이 세 사람이 모든 승려들을 통제한다. 유維는 한자로 강유綱維라는 의미이고, 나那는 갈마다나羯磨陀那의 나那를 취한 것. 또 강유綱維・차제次第・수사授事・지사知事・열중悅衆・사호寺護라고도 부른다.

5 산스크리트로 śalākā라고 함. 목주木籌・할부割部라고 함. 계산하는 사람이 수를 헤아리는 공구를 말함.

모든 비구들 최후로 모였네.
나는 그 비구 대중의 상수인데도
계율의 법은 배우지 못했거늘
하물며 배워 익혀야 할 것이 있는
다른 비구들이겠는가?

석가 종족인 사자왕의
모니의 법 어느 누가 능한가?
그 분의 계율 누가 잘 지니고 있는지
그 사람만이 설명할 수 있으리.

그때 저 수라타 아라한은 상좌 앞에 서서 합장하고 상좌에게 말할 것이다.

'상좌여, 다만 바라제목차만 말씀하시오. 부처님께서 세상에 계실 때 사리불이나 목건련 같은 큰 비구들이 배운 법 따위는 우리들도 이미 다 배운 것입니다. 여래께서 열반하신 지 이제 이미 천 년이나 되었지만, 그분께서 제정하셨던 율의律儀는 우리도 모두 이미 갖추고 있습니다.'

그리고 게송을 말할 것이다.

상좌여, 이제 내 말 들으시오.
내 이름은 수라타라고 하오.
번뇌가 이미 다한 아라한으로
대중들 가운데서 사자후獅子吼라 합니다.

저 모니의 진정한 제자와

부처님을 신봉하던 모든 귀신들
그 성인께서 하셨던 말씀 듣고
슬피 울면서 눈물 흘렸다오.

머리를 떨구고 법 멸함을 염려하며
지금부터 이 뒤로는
더 이상 법을 연설할 이 없고
계율과 별해탈別解脫도

이 세상에 더 이상 남아 있지 않으리니
법의 다리는 이제 이미 무너졌고
법의 물은 다시는 흐르지 않으며
법의 바다는 이미 말라버렸네.

법의 산도 이미 무너져 내리고
법 모임은 이제부터 끊어질 것이다.
법 깃대 다시는 볼 수 없을 것이고
법 발〔足〕로 다시 걸을 수 없으리.

계율은 영원히 사라질 것이요
법 등불 다시는 비치지 않으리.
법 바퀴 다시는 구르지 않고
감로의 문은 영원히 닫기겠구나.

법의 스승 이 세상에 계시지 않아
착한 사람이 묘한 도道 말해주어도

중생들 그 착함 분별하지 못하리니
들짐승과 무엇이 다르랴?

그때 부처님의 모후母后이신 마하摩訶 마야부인摩耶夫人이 천상에서 내려와 여러 비구들이 있는 곳으로 나아가 울부짖으면서 '아아! 괴로워라. 바로 이 분은 내 아드님이시다. 여러 아승기阿僧祇 겁劫 동안 온갖 고행苦行을 닦으면서 수고로운 몸을 돌보지 않고 덕을 쌓아 부처가 되었건만 이제 갑자기 사라지고 말았구나.'

그리고 게송을 말할 것이다.

'내가 바로 부처님의 친 어미라네.
내 아드님 고행苦行을 쌓으며
헤아릴 수 없는 겁을 지내고서야
마침내 참 도〔眞道〕를 이루셨다네.

그 슬픔 주체할 길 없나니
이제 그 법 갑자기 사라졌구나'라고 하였네.
아아! 슬프다 지혜로운 사람이여
그대는 지금 어디에 있는가?

부처님의 입으로부터 나온
법을 지닌 채 다툼을 버렸는가?
더할 나위 없이 높으신 모든 왕으로
진정한 부처님의 제자가 되어

두타頭陀의 묘한 행 닦으면서

숲 덤불 속에 머물고 있는
그와 같은 진정한 부처님 제자
지금은 어디에 있다 하리요.

이제 다시 이 세간에는
위엄과 그 덕은 아주 없어졌으니
넓은 들판이나 산 수풀 속에
모든 신들 잠자코 말이 없어라.

보시와 계율로 중생을 보살피고
계율을 믿어 스스로 장엄하며
욕됨을 참고 순박하며 곧게 수행하고
모든 착함과 악함을 관찰했건만
이와 같이 훌륭한 법들이
이제 갑자기 아주 없어졌구나.

그때 그 상좌인 제자는 이렇게 생각할 것이다.

'저 수라타 비구는 스스로 말하기를 〈여래께서 제정하신 계율을 나는 다 갖추어 가졌다〉고 하는구나.'

그때 상좌에게는 안가타安伽陀라는 제자가 있으리니, 그는 차마 하지 못할 마음을 일으키고 매우 원통하고 분해하여, 곧 자리에서 일어나 그 성인을 꾸짖고 욕할 것이다.

'그대는 바로 하좌下座 비구로서 어리석고 지혜가 없는 주제에 우리 화상和上을 꾸짖고 욕하다니.'

그리고는 곧 날카로운 칼을 들고 그 성인을 죽이고 게송을 말할 것이다.

내 이름은 안가타로서
실사失沙의 제자이다.
그대가 스스로 덕이 있다 하기에
날카로운 칼로써 그대를 죽인 것이오.

그때 대제목가大提木佉라는 귀신은 이렇게 생각할 것이다.

'세상에는 오직 이 한 명의 아라한만 있었는데 악한 비구 제자에게 죽임을 당하고 말았구나.'

그리고는 예리한 금강저金剛杵를 들고 그 금강저 머리 부분에 불을 붙여 가지고 그의 머리를 깨부수면 그는 곧 죽고 말 것이다. 그러면 게송을 말할 것이다.

나는 나쁜 귀신으로
이름은 대제목라 한다.
이 금강저로써
그대의 머리 부수어 일곱 조각내었다.

그때 아라한의 제자는 그 제자가 자기 스승을 죽이는 것을 보고 분함을 참지 못해 곧 삼장을 죽일 것이다. 그때 모든 하늘과 세상 사람들이 슬피 울면서 '아아! 괴롭구나. 여래의 정법正法이 이제 갑자기 아주 사라지고 말았구나'라고 하면, 이내 이 대지는 여섯 가지로 진동할 것이고 한량없이 많은 중생들이 울부짖으면서 몹시 근심하고 괴로워할 것이다.

'아아! 오늘부터 정법正法은 세상에 다시 나타나지 않겠구나.'

이렇게 말하고는 제각기 흩어져 떠나갈 것이다.

그때 구섬미국의 5백 명 우바새는 이 말을 듣고 절에 나와 손을 들어 머리를 치고 높은 소리로 통곡하면서 이렇게 말할 것이다.

'아아! 슬프다. 여래께서는 세상을 불쌍하게 생각하시고 모든 중생들을 건져주실 때 크고 작은 구별이 없으셨는데, 이제는 누가 우리들을 위해 법의 이치를 말해 줄 것인가? 이제는 사람이나 하늘 중에서 해탈할 사람이 다시는 없겠구나. 오늘날 중생들은 아직 어둠 속에 있건만 인도해줄 사람이 없으니, 오래도록 온갖 악한 짓을 익혀 그것으로 즐거움을 삼는 것이 마치 들짐승과 같구나. 모니의 묘한 법을 듣지 못하고 몸이 무너지고 목숨이 끝나면 세 갈래 길에 떨어지고 만다. 비유하면 마치 유성(流星 : 별똥별)과 같을 것이다. 세상 사람들은 지금부터 이후로는 다시는 지혜〔慧〕·적정함〔寂靜〕·삼매三昧·열 가지 힘〔十力〕의 묘한 법을 생각하지 않을 것이다.'

그때 구섬미국의 왕은 모든 비구들이 진인眞人인 아라한과 삼장법사를 죽였다는 말을 듣고 마음에 슬픔과 고뇌가 생겨 앉아서 한숨지을 것이다. 그때 모든 삿된 견해를 가진 무리들이 서로 다투어 탑묘塔廟를 부수고 또 비구를 해칠 것이다. 이로부터 불법佛法은 아득히 다 사라지고 말 것이니라."

그때 세존께서 석제환인釋提桓因과 사천왕四天王들과 모든 하늘과 세상 사람들에게 말씀하셨다.

"내가 죽은 뒤에 법이 멸하는 모습은……이 사이의 자세한 내용은 앞에서 말씀하신 것과 같다.……그러므로 너희들은 지금 부지런히 노력하고 더욱 정진하여, 정법正法을 보호해 지녀서 이 세상에 오래 남아있도록 하지 않으면 안 되느니라."

그때 모든 하늘과 세상 사람들은 부처님의 말씀을 듣고 제각기 슬픈 얼굴에 손으로 눈물을 이리저리 훔치며 부처님 발에 정수리를 대어 예배하고 물러갔다.

641. 아육왕시반아마륵과인연경阿育王施半阿摩勒果因緣經

아육왕은 여래의 법을 매우 공경하고 믿게 되었다. 그때 왕이 모든 비구들에게 물었다.

"여래의 법 안에서 큰 보시를 행한 사람은 누구입니까?"

비구들이 왕에게 말했다.

"급고독給孤獨 장자가 가장 큰 보시를 행하였습니다."

왕이 또 물었다.

"그는 얼마만큼의 보물을 보시하였습니까?"

비구들이 대답하였다.

"억천금을 보시하였습니다."

왕은 그 말을 듣고 나서 이렇게 생각하였다.

'그는 장자임에도 억천금을 버렸는데, 하물며 나는 지금의 왕인 처지로 어찌 또 억천금으로 보시할 수 있겠는가? 마땅히 억백천금으로 보시해야 할 것이다.'

그때 왕은 8만 4천 불탑佛塔을 일으키고, 그 각각의 탑 속에 다시 백천금을 넣었고 다시 5년 동안 큰 모임을 열었다. 그 모임에 3백천 명의 비구들이 모이자, 3백억 금을 들여 그 비구 대중들에게 공양하였는데, 제1분은 아라한이요, 제2분은 학인學人이요, 제3분은 진실한 범부들이었다.

그는 자기 개인 창고만은 제외하고 이 염부제의 부인夫人·채녀婇女·태자太子·대신大臣들을 거룩한 스님들에게 보시했다가 다시 40억금을 갚고 도로 찾았으니, 이렇게 계산하면 96억천 금을 썼던 것이다.

이윽고 왕이 중병을 얻게 되었을 때 왕은 목숨이 끝나려 한다는 것을 스스로 알았다.

그때 라다굴다羅陀崛多라는 대신이 있었는데, 그는 왕이 과거 세상에 부처님께 땅을 보시할 때의 어린 친구였다. 그때 그 대신 라다굴다는 왕이 중병重病으로 목숨이 끝나려 하는 것을 보고 머리를 조아리며 게송으로 왕에게 물었다.

얼굴은 언제나 곱고 빛나고
백천 채녀들 둘러쌌을 때에는
비유하면 마치 저 연꽃에
꿀벌들이 모인 것 같았었는데
이제 거룩한 왕의 모습 뵈오니
그 곱고 빛남 흔적도 없구나.

왕이 곧 게송으로 대답하였다.

나는 지금 재물과 왕의 자리와
내 이 몸과 또 많은 친족과
그리고 또 갖가지 보배를 잃더라도
걱정될 것 조금도 없다네.

내 이제 다만 근심스러운 것은
다시 또 현성들을 뵙고
네 가지 일로 공양하지 못함일세.
나는 지금 오직 이런 생각으로
얼굴빛은 자꾸만 변해 바뀌어가니
마음이 편할 날이 없노라.

"또 내가 항상 원한 것은 억백천 금으로써 공덕을 지으려 한 것이었는데, 이제 그 소원을 이루지 못하고 갑자기 저 세상으로 가게 된 지금에, 그 동안〔前後〕 보시한 금·은의 보배를 계산해 보면 다만 4억에도 차지 않는구나."

그리고 왕은 곧 온갖 보배를 마련하여 계작사鷄雀寺[6]로 보냈다. 법익法益의 아들 삼파제三波提는 태자와 여러 신하들을 위해 태자에게 아뢰었다.

"대왕께서는 오래지 않아 돌아가실 것입니다. 그런데 이제 이런 보배들을 절로 보내버리면 창고의 재물은 다 고갈되고 말 것입니다. 대개 왕들의 법은 재물이 있어야 존귀해지게 마련이니, 태자께서는 이제 이것을 중단시켜서 대왕께서 다 써버려 소진하지 않도록 하십시오."

그러자 태자는 곧 창고지기에게 다시는 대왕이 쓸 물품을 꺼내 주지 말라고 지시하였다.

그때 대왕은 어떤 물품을 구하더라도 다시는 얻을 수 없다는 것을 스스로 알고 자기가 사용하던 금 밥그릇을 절로 보냈다. 그러자 태자는 금 밥그릇의 공급을 끊고 은 밥그릇을 주었다. 왕은 그것으로 밥을 먹고는 다시 절로 보냈다. 그러자 또 은 밥그릇의 공급도 끊고 구리 밥그릇을 주었는데, 왕은 또 그것을 절로 보냈다. 그러자 또 구리 밥그릇의 공급을 끊고 옹기 밥그릇을 주었다. 그때 대왕의 손에는 아마륵阿摩勒 열매가 있었다. 왕은 슬피 울며 여러 대신들에게 말했다.

"지금 누가 이 땅의 주인인가?"

그러자 여러 대신들이 왕에게 말했다.

6 인도 마갈타국의 파탈리푸트라pāṭaliputra성에 위치한 사찰로 아육왕阿育王이 세운 것임.

"대왕께서 이 땅의 주인이십니다."
그러자 왕은 곧 게송으로 말했다.

그대들이 내 마음을 받들어 살핀다면
어느 틈에 거짓말을 할 수 있겠는가?
나는 지금 왕의 자리에 앉았어도
조금도 자유롭지 못한다.

아마륵 열매 반 조각이
지금 여기 내 손에 놓여 있으니
이것이야말로 내 소유물로서
나는 이것에 대해서만 맘대로 할 수 있다.

아아! 높고 부하고 또 귀한 것
그것은 싫어하고 버려야 할 것이라네.
전에는 염부제를 통치했건만
이제 하루아침에 가난한 처지가 되었구나.

저 항하恒河의 빨리 흐르는 물이
한 번 가버리면 돌아오지 않는 것처럼
부함과 귀함도 또한 그러하나니
가버린 것은 다시 돌아오지 않는다네.

또 부처님 게송에서 말씀하신 것과 같았다.

무릇 성하던 것도 반드시 쇠하나니

쇠함으로 인해 마지막이 되느니라.
여래의 신묘하신 말씀은
진실하여 조금도 틀리지 않다.

예전에는 내가 한 번 영슈을 내리면
신속하고 어겨본 적이 없더니
지금은 비록 내 요구 있어도
누구도 내 명령 좇는 이 없네.

마치 바람이 산에 막히고
비유하면 물이 언덕에 막히듯
내 지금 명령하는 것
이제는 아주 단절되고 말았구나.

한량없이 많은 무리 거느리고
북을 치고 또 고동을 불며
항상 온갖 풍류 울리면서
다섯 가지 욕락欲樂을 만끽할 때

수백 명의 채녀婇女들과
밤낮을 스스로 즐겨했거늘
이제 그것들 모두 없어진 것
나무에 꽂과 열매 없는 것 같네.

얼굴은 갈수록 말라빠지고
빛깔과 힘도 또한 그러하거니

고운 꽃 하염없이 시들어가듯
내 지금 그와 같구나.

그때 아육왕이 시자侍者를 불러 말했다.

"네가 지금 내 은혜를 기억하거든 이 아마륵 열매 반쪽을 계작사鷄雀寺로 가지고 가서 내 뜻이라고 하고 여러 비구들 발에 예배하고 아뢰어라.

'아육왕께서 여러 큰 스님 대중들께 문안드리며 하시는 말씀이 〈나는 아육왕으로서 이 염부제를 통치統治하여 이 염부제는 내 소유였습니다. 그러나 지금은 다 없어져 여러 스님 대중들께 보시할 보물과 재물이 하나도 없습니다. 그래서 모든 재물에 있어서 자유가 없고, 지금은 오직 이 반쪽의 아마륵 열매에 대해서만 저는 자유로울 뿐입니다. 이것이 최후의 보시 바라밀입니다. 저를 가엾게 여기신다면 이 보시를 받아들여, 저로 하여금 스님들께 공양하는 복을 얻게 하소서〉라고 하셨습니다.'"

그리고 게송으로 말했다.

이 반쪽의 아마륵 열매
이것만이 내 소유라서
내가 마음대로 할 수 있는 것이니
그러므로 이제 스님대중께 드리나이다.

바라는 마음 성인께 있지만
다시는 나를 제도할 이 없어라.
저를 가엾게 여기신다면
아마륵 열매를 받아주소서.

저를 위해 이 보시 받아주시면
그로 인해 제 복은 한량이 없어
태어나는 세상마다 묘한 즐거움 받아
누리고 누려도 다함없으리.

그때 그 사자는 왕의 명령을 받고 곧 그 아마륵阿摩勒 열매 반쪽을 가지고 계작사로 가서 상좌上座 앞에 나아가 온몸으로 땅에 엎드려 절한 뒤에 무릎을 꿇고 합장하고 상좌를 향해 게송으로 말했다.

염부제를 온통 통치해
한 일산에 한 북을 매고
돌아다님에 걸림 없는 것
마치 해가 온 세상 비추는 듯하네.

그런 업행業行의 과보도 이미 다 되어
이 세상에도 오래 살지 못하고
왕의 위엄과 덕망도 없어져
마치 해가 구름에 가린 것 같아라.

그 이는 이름하여 아육왕阿育王
머리 조아려 스님 발에 예배하고
이 보시물布施物 여기에 보내왔으니
이른바 아마륵 반 조각이네.

미래 세상의 복을 원하여 구하나니
저 왕을 불쌍하고 가엾게 여기소서.

거룩한 대중들이여, 그 분을 가엾게 여기시어
이 반쪽 과일의 보시를 받으소서.

그때 그 상좌가 여러 대중들에게 말했다.

"누가 이 말을 듣고 세간世間을 싫어하지 않겠는가? 우리들은 이 일을 듣고는 세상을 싫어해 떠날 생각을 내지 않으면 안 될 것이다. 부처님 경전에 말씀하신 것과 같이 다른 사람의 쇠하는 일을 보거든 마땅히 세상을 싫어해 떠날 생각을 내어야 한다. 만일 알음알이가 있는 중생으로서 이런 일을 듣는다면 어떻게 세상을 버리지 않겠는가?"

그리고 게송으로 말했다.

세상에서 최고인 사람의 왕
아육阿育의 성은 공작孔雀으로서
염부제閻浮提에서 자재한 이었건만
이제는 아마륵의 주인 되었네.

그 태자와 여러 대신들
다 함께 대왕의 보시를 빼앗았기에
반쪽의 아마륵 열매 보내어
재물로 교만한 자 항복 받고

그에게 싫어하는 마음 내게 하였으니
어리석은 사람은 보시의 인과로
묘한 즐거움 받는 것 모르기에
반쪽의 아마륵 보내어 그것을 보였네.

그때 그 상좌는 이렇게 생각하였다.

'어떻게 이 반쪽의 아마륵을 여러 비구들이 갈라먹을 수 있을까?'

그리고는 그것을 곧 갈아서 석류石榴국에 넣어 비구 대중들에게 돌려 다 함께 골고루 먹게 하였다.

그때 왕은 곁의 신하에게 다시 물었다.

"누가 이 염부제의 왕인가?"

신하가 왕에게 말했다.

"바로 대왕이십니다."

그러자 왕은 곧 누웠던 자리에서 일어나 앉아 사방을 돌아보고 합장해 예를 올리고 모든 부처님의 덕을 생각하면서 마음속으로 말했다.

'저는 이제 다시 이 염부제를 삼보三寶께 보시하나이다. 마음대로 쓰소서.'

그리고 게송으로 말했다.

지금 이 염부제에는
진귀한 보배 장식 많이 있으니
좋은 복전에 이것을 보시하면
그 과보 저절로 얻어지리.

나는 이 보시의 공덕으로써
저 천제석天帝釋이건
범왕梵王이건 또 인간의 왕이건
이 세상의 온갖 즐거움 구하지 않네.

그러한 따위의 과보들

나에겐 모두 필요 없나니
나는 이 보시의 공덕으로써
하루 빨리 불도佛道를 이루어

이 세상 존경과 우러름 받고
일체 지혜를 이룩하여
이 세상의 좋은 벗이 되고
가장 제일가는 길잡이 되리.

그때 왕은 이 말을 모두 종이에 쓰고 그것을 봉한 뒤에 이 도장〔齒印〕으로 도장을 찍었다. 이렇게 하기를 마치고 이내 세상을 떠났다.

그때 태자와 여러 대신·궁인宮人·채녀婇女들과 나라 안의 백성들은 갖가지 공양을 마련하여 장사를 치르고, 왕의 법을 따라 화장〔闍維〕하였다.

그때 여러 대신들은 태자를 옹립해 왕위를 잇게 하려고 하였다. 그러자 그 가운데 아누라타阿㝹羅陀라는 대신이 여러 대신들에게 말하였다.

"태자를 왕으로 옹립할 수 없소. 왜냐하면 대왕 아육이 살아 계실 때 본래 10만억 금을 채워 모든 공덕을 지으려고 서원을 세웠었는데, 다만 4억 금이 모자라 10만을 채우지 못했었소. 그래서 이 염부제를 희사喜捨하여 삼보三寶에게 보시함으로써 그것을 완전하게 채우고자 하셨소. 때문에 이제 이 대지는 삼보에 소속된 것인데 어떻게 왕을 옹립할 수 있단 말이오?"

그때 여러 대신들은 이 말을 듣고 곧 4억 금을 내어 절에 보내주고, 법익法益의 아들 삼파제三波提를 왕으로 옹립하였다. 그 다음에는 그의 태자 비리하파저毘梨訶波低가 왕위를 이었고, 그 다음에는 비리하파저의 태자 비리하서나毘梨訶西那가 왕위를 이었으며, 그 다음에는 비리하서나의 태자 비사수마沸沙須摩가 왕위를 이었고, 그 다음에는 비사수마의 태자 비사밀다라沸沙蜜多羅가 왕위를 이었다. 그때 비사밀다라가 여러 대신들에게 물었다.

"내 마땅히 무슨 일들을 해야 내 이름과 덕망을 세상에 오래 머물 수 있게 하겠는가?"

그때 삼보三寶를 믿고 좋아하는 어질고 착한 여러 대신들이 왕에게 아뢰었다.

"아육 대왕은 바로 왕의 조상입니다. 그 왕이 세상에 계실 때 8만 4천 개의 여래탑如來塔을 세우고 다시 갖가지 공양供養을 일으켜 그 이름과 덕이 서로 전승傳承되어 지금에 이른 것입니다. 왕께서도 그런 명성을 얻고 싶으시면 8만 4천 개의 탑을 세우고 갖가지 공양을 하십시오."

왕이 말했다.

"아육 대왕은 큰 위엄과 덕이 있어서 그런 일을 할 수 있었지만 나는 할 수 없다. 다시 다른 일을 생각해 보라."

그러자 그 가운데 부처님을 믿지 않는 나쁜 신하가 왕에게 아뢰었다.

"세상에는 오래도록 전해져서 사라지지 않는 두 가지 법이 있습니다. 첫째 착한 일을 하는 것이요, 둘째는 악한 일을 하는 것입니다. 아육 대왕은 온갖 착한 일을 하셨사오니 왕께서는 지금 악한 일을 행하여 8만 4천 개의 탑을 부숴 버리소서.'

그때 왕은 그 간사한 신하의 말을 따라, 곧 네 종류의 군사를 일으켜 절로 가서 모든 탑과 절을 부수기로 하였다. 왕은 맨 먼저 계작사로 갔는데, 절 문 앞에 있던 돌사자가 곧 사자의 소리를 포효하였다. 왕은 그 소리를 듣고 매우 놀라고 두려워하여 '산 짐승이 아닌데 능히 포효하는 소리를 낸단 말인가?' 하면서 성으로 도로 들어갔다. 이렇게 두 번 세 번 거듭하면서 그 절을 부수려고 하였다.

그때 왕은 모든 비구들을 불러들였다. 그리고는 그 모든 비구들에게 물었다.

"나를 시켜 탑을 부수는 것이 좋겠소, 절을 부수는 것이 좋겠소?"

비구들이 대답하였다.

"둘 다 하시면 안 됩니다. 그러나 왕께서 부수고 싶거든 차라리 절을 부수고 불탑은 부수지 마십시오."

그러자 왕은 비구들을 죽이고 또 탑과 절을 파괴하였다. 이렇게 하여 차츰 바가라국婆伽羅國에 이르러 또 소리 높여 명령하였다.

"만일 누구든 석가 제자인 사문沙門의 머리를 가지고 오는 사람이 있으면 상으로 천 금을 주리라."

그때 그 나라에는 한 아라한이 있었는데 신통으로 많은 비구의 머리를 만들어 백성들에게 주어 왕에게 가져가게 하여 왕의 창고에 있던 재물을 다 고갈되게 하였다. 그때 그 왕은 아라한이 그와 같은 일을 꾀했다는 말을 듣고, 갑절이나 성을 내면서 그 아라한을 죽이려고 하였다. 그때 그 아라한은 멸진정수(滅盡正受 : 滅盡三昧)에 들어 있었는데, 왕은 한량없는 방편을 써서 그 성인을 죽이려 하였으나 끝내 이루지 못하였다. 그것은 아라한이 멸진정에 든 삼매의 힘으로 그 몸을 상하게 하지 못했던 것이다. 이렇게 차츰 나아가 불탑 문 곁에 이르렀다. 그 탑 안에는 한 귀신이 살면서 그 탑을 보호하고 있었는데, 그 귀신의 이름은 아치牙齒라고 하였다. 그 귀신은 이렇게 생각하였다.

'나는 부처님 제자로서 중생을 죽이지 말라는 금계禁戒를 받아 지키고 있으니, 내가 지금 저 왕을 죽일 수는 없다.'

그는 또 생각하였다.

'저 위충爲蟲이라는 귀신은 흉악하고 사나우며 용맹스럽고 건장하여 온갖 악한 짓을 다 행한다. 그는 내 딸을 요구했지만 나는 주지

않았었다. 그러나 이제 바른 법을 보호하기 위해선 그에게 딸을 시집 보내 부처님의 법을 수호하게 하리라.'

그리고는 곧 그 귀신을 불러 말했다.

"내 이제 내 딸을 너에게 주리라. 그러나 함께 서약誓約할 것이 있다. 너는 반드시 저 왕을 항복 받아, 온갖 악행을 저질러 우리의 바른 법을 파괴하여 멸하지 못하게 하라."

그때 왕에게도 오다烏荼라는 큰 귀신이 있었는데, 위엄과 덕을 갖추었기 때문에 저 위충 귀신도 그 왕을 어쩌지 못했다.

그러자 아치 귀신은 방편을 쓰기로 하였다.

'오늘날 이 왕의 위세는 오로지 이 귀신 때문이니, 나는 이제 거짓으로 서로 친한 체 하리라.'

이렇게 하여 그 귀신과 친구〔知識〕가 되었다. 매우 절친한 사이가 되자 곧 그 귀신을 남쪽 큰 바다로 데리고 갔다. 그때 그 위충 귀신은 큰 산을 밀어 왕과 네 군사를 매우 친하게 되자 곧 귀신을 데리고 남쪽 큰 바다로 갔다. 그때 저 위충 귀신은 큰 산을 밀어 왕과 네 군사들을 덮어 모두 죽여 버리니, 여러 사람들은 '유쾌하구나〔快哉〕, 유쾌하구나'라고 외쳤다. 그리하여 이것을 세상 사람들이 서로 전해 그 이름을 쾌재快哉라고 하였다.

그 왕은 마침내 멸망하고 공작의 후손도 여기서 아주 끊어졌다. 그러므로 이 세상 부귀와 쾌락이란 탐할 것이 못된다.

아육 대왕은 지혜로운 사람으로서, 이 세상은 덧없는 것이어서 몸과 목숨도 보전하기 어렵고 오가五家[7]의 재물도 허깨비 같은 것임을

7 오가소공五家所共의 준말로 세상재물은 왕王·도적[賊]·불[火]·물[水]·못된 자식[惡子]의 다섯 가지 것[五家]의 공유물로, 그것들을 따로 떼어서 혼자서 사용할 수 없다라는 의미이다. 이 다섯 가지는 세상 재물을 손감損減시킬 수 있다.

깨달았다. 그래서 그 법을 밝게 깨달아 부지런히 행하고 꾸준히 정진하여 온갖 공덕을 짓고 죽음에 다다라서는 삼보三寶에 마음을 매어 생각 내내 끊어짐이 없었으며 아무 것도 아끼지 않고 오직 아뇩다라삼먁삼보리阿耨多羅三藐三菩提를 완전히 이루기를 원하였던 것이다.

잡아함경 제 26 권

642. 지경知經

이와 같이 나는 들었다.

어느 때 부처님께서 사위국 기수급고독원에 계셨다.

그때 세존께서 여러 비구들에게 말씀하셨다.

"세 가지 근根이 있으니, 그것은 미지당지근未知當知根[1] · 지근知根[2] · 구지근具知根[3]이니라."

---

1 처음 견도위見道位에 있을 때 아직 모르는 것을 알려고 하는 근根. 사제四諦의 이치를 관觀하여 미혹한 이치를 단절하는 견도위見道位의 무루지無漏智. 3무루근無漏根의 하나로서 견도위에서 일어나는 의意 · 낙樂 · 선善 · 사捨 · 신信 · 근勤 · 염念 · 정定 · 혜慧 등의 9근根을 말함. 16심心 가운데서 앞의 15심은 견도見道, 제16심은 일찍이 알지 못했던 4제의 이치를 다음 생각인 16심에서 온전히 아는 위치에 있으므로 이 지위에 있는 이가 가진 9근을 이같이 말하는 것이다.

2 수도위修道位인 예류과預流果에서 도를 닦아 아라한향阿羅漢向에 도달한 성자聖者가 4제諦를 이미 알고서 9근根이 이미 생겨난 것을 말함.

3 고려대장경 본문에는 무지근無知根으로 되어 있는데, 이것은 3무루근에 해당하지 않는 내용으로 앞의 '무無'자는 구지근具知根을 갖춘 무학도無學道의 지위에 있는 성자를 뜻하는 무학에 대한 오기誤記인 듯하다. 문장에서는 시호施護 한역인 『대집법문경

그때 세존께서 곧 게송을 설하셨다.

배움 지위에 있을 때 깨달아 알아
곧은 길 따라 그대로 나아가고
열심히 정진하고 부지런히 방편으로 힘써
그 마음을 스스로 잘 살펴 단속하라.

스스로 그 남〔生〕이 다한 줄을 알듯이
걸림이 없는 길도 또한 알 것이니
아는 것으로 해탈을 얻고 나면
마지막에는 구지근具知根을 얻게 되리라.

거기서 동요되지 않고 마음이 해탈하면
생겨 날 모든 몸 끝나게 되고
모든 근根을 완전히 다 갖추어
그 근의 고요함을 좋아하면서
최후最後의 몸을 가지고
모든 악마와 원수를 항복 받으리.

부처님께서 이 경을 말씀하시자 모든 비구들은 부처님의 말씀을 듣고 기뻐하며 받들어 행하였다.

大集法門經』 상권과 팔리본을 참조하여 구지근具知根으로 고쳐 표기하였다.

643. 정경淨經

이와 같이 나는 들었다.

어느 때 부처님께서 사위국 기수급고독원에 계셨다.

그때 세존께서 여러 비구들에게 말씀하셨다.

"다섯 가지 근根이 있다. 어떤 것이 그 다섯 가지인가? 이른바 신근信根·정진근精進根·염근念根·정근定根·혜근慧根이니라."

부처님께서 이 경을 말씀하시자 모든 비구들은 부처님의 말씀을 듣고 기뻐하며 받들어 행하였다.

644. 수다원경須陀洹經

이와 같이 나는 들었다.

어느 때 부처님께서 사위국 기수급고독원에 계셨다.

그때 세존께서 여러 비구들에게 말씀하셨다.

"다섯 가지 근이 있다. 어떤 것이 그 다섯 가지인가? 이른바 신근·정진근·염근·정근·혜근이니라. 만일 비구가 이 다섯 가지 능력을 사실 그대로 잘 관찰하면, 사실 그대로 잘 관찰하였으므로 그는 세 가지 번뇌〔結〕가 끊어진 줄 알 것이다. 세 가지 번뇌란 이른바 신견身見·계취견戒取見·의견疑見이다. 그리고 이것을 수다원須陀洹이라고 하나니, 나쁜 세계〔惡趣〕의 법에 떨어지지 않고 결정코 바른 깨달음으로 향하여, 천상과 인간 세계에 일곱 번 태어난 뒤에는 괴로움을 완전히 벗어나느니라."

부처님께서 이 경을 말씀하시자 모든 비구들은 부처님의 말씀을 듣고 기뻐하며 받들어 행하였다.

645. 아라한경阿羅漢經

이와 같이 나는 들었다.

어느 때 부처님께서 사위국 기수급고독원에 계셨다.

그때 세존께서 여러 비구들에게 말씀하셨다.

"이 다섯 가지 능력을 참답게 관찰한 사람은 모든 번뇌를 일으키지 않고 마음이 욕심을 여읜 해탈을 얻는데, 이것을 아라한이라고 한다. 그는 모든 번뇌가 이미 다하고 해야 할 일을 이미 다 마쳤으며 무거운 짐을 벗어버리고 모든 존재의 번뇌를 여의어 바른 지혜로 마음이 잘 해탈하느니라."

부처님께서 이 경을 말씀하시자 모든 비구들은 부처님의 말씀을 듣고 기뻐하며 받들어 행하였다.

646. 당지경當知經

이와 같이 나는 들었다.

어느 때 부처님께서 사위국 기수급고독원에 계셨다.

그때 세존께서 여러 비구들에게 말씀하셨다.

"다섯 가지 능력이 있다. 어떤 것이 그 다섯 가지 능력인가? 이른바 신근信根・정진근精進根・염근念根・정근定根・혜근慧根이니라.

신근이란 마땅히 4불괴정不壞淨이라는 것을 알아야 하고, 정진근이란 4정단正斷임을 알아야 하며, 염근이란 4념처念處임을 마땅히 알아야 하고, 정근이란 4선禪임을 알아야 하며, 혜근이란 4성제聖諦임을 마땅히 알아야 하느니라."

부처님께서 이 경을 말씀하시자 모든 비구들은 부처님의 말씀을 듣

고 기뻐하며 받들어 행하였다.

647. 분별경分別經

이와 같이 나는 들었다.

어느 때 부처님께서 사위국 기수급고독원에 계셨다.

그때 세존께서 여러 비구들에게 말씀하셨다.

"다섯 가지 능력이 있다. 어떤 것이 그 다섯 가지인가? 이른바 신근·정진근·염근·정근·혜근이니라.

어떤 것을 신근이라고 하는가? 만일 비구가 여래에 대하여 깨끗한 믿는 마음을 일으키되 그 근본이 견고하여, 그 밖의 사문·바라문·하늘·악마·범梵 및 세간으로서 그 마음을 무너뜨리는 이가 없으면, 이것을 신근이라고 한다.

어떤 것을 정진근이라고 하는가? 이미 생긴 악하고 착하지 않은 법은 끊도록 의욕을 내고 노력하고 정진하며, 마음을 잘 가져서 더욱 정근하여 나아가며, 아직 생기지 않은 악하고 착하지 않은 법은 일어나지 않도록 의욕을 내고 노력하고 정진하며, 마음을 잘 가져서 더욱 정근하여 나아가며, 아직 생기지 않은 착한 법은 일어나도록 의욕을 내고 노력하고 정진하며, 마음을 잘 가져서 더욱 정근하여 나아가며, 이미 생긴 착한 법은 붙들어 잊어버리지 않고 닦아 익혀 넓어지도록 의욕을 내고 노력하고 정진하며, 마음을 잘 가져서 더욱 정근하여 나아가면 이것을 정진근이라고 한다.

어떤 것을 염근이라고 하는가? 만일 비구가 안의 몸〔內身〕을 몸 그대로 관찰하는 데 머물러 방편으로 꾸준히 힘쓰고 바른 지혜와 바른 생각으로 세간의 탐욕과 근심을 항복 받고 바깥의 몸과 안팎의 몸과,

느낌·마음과, 법을 법 그대로 관찰하는 데에 머무르는 것도 또한 그와 같이 하는 것이니, 이것을 염근이라고 한다.

어떤 것을 정근이라고 하는가? 만일 비구가 욕심과 악하고 착하지 않은 법을 여의고 각覺도 있고 관觀도 있으며, 욕계欲界의 번뇌를 여읜 데에서 생겨난 기쁨과 즐거움을 갖추고서,……(이하 생략)……제4선정을 완전히 갖추어 머무르면 이것을 정근이라고 한다.

어떤 것을 혜근이라고 하는가? 만일 비구가 괴로움에 대한 성스러운 진리〔苦聖諦〕를 참답게 알고, 괴로움의 발생에 대한 성스러운 진리〔苦集聖諦〕·괴로움의 소멸에 대한 성스러운 진리〔苦滅聖諦〕·괴로움의 소멸에 이르는 길에 대한 성스러운 진리〔苦滅道聖諦〕를 참답게 아는 것을 혜근이라고 하느니라."

부처님께서 이 경을 말씀하시자 모든 비구들은 부처님의 말씀을 듣고 기뻐하며 받들어 행하였다.

648. 약설경略說經

이와 같이 나는 들었다.

어느 때 부처님께서 사위국 기수급고독원에 계셨다.

그때 세존께서 여러 비구들에게 말씀하셨다.……이 사이의 자세한 내용은 위의 소경에서 설한 것과 같으며, 다만 그와 다른 내용은 다음과 같다.

"만일 비구가 이 다섯 가지 능력에 대해 사실 그대로 관찰하고 나면, 세 가지 번뇌〔結〕가 끊어진 줄을 알 것이다. 어떤 것이 그 세 가지 번뇌인가? 신견身見·계취견戒取見·의견疑見을 이르는 것이니, 이것을 끊은 이를 수다원須陀洹이라고 한다. 그는 나쁜 세계에 떨어지지 않고 결정코 삼보리三菩提로 향하여 천상과 인간 세계에 일곱 번 태어난 뒤에는 완전히 괴로움에서 벗어나느니라."

부처님께서 이 경을 말씀하시자 모든 비구들은 부처님의 말씀을 듣고 기뻐하며 받들어 행하였다.

649. 누진경漏盡經

이와 같이 나는 들었다.

어느 때 부처님께서 사위국 기수급고독원에 계셨다.

그때 세존께서 여러 비구들에게 말씀하셨다.……이 사이의 자세한 내용은 위의 소경에서 설한 것과 같으며, 다만 그와 다른 내용은 다음과 같다.

"만일 비구가 이 다섯 가지 능력〔根〕을 사실 그대로 관찰하고 나면, 모든 번뇌가 다 끊어지게 되어 욕심을 여의고 해탈하나니, 이것을 이름하여 아라한이라고 한다. 그는 모든 번뇌가 이미 다하였고, 할 일을 이미 다 마쳤으며, 무거운 짐을 모두 벗어버리고 자기 자신의 이로움을 체득하였으며, 모든 존재의 번뇌를 여의어 바른 지혜로 마음이 잘 해탈하였느니라."

부처님께서 이 경을 말씀하시자 모든 비구들은 부처님의 말씀을 듣고 기뻐하며 받들어 행하였다.

650. 사문바라문경沙門婆羅門經 ①

이와 같이 나는 들었다.

어느 때 부처님께서 사위국 기수급고독원에 계셨다.

그때 세존께서 모든 비구들에게 말씀하셨다.……이 사이의 자세한 내용은 위의 소경에서 설한 것과 같으며, 다만 그와 다른 내용은 다음과 같다.

"비구들아, 만일 내가 이 신근信根·신근의 발생〔信根集〕·신근의 소멸〔信根滅〕·신근의 소멸에 이르는 길〔信根滅道跡〕을 사실 그대로 알지 못하였다면, 나는 끝내 모든 하늘·마魔·범梵·사문·바라문들 가운데에서 벗어나지 못했을 것이요, 마음이 뒤바뀜을 여의지 못했을 것이며, 또한 아뇩다라삼먁삼보리阿耨多羅三藐三菩提를 이루지 못했을 것이다.

신근에 대하여 설하신 것과 같이 정진근精進根·염근念根·정근定根·혜근慧根에 대해서도 또한 그러하다고 말하리라.

모든 비구들아, 나는 이 신근을 바른 지혜로 사실 그대로 관찰하였고, 신근의 발생·신근의 소멸·신근의 소멸에 이르는 길을 바른 지혜로 사실 그대로 관찰하였기 때문에 모든 하늘·마·범·사문·바라문들 가운데에서 벗어났으며, 마음이 뒤바뀜을 여의어 아뇩다라삼먁삼보리를 이룩하였느니라.

신근에 대하여 설하신 것과 같이 정진근·염근·정근·혜근에 대해서도 또한 그러하다고 말하리라."

부처님께서 이렇게 말씀하시자 여러 비구들은 부처님의 말씀을 듣고 기뻐하며 받들어 행하였다.

651. 사문바라문경 ②

이와 같이 나는 들었다.

어느 때 부처님께서 사위국 기수급고독원에 계셨다.

그때 세존께서 여러 비구들에게 말씀하셨다.……이 사이의 자세한 내용은 위의 소경에서 설한 것과 같으며, 다만 그와 다른 내용은 다음과 같다.

"비구들아, 내가 만일 이 신근의 발생〔信根集〕·신근의 소멸〔信根沒〕·신근의 맛〔信根味〕·신근의 근심〔信根患〕·신근의 여읨〔信根離〕에 대하여 사실 그대로 알지 못했다면, 나는 모든 하늘·마·범·사문·바라문들 가운데에서 해탈하거나 벗어나거나 떠나지 못했을 것이요, 마음이 뒤바뀜을 여의어 아뇩다라삼먁삼보리를 이루지 못했을 것이다.

이와 같이 정진근·염근·정근·혜근에 있어서도 또한 그러하다고 말하리라.

비구들아, 나는 신근의 발생·신근의 소멸·신근의 맛·신근의 근심·신근의 에 대하여 사실 그대로 알지 못했다면 나는 모든 하늘·마·범·사문·바라문들 가운데에서 해탈하거나 벗어나거나 떠나지 못했을 것이요, 마음이 뒤바뀜을 여의고서 아뇩다라삼먁삼보리를 이루지 못했을 것이다."

부처님께서 이 경을 말씀하시자 모든 비구들은 부처님의 말씀을 듣고 기뻐하며 받들어 행하였다.

652. 향경向經

이와 같이 나는 들었다.

어느 때 부처님께서 사위국 기수급고독원에 계셨다.

그때 세존께서 모든 비구들에게 말씀하셨다.……이 사이의 자세한 내용은 위의 소경에서 설한 것과 같으며, 다만 그와 다른 내용은 다음과 같다.

"만일 비구가 이 다섯 가지 능력에 대해 영리하게 알고 완전하게 갖추었으면 아라한阿羅漢이 될 것이요, 그보다 약하거나 모자라면 아나함阿那含이 될 것이며, 그보다 더 약하거나 모자라면 사다함斯陀含이 될 것이요, 그보다 더 약하거나 모자라면 수다원須陀洹이 될 것이다. 완전하게 갖춘 사람은 완전한 일을 이루고 완전하게 갖추지 못한 사람은 완전하지 못한 일을 이룰 것이니, 이 다섯 가지 능력은 헛된 것도 아니요, 결과가 없는 것도 아니다. 만일 이 다섯 가지 능력이 전혀 없는 사람은 외도나 범부의 무리라고 나는 말하리라."

부처님께서 이 경을 말씀하시자 모든 비구들은 부처님의 말씀을 듣고 기뻐하며 받들어 행하였다.

653. 광설경廣說經

이와 같이 나는 들었다.

어느 때 부처님께서 사위국 기수급고독원에 계셨다.

그때 세존께서 모든 비구들에게 말씀하셨다.……이 사이의 자세한 내용은 위의 소경에서 설한 것과 같으며, 다만 그와 다른 내용은 다음과 같다.

"만일 비구가 그 다섯 가지 능력을 보다 더욱 확장시켜 밝고 완전하게 갖추었으면, 그는 아라한이 되어 구분해탈俱分解脫할 것이요, 만일 그보다 더 약하거나 모자라면 신증(身證 : 不還果)을 얻을 것이며, 만일 그보다 더 약하거나 모자라면 견도(見道 : 預流果)에 도달함을 얻을 것이요, 만일 그보다 더 약하거나 모자라면 신해탈信解脫을 얻을 것이며, 만일 그보다 더 약하거나 모자라면 일종一種[4]을 얻을 것이요, 만일 그보다 더 약하거나 모자라면 사다함斯陀含이 될 것이며, 만일 그보다 더 약하거나 모자라면 가가家家[5]를 얻을 것이요, 만일 그보다 더 약하거나 모자라면 7유有[6]를 얻을 것이며, 만일 그보다 더 약하거나 모자라면 법행法行[7]을 얻을 것이요, 만일 그보다 더 약하거나 모자라면 신행信行[8]을 얻을 것이다. 이것을 이름하여 비구가 근바라밀根波羅蜜을 인연하여 과바라밀果波羅蜜을 안다고 하는 것이고, 과바라밀果波羅蜜을 인연하여 인바라밀因波羅蜜을 안다고 하는 것이니라.

이와 같이 원만하게 갖춘 사람은 원만하게 갖춘 일을 성취하고 적게 갖춘 사람은 적은 일을 성취하나니, 그 모든 능력〔根〕은 헛되지도 않고 결과가 없는 것도 아니니라. 만일 이 모든 능력이 전혀 없는 사람이면 나는 그를 범부의 무리라고 말하리라."

부처님께서 이 경을 말씀하시자 모든 비구들은 부처님의 말씀을 듣고 기뻐하며 받들어 행하였다.

4 또는 일간一間이라고도 함. 불환향不還向 가운데 욕계欲界 9품品의 수혹修惑 중 7품, 혹은 8품을 끊어 없앴더라도 오히려 1품, 혹은 2품의 수혹이 남아 있어 다시 욕계의 1생生을 받아야 하는 성자를 말함.

5 일래향一來向의 성자聖者로 욕계 9품品의 수혹 가운데 앞의 3품, 혹은 4품을 끊어 없앤 사람을 말함. 가가家家란 가家에서 가家에 이르는 이라는 뜻. 인간에서 천상, 천상에서 인간으로 바뀌기 때문에 가가성자家家聖者라고 함.

6 인간 세계와 천상 세계를 일곱 차례 왕복하는 것을 말함. 이렇게 열네 번 태어나는 동안에 반드시 아라한과阿羅漢果를 이루어 고통에서 완전히 벗어나게 된다.

7 성문승聲聞乘의 견도위見道位에 들어 근기가 날카로운 성자를 말함. 법에 대해 능히 스스로 잘 생각하고 이치에 맞게 수행하는 사람을 말함.

8 다른 사람에게서 부처님의 교법敎法을 듣고서 믿고 우러르는 생각이 생겨, 이 법을 따라 수행하는 사람을 말함.

654. 혜근경慧根經 ①

이와 같이 나는 들었다.

어느 때 부처님께서 사위국 기수급고독원에 계셨다.

그때 세존께서는 모든 비구들에게 말씀하셨다.

"다섯 가지 능력이 있다. 어떤 것이 그 다섯 가지 능력인가? 이른바 신근信根·정진근精進根·염근念根·정근定根·혜근慧根이니라. 그러나 이 다섯 가지 능력은 모두 다 혜근에 소속되어 있느니라. 비유하면 집의 여러 목재는 용마루〔棟〕를 제일 우두머리로 삼는 것과 같나니, 나머지는 모두 용마루에 의지해 붙여져서 유지되기 때문이니라. 이와 같이 다섯 가지 능력은 혜근을 우두머리로 삼나니, 그것들을 다 포함하고 있기 때문이니라."

부처님께서 이 경을 말씀하시자 모든 비구들은 부처님의 말씀을 듣고 기뻐하며 받들어 행하였다.

655. 혜근경 ②

이와 같이 나는 들었다.

어느 때 부처님께서 사위국 기수급고독원에 계셨다.

그때 세존께서 모든 비구들에게 말씀하셨다.

"다섯 가지 능력이 있다. 어떤 것이 다섯 가지 능력인가? 이른바 신근·정진근·염근·정근·혜근이니라. 신근이란 마땅히 4불괴정不壞淨임을 알아야 하고, 정진근이란 마땅히 4정단正斷임을 알아야 하며, 염근이란 4념처念處임을 마땅히 알아야 하고, 정근이란 4선禪임을 알아야 하며, 혜근이란 4성제聖諦임을 마땅히 알아야 하느니라.

그러나 이 여러 공덕들은 다 혜근을 우두머리로 삼나니 그것들을 포함하고 있기 때문이니라."

부처님께서 이 경을 말씀하시자 모든 비구들은 부처님의 말씀을 듣고 기뻐하며 받들어 행하였다.

656. 혜근경 ③

이와 같이 나는 들었다.

어느 때 부처님께서 사위국 기수급고독원에 계셨다.

그때 세존께서 모든 비구들에게 말씀하셨다.

"다섯 가지 능력이 있다. 어떤 것이 그 다섯 가지 능력인가? 이른바 신근信根·정진근精進根·염근念根·정근定根·혜근慧根이니라. 만일 거룩한 제자가 혜근을 성취하면, 능히 신근을 닦아 여의〔離〕를 의지하고, 욕심 없음〔無欲〕을 의지하며, 멸함을 의지하고 평정함〔捨〕으로 향한다. 이것을 신근의 성취라고 이름하나니, 신근을 성취시키는 것은 곧 혜근이니라. 신근에 대한 설명에서와 마찬가지로 정진근·염근·정근·혜근도 또한 그와 같다고 말하리라. 그러므로 이 다섯 가지 능력을 성취함에 있어 혜근을 우두머리로 삼나니, 그것들을 다 포섭하고 있기 때문이니라.

비유하면 집은 용마루〔棟〕를 제일 우두머리로 하여 여러 목재들이 의지하나니, 그것들을 포함하고 있기 때문이니라. 이와 같이 다섯 가지 능력은 혜근을 우두머리로 삼나니, 그것들을 포함하고 있기 때문이니라."

부처님께서 이 경을 말씀하시자 모든 비구들은 부처님의 말씀을 듣고 기뻐하며 받들어 행하였다.

657. 혜근경 ④

이와 같이 나는 들었다.

어느 때 부처님께서 사위국 기수급고독원에 계셨다.

그때 세존께서 모든 비구들에게 말씀하셨다.

"다섯 가지 능력이 있다. 어떤 것이 그 다섯 가지 능력인가? 이른바 신근·정진근精進根·염근念根·정근定根·혜근慧根이니라. 만일 거룩한 제자가 혜근을 성취하면, 이렇게 배워야 한다. 즉 거룩한 제자는 '시작 없는 과거로부터 나고 죽으면서 무명無明에 집착하고 애욕에 얽매여 중생들은 오랜 세월 동안 나고 죽음에 가고 오며, 흐르고 달려 근본 끝을 알지 못하나니, 인因이 있기 때문에 나고 죽음〔生死〕이 있고 인이 아주 다 없어지면 나고 죽음도 없다. 무명의 큰 어둠의 무더기가 막고 있는데 어떻게 반열반般涅槃을 이룰 것인가? 오직 괴로움이 소멸하고 괴로움이 그치면 맑고 시원하여 사라질 뿐이다'라고 해야 한다.

신근에 대해 설한 것에서와 마찬가지로 정진근·염근·정근·혜근에 대해서도 또한 그러하다고 말하리라. 이 다섯 가지 능력은 혜근을 우두머리로 삼아 혜근에 다 포함되어 있나니, 비유하면 집은 용마루를 우두머리로 삼아 용마루에 모두 소속되어 있는 것과 같으니라."

부처님께서 이 경을 말씀하시자 모든 비구들은 부처님의 말씀을 듣고 기뻐하며 받들어 행하였다.

658. 혜근경 ⑤

이와 같이 나는 들었다.

어느 때 부처님께서 사위국 기수급고독원에 계셨다.

그때 세존께서 여러 비구들에게 말씀하셨다.

"신근·정진근·염근·정근·혜근의 다섯 가지 능력이 있느니라. 어떤 것을 신근이라고 하는가? 거룩한 제자가 여래에 대하여 믿는 마음을 일으키되 그 근본이 견고하여, 모든 하늘·마魔·범梵·사문沙門·바라문婆羅門과 모든 세간 법으로는 능히 무너뜨릴 수 없는 것이니, 이것을 신근이라고 말한다. 어떤 것을 정진근이라고 하는가? 4정단正斷을 말한다. 어떤 것을 염근이라고 하는가? 4념처念處를 말한다. 어떤 것을 정근이라고 하는가? 4선禪을 말한다. 어떤 것을 혜근이라고 하는가? 4성제聖諦를 말한다. 이러한 모든 공덕은 다 혜근을 우두머리로 삼나니, 비유하면 집은 용마루를 우두머리로 삼는 것과 같으니라."

부처님께서 이 경을 말씀하시자 모든 비구들은 부처님의 말씀을 듣고 기뻐하며 받들어 행하였다.

659. 혜근경 ⑥

이와 같이 나는 들었다.

어느 때 부처님께서 사위국 기수급고독원에 계셨다.

그때 세존께서 모든 비구들에게 말씀하셨다.

"다섯 가지 능력이 있다. 어떤 것이 그 다섯 가지 능력인가? 이른바 신근信根·정진근精進根·염근念根·정근定根·혜근慧根이니라. 어떤 것을 신근이라고 하는가? 만일 거룩한 제자가 여래에 대하여 보리심菩提心을 내어 얻게 되는 청정한 신심信心을 바로 신근이라고 한다. 어떤 것을 정진근이라고 하는가? 여래에 대하여 보리심을 내어 일으키는 정진방편精進方便을 바로 정진근이라고 한다. 어떤 것을 염근이라고 하는가? 여래에 대하여 보리심을 내어 일으키는 생각을 바로 염근이라고 한다. 어떤 것을 정근이라 고하는가? 여래에 대하여 처음으로 보리심을 내어 일으키는 삼매를 바로 정근이라고 한다. 어떤 것을 혜근이라고 하는가? 여래에 대하여 처음으로 보리심을 내어 일으키는 지혜를 바로 혜근이라고 한다. 비유하면 집과 같다.……이 이하의 내용은 앞에서 말씀하신 것과 같다."

부처님께서 이 경을 말씀하시자 모든 비구들은 부처님의 말씀을 듣고 기뻐하며 받들어 행하였다.

660. 고단경苦斷經

이와 같이 나는 들었다.

어느 때 부처님께서 사위국 기수급고독원에 계셨다.

그때 세존께서 모든 비구들에게 말씀하셨다.

"다섯 가지 능력이 있다. 어떤 것이 그 다섯 가지 능력인가? 이른바 신근·정진근·염근·정근·혜근이니라. 이 다섯 가지 능력을 닦아 익히고 많이 닦아 익히면 과거·미래·현재의 온갖 괴로움을 끊느니라."

부처님께서 이 경을 말씀하시자 모든 비구들은 부처님의 말씀을 듣고 기뻐하며 받들어 행하였다.

괴로움을 끊는 것〔苦斷〕에 대하여 설하신 것과 같이, 괴로움을 완전히 벗어남〔究竟苦邊〕·괴로움이 다함〔苦盡〕·괴로움이 쉼〔苦息〕·괴로움이 사라짐〔苦沒〕에 대해 설하신 내용도 마찬가지이다. 괴로움의 흐름을 건넘〔度苦流〕·결박에서 풀림·모든 물질의 훼손됨과 과거·미래·현재의 일체 번뇌가 다하는 것에 대해서도 이와 같이 말씀하셨다.

661. 이력경二力經 ①

이와 같이 나는 들었다.

어느 때 부처님께서 사위국 기수급고독원에 계셨다.

그때 세존께서 모든 비구들에게 말씀하셨다.

"두 가지 힘이 있다. 어떤 것이 그 두 가지 힘인가? 이른바 생각하는 힘〔數力〕[9]과 닦는 힘〔修力〕이다. 어떤 것을 생각하는 힘이라고 하는가? 거룩한 제자가 쓸쓸하고 고요한 숲 속이나 나무 밑에서 이렇게 사색思索하는 것을 말한다.

'몸으로 현세에 나쁜 짓을 하면 후세에 나쁜 과보를 받나니, 내가 만일 몸으로 나쁜 짓을 행하면 내 자신도 뉘우치고 남도 또한 뉘우치게 할 것이며, 내 스승도 뉘우치고 우리 대덕 범행자들도 뉘우치게 할 것이다. 그리고 나는 법으로써 나를 꾸짖을 것이니, 〈나쁜 이름이 퍼지고 몸이 무너지고 목숨이 끝난 뒤에는 지옥에 태어날 것이다〉라고 하리라.'

이와 같이 현세에도 후세에도 과보가 있나니, 몸으로 나쁜 행을 끊고 몸으로 착한 행을 닦아야 한다. 이와 같이 몸으로 짓는 나쁜 행과 입과 뜻으로 짓는 나쁜 행도 그와 같다고 말하리니, 이것을 생각하는 힘이라고 하느니라.

어떤 것을 닦는 힘이라고 하는가? 만일 비구가 생각하는 힘을 배우

9 또는 택력擇力이라고도 하는데, 곧 사고하는 힘을 말함.

고 거룩한 제자로서 생각하는 힘을 성취하면, 그것을 따라 닦는 힘을 얻을 것이요, 닦는 힘을 얻고 나면 닦는 힘을 원만하게 갖추게 될 것이니라."

부처님께서 이 경을 말씀하시자 모든 비구들은 부처님의 말씀을 듣고 기뻐하며 받들어 행하였다.

662. 이력경 ②

이와 같이 나는 들었다.

어느 때 부처님께서 사위국 기수급고독원에 계셨다.

그때 세존께서 모든 비구들에게 말씀하셨다……이 사이의 자세한 내용은 위의 소경에서 설한 것과 같으며, 다만 그와 다른 내용은 다음과 같다.

"거룩한 제자로서 생각하는 힘을 배워 성취하고 나면 탐욕·성냄·어리석음이 적어지거나 혹은 다 없어질 것이다. 이와 같이 거룩한 제자로서 생각하는 힘을 의지하여 생각하는 힘을 다 성취하면 그것을 따라 닦는 힘을 얻고, 닦는 힘을 얻고 나면 닦는 힘을 원만히 갖추게 될 것이니라."

부처님께서 이 경을 말씀하시자 모든 비구들은 부처님의 말씀을 듣고 기뻐하며 받들어 행하였다.

663. 이력경 ③

이와 같이 나는 들었다.

어느 때 부처님께서 사위국 기수급고독원에 계셨다.

그때 세존께서 모든 비구들에게 말씀하셨다……이 사이의 자세한 내용은 위의 소경에서 설한 것과 같으며, 다만 그와 다른 내용은 다음과 같다.

"어떤 것을 닦는 힘이라고 하는가? 4념처 닦는 것을 말한다."

부처님께서 이 경을 말씀하시자 모든 비구들은 부처님의 말씀을 듣고 기뻐하며 받들어 행하였다.

4념처를 설한 소경과 같이, 4정단正斷·4여의족如意足·5근根·5력力·7각분覺分·8성도분聖道分·4도道·4법구法句·지관止觀에 대해서도 그와 같이 말씀하셨다.

664. 삼력경三力經 ①

이와 같이 나는 들었다.

어느 때 부처님께서 사위국 기수급고독원에 계셨다.

그때 세존께서 모든 비구들에게 말씀하셨다.

"세 가지 힘이 있다. 어떤 것이 그 세 가지 힘인가? 믿음의 힘〔信力〕·정진의 힘〔精進力〕·지혜의 힘〔慧力〕을 말한다. 또 세 가지 힘이 있다. 어떤 것이 그 세 가지 힘인가? 믿음의 힘〔信力〕·생각의 힘〔念力〕·지혜의 힘〔慧力〕을 말한다. 또 세 가지 힘이 있다. 어떤 것이 그 세 가지 힘인가? 믿음의 힘〔信力〕·선정의 힘〔定力〕·지혜의 힘〔慧力〕을 말하느니라."

부처님께서 이 경을 말씀하시자 모든 비구들은 부처님의 말씀을 듣고 기뻐하며 받들어 행하였다.

665. 삼력경 ②

이와 같이 나는 들었다.

어느 때 부처님께서 사위국 기수급고독원에 계셨다.

그때 세존께서 모든 비구들에게 말씀하셨다.

"세 가지 힘이 있나니, 믿음의 힘 · 정진의 힘 · 지혜의 힘을 말한다. 이와 같이 비구들아, 마땅히 이렇게 배워야 하느니라.

'나는 마땅히 믿음의 힘 · 정진의 힘 · 지혜의 힘을 성취할 것이다.'"

부처님께서 이 경을 말씀하시자 모든 비구들은 부처님의 말씀을 듣고 기뻐하며 받들어 행하였다.

정진의 힘 · 생각의 힘 · 선정의 힘에 대해서도 이와 같이 말씀하셨다.

666. 삼력경 ③

이와 같이 나는 들었다.

어느 때 부처님께서 사위국 기수급고독원에 계셨다.

그때 세존께서 모든 비구들에게 말씀하셨다.

"세 가지 힘이 있으니 믿음의 힘〔信力〕· 생각의 힘〔念力〕· 지혜의 힘〔慧力〕을 말한다. 어떤 것을 믿음의 힘이라고 하는가? 거룩한 제자가 여래에 대하여 청정한 믿음에 들어가되 그 근본이 견고하여, 모든 하늘 · 마魔 · 범梵 · 사문 · 바라문 및 모든 같은 법들을 가지고 무너뜨릴 수 없는 것이니, 이것을 믿음의 힘이라고 말한다. 어떤 것을 정진의 힘이라고 하는가? 4정단正斷을 닦는 것을 말한다. 어떤 것을 지혜의 힘이라고 하는가? 4성제聖諦를 말하느니라."

부처님께서 이 경을 말씀하시자 모든 비구들은 부처님의 말씀을 듣고 기뻐하며 받들어 행하였다.

나머지 두 가지 힘에 대해서도 위에서와 같이 말씀하셨다.

667. 사력경四力經

이와 같이 나는 들었다.

어느 때 부처님께서 사위국 기수급고독원에 계셨다.

그때 세존께서 모든 비구들에게 말씀하셨다.

"네 가지 힘이 있다. 어떤 것이 그 네 가지 힘인가? 이른바 믿음의 힘・정진의 힘・생각의 힘・지혜의 힘을 말한다. 또 네 가지 힘이 있으니, 믿음의 힘・생각의 힘・선정의 힘・지혜의 힘이다. 또 네 가지 힘이 있으니, 깨달음의 힘〔覺力〕・정진의 힘〔精進力〕・무죄의 힘〔無罪力〕・포섭하는 힘〔攝力〕이 그것이다."

이 여러 경은 위에서 세 가지 힘에 대하여 말씀하신 소경의 내용과 같다. 다만 다른 것은 다음과 같다.

"어떤 것을 깨달음의 힘〔覺力〕이라고 하는가? 착하고 착하지 않은 법을 사실 그대로 알고, 죄罪가 있고 죄가 없는 것, 가까이할 것과 가까이하지 않을 것, 낮은 법〔卑法〕과 나은 법〔勝法〕, 검은 법〔黑法〕과 흰 법〔白法〕, 분별이 있는 법과 분별이 없는 법, 인연으로 일어나는 법〔因緣法〕과 인연으로 일어나지 않는 법〔非緣起法〕을 사실 그대로 아는 것이니, 이것을 깨달음의 힘이라고 한다.

어떤 것을 정진하는 힘이라 하는가? 4정단正斷을 말하나니……자세한 내용은 앞에서 말씀하신 것과 같다.……어떤 것을 죄가 없는 힘이라고 하는가? 이른바 몸〔身〕·입〔口〕·뜻〔意〕으로 지은 죄가 없는 것이니, 이것을 죄가 없는 힘이라고 한다. 어떤 것을 포섭하는 힘이라고 하는가? 네 가지 포섭하는 일〔四攝事〕을 말하는 것이니, 즉 보시〔惠施〕·부드러운 말〔愛語〕·이익을 주는 행〔利行〕·이익을 함께하는 것〔同利〕이니라."

부처님께서 이 경을 말씀하시자 모든 비구들은 부처님의 말씀을 듣고 기뻐하며 받들어 행하였다.

668. 사섭사경四攝事經

이와 같이 나는 들었다.

어느 때 부처님께서 사위국 기수급고독원에 계셨다.

그때 세존께서 모든 비구들에게 말씀하셨다.……이 사이의 자세한 내용은 위의 소경에서 설한 것과 같으며, 다만 그와 다른 내용은 다음과 같다.

"가장 뛰어난 보시〔施〕란 법 보시〔法施〕이고, 가장 뛰어난 부드러운 말〔愛語〕이란 선남자善男子가 듣기를 원하면 그때 맞춰 법을 연설해주는 것이다. 가장 뛰어난 이익을 주는 행〔行利〕이란 믿지 않는 사람은 믿음에 들어가서 믿음을 세우게 하고, 계戒를 성립하려는 이에게는 청정한 계로써, 아끼는 이에게는 보시로써, 나쁜 지혜를 가진 이에게는 바른 지혜로써 끌어들여, 그것을 세우게 하는 것이다. 가장 뛰어난 이익을 함께하는 것〔同利〕이란, 이른바 아라한阿羅漢에게는 아라한으로써, 아나함阿那含에게는 아나함으로써, 사다함斯陀含에게는 사다함으로써, 수다원須陀洹에게는 수다원으로써, 계가 청정한 이에게는 청정한 계로써 그에게 주는 것이니라."

부처님께서 이 경을 말씀하시자 모든 비구들은 부처님의 말씀을 듣고 기뻐하며 받들어 행하였다.

669. 섭경攝經

이와 같이 나는 들었다.

어느 때 부처님께서 사위국 기수급고독원에 계셨다.

그때 세존께서 모든 비구들에게 말씀하셨다.……이 사이의 자세한 내용은 위의 소경에서 설한 것과 같으며, 다만 그와 다른 내용은 다음과 같다.

"만일 모든 법 중에서 많은 사람들이 취하는 것이 있다면 그것은 다 네 가지 포섭하는 일〔四攝事〕일 것이다. 어떤 이는 보시를 취하고, 어떤 이는 부드러운 말을 취하며, 어떤 이는 이익을 주는 행을 취하고, 어떤 이는 이익을 함께하는 것을 취한다. 과거 세상에서 과거 세상 대중으로서 취한 것이 있었다면 이 네 가지 포섭하는 일이었을 것이요, 미래 세상 대중으로서 취할 것이 있다면 또한 이 네 가지 포섭하는 일일 것이다. 즉 어떤 이는 보시를 취하고, 어떤 이는 부드러운 말을 취하며, 어떤 이는 이익을 주는 행을 취하고, 어떤 이는 이익을 함께하는 것을 취할 것이다"라고 하신 것이다.

그때 세존께서 곧 게송으로 말씀하셨다.

보시와 부드러운 말과
혹은 이익을 주는 행과
이익을 함께하는 모든 행은
각각 그 호응하는 바를 따라 생겨나나니
이 네 가지로 세상을 포섭하여 들이는 것은

수레가 바퀴통으로 인해 구르는 것과 같네.

세상에 이 네 가지 포섭하는 일 없으면
자식을 키운 어미의 은혜 갚기를 잊어버리고
또한 아비들을 존경하거나
스스로 겸손하여 받드는 일 없으리.

이 네 가지 포섭하는 일이 있고
그 법을 순종하기 때문에
그러므로 이 세상에 대사大士가 있어
그 덕이 온 세상을 두루 덮는다.

부처님께서 이 경을 말씀하시자 모든 비구들은 부처님의 말씀을 듣고 기뻐하며 받들어 행하였다.

670. 사력경四力經 ①

이와 같이 나는 들었다.
어느 때 부처님께서 사위국 기수급고독원에 계셨다.
그때 세존께서 모든 비구들에게 말씀하셨다.
"네 가지 힘이 있다. 어떤 것이 그 네 가지 힘인가? 깨달음의 힘〔覺力〕·정진의 힘〔精進力〕·죄 없음의 힘〔無罪力〕·포섭하는 힘〔攝力〕이니, 그 자세한 내용은 위에서 말한 것과 같다.
만일 비구가 이 네 가지 힘을 성취하면 다섯 가지 두려움〔恐怖〕을 여의게 될 것이다. 어떤 것이 그 다섯 가지 두려움인가? 살아가지 못할까 하는 두려움〔不活恐怖〕· 나쁜 이름에 대한 두려움〔惡名恐怖〕· 대중 속에서의 두려움〔衆中恐怖〕· 죽음에 대한 두려움〔死恐怖〕· 나쁜 세계에 대한 두려움〔惡趣恐怖〕이니, 이것을 다섯 가지 두려움이라고 하느니라."

부처님께서 이 경을 말씀하시자 모든 비구들은 부처님의 말씀을 듣고 기뻐하며 받들어 행하였다.

671. 사력경 ②

이와 같이 나는 들었다.

어느 때 부처님께서 사위국 기수급고독원에 계셨다.

그때 세존께서 모든 비구들에게 말씀하셨다.……이 사이의 자세한 내용은 위의 소경에서 설한 것과 같으며, 다만 그와 다른 내용은 다음과 같다.

"거룩한 제자로서 이 네 가지 힘을 성취하거든 마땅히 이렇게 배워야 한다.

'나는 살아가지 못할까 두려워하지 않는다. 내가 무엇 때문에 살아가지 못할 것을 두려워하는가? 만일 몸으로 깨끗하지 못한 행〔行不淨行〕을 행하고, 입으로 깨끗하지 못한 말〔口不淨行〕을 하며, 뜻으로 깨끗하지 못한 행〔意不淨行〕 등을 행하고, 온갖 삿된 탐욕을 일으켜 믿지 않고 게으르며, 정진하지 않고 뜻을 잃으며, 안정하지 않고 나쁜 지혜를 쓰며, 인색하고 이끌어주지 않으면, 그는 마땅히 살아가지 못할 것을 두려워해야 할 것이다. 그러나 내게는 네 가지 힘이 있나니, 즉 깨달음의 힘〔覺力〕· 정진의 힘〔精進力〕· 죄 없음의 힘〔無罪力〕· 포섭하는 힘〔攝力〕이 그것이다. 이 네 가지 힘을 성취하였기 때문에 마땅히 살아가지 못할 것을 두려워하는 것 같은 그런 두려움이 없는 것이다. 이와 같이 나쁜 이름에 대한 두려움·대중 속에서의 두려움·죽음에 대한 두려움·나쁜 세계에 대한 두려움에 있어서도 또한 그러하다.……이 사이의 자세한 내용은 앞 경에서 설한 것과 같다.'"

부처님께서 이 경을 말씀하시자 모든 비구들은 부처님의 말씀을 듣고 기뻐하며 받들어 행하였다.

672. 사력경 ③

이와 같이 나는 들었다.

어느 때 부처님께서 사위국 기수급고독원에 계셨다.

그때 세존께서 모든 비구들에게 말씀하셨다.

"네 가지 힘이 있으니, 깨달음의 힘·정진의 힘·죄 없음의 힘·포섭하는 힘이다. 어떤 것을 깨달음의 힘이라고 하는가? 지혜〔慧〕·큰 지혜〔大慧〕·깊은 지혜〔深慧〕·이기기 어려운 지혜〔難勝慧〕이니 이것을 깨달음의 힘이라고 한다. 어떤 것을 정진의 힘이라고 하는가? 착하지 않은 법〔不善法〕과 착하지 않은 법의 수〔不善法數〕, 검은 것〔黑〕과 검은 것의 수〔黑數〕, 죄 있는 것〔有罪〕과 죄 있는 것의 수〔有罪數〕, 친하지 않아야 할 것〔不應親近〕과 친하지 않아야 할 것의 수〔不應親近數〕, 이 여러 가지 법들을 다 여의어, 만일 다른 착한 것〔善〕과 착한 것의 수〔善數〕, 흰 것〔白〕과 흰 것의 수〔白數〕, 죄 없는 것〔無罪〕과 죄 없는 것의 수〔無罪數〕, 친해야 할 것〔應親近〕과 친해야 할 것의 수〔應親近數〕, 이러한 것들을 모두 닦아 익히고 더욱 증장增長시키며, 열심히 정진하고 노력하며, 방편을 써서 능히 견디고 바른 생각과 바른 지혜로 공부하면, 이것을 정진의 힘이라고 한다. 죄 없는 힘과 포섭하는 힘에 대한 설명은 앞 경에서 말씀하신 것과 같다."

부처님께서 이 경을 말씀하시자 모든 비구들은 부처님의 말씀을 듣고 기뻐하며 받들어 행하였다.

673. 오력경五力經

이와 같이 나는 들었다.

어느 때 부처님께서 사위국 기수급고독원에 계셨다.

그때 세존께서 여러 비구들에게 말씀하셨다.

"다섯 가지 힘이 있다. 어떤 것이 그 다섯 가지 힘인가? 믿음의 힘·정진의 힘·생각의 힘·선정의 힘·지혜의 힘이니라."

부처님께서 이 경을 말씀하시자 모든 비구들은 부처님의 말씀을 듣고 기뻐하며 받들어 행하였다.

674. 오력당성경五力當成經

이와 같이 나는 들었다.

어느 때 부처님께서 사위국 기수급고독원에 계셨다.

그때 세존께서 모든 비구들에게 말씀하셨다.……이 사이의 자세한 내용은 위의 소경에서 설한 것과 같으며, 다만 그와 다른 내용은 다음과 같다.

"여러 비구들아, 마땅히 이렇게 배워야 하나니, 즉 '나는 더욱 부지런히 정진하여 믿음의 힘·정진의 힘·생각의 힘·선정의 힘·지혜의 힘을 성취하여야 한다'고 해야 할 것이다."

부처님께서 이 경을 말씀하시자 모든 비구들은 부처님의 말씀을 듣고 기뻐하며 받들어 행하였다.

675. 당지오력경當知五力經

이와 같이 나는 들었다.

어느 때 부처님께서 사위국 기수급고독원에 계셨다.

그때 세존께서 모든 비구들에게 말씀하셨다.……이 사이의 자세한 내용은 위의 소경에서 설한 것과 같으며, 다만 그와 다른 내용은 다음과 같다.

"그 믿음의 힘이란 4불괴정不壞淨임을 마땅히 알아야 하고, 정진의 힘이란 4정단正斷임을 마땅히 알아야 하며, 생각의 힘이란 4념처念處임을 마땅히 알아야 하고, 선정의 힘이란 4선禪임을 마땅히 알아야 하며, 지혜의 힘이란 4성제聖諦임을 마땅히 알아야 하느니라."

부처님께서 이 경을 말씀하시자 모든 비구들은 부처님의 말씀을 듣고 기뻐하며 받들어 행하였다.

676. 당학오력경當學五力經

이와 같이 나는 들었다.

어느 때 부처님께서 사위국 기수급고독원에 계셨다.

그때 세존께서 모든 비구들에게 말씀하셨다.……이 사이의 자세한 내용은 위의 소경에서 설한 것과 같으며, 다만 그와 다른 내용은 다음과 같다.

"그러므로 비구들아, 마땅히 이렇게 배워야 하나니, 즉 '나는 믿음의 힘·정진의 힘·생각의 힘·선정의 힘·지혜의 힘을 성취하여야 한다'라고 해야 할 것이다."

부처님께서 이 경을 말씀하시자 모든 비구들은 부처님의 말씀을 듣고 기뻐하며 받들어 행하였다.

677. 오학력경五學力經

이와 같이 나는 들었다.

어느 때 부처님께서 사위국 기수급고독원에 계셨다.

그때 세존께서 모든 비구들에게 말씀하셨다.

"다섯 가지 배움의 힘〔五學力〕이 있다. 어떤 것이 그 다섯 가지인가? 믿음의 힘〔信力〕이 곧 배움의 힘이요, 정진의 힘〔精進力〕이 곧 배움의 힘이며, 제 자신에 대해 부끄러워하는 힘〔慚力〕이 곧 배움의 힘이요, 남에게 부끄러워하는 힘〔愧〕이 곧 배움의 힘이며, 지혜의 힘〔慧力〕이 곧 배움의 힘이니라."

부처님께서 이 경을 말씀하시자 모든 비구들은 듣고 기뻐하며 받들어 행하였다.

678. 당성학력경當成學力經

이와 같이 나는 들었다.

어느 때 부처님께서 사위국 기수급고독원에 계셨다.

그때 세존께서 모든 비구들에게 말씀하셨다.……이 사이의 자세한 내용은 위의 소경에서 설한 것과 같으며, 다만 그와 다른 내용은 다음과 같다.

"비구들아, 마땅히 이렇게 배워야 하나니, 즉 '나는 마땅히 믿음의 힘〔信力〕이 곧 배움의 힘〔學力〕이 되는 것을 성취하고, 정진의 힘〔精進力〕이 곧 배움의 힘이 되는 것을 성취하며, 제 자신에 대한 부끄러움의 힘〔慚力〕이 곧 배움의 힘이 되는 것을 성취하고, 남에 대한 부끄러움의 힘〔愧力〕이 곧 배움의 힘이 되는 것을 성취하며, 지혜의 힘〔慧力〕이 곧 배움의 힘이 되는 것을 성취하여야 한다'라고 해야 할 것이다."

부처님께서 이 경을 말씀하시자 모든 비구들은 부처님의 말씀을 듣고 기뻐하며 받들어 행하였다.

679. 광설학력경廣說學力經

이와 같이 나는 들었다.

어느 때 부처님께서 사위국 기수급고독원에 계셨다.

그때 세존께서 모든 비구들에게 말씀하셨다.……이 사이의 자세한 내용은 위의 소경에서 설한 것과 같으며, 다만 그와 다른 내용은 다음과 같다.

"어떤 것을 믿음의 힘〔信力〕이 곧 배움의 힘〔學力〕이라고 하는가? 여래의 처소에서 믿음에 잘 들어가되 그 근본이 견고하여, 모든 하늘·마魔·범梵·사문·바라문과 그밖에 동등한 법으로도 능히 무너뜨릴 수 없는 것이다. 어떤 것을 정진의 힘〔精進力〕이 곧 배움의 힘이라고 하는가? 4정단正斷을 말한다.……이 사이의 자세한 내용은 앞에서 설한 것과 같다.

어떤 것을 제 자신에 대한 부끄러움의 힘〔慚力〕이 곧 배움의 힘이라고 하는가? 수치羞恥를 말한다. 온갖 악하고 착하지 않은 법과 모든 번뇌의 작용〔數〕을 일으켜 모든 존재의 불타오르는 것 같은 괴로운 과보果報로 미래 세상에서 태어남·늙음·병듦·죽음·근심·슬픔·괴로움의 번민을 받을까 부끄러워하는 것이니, 이것을 제 자신에 대한 부끄러움의 힘이 곧 배움의 힘이라고 하는 것이다.

어떤 것을 남에게 부끄러워하는 힘〔愧力〕이 곧 배움의 힘이라고 하는가? 온갖 부끄러워해야 할 일은 부끄러워하고, 온갖 악하고 착하지 않은 법과 번뇌의 작용을 일으켜, 모든 존재가 불타오르는 것 같은 괴로운 과보로 미래 세상에서 태어남·늙음·병듦·죽음·근심·슬픔·괴로움의 번민을 받을까 부끄러워하는 것이니, 이것을 남에게 부끄러워하는 힘이 곧 배움의 힘이라고 하는 것이다. 이른바 거룩한 제자가 지혜에 머물러, 세상의 나고 멸하는 지혜와 성현의 번뇌에서 벗어남을 성취하여 결정코 괴로움을 다하면, 이것을 지혜의 힘이 곧 배움의 힘이라고 하는 것이니라."

부처님께서 이 경을 말씀하시자 모든 비구들은 부처님의 말씀을 듣고 기뻐하며 받들어 행하였다.

680. 당성학력경當成學力經

이와 같이 나는 들었다.

어느 때 부처님께서 사위국 기수급고독원에 계셨다.

그때 세존께서 모든 비구들에게 말씀하셨다.……이 사이의 자세한 내용은 위의 소경에서 설한 것과 같으며, 다만 그와 다른 내용은 다음과 같다.

"그러므로 비구들아, 마땅히 이렇게 배워야 한다. 즉 '나는 믿음의 힘이 곧 배움의 힘이요, 정진의 힘·제 자신에 대해 부끄러워하는 힘·다른 사람에 대해 부끄러워하는 힘·지혜의 힘이 곧 배움의 힘이 되는 것임을 성취하여야 한다'라고 해야 할 것이다."

부처님께서 이 경을 말씀하시자 모든 비구들은 부처님의 말씀을 듣고 기뻐하며 받들어 행하였다.

681. 백법경白法經 ①

이와 같이 나는 들었다.

어느 때 부처님께서 사위국 기수급고독원에 계셨다.

그때 세존께서 모든 비구들에게 말씀하셨다.

"만일 비구가 착한 법에서 변하거나 물러나거나 오래 머물지 않으면, 다른 사람은 반드시 다섯 가지 흰 법〔白法〕으로써 너를 나무랄 것이다. 어떤 것이 그 다섯 가지인가? 말하자면 네가 믿음을 가지고 착한 법에 들어가지 않을 경우이니, 만일 믿음을 의지하면 능히 착하지 않은 법을 여의어 온갖 착한 법을 닦을 수 있을 것이다. 그리고 네가 정진함이 없고 제 자신에 대한 부끄러움이 없으며, 다른 사람에 대한 부끄러움이 없고 지혜가 없이, 착한 법에 들어가려고 하는 경우이니, 만일 지혜를 의지하면 모든 착하지 않은 법을 여의고 온갖 착한 법을 닦을 수 있을 것이다.

만일 비구로서 바른 법에서 변하거나 물러나지 않고 오래 머무르면 다른 사람은 다섯 가지 흰 법으로써 너를 치하하고 위로할 것이다. 어떤 것이 그 다섯 가지인가? 바른 믿음으로 착한 법에 들어가는 경우이니, 만일 믿음을 의지하면 착하지 않은 법을 여의고 온갖 착한 법을 닦을 것이다. 그리고 정진·제 자신에 대한 부끄러움·다른 사람에 대한 부끄러움·지혜로써 착한 법에 들어가려고 하는 경우이니, 만일 지혜를 의지하면 착하지 않은 법을 여의고 온갖 착한 법을 닦을 수 있을 것이다."

부처님께서 이 경을 말씀하시자 모든 비구들은 부처님의 말씀을 듣고 기뻐하며 받들어 행하였다.

682. 백법경 ②

이와 같이 나는 들었다.

어느 때 부처님께서 사위국 기수급고독원에 계셨다.

그때 세존께서 모든 비구들에게 말씀하셨다.

"만일 비구가 계戒에서 물러서거나 후퇴한다면 다른 사람이 반드시 다섯 가지 흰 법[白法]으로써 너를 나무랄 것이다. 어떤 것이 그 다섯 가지인가? 가령 비구가 믿음으로써 착한 법에 들어가지 않는 경우이니, 만일 믿음을 의지하면 착하지 않은 법을 여의고 온갖 착한 법을 닦게 될 것이다. 그리고 정진·제 자신에 대한 부끄러움·다른 사람에 대한 부끄러움·지혜로써 착한 법에 들어가지 않는 경우이니, 만일 지혜에 의지하면 착하지 않은 법을 여의고 온갖 착한 법을 닦을 것이다. 만일 비구가 목숨이 다하도록 순수하고 한결같이 원만하고 청정하며 범행梵行이 맑고 깨끗하면 다른 사람이 반드시 다섯 가지 흰 법으로써 너를 치하하고 위로할 것이다.……이 사이의 자세한 내용은 앞 경에서 설한 것과 같다.

부처님께서 이 경을 말씀하시자 모든 비구들은 듣고 기뻐하며 받들어 행하였다.

683. 불선법경不善法經

이와 같이 나는 들었다.

어느 때 부처님께서 사위국 기수급고독원에 계셨다.

그때 세존께서 모든 비구들에게 말씀하셨다.

"만일 비구가 악하고 착하지 않은 법이 생기지 않도록 하려고 하면, 오직 착한 법을 믿는 데 있다. 만일 믿음이 줄거나 없어지면 믿지 않는 데에 영원히 머물러, 온갖 착하지 않은 법이 생겨날 것이다.……(이하 생략)……악하고 착하지 않은 법이 생기지 않도록 하려고 하면 오직 정진 · 제 자신에 대한 부끄러움 · 다른 사람에 대한 부끄러움 · 지혜뿐이니, 만일 정진 · 제 자신에 대한 부끄러움 · 다른 사람에 대한 부끄러움 · 지혜의 힘이 줄거나 없어지면 나쁜 지혜에 영원히 머물러 악하고 착하지 않은 법이 곧 생겨날 것이다. 만일 비구가 믿음을 의지하면 곧 착하지 않은 법을 여의고 온갖 착한 법을 닦을 것이요, 정진 · 제 자신에 대한 부끄러움 · 다른 사람에 대한 부끄러움 · 지혜를 의지하면 곧 착하지 않은 법을 여의고 온갖 착한 법을 닦게 될 것이다."

부처님께서 이 경을 말씀하시자 모든 비구들은 부처님의 말씀을 듣고 기뻐하며 받들어 행하였다.

684. 십력경十力經

이와 같이 나는 들었다.

어느 때 부처님께서 사위국 기수급고독원에 계셨다.

그때 세존께서 모든 비구들에게 말씀하셨다.

"만일 비구가 색色을 싫어하는 마음이 생겨 욕심을 여의어 아주 없애고 일으킴이 없이 해탈하면, 이것을 아라하삼먁삼불타(阿羅訶三藐三佛陀 : 應供)·等正覺[10]라 하나니, 수受·상想·행行·식識에 있어서도 또한 그러하다. 만일 또 비구가 색을 싫어하는 마음이 생겨 욕심을 여의고 일으킴이 없이 해탈하면, 이것을 아라한의 혜해탈慧解脫이라고 하나니, 수·상·행·식에 있어서도 또한 그러하다고 말하리라. 모든 비구들아, 여래·응공應供·등정각等正覺과 아라한阿羅漢의 혜해탈에는 어떤 갖가지 차별이 있는가?"

비구들이 부처님께 아뢰었다.

"세존께서는 법의 근본〔法根〕이시고 법의 눈〔法眼〕이시며 법의 귀의처〔法依〕이시니, 저희들을 위해 말씀해 주시기를 원하옵니다. 모든 비구들은 말씀을 듣고서 마땅히 받고 받들어 행할 것입니다."

부처님께서 비구들에게 말씀하셨다.

"자세히 듣고 잘 생각해보아라. 마땅히 너희들을 위해 설명하리라.

10 아라하arhat와 삼먁삼불타samyak-saṃbuddha는 여래의 10호號 가운데 하나로 아라하는 아라한과 같은 의미로서 세상의 존경을 받을 만한 수행자, 혹은 각자覺者라는 뜻이며, 응공應供·응應으로 한역된다. 원래는 부처님을 가리키는 명칭이었으나, 훗날 부처님과 아라한은 구별되어 불제자, 즉 성문聲聞이 오를 수 있는 최고의 계위階位로 되었다. 특히 대승불교에 있어서 아라한은 소승의 성자를 가리키며, 대승의 수행자에게는 미치지 않는 것으로 되어 있다. 삼먁삼불타는 최고 지상의 부처님, 혹은 바르게 깨달은 사람, 올바로 완전한 깨달음을 얻은 사람이라는 뜻으로 정변지正遍知·등정각等正覺·정등각正等覺 등으로 한역된다.

여래·응공·등정각은 일찍이 들어보지 못했던 법을 능히 스스로 깨달아 알았고, 현세의 몸으로 알아 삼보리三菩提를 증득하였으며, 미래 세상에서도 바른 법을 연설하여 모든 성문들을 깨우치리니, 이른바 4념처念處·4정단正斷·4여의족如意足·5근根·5력力·7각분(覺分: 覺支)·8성도분(聖道分: 正道) 등이다. 이것을 여래·응공·등정각이라고 한다. 이루지 못했던 범행梵行을 이루고, 그 길〔道〕을 잘 알고서 그 길을 잘 설명하여 대중들의 길잡이가 되었다. 그런 뒤에 성문들은 그 법法을 따르고 도道 따르기를 성취하여, 스승의 훈계와 가르침을 즐거이 받들어 바른 법을 잘 행하였으니, 이것을 여래·응공·등정각과 아라한 혜해탈慧解脫에 있어서의 갖가지 차별이라 하느니라. 또 다섯 가지 배움의 힘〔五學力〕과 여래의 열 가지 힘〔如來十力〕이 있다. 어떤 것을 배움의 힘이라고 하는가? 믿음의 힘〔信力〕·정진의 힘〔精進力〕·생각의 힘〔念力〕·선정의 힘〔定力〕·지혜의 힘〔慧力〕을 말한다.

어떤 것을 여래의 열 가지 힘이라고 하는가? 이른바 여래는 이치에 맞는 것〔處〕과 이치에 어긋나는 것〔非處〕[11]을 참답게 아나니, 이것을 여래의 첫 번째 힘[12]이라고 한다. 만일 이 힘을 성취하면 여래·응공·등정각은 과거 부처님의 가장 훌륭한 경계의 지혜를 얻고 깨끗한 법륜法輪을 굴려 대중 가운데서 사자후師子吼를 외치느니라.

또 여래는 과거·미래·현재의 업법業法에 대하여 일의 인연과 그 과보 받는 것을 사실 그대로 아나니, 이것을 여래의 두 번째 힘[13]이라

---

11 처處와 비처非處는 유리有理와 무리無理를 뜻함. 처는 이치에 당연한 것을 의미하고, 비처는 이치에 어긋나는 것임. 예를 들면 악惡에 의해 악의 갈래[惡趣]에 떨어지는 것이 유리有理, 즉 처處이고, 좋은 갈래[善趣]에 태어난다고 주장하는 것이 무리無理, 즉 비처非處임.

12 또는 처비처지력處非處智力이라 하며, 부처님의 10력 가운데 가장 으뜸가는 힘이다.

13 구역에서는 지업보력知業報力이라 하고, 신역에서는 업이숙지력業異熟智力이라고

고 한다. 여래·응공·등정각은 이 힘을 성취하여, 과거 부처님의 가장 훌륭한 경계의 지혜를 얻고 깨끗한 법륜을 굴려 대중들 가운데에서 사자후를 외치느니라.

또 여래·응공·등정각은 선정〔禪〕과 해탈解脫과 삼매三昧와 정수正受와 악에 물든 것을 맑고 깨끗하게 하여 경계의 청정함을 참답게 아나니, 이것을 여래의 세 번째 힘[14]이라 한다. 만일 이 힘을 성취하면 여래·응공·등정각은 과거 부처님의 가장 훌륭한 경계의 지혜를 얻고 깨끗한 법륜을 굴려 대중 가운데서 사자후를 외치느니라.

또 여래는 중생들의 갖가지 근기〔根〕의 차별을 아나니, 이것을 여래의 네 번째 힘[15]이라고 한다. 만일 이 힘을 성취하면 여래·응공·등정각은 과거 부처님의 가장 훌륭한 경계의 지혜를 얻고 깨끗한 법륜을 굴려 대중들 가운데에서 사자후를 외치느니라.

또 여래는 중생들의 갖가지 생각을 사실 그대로 아나니, 이것을 여래의 다섯 번째 힘[16]이라고 한다. 만일 이 힘을 성취하면 여래·응공·등정각은 과거 부처님의 가장 훌륭한 경계의 지혜를 얻고 깨끗한 법륜을 굴려 대중들 가운데에서 사자후를 외치느니라.

또 여래는 세간 중생들의 갖가지 모든 경계를 사실 그대로 아나니, 이것을 여래의 여섯 번째 힘[17]이라 한다. 만일 이 힘을 성취하면 여

함.

14 정려해탈등지등지지력靜慮解脫等持等至智力이라 하며, 4선禪·8해탈解脫·3삼매三昧·8등지等至 등의 선정을 아는 힘을 말함. 구역舊譯에서는 지일체제선삼매력知一切諸禪三昧力이라고 하고, 신역新譯에서는 일체정려해탈삼마지삼마발저출리잡염청정지력一切靜慮解脫三摩地三摩鉢底出離雜染淸淨智力이라고 함.

15 구역에서는 지타중생제근상하력知他衆生諸根上下力이라고 하고, 신역에서는 근상하지력根上下智力이라고 함.

16 구역에서는 지타중생종종욕락력知他衆生種種欲樂力이라고 하고, 신역에서는 종종승해지력種種勝解智力이라고 함.

17 구역에서는 지세간종성력知世間種性力이라 하고, 신역에서는 종종계지력種種界智

래·응공·등정각은 과거 부처님의 가장 훌륭한 경계의 지혜를 얻고, 깨끗한 법륜을 굴려 대중들 가운데에서 사자후를 외치느니라.

또 여래는 모든 지극한 경계의 도를 아나니, 이것을 여래의 일곱 번째 힘[18]이라고 한다. 만일 이 힘을 성취하면 여래·응공·등정각은 과거 부처님의 가장 훌륭한 경계의 지혜를 얻고 깨끗한 법륜을 굴려 대중들 가운데에서 사자후를 외치느니라.

또 여래는 과거 세상의 갖가지 일들을 기억한다. 한 생에서 백천 생에 이르기까지 한 겁에서 백천 겁에 이르기까지 '나는 그때 거기에 태어나서 어떤 종족·어떤 성·어떤 이름이었고, 어떻게 먹었고 어떻게 괴로워하고 즐거워하였으며, 얼마나 오래 살았고 얼마나 오래 머물렀고 수명은 얼마였으며, 나는 거기서 죽어 여기에 태어났고 여기에 태어나서 저기에서 죽었으며, 이러한 행行과 이러한 원인〔因〕과 이러한 방법〔方〕이었다'라고, 과거의 일들을 다 사실 그대로 아나니, 이것을 여래의 여덟 번째 힘[19]이라 한다. 만일 이 힘을 성취하면 여래·응공·등정각은 과거 부처님의 가장 훌륭한 경계를 얻고 깨끗한 법륜을 굴려 대중들 가운데에서 사자후를 외치느니라.

또 여래는 사람 눈보다 깨끗한 천안天眼으로 중생들의 죽는 때와 태어나는 때, 아름다운 몸과 나쁜 몸, 천한 몸과 귀한 몸, 나쁜 곳에 태어남과 좋은 곳에 태어남, 업을 따라 과보果報를 받는다는 것을 다 사실 그대로 아나니, 즉 '이 중생은 몸〔身〕으로 나쁜 행을 성취하였고 말〔口〕과 뜻〔意〕으로 나쁜 행을 성취하였으며, 성현을 비방하고 삿된 견해의 업으로 인해 그 과보를 받게 될 것이다. 그 인연으로 몸이 무

力이라고 함.

18 구역에서는 지일체도지처상력知一切道智處相力이라고 하고, 신역에서는 변취행지력遍趣行智力이라고 함.

19 구역에서는 지숙명력知宿命力이라 하고, 신역에서는 숙주수념宿主隨念이라고 함.

너지고 목숨이 끝난 뒤에는 나쁜 곳에 떨어져 지옥에 태어날 것이다. 이 중생은 몸으로 지은 착한 행과 말과 뜻으로 지은 착한 행으로 성현을 비방하지 않고 바른 견해의 업業을 받았다. 그 인연으로 몸이 무너지고 목숨이 끝난 뒤에는 천상과 같은 좋은 곳에 태어날 것이다'라는 것을 모두 사실 그대로 아나니, 이것을 여래의 아홉 번째 힘[20]이라고 한다. 만일 이 힘을 성취하면 여래·응공·등정각은 과거 부처님의 훌륭한 경계의 지혜를 얻고 깨끗한 법륜을 굴려 대중들 가운데에서 사자후를 외치느니라.

여래는 모든 번뇌〔漏〕가 이미 다하여 번뇌가 없는 심해탈心解脫·혜해탈慧解脫하고, 현세에서 스스로 자신이 증득한 줄을 알아 '나의 생은 이미 다하였고, 범행梵行은 이미 섰으며, 할 일을 이미 다 마쳐, 다시는 후세의 몸〔後有〕을 받지 않는다'라고 스스로 아나니, 이것을 여래의 열 번째 힘이라고 한다.

만일 이 힘을 성취하면 여래·응공·등정각은 과거 부처님의 가장 훌륭한 경계를 얻고 깨끗한 법륜을 굴려 대중들 가운데에서 사자후를 외치느니라. 이러한 열 가지 힘은 오직 여래만이 성취하신 것이므로 이것을 여래와 성문의 갖가지 차별이라고 하느니라."

부처님께서 이 경을 말씀하시자 모든 비구들은 부처님의 말씀을 듣고 기뻐하며 받들어 행하였다.

685. 유모경乳母經

이와 같이 나는 들었다.

20 구역에서는 지천안력知天眼力이라 하고, 신역에서는 사생지력死生智力이라고 함.

어느 때 부처님께서 사위국 기수급고독원에 계셨다.

그때 세존께서 모든 비구들에게 말씀하셨다.

"부모가 아이를 낳아 유모乳母에게 맡기면, 수시隨時로 어루만지고 목욕시키며 수시로 젖먹이고 수시로 동정을 보살핀다. 만일 유모가 삼가고 조심하지 못해서 아이가 혹 풀이나 흙 같은 온갖 더러운 물건을 입에 넣을 경우 유모가 곧 뱉게 하면 즉시 잘 뱉어내겠지만, 만일 아이가 제 스스로 뱉지 않을 경우 유모는 왼손으로 아이의 머리를 잡고 오른 손가락으로 그 아이의 목에 걸린 것을 꺼낸다. 어린아이가 그때는 괴로워하더라도 유모가 기어이 그 걸린 것을 꺼내는 것은 그 자식으로 하여금 오랫동안 편안하도록 하기 위해서이니라."

부처님께서 모든 비구들에게 말씀하셨다.

"만일 어린아이가 자라나서 지각이 생기게 되면, 그때도 또 풀이나 흙의 더러운 물건을 입에 넣겠느냐?"

비구가 부처님께 아뢰었다.

"아닙니다. 세존이시여, 어린아이가 자라나서 지각이 생기게 되면 오히려 발로도 더러운 물건을 밟지 않겠거늘 하물며 입에 넣겠습니까?"

부처님께서 비구들에게 말씀하셨다.

"어린아이가 어릴 때에는 때를 따라 밥을 먹이고 동정을 보살피지만 아이가 자라나서 지혜가 생기면 유모는 그냥 내버려두고서 동정을 보살피지 않는다. 그것은 아이가 자라나서 멋대로 함부로 놀지 않기 때문이다. 이와 같이 비구들아, 만일 성문聲聞들이 막 배우기 시작해 지혜를 아직 성취하지 못했을 경우엔 여래는 법으로써 수시로 가르치고 동정을 보살피지만, 만일 학문에 들어가 지혜가 깊어지고 견고해지면 여래는 그냥 내버려 둔 채 수시로 간곡하게 가르치지는 않는다. 그것은 지혜를 성취하여 함부로 놀지 않기 때문이다.

그러므로 성문은 다섯 가지 배움의 힘을, 여래는 열 가지 지혜의 힘을 성취하느니라.……이 사이의 자세한 내용은 앞 경에서 설한 것과 같다.”

부처님께서 이 경을 말씀하시자 모든 비구들은 부처님의 말씀을 듣고 기뻐하며 받들어 행하였다.

686. 사자후경師子吼經 ①

이와 같이 나는 들었다.

어느 때 부처님께서 사위국 기수급고독원에 계셨다.

그때 세존께서 모든 비구들에게 말씀하셨다.

“여래는 여섯 가지 힘이 있다. 만일 여섯 가지 힘을 성취하면 여래·응공·등정각은 과거 부처님의 가장 훌륭한 경계를 얻고, 깨끗한 법륜을 굴려 대중들 가운데에서 사자후獅子吼를 외치느니라. 이것은 이른바 이치에 맞는 것과 이치에 어긋나는 것을 참답게 아는 것이니, 이것을 여래의 첫 번째 힘이라고 하느니라. 또 과거·미래·현재에서 마음으로 즐거운 법 받은 줄을 사실 그대로 아나니……이 사이의 자세한 내용은 앞 경에서 설한 것과 같다.……이것을 여래의 두 번째 힘이라고 하느니라.

또 여래는 선정〔禪〕·해탈解脫·삼매三昧·정수正受를 사실 그대로 아나니……이 사이의 자세한 내용은 앞 경에서 설한 것과 같다.……이것을 여래의 세 번째 힘이라고 하느니라. 또 여래는 과거 전생의 갖가지 일들을 사실 그대로 아나니……이 사이의 자세한 내용은 앞 경에서 설한 것과 같다.……이것을 여래의 네 번째 힘이라고 하느니라.

또 여래는 사람의 눈보다 깨끗한 천안으로 중생들이 여기서 죽어 저기에 태어나는 것을 보나니……이 사이의 자세한 내용은 앞 경에서 설한 것과 같다.……이것을 여래의 다섯 번째 힘이라고 하느니라. 또 여래는 모든 번뇌〔漏〕가 이미 다하여, 번뇌가 없어져서 심해탈心解脫·혜해탈慧解脫하였고,……이 사이의 자세한 내용은 앞 경에서 설한 것과 같다.……그래서 대중들 가운데에서 사자후를 외치나니, 이것을 여래의 여섯 번째 힘이라고 하느니라."

부처님께서 이 경을 말씀하시자 모든 비구들은 부처님의 말씀을 듣고 기뻐하며 받들어 행하였다.

687. 사자후경 ②

이와 같이 나는 들었다.

어느 때 부처님께서 사위국 기수급고독원에 계셨다.

그때 세존께서 모든 비구들에게 말씀하셨다.……이 사이의 자세한 내용은 위의 소경에서 설한 것과 같으며, 다만 그와 다른 내용은 다음과 같다.

"만일 누가 와서 나에게 여래의 이치에 맞는 것과 이치에 어긋나는 것을 아는 힘에 대해 묻는다면, 여래는 이치에 맞는 것과 이치에 어긋나는 것을 아는 힘으로 알고보고 깨달아 등정각等正覺을 이룬 그대로 그를 위해 확실하게 말해줄 것이다.

또 만일 누가 와서 여래의 스스로 즐거움을 느낄 줄 아는 힘에 대해 묻는다면, 여래는 스스로 즐거움을 느낄 줄 아는 힘으로 알고보고 깨달아 등정각을 이룬 그대로 그를 위해 말해줄 것이니, 이것을 여래의 두 번째 지혜의 힘이라고 하느니라. 만일 누가 와서 여래의 선정禪定·해탈解脫·삼매三昧·정수正受를 아는 힘에 대해 묻는다면 여래는 선정 · 해탈 · 삼매 · 정수를 아는 힘 그대로 그를 위해 확실하게 말해줄 것이다. 만일 누가 와서 여래의 전생〔宿命〕 경험을 아는 힘에 대해 묻는다면 여래는 전생 경험을 알고 보고 깨달은 그대로 그를 위해 말해줄 것이다. 만일 누가 와서 여래의 천안으로 아는 힘에 대해 묻는다면 여래는 천안으로 본 그대로 그를 위해 말해줄 것이다. 만일 누가 와서 여래의 번뇌가 다한 것을 아는 힘에 대해 묻는다면, 여래는 번뇌가 다한 것을 아는 힘으로 알고 보고 깨달은 그대로 그를 위해 말해줄 것이다."

부처님께서 이 경을 말씀하시자 모든 비구들은 부처님의 말씀을 듣고 기뻐하며 받들어 행하였다.

688. 칠력경七力經

이와 같이 나는 들었다.

어느 때 부처님께서 사위국 기수급고독원에 계셨다.

그때 세존께서 모든 비구들에게 말씀하셨다.

"일곱 가지 힘이 있다. 어떤 것이 그 일곱 가지 힘인가? 믿음의 힘 · 정진의 힘 · 제 자신에 대해 부끄러워하는 힘 · 다른 사람에게 부끄러워하는 힘 · 생각의 힘 · 선정의 힘 · 지혜의 힘이니라."

그때 세존께서 곧 게송을 설하셨다.

믿음의 힘과 정진의 힘
자신에게 부끄러워하는 힘과 남에게 부끄러워하는 힘
바른 생각의 힘 · 선정의 힘 · 지혜의 힘
이것을 일곱 가지 힘이라고 한다.

이 일곱 가지 힘을 성취하면
온갖 번뇌를 다 끊게 되리라.

부처님께서 이 경을 말씀하시자 모든 비구들은 부처님의 말씀을 듣고 기뻐하며 받들어 행하였다.

689. 당성칠력경當成七力經

이와 같이 나는 들었다.

어느 때 부처님께서 사위국 기수급고독원에 계셨다.

그때 세존께서 모든 비구들에게 말씀하셨다.

"일곱 가지 힘이 있다.……이 사이의 자세한 내용은 위의 소경에서 설한 것과 같으며, 다만 그와 다른 내용은 다음과 같다.……그러므로 비구들아, 마땅히 이와 같이 배워야 하나니, '나는 믿음의 힘을 성취하고 그와 같이 정진의 힘·제 자신에 대해 부끄러워하는 힘·다른 사람에게 부끄러워하는 힘·생각의 힘·선정의 힘·지혜의 힘을 성취해야 한다'고 해야 하느니라."

부처님께서 이 경을 말씀하시자 모든 비구들은 부처님의 말씀을 듣고 기뻐하며 받들어 행하였다.

690. 칠력경七力經

이와 같이 나는 들었다.

어느 때 부처님께서 사위국 기수급고독원에 계셨다.

그때 세존께서 모든 비구들에게 말씀하셨다.

"일곱 가지 힘이 있다."……이 사이의 자세한 내용은 위의 소경에서 설한 것과 같으며, 다만 그와 다른 내용은 다음과 같다.

그때 세존께서 곧 게송을 설하셨다.

믿음의 힘과 정진의 힘
자신에게 부끄러워하는 힘과 남에게 부끄러워하는 힘
바른 생각의 힘·선정의 힘·지혜의 힘
이것을 일곱 가지 힘이라고 한다.
이 일곱 가지 힘을 성취하면
온갖 번뇌를 다 끊게 되리라.

부처님께서 이 경을 말씀하시자 모든 비구들은 부처님의 말씀을 듣고 기뻐하며 받들어 행하였다.

691. 광설칠력경廣說七力經

이와 같이 나는 들었다.

어느 때 부처님께서 사위국 기수급고독원에 계셨다.

그때 세존께서 모든 비구들에게 말씀하셨다.

"일곱 가지 힘이 있다. 어떤 것이 그 일곱 가지 힘인가? 믿음의 힘·정진의 힘·제 자신에 대해 부끄러워하는 힘·다른 이에게 부끄러워하는 힘·생각의 힘·선정의 힘·지혜의 힘을 이르는 말이니라.

어떤 것을 믿음의 힘이라고 하는가? 여래에 대해 믿는 마음을 내어 깊이 들어가 견고하게 되어, 모든 하늘·마魔·범梵·사문沙門·바라문婆羅門과 그밖에 동등한 법으로도 능히 부술 수 없으면 그것을 믿음의 힘이라고 한다. 어떤 것을 정진의 힘이라고 하는가? 4정단正斷을 이르는 말이니라.……이 사이의 자세한 내용은 위의 소경에서 설한 것과 같다.……어떤 것을 제 자신에 대해 부끄러워하는 힘이라고 하는가? 악하고 착하지 않은 법을 부끄러워하는 것이다.……이 사이의 자세한 내용은 위의 소경에서 설한 것과 같다.……어떤 것을 다른 이에게 부끄러워하는 힘이라고 하는가? 다른 이에게 부끄러워할 만한 것이면 다른 이에게 부끄러워하고, 악하고 착하지 않은 법이 일어나는 것을 다른 이에게 부끄러워하는 것이다.……이 사이의 자세한 내용은 위의 소경에서 설한 것과 같다.……어떤 것을 생각의 힘이라고 하는가? 4념처念處를 일컫는 말이다.……이 사이의 자세한 내용은 위의 소경에서 설한 것과 같다.……어떤 것을 선정의 힘이라고 하는가? 4선정〔禪〕을 이르는 말이다.……이 사이의 자세한 내용은 위의 소경에서 설한 것과 같다.……어떤 것을 지혜의 힘이라고 하는가? 4성제聖諦를 이르는 말이다.……이 사이의 자세한 내용은 위의 소경에서 설한 것과 같다."

부처님께서 이 경을 말씀하시자 모든 비구들은 부처님의 말씀을 듣고 기뻐하며 받들어 행하였다.

692. 팔력경八力經

이와 같이 나는 들었다.

어느 때 부처님께서 사위국 기수급고독원에 계셨다.

그때 세존께서 모든 비구들에게 말씀하셨다.

"여덟 가지 힘이 있다. 어떤 것이 그 여덟 가지 힘인가? 이른바 자재왕의 힘〔自在王者力〕·일을 결단하는 대신의 힘〔斷事大臣力〕·원한을 맺는 여자의 힘〔結恨女人力〕·우는 아이의 힘〔啼泣嬰兒力〕·비방하는 어리석은 이의 힘〔毁呰愚人力〕·자세하고 명료한 지혜의 힘〔審諦黠慧〕·출가하여 인욕하는 힘〔忍辱出家力〕·많이 들어 깊이 생각하는 힘〔計數多聞力〕이니라.”

부처님께서 이 경을 말씀하시자 모든 비구들은 부처님의 말씀을 듣고 기뻐하며 받들어 행하였다.

693. 광설팔력경廣說八力經

이와 같이 나는 들었다.

어느 때 부처님께서 사위국 기수급고독원에 계셨다.

그때 세존께서 모든 비구들에게 말씀하셨다.……이 사이의 자세한 내용은 위의 소경에서 설한 것과 같으며, 다만 그와 다른 내용은 다음과 같다.

“이른바 자재왕의 힘〔自在王者力〕이란, 왕이 자재로운 위력을 나타내는 것이요, 일을 결단하는 대신의 힘〔斷事大臣力〕이란, 대신이 일을 결단하는 능력을 나타내는 것이며, 원한을 맺는 여자의 힘〔結恨女人力〕이란, 여인의 특성상 원한을 맺는 힘을 나타내는 것이다. 우는 아이의 힘〔啼泣嬰兒力〕이란, 아이의 특성상 우는 힘을 나타내는 것이요, 비방하는 어리석은 이의 힘〔毁呰愚人力〕이란 어리석은 이의 특성상 일에 맞닥뜨리면 비방하여 말하는 것이며, 자세하고 명료한 지혜의 힘〔審諦黠慧〕이란, 지혜로운 사람이 언제나 자세하고 명료하게 살피는 것을 나타내는 것이요, 출가하여 인욕하는 힘〔忍辱出家力〕이란, 출가한 사람이 항상 인욕하는 것을 나타내는 것이며, 많이 들어 깊이 생각하는 힘〔計數多聞力〕이란, 많이 들어 아는 사람은 언제나 생각하고 헤아리는 것을 나타내는 것이니라."

부처님께서 이 경을 말씀하시자 모든 비구들은 부처님의 말씀을 듣고 기뻐하며 받들어 행하였다.

694. 사리불문경舍利弗問經

이와 같이 나는 들었다.

어느 때 부처님께서 사위국 기수급고독원에 계셨다.

그때 존자 사리불이 세존께서 계시는 곳으로 나아가 그 발에 머리 숙여 예배하고 한쪽에 물러앉아 부처님께 아뢰었다.

"세존이시여, 번뇌가 다한 비구〔漏盡比丘〕는 몇 가지 힘이 있습니까?"

부처님께서 사리불에게 말씀하셨다.

"번뇌가 다한 비구는 여덟 가지 힘이 있다. 어떤 것이 그 여덟 가지인가? 이른바 번뇌가 다한 비구는 마음이 떠남〔離〕으로 나아가고, 떠남으로 흘러들며, 떠남으로 떠내려간다. 그리고 벗어남〔出〕으로 나아가고, 벗어남으로 흘러들며, 벗어남으로 떠내려간다. 열반涅槃으로 나아가고 열반으로 흘러들며, 열반으로 떠내려간다. 만일 다섯 가지 욕망〔五欲〕을 보면 불구덩이를 보는 것처럼 하고, 그렇게 보고는 욕심의 생각〔欲念〕과 욕심의 느낌〔欲受〕과 욕심의 집착에 마음이 오래 머물지 않고, 4념처〔念處〕·4정단正斷·4여의족如意足·5근根·5력力·7각분(覺分 : 覺支)·8성도분(聖道分 : 正道)을 닦느니라."

부처님께서 이 경을 말씀하시자 모든 비구들은 부처님의 말씀을 듣고 기뻐하며 받들어 행하였다.

695. 이비구문경異比丘問經

존자 사리불문경舍利弗問經에서와 같이 어떤 비구가 부처님께 여쭌 것에 대해서도 그와 같이 말씀하셨다.

696. 제비구문경諸比丘問經

모든 비구가 질문한 경도 앞에서와 같이 말씀하셨다.

697. 구력경九力經

이와 같이 나는 들었다.

어느 때 부처님께서 사위국 기수급고독원에 계셨다.

그때 세존께서 모든 비구들에게 말씀하셨다.

"아홉 가지 힘이 있다. 어떤 것이 그 아홉 가지 힘인가? 믿음의 힘〔信力〕·정진의 힘〔精進力〕·제 자신에 대해 부끄러워하는 힘〔慚力〕·다른 사람에 대해 부끄러워하는 힘〔愧力〕·생각의 힘〔念力〕·선정의 힘〔定力〕·지혜의 힘〔慧力〕·헤아림의 힘〔數力〕·닦음의 힘〔修力〕이니라."

부처님께서 이 경을 말씀하시자 모든 비구들은 부처님의 말씀을 듣고 기뻐하며 받들어 행하였다.

698. 광설구력경廣說九力經

이와 같이 나는 들었다.

어느 때 부처님께서 사위국 기수급고독원에 계셨다.

그때 세존께서 모든 비구들에게 말씀하셨다.

“아홉 가지 힘이 있다. 어떤 것이 그 아홉 가지인가? 믿음의 힘 · 정진의 힘 · 제 자신에 대해 부끄러워하는 힘 · 다른 사람에 대해 부끄러워하는 힘 · 생각의 힘 · 선정의 힘 · 지혜의 힘 · 헤아림의 힘 · 닦음의 힘이니라.

어떤 것을 믿음의 힘이라고 하는가? 여래에 대해 바르게 믿는 마음을 일으켜 깊이 들어가 견고하게 되는 것을 말한다.……이 사이의 자세한 내용은 앞 경에서 설한 것과 같다.……어떤 것을 정진의 힘이라고 하는가? 4정단正斷을 말한다.……이 사이의 자세한 내용은 앞 경에서 설한 것과 같다.……어떤 것을 제 자신에 대해 부끄러워하는 힘이라고 하는가?……이 사이의 자세한 내용은 앞 경에서 설한 것과 같다.……어떤 것을 다른 사람에 대해 부끄러워하는 힘이라고 하는가?……이 사이의 자세한 내용은 앞 경에서 설한 것과 같다.……어떤 것을 생각의 힘이라고 하는가? 안의 몸을 몸 그대로 관찰하는 데 머무는 것〔內身身觀住〕을 말한다.……이 사이의 자세한 내용은 앞 경에서 설한 것과 같다.……어떤 것을 선정의 힘이라고 하는가? 4선정〔禪〕을 말한다. 어떤 것을 지혜의 힘이라고 하는가? 4성제聖諦를 말한다. 어떤 것을 헤아림의 힘이라고 하는가? 거룩한 제자는 혹 한가한 방이나 나무 밑에서 이렇게 공부하나니, ‘몸과 입으로 짓는 나쁜 행은 현세나 후세에서 반드시 나쁜 과보를 받는다’라고 하는 것이다.……이 사이의 자세한 내용은 앞 경에서 설한 것과 같다.……어떤 것을 닦음의 힘이라고 하는가? 4념처念處를 말한다.……이 사이의 자세한 내용은 앞 경에서 설한 것과 같다."

부처님께서 이 경을 말씀하시자 모든 비구들은 부처님의 말씀을 듣고 기뻐하며 받들어 행하였다.

699. 십력경十力經

이와 같이 나는 들었다.

어느 때 부처님께서 사위국 기수급고독원에 계셨다.

그때 세존께서 모든 비구들에게 말씀하셨다.

"열 가지 힘이 있다. 어떤 것이 그 열 가지 힘인가? 자재왕의 힘〔自在王者力〕·일을 결단하는 대신의 힘〔斷事大臣力〕·솜씨가 교묘한 기관공의 힘〔機關工巧力〕·칼을 가진 도둑의 힘〔刀劍賊盜力〕·원한을 가진 여자의 힘〔結恨女人力〕·우는 아이의 힘〔啼泣嬰兒力〕·비방하는 어리석은 이의 힘〔毁呰愚人力〕·자세하고 명료한 지혜의 힘〔審諦黠慧〕·출가하여 인욕하는 힘〔忍辱出家力〕·많이 들어 깊이 생각하는 힘〔計數多聞力〕이니라."

부처님께서 이 경을 말씀하시자 모든 비구들은 부처님의 말씀을 듣고 기뻐하며 받들어 행하였다.

700. 광설십력경廣說十力經

이와 같이 나는 들었다.

어느 때 부처님께서 사위국 기수급고독원에 계셨다.

그때 세존께서 모든 비구들에게 말씀하셨다.……이 사이의 자세한 내용은 위의 소경에서 설한 것과 같으며, 다만 그와 다른 내용은 다음과 같다.

"이른바 자재왕의 힘이란, 왕이 자재自在로운 위력을 나타내는 것이요, 일을 결단하는 대신의 힘이란, 대신이 일을 결단하는 능력을 나타내는 것이며, 솜씨가 교묘한 기관공機關工의 힘이란 기계를 만드는 사람이 그 교묘한 솜씨를 나타내는 것이요, 칼을 가진 도둑의 힘이란 도둑은 반드시 검劍이나 칼 따위의 무기를 가지고 있는 것을 나타내는 것이며, 원한을 맺는 여자의 힘이란, 여인의 특성상 원한을 맺는 힘을 나타내는 것이다. 우는 아이의 힘이란, 아이의 특성상 우는 힘을 나타내는 것이요, 비방하는 어리석은 이의 힘이란 어리석은 이의 특성상 일에 맞닥뜨리면 비방하는 것을 말하며, 자세하고 명료한 지혜의 힘이란, 지혜로운 사람은 언제나 자세하고 명료하게 살피는 것을 나타내는 것이요, 출가하여 인욕하는 힘이란, 출가한 사람이 항상 인욕하는 것을 나타내는 것이며, 많이 듣고 깊이 생각하는 힘이란, 많이 들어 아는 사람이 언제나 생각하고 헤아리는 것을 나타내는 것이니라."

부처님께서 이 경을 말씀하시자 모든 비구들은 부처님의 말씀을 듣고 기뻐하며 받들어 행하였다.

701. 여래력경如來力經 ①

이와 같이 나는 들었다.

어느 때 부처님께서 사위국 기수급고독원에 계셨다.

그때 세존께서 모든 비구들에게 말씀하셨다.

"열 가지 여래의 힘이 있다. 만일 이 힘을 성취하면 여래·응공·

등정각은 과거 부처님의 가장 훌륭한 경계를 얻고, 깨끗한 법륜을 굴려 대중들 가운데에서 사자후獅子吼를 외치느니라. 어떤 것이 그 열 가지인가? 여래가 이치에 맞는 것과 이치에 어긋나는 것을 사실 그대로 아는 것이니, 이것을 첫 번째 힘이라고 하느니라.……(이하 생략)……번뇌가 다한 것을 아는 것이니라.……이 사이의 자세한 내용은 위의 소경에서 설한 것과 같다."

부처님께서 이 경을 말씀하시자 모든 비구들은 부처님의 말씀을 듣고 기뻐하며 받들어 행하였다.

702. 여래력경 ②

이와 같이 나는 들었다.

어느 때 부처님께서 사위국 기수급고독원에 계셨다.

그때 세존께서 모든 비구들에게 말씀하셨다.……이 사이의 자세한 내용은 위의 소경에서 설한 것과 같으며, 다만 그와 다른 내용은 다음과 같다.

"만일 누가 와서 여래가 이치에 맞는 것과 이치에 어긋나는 것을 사실 그대로 아는 힘에 대해 물으면 '여래는 이치에 맞는 것과 이치에 어긋나는 것을 사실 그대로 아는 힘으로 알고 보고 깨달은 것과 같이 등정각을 이루었다'라고 그를 위해 말할 것이다. 이와 같이……(이하 생략)……번뇌가 다한 것을 아는 힘까지에 대하여서도 앞에서와 같이 말씀해 주셨다."

부처님께서 이 경을 말씀하시자 모든 비구들은 부처님의 말씀을 듣고 기뻐하며 받들어 행하였다.

703. 여래력경 ③

이와 같이 나는 들었다.

어느 때 부처님께서 사위국 기수급고독원에 계셨다.

그때 세존께서 여러 비구들에게 말씀하셨다.

"만일 모든 존재하는 법에 대하여 이러이러한 뜻을 깨달아 증득證得한다면, 그것은 다 여래의 두려움이 없는 지혜〔無畏智〕에서 생긴 것이다. 만일 비구가 와서 나의 성문聲聞이 되어 아첨하지 않고 거짓되지 않으며 순박하고 정직한 마음이 생기면, 나는 그를 위해 훈계하고 가르치고 설법할 것이다. 이른 아침에 그를 위해 훈계하고 가르치고 설법하면 낮에는 많이 진보하게 될 것이요, 저녁때 그를 위해 훈계하고 가르치고 설법하면 이튿날 아침에는 많이 진보하게 될 것이다. 이와 같이 가르치면 그는 정직한 마음이 생겨 진실이면 진실인 줄을 알고 진실이 아니면 진실이 아닌 줄을 알며, 제일이면 제일인 줄을 알고 제일이 아니면 제일이 아닌 줄을 알며, 알아야 하고 보아야 하며, 얻어야 하고 깨달아야 할 것을 다 밝게 알게 될 것이니, 이것이 이치에 맞는 것〔處〕이다.

이른바 다섯 가지 배움의 힘과 열 가지 여래如來의 힘이라고 말들 하는데, 어떤 것을 다섯 가지 배움의 힘이라고 하는가? 믿음의 힘·정진의 힘·생각의 힘·선정의 힘·지혜의 힘을 이르는 말이다.

어떤 것을 열 가지 여래의 힘이라고 하는가? 이치에 맞는 것을 사실 그대로 알고 이치에 어긋나는 것을 사실 그대로 아는 것을 이르는 말이다.……앞에서 열 가지 힘에 대하여 자세히 말씀하신 내용과 같다.

만일 누가 와서 이치에 맞는 것과 이치에 맞지 않는 것을 물으면 여래가 이치에 맞는 것과 이치에 맞지 않는 것을 알아 등정각等正覺을 이루고서, 알고 보고 깨달은 것을 사실대로 그에게 확실하게 말해줄 것이다.……(이하 생략)……번뇌가 다한 것을 아는 힘에 대해서도 마찬가지로 그렇게 말할 것이다.

모든 비구들아, 이치에 맞는 것과 이치에 어긋나는 것을 아는 힘이란, 나는 안정된 것이요 안정되지 않은 것이 아니라고 말하리라.……(이하 생략)……번뇌가 다한 것을 아는 것이란 나는 안정된 것이요 안정되지 않은 것이 아니라고 말하리라. 안정된 것이란 바른 도〔正道〕요, 안정되지 않은 것이란 삿된 도〔邪道〕이니라."

부처님께서 이 경을 말씀하시자 모든 비구들은 부처님의 말씀을 듣고 기뻐하며 받들어 행하였다.

704. 부정사유경不正思惟經

이와 같이 나는 들었다.

어느 때 부처님께서 사위국 기수급고독원에 계셨다.

그때 세존께서 모든 비구들에게 말씀하셨다.

"만일 바르게 생각하지 않으면 아직 일어나지 않았던 탐욕개〔貪欲蓋〕가 곧 일어나고, 이미 일어난 탐욕개는 거듭 생겨 더욱 많아질 것이다. 아직 생기지 않았던 진에개瞋恚蓋·수면개睡眠蓋·도회개掉悔蓋·의개疑蓋가 곧 일어나고, 이미 일어난 진에개·수면개·도회개·의개는 거듭 생겨 더욱 많아질 것이다. 아직 일어나지 않았던 염각지念覺支는 일어나지 않고, 이미 일어난 염각지는 사라질 것이며, 아직 일어나지 않은 택법각지擇法覺支·정진각지精進覺支·의각지猗覺支·희각지喜覺支·정각지定覺支·사각지捨覺支는 일어나지 않고, 이미 일어난 택법각지·정진각지·의각지·희각지·정각지·사각지는 사라지고 말 것이다.

만일 비구가 바르게 사색〔思惟〕하면 아직 일어나지 않았던 탐욕개는 일어나지 않고, 이미 일어난 탐욕개는 없어지며, 아직 일어나지 않았던 진에개·수면개·도회개·의개는 일어나지 않고, 이미 일어난 진에개·수면개·도회개·의개는 곧 끊어진다. 아직 일어나지 않았던 염각지는 곧 일어나고, 이미 일어난 것은 거듭 생겨 더욱 많아지며, 아직 일어나지 않은 택법각지·정진각지·의각지·희각지·정각지·사각지는 곧 일어나고, 이미 일어난 것은 거듭 생겨 더욱 많아지느니라."

부처님께서 이 경을 말씀하시자 모든 비구들은 부처님의 말씀을 듣고 기뻐하며 받들어 행하였다.

705. 불퇴경不退經

이와 같이 나는 들었다.

어느 때 부처님께서 사위국 기수급고독원에 계셨다.

그때 세존께서 모든 비구들에게 말씀하셨다.

"다섯 가지 후퇴하는 법〔五退法〕이 있다. 어떤 것이 그 다섯 가지인가? 탐욕개·진에개·수면개·도회개·의개를 말하는 것이니, 이것들이 곧 후퇴하는 법이니라. 만일 7각지覺支를 닦아 익히고 많이 닦아 익혀서 그것을 더욱 늘어나게 하면 그것은 곧 후퇴하지 않는 법이다. 어떤 것이 그 일곱 가지인가? 염각지念覺支·택법각지擇法覺支·정진각지精進覺支·의각지猗覺支·희각지喜覺支·정각지定覺支·사각지捨覺支를 말하는 것이니, 이것을 후퇴하지 않는 법이라고 하느니라."

부처님께서 이 경을 말씀하시자 모든 비구들은 부처님의 말씀을 듣

고 기뻐하며 받들어 행하였다.

706. 개경蓋經

이와 같이 나는 들었다.

어느 때 부처님께서 사위국 기수급고독원에 계셨다.

그때 세존께서 모든 비구들에게 말씀하셨다.

"다섯 가지 법이 있어서 어둡고 깜깜하게 하고 눈〔眼〕을 없게 하며, 지혜를 없게 하고 지혜를 약하게 하며, 밝음이 아니요 평등한 깨달음이 아니어서 열반으로 나아가지 못한다. 어떤 것이 그 다섯 가지인가? 탐욕貪欲·진에瞋恚·수면睡眠·도회掉悔·의疑를 말한다. 이러한 다섯 가지 법은 어둡고 깜깜하게 하고 눈을 없게 하며, 지혜를 없게 하고 밝음이 아니요, 바른 깨달음이 아니어서 열반으로 나아가지 못하게 하느니라.

만일 7각지覺支가 있으면 매우 밝게 되고 눈이 되며 지혜를 더욱 자라게 하고 밝음이 되고 바른 깨달음이 되어 열반으로 나아가게 한다. 어떤 것이 그 일곱 가지인가? 염각지念覺支·택법각지擇法覺支·정진각지精進覺支·의각지猗覺支·희각지喜覺支·정각지定覺支·사각지捨覺支를 말하나니, 그것들은 곧 밝게 하고 눈이 되며 지혜를 더욱 자라게 하고, 밝음이 되고 바른 깨달음이 되어 열반으로 나아가게 하느니라."

부처님께서 이 경을 말씀하시자 모든 비구들은 부처님의 말씀을 듣고 기뻐하며 받들어 행하였다.

707. 장개경障蓋經

이와 같이 나는 들었다.

어느 때 부처님께서 사위국 기수급고독원에 계셨다.

그때 세존께서 모든 비구들에게 말씀하셨다.

"다섯 가지 장애〔障〕와 덮개〔蓋〕가 있어서 마음에 번뇌를 일으키게 하고 지혜를 약하게 한다. 그것은 막고 걸리는 물건으로, 밝음이 아니요 바른 깨달음이 아니어서 열반으로 나아가지 못하게 한다. 어떤 것이 그 다섯 가지인가? 탐욕개貪欲蓋 · 진에개瞋恚蓋 · 수면개睡眠蓋 · 도회개掉悔蓋 · 의개疑蓋를 이르는 말이다. 이러한 다섯 가지 개蓋는 은폐하고 덮어서 마음에 번뇌를 일으키게 하고 지혜를 약하게 한다. 그것은 막고 걸리는 물건으로, 밝음이 아니요 바른 깨달음이 아니어서 열반으로 나아가지 못하게 한다. 그러나 7각지覺支는 은폐하는 것도 아니요, 덮어 가리는 것도 아니라서 마음에 번뇌가 일어나게 하지 않고 지혜를 더욱 자라게 하며, 밝음이 되고 바른 깨달음이 되어 열반으로 나아가게 한다. 어떤 것이 그 일곱 가지인가? 이른바 염각지念覺支 등……(이하 생략)……사각지捨覺支까지의 내용은 앞 경에서 설한 것과 같다. 이와 같은 7각지는 가리는 것이 아니요 덮는 것도 아니어서 마음에 번뇌가 일어나게 하지도 않고 지혜를 더욱 자라나게 하며 밝음이 되고 바른 깨달음이 되어 열반으로 나아가게 하느니라."

그때 세존께서 곧 게송을 설하셨다.

탐욕과 진에
수면 · 도회 · 의疑 등
이러한 다섯 가지 덮개〔蓋〕는

모든 번뇌를 자라나게 한다.

이 다섯은 세간을 덮어
깊이 집착하여 해탈하기 어렵게 하고
중생들의 눈을 막고 가리어
저 바른 도道를 못 보게 한다.

만일 7각지를 터득하면
곧 환하게 비추어 밝히리니
오직 이것만이 참된 진리의 말씀으로
등정각等正覺께서 말씀하신 것이니라.

염각지를 맨 첫머리로 하여
택법擇法각지를 바르게 사색하고
정진精進각지 · 의猗각지 · 희喜각지와
삼매각지 · 사捨각지 등

이와 같은 7각지는
이 성자의 바른 길이니
이 큰 선인의 말대로 행하여
나고 죽음의 두려움에서 벗어나라.

부처님께서 이 경을 말씀하시자 모든 비구들은 부처님의 말씀을 듣고 기뻐하며 받들어 행하였다.

708. 수경樹經

이와 같이 나는 들었다.

어느 때 부처님께서 사위국 기수급고독원에 계셨다.

그때 세존께서 모든 비구들에게 말씀하셨다.

"만일 족성자族姓子로서 온갖 세상일을 버리고 출가出家하여 도道를 배우려면, 수염과 머리를 깎고 가사를 걸치고서 바른 믿음으로 집 없는 데로 출가하여 도를 배워야 한다. 이와 같이 출가한 사람들 중에, 혹 어떤 어리석은 남자는 촌村이나 도시를 의지하여 머물면서, 이른 아침에 가사를 걸치고 발우를 지니고서 마을에 들어가 걸식할 때, 몸을 잘 단속하지 않고 감각기관의 문〔根門〕을 잘 지키지 않고 생각을 거두어 잡지 않아, 젊고 아름다운 여자를 보면 곧 물들어 집착하는 마음을 낸다. 그리하여 바른 생각을 하지 못하고 마음이 그 여자에게로 달려가 그 형상을 취하고 색욕色欲의 생각에 빠져들어, 욕심이 불꽃처럼 일어나 마음을 태우고 몸을 태우다가, 결국에는 계戒를 버리고 세속으로 돌아가 스스로 타락하고 만다. 세속 일을 싫어해 멀리하고 출가하여 도를 배운다면서, 도리어 물들고 집착해 온갖 죄업罪業만 더하면서 자신을 파괴하여 타락에 빠져 가라앉고 마는 것이다.

다섯 가지 큰 나무가 있다. 그 종자는 본래 지극히 작았지만, 그 나무가 자라 크게 되면 여러 가지 작은 나무들을 덮고 그늘로 덮어, 여위고 시들게 하여 자라나지 못하게 한다. 어떤 것이 그 다섯 가지인가? 건차야수揵遮耶樹·가패다라수迦捭多羅樹·아습파타수阿濕波他樹·우담발라수優曇鉢羅樹·니구유다수尼拘留他樹를 이르는 것이니라.

다섯 가지 마음의 나무도 이와 같아서 종자는 지극히 작지만 그것이 점점 자라나 크게 되면 모든 마디마다 덮어 그늘로 덮어 그 그늘이 덮인 모든 마디들을 쓰러뜨려 눕게 한다. 어떤 것이 그 다섯 가지인가? 탐욕개貪欲蓋가 더욱 자라나고, 진에개瞋恚蓋 · 수면개睡眠蓋 · 도회개掉悔蓋 · 의개疑蓋가 더욱 자라나는 것을 일컫는 말이니, 그것이 더욱 자라나기 때문에 착한 마음을 덮어 그늘을 지워 쓰러져 눕게 하느니라.

만일 7각지를 닦아 익히고 더욱 많이 닦아 익히면 갈수록 물러나지 않게 된다. 어떤 것이 그 일곱 가지인가?

이른바 염각지念覺支 · 택법각지擇法覺支 · 정진각지精進覺支 · 의각지猗覺支 · 희각지喜覺支 · 정각지定覺支 · 사각지捨覺支이니, 이러한 7각지를 닦아 익히고, 많이 닦아 익히고 나면 갈수록 물러나지 않게〔不退轉〕 되느니라."

부처님께서 이 경을 말씀하시자 모든 비구들은 부처님의 말씀을 듣고 기뻐하며 받들어 행하였다.

709. 칠각지경七覺支經

이와 같이 나는 들었다.

어느 때 부처님께서 사위국 기수급고독원에 계셨다.

그때 세존께서 모든 비구들에게 말씀하셨다.

"만일 비구가 그 마음을 전일專一하게 하여 바른 법을 귀 기울여 들으면, 다섯 가지 법을 끊을 수 있을 것이요, 일곱 가지 법을 닦아 익히면 더욱 정진하게 하여 만족하게 할 것이다.

어떤 것을 다섯 가지 법을 끊는 것이라고 하는가? 탐욕개 · 진에개 · 수면개 · 도회개 · 의개이니, 이것을 다섯 가지 법을 끊는 것이라고 한다. 어떤 것이 일곱 가지 법을 닦아 익히는 것인가? 염각지 · 택법각지 · 정진각지 · 의각지 · 희각지 · 정각지 · 사각지를 말한다. 이 일곱 가지 법을 닦아 익히면 더욱 정진하게 하여 만족하게 될 것이다."

부처님께서 이 경을 말씀하시자 모든 비구들은 부처님의 말씀을 듣고 기뻐하며 받들어 행하였다.

710. 청법경聽法經

이와 같이 나는 들었다.

어느 때 부처님께서 사위국 기수급고독원에 계셨다.

그때 세존께서 모든 비구들에게 말씀하셨다.

"거룩한 제자가 청정한 신심信心으로 오로지 정밀하게 법을 들으면 다섯 가지 법을 끊게 될 것이요, 일곱 가지 법을 닦아 익혀 그것을 원만하게 구족具足하게 할 것이다. 어떤 것들을 그 다섯 가지라고 하는가? 탐욕개·진에개·수면개·도회개·의개를 말하는 것이니, 이러한 개는 곧 끊어 없애야 하는 것들이다. 어떤 것을 그 일곱 가지 법이라고 하는가? 염각지·택법각지·정진각지·의각지·희각지·정각지·사각지를 말하는 것이다. 이러한 일곱 가지 법을 닦아 익혀서 원만하게 구족해야 하는 것들이다. 청정하게 믿는 사람은 심해탈心解脫하고, 지혜로운 사람은 혜해탈慧解脫하며, 탐욕에 마음이 물든 사람은 얻을 수 없고 즐거움도 없으며, 무명無明에 마음이 물든 사람은 지혜가 청정하지 않느니라. 그러므로 비구들아, 탐욕을 여읜 사람은 심해탈하고 무명을 여읜 사람은 혜해탈할 것이다.

만일 그 비구가 탐욕을 여의고 심해탈하여 몸으로 증득하고, 무명을 여의어 혜해탈하면, 그것을 비구가 애욕의 속박〔愛縛〕과 매듭 그리고 거만을 끊고 평등한 지혜로 괴로움을 완전히 벗어난 것이라고 하느니라."

부처님께서 이 경을 말씀하시자 모든 비구들은 부처님의 말씀을 듣고 기뻐하며 받들어 행하였다.

711. 무외경無畏經 ①

이와 같이 나는 들었다.

어느 때 부처님께서 왕사성 기사굴산耆闍崛山에 계셨다.

그때 무외無畏라는 왕자가 날마다 천천히 거닐다가 부처님의 처소로 나아가 세존과 서로 문안 인사를 나누고 위로하고 나서 한쪽에 물러앉아 부처님께 아뢰었다.

"세존이시여, 어떤 사문 바라문은 이렇게 보고 이렇게 말합니다.

'인因도 없고 연緣도 없이 중생은 번뇌하고, 인도 없고 연도 없이 중생은 청정해진다.'

세존께서는 어떻게 생각하십니까?"

부처님께서 무외에게 말씀하셨다.

"그 사문 바라문이 그런 말을 한 것은 생각 없이 한 말로서 어리석고 분별하지 못하고 착하지 못한 것이니, 생각해 알지도 못하고 헤아려 알지도 못하기 때문에 '인因도 없고 연緣도 없이 중생은 번뇌하고, 인도 없고 연도 없이 중생은 청정해진다'고 그와 같이 말한 것이다. 왜냐하면 인因이 있고, 연緣이 있어 중생은 번뇌하고, 인이 있고 연이 있어 중생은 청정해지기 때문이다.

그러면 어떤 인연으로 중생은 번뇌하고, 어떤 인연으로 중생은 청정해지는가? 이른바 중생은 탐욕이 왕성하여 남의 재물이나 남의 많은 생활도구에 대해 탐심貪心을 일으켜 '저 물건들을 내가 가지면 언제나 좋아하고 버리지 않으며, 애지중지 할 것이다'라고 말한다. 그래서 그 사람에 대해 원한의 마음과 흉악한 마음을 일으켜, 앙갚음하거나 때리거나 묶거나 항복 받기를 꾀하여 온갖 나쁜 짓을 행하고 갖가지 어려움을 만들어낸다. 그리하여 성내고 몸은 잠만 자며 마음은 게으르거나 들뜨며 속마음이 적정寂靜하지 못하고 언제나 의혹하여 과거를 의심하고 미래를 의심하고 현재를 의심한다.

무외야, 이러한 인과 이러한 연으로 중생들은 번뇌하고 이러한 인과 이러한 연으로 중생들은 청정해지느니라."

무외가 부처님께 아뢰었다.

"구담瞿曇이시여, 한 가지 덮개〔蓋〕만으로도 그처럼 마음을 번뇌하게 하거늘 모든 덮개이겠습니까? 구담이시여, 어떤 인과 연으로 중생들은 청정하게 됩니까?"

부처님께서 무외에게 말씀하셨다.

"만일 바라문으로서 하나의 훌륭한 기억을 가지고 결정코 성취하려고 하여, 오래전에 행行하고 오래전에 말한 것을 그대로 따라 기억해 생각하면, 그때는 염각지念覺支를 익히고 염각지를 닦은 뒤에 염각지를 원만히 구족하게 될 것이다. 염각지를 원만히 구족하게 되면 곧 선택하고 분별하여 생각하게 될 것이니, 그때는 택법각지擇法覺支를 닦아 익히고, 택법각지를 닦은 뒤에는 택법각지를 원만히 구족하게 될 것이다. 그가 선택하고 분별하여 법을 생각한 뒤에는 곧 정진방편精進方便으로써 정진각지精進覺支를 닦아 익히고 정진각지를 닦은 뒤에는 정진각지를 원만히 구족하게 될 것이다.

그가 방편으로써 정진한 뒤에는 곧 기쁨이 생겨 모든 음식에 대한 생각을 여읠 것이고 희각지喜覺支를 닦을 것이니, 희각지를 닦은 뒤에는 희각지를 원만히 구족하게 될 것이다. 희각지를 원만히 구족한 뒤에는 몸과 마음이 편히 쉬어 곧 의각지猗覺支를 닦을 것이니, 의각지를 닦은 뒤에는 의각지를 원만히 구족하게 될 것이다. 몸이 편히 쉰 뒤에는 곧 즐거워할 것이고, 즐거워한 뒤에는 마음이 고요하여 곧 정각지定覺支를 닦을 것이니, 정각지를 닦은 뒤에는 정각지를 원만히 구족하게 될 것이다. 정각지를 원만히 구족한 뒤에는 탐욕과 근심이 없어지고 곧 평정한 마음이 생겨 사각지捨覺支를 닦나니, 사각지를 닦은 뒤에는 사각지를 원만히 구족하게 된다. 이와 같이 무외야, 이런 인因과 이런 연緣으로 중생들은 청정해지느니라."

무외가 아뢰었다.

"구담이시여, 만일 한 가지만 원만히 구족해도 중생을 청정하게 하겠거늘 하물며 그 전부를 원만히 구족하는 것이겠습니까? 구담이시여, 이 경을 무엇이라고 이름하고 어떻게 받들어 지녀야 하겠습니까?"

부처님께서 무외 왕자에게 말씀하셨다.

"이 경을 각지경覺支經이라고 이름하라."

무외가 부처님께 아뢰었다.

"구담이시여, 이것은 가장 훌륭한 깨달음의 갈래〔覺分 : 覺支〕입니다. 구담이시여, 저는 왕자로서 안락하고 또 언제나 안락을 구해 출입하기를 바라다가 지금에 와서 이 산에 오르고 나니 온몸이 몹시 피로하였습니다. 그러다 구담께서 각지경을 설하시는 것을 얻어서 듣자마자 피로를 완전히 잊었습니다."

부처님께서 이 경을 말씀하시자 왕자 무외는 부처님의 말씀을 듣고 따라 기뻐하면서 자리에서 일어나 머리를 조아려 부처님의 발에 예배하고 떠났다.

잡아함경 제 27 권

712. 무외경無畏經 ②

이와 같이 나는 들었다.

어느 때 부처님께서 왕사성 기사굴산耆闍崛山에 계셨다.……이 사이의 자세한 내용은 위의 소경에서 설한 것과 같으며, 다만 그와 다른 내용은 다음과 같다.

"어떤 사문 바라문은 이렇게 보고 말하기를 '인因도 없고 연緣도 없이 중생은 지혜〔智〕와 견해〔見〕가 없고, 인도 없고 연도 없이 중생은 지혜와 견해가 있다'고 한다."

이와 같이 자세히 말씀하시자 무외 왕자는 부처님의 말씀을 듣고 따라 기뻐하면서, 부처님의 발에 예배하고 떠나갔다.

713. 전취경轉趣經

이와 같이 나는 들었다.

어느 때 부처님께서 사위국 기수급고독원에 계셨다.

그때 많은 비구들이 이른 아침에 가사를 입고 발우를 들고 걸식乞食하러 사위성으로 들어갔다.

그때 비구대중들은 이런 생각을 하였다.

'오늘은 너무 일러 아직 걸식할 시간이 아니니, 우리는 우선 외도外道들이 있는 정사精舍에 들려서 가자.'

비구대중들은 곧 외도들의 정사로 들어가 여러 외도들과 서로 문안인사를 나누고 위로하였다. 그렇게 문안인사를 나누고 위로한 뒤에는 한쪽에 앉았다. 모든 외도들이 비구들에게 물었다.

"사문 구담은 제자들을 위해 설법하기를, '마음을 덮고 지혜를 약화시키며, 장애거리가 되어 열반으로 나아가지 못하게 하는 5개蓋를 끊고 4념처念處에 머물러 7각지〔覺意〕를 닦아야 한다'고 한다. 그러나 우리도 또한 제자들을 위해 마음을 덮고 지혜를 약화시키는 5개蓋를 끊고 4념처에 잘 머물러 7각지〔覺分〕를 닦으라고 말한다. 그러면 우리들과 저 사문 구담과는 어떤 차이가 있는가? 다 훌륭한 설법이다."

그때 그 비구대중들은 외도들이 하는 말을 듣고 마음이 불쾌하여 도리어 그들을 꾸짖고 자리에서 일어나 떠나갔다. 그들은 사위성舍衛城으로 들어가 걸식을 마친 뒤에 정사로 돌아와 가사와 발우를 챙겨두고 발을 씻은 뒤에 부처님께서 계신 곳으로 나아가 부처님의 발에 머리를 조아리고 한쪽에 물러앉아 외도들이 했던 말을 세존께 자세히 아뢰었다.

그때 세존께서 여러 비구들에게 말씀하셨다.

"저 외도들이 그렇게 말할 때 너희들은 '외도들이여, 5개蓋에는 열 가지가 있어야 하고, 7각지에는 열네 가지가 있어야 한다. 어떤 것이 5개의 열 가지이며, 7각지의 열네 가지인가?'라고 도로 물었어야 했다. 이렇게 물었다면 그 외도들은 곧 놀라 뿔뿔이 흩어졌을 것이다.

그 모든 외도들에게 법을 말하면, 그들은 성내고 교만을 부리며 비방誹謗하고 미워하며, 참지 못하는 마음이 생기거나, 혹은 잠자코 머리 숙인 채 할 말을 잃고 생각에 잠길 것이다. 왜냐하면 나는 아직 여래나 성문들로서 내 말을 들어 아는〔聞〕 사람을 제외하고는 모든 하늘이나 마魔·범梵·사문沙門·바라문婆羅門·하늘·사람들 가운데에서 내 말을 듣고 기뻐하거나 그대로 따르는 사람을 보지 못하였기 때문이다.

비구들아, 어떤 것이 5개蓋의 열 가지인가? 자신을 향한 탐욕〔內貪欲〕이 있고 타인을 향한 탐욕〔外貪欲〕이 있는데, 저 자신을 향한 탐욕이란 곧 덮개〔蓋〕이다. 지혜도 아니요 평등한 깨달음도 아니어서 열반으로 나아가지 못하게 하는 것이다. 타인을 향한 탐욕도 곧 덮개이다. 지혜도 아니요 평등한 깨달음도 아니어서 열반으로 나아가지 못하게 한다. 성냄〔瞋恚〕과 성내는 모양〔瞋恚相〕이 있는데, 성냄과 성내는 모양도 곧 덮개이다. 지혜도 아니요 평등한 깨달음도 아니어서 열반으로 나아가지 못하게 한다. 또 졸음〔睡〕과 잠〔眠〕이 있으니, 졸음이나 잠도 곧 덮개이다. 지혜도 아니요 평등한 깨달음도 아니어서 열반으로 나아가지 못하게 한다. 또 들뜸〔掉〕과 회한〔悔〕이 있으니, 들뜸과 회한도 곧 덮개이다. 지혜도 아니요 평등한 깨달음도 아니어서 열반으로 나아가지 못하게 한다. 또 착한 법을 의심하는 것〔疑〕이 있으니, 착하지 않은 법을 의심〔疑〕하는 것이 있다. 착한 법과 착하지 않은 법을 의심하는 것도 곧 덮개이니, 지혜도 아니요 평등한 깨달음도 아니어서 열반으로 나아가지 못하게 한다. 이것을 5개蓋의 열 가지라고 말하느니라.

어떤 것이 7각지의 열네 가지인가? 내부적 현상〔內法〕에 마음이 머무는 일이 있고, 외부적 현상〔外法〕에 마음이 머무는 일이 있다. 그 내부적 현상에 생각이 머무는 것은 곧 염각지〔念覺分〕이니, 그것은 지혜요 평등한 깨달음이어서 능히 열반으로 나아가게 한다. 그 외부적 현상에 생각이 머무르는 것도 곧 염각지이니, 그것은 지혜요 평등한 깨달음이어서 능히 열반으로 나아간다. 또 착한 법을 가리는〔擇〕 일이 있고, 착하지 않은 법을 가리는 일이 있다. 그 착한 법을 가리는 것은 곧 택법각지〔擇法覺分〕이니, 그것은 지혜요 평등한 깨달음이어서 능히 열반으로 나아가게 한다. 그 착하지 않은 법을 가리는 것도 곧 택법각지이니, 그것은 지혜요 평등한 깨달음이어서 능히 열반으로 나아가게 한다. 또 정진精進으로 착하지 않은 법을 끊는 것이 있고 정진으로 착한 법을 자라게 하는 것이 있다. 그 착하지 않은 법을 끊는 정진은 곧 정진각지〔精進覺分〕이니, 그것은 지혜요 평등한 깨달음이어서 능히 열반으로 나아가게 한다. 그 착한 법을 자라게 하는 정진은 곧 정진각지이니, 그것은 지혜요 평등한 깨달음으로써 능히 열반으로 나아가게 한다. 또 희열〔喜〕이 있고, 희열의 경계〔喜處〕가 있다. 그 희열은 곧 희각지〔喜覺分〕이니, 그것은 지혜요 평등한 깨달음이어서 능히 열반으로 나아가게 한다. 그 희열의 경계도 또한 희각지이니, 그것은 지혜요 평등한 깨달음이어서 능히 열반으로 나아가게 한다. 또 몸의 쉼〔猗息〕이 있고, 마음의 쉼이 있다. 그 몸의 쉼은 곧 의각지〔猗覺分〕이니, 그것은 지혜요 평등한 깨달음이어서 능히 열반으로 나아가게 한다. 마음의 쉼도 곧 의각지이니, 그것은 지혜요 평등한 깨달음이어서 능히 열반으로 나아가게 한다. 또 선정〔定〕이 있고, 선정의 모양〔定相〕이 있다. 그 선정은 곧 정각지〔定覺分〕이니, 그것은 지혜요 평등한 깨달음이어서 능히 열반으로 나아가게 한다. 선정의 모양도 곧 정각지이니, 그것은 지혜요 평등한 깨달음이어서 능히 열반으로 나아가게 한다. 또 착한 법에 대한 평정〔捨〕이 있고, 착하지 않은 법에 대한 평정이 있다. 착한 법에 대한 평정은 곧 사각지〔捨覺分〕이니, 그것은 지혜요 평등한 깨달음이어서 능히 열반으로 나아가게 한다. 착하지 않은 법에 대한 평정도 곧 사각지이니, 그것은 지혜요 평등한 깨달음이어서 능히 열반으로 나아가게 한다. 이것을 7각지를 설하는 열네 가지라고 하느니라. 부처님께서 이 경을 말씀하시자 모든 비구들은 부처님의 말씀을 듣고 기뻐하며 받들어 행하였다.

714. 화경火經

이와 같이 나는 들었다.

어느 때 부처님께서 사위국 기수급고독원에 계셨다.

그때 많은 비구 대중들이 있었다.……이 사이의 자세한 내용은 위의 소경에서 설한 것과 같으며, 다만 그와 다른 내용은 다음과 같다.

"출가한 많은 외도들이 그렇게 말하거든 다시 묻기를, '만일 마음이 약해 망설이는 자가 있다면, 그때는 어떤 각지〔覺分〕를 닦아야 하며, 어떤 것을 닦을 때가 아니라고 하는가? 또 만일 마음이 들뜬 사람으로서 들뜬 마음으로 망설이고 있으면 그때는 또 어떤 각지를 닦아야 하며, 어떤 것을 닦을 때가 아니라고 하는가?'라고 해야 할 것이다. 이렇게 물으면 그 외도들은 곧 놀라 뿔뿔이 흩어질 것이니, 외도들에게 법을 말하면, 그들은 성내고 교만하며, 비방하고 미워하며, 참지 못하고서, 혹은 잠자코 머리 숙인 채 할 말을 잃고 생각에 잠길 것이다. 왜냐하면 나는 아직 여래나 성문들로서 내 말을 들어 아는〔聞〕 사람을 제외하고는 모든 하늘이나 마·범·사문·바라문·하늘·사람들 가운데서 내 말을 듣고 기뻐하거나 그대로 따르는 사람을 보지 못하였기 때문이다. 비구들아, 만일 그때 그 마음이 약해 망설이면, 그 마음이 약해 망설이는 사람은 의각지〔猗覺分〕나 정각지〔定覺分〕·사각지〔捨覺分〕를 닦지 말아야 한다. 왜냐하면 약한 마음이 생기고 미약하여 망설이는데, 다시 이 여러 가지 법들을 쓰면 그 미약함이 더 늘어나기 때문이다. 비유하면 가물거리는 약한 불을 살리려고 하면서 다 탄 숯을 보태는 것과 같다. 어떠한가? 비구들아, 다 탄 숯을 보태면 그 불은 꺼지고 말지 않겠느냐?"

비구들이 부처님께 아뢰었다.

"그렇습니다, 세존이시여."

"그와 같이 비구들아, 약한 마음으로 망설일 때 의각지 · 정각지 · 사각지를 닦으면, 그것은 올바른 때가 아니니, 게으름을 더 늘어나게 하기 때문이다. 만일 들뜬 마음이 일어나거나 들뜬 마음으로 망설이면, 그때는 택법각지〔擇法覺分〕 · 정진각지〔精進覺分〕 · 희각지〔喜覺分〕를 닦지 말아야 한다. 왜냐하면 들뜬 마음이 일어나 들뜬 마음으로 망설이는데, 다시 이 여러 가지 법들을 쓰면 그것을 더욱 늘어나게 하기 때문이다. 비유하면 왕성히 붙는 불을 끄려고 하면서 거기에 마른 섶을 보태면 그 불은 더욱 성하게 타오르지 않겠느냐?"

비구들이 부처님께 아뢰었다.

"그렇습니다, 세존이시여."

부처님께서 비구들에게 말씀하셨다.

"그와 같이 들뜬 마음이 생겨 들뜬 마음으로 망설일 때 택법각지 · 정진각지 · 희각지를 닦으면 그 들뜬 마음을 더욱 늘어나게 하기 때문이다. 비구들아, 만일 약한 마음이 생겨 약한 마음으로 망설이면, 그 때는 택법각지 · 정진각지 · 희각지를 닦아야 한다. 왜냐하면 약한 마음이 생겨 약한 마음으로 망설이는데, 이 여러 가지 법을 씀으로써 가르치고 보여 기뻐하게 하기 때문이다. 비유하면 가물거리는 약한 불을 살리려고 할 때는 마른 나무를 보태주면 어떻겠느냐? 비구들아, 그 불은 훨훨 잘 타오르지 않겠느냐?"

비구들이 부처님께 아뢰었다.

"그렇습니다, 세존이시여."

부처님께서 비구들에게 말씀하셨다.

"그와 같이 약한 마음이 생겨 약한 마음으로 망설일 때는 택법각지·정진각지·희각지를 닦아 가르치고 보여 기뻐하게 해야 한다. 만일 들뜬 마음이 생겨 들뜬 마음으로 망설이거든 의각지·정각지·사각지를 닦아야 한다. 왜냐하면 들뜬 마음이 생겨 들뜬 마음으로 망설일 때는 이런 여러 가지 법을 한마음으로 고요히 거두어 잡아 머물게 해야 하기 때문이다. 비유하면 왕성하게 붙은 불을 끄려고 할 때 다 연소된 숯을 보태면 그 불은 곧 꺼지고 마는 것과 같다. 그와 같이 비구들아, 들뜬 마음으로 망설일 때 택법각지·정진각지·희각지를 닦으면 그것은 옳지 않은 때[非時]이고 의각지·정각지·사각지를 닦으면 그것은 올바른 때[是時][1]이니, 이런 여러 가지 법을 써서 한마음으로 고요히 하여, 염각지를 거두어 잡으면 일체에 다 도움이 되기 때문이니라."

부처님께서 이 경을 말씀하시자 모든 비구들은 부처님의 말씀을 듣고 기뻐하며 받들어 행하였다.

715. 식경食經

이와 같이 나는 들었다.

어느 때 부처님께서 사위국 기수급고독원에 계셨다.

---

1 고려대장경 본문에는 '비시非時'로 되어 있으나, 이럴 경우 글의 흐름에 맞지 않는다. 팔리본을 참조해보았더니 kālo 즉 올바른 때[是時]로 되어 있기에 바로잡았다.

그때 세존께서 모든 비구들에게 말씀하셨다.

"5개蓋와 7각지覺支에 자양분〔食〕이 있고 자양분이 없는 것을 나는 이제 말하리니 자세히 듣고 잘 생각하라. 비유하면 몸은 자양분을 의지하여 성립되고, 자양분이 없으면 성립되지 않는다. 그와 같이 다섯 가지 개도 자양분을 의지하여 성립되고 자양분이 없으면 성립되지 않는다. 탐욕개貪欲蓋는 무엇으로 자양분을 삼는가? 이른바 접촉하고 싶어 하는 대상이니, 그것을 바르게 생각하지 않으면, 일어나지 않은 탐욕개는 생기게 하고, 이미 일어난 탐욕개는 더욱 많아지게 한다. 이것을 탐욕개의 자양분이라고 한다. 어떤 것을 진에개瞋恚蓋의 자양분이라고 하는가? 이른바 장애가 되는 대상이니, 그것을 바르게 생각하지 않으면, 일어나지 않은 진에개는 일어나게 하고, 이미 생긴 진에개는 더욱 많아지게 한다. 이것을 진에개의 자양분이라고 한다.

어떤 것을 수면개睡眠蓋의 자양분이라고 하는가? 거기에는 다섯 가지 법이 있다. 어떤 것이 그 다섯 가지인가? 쇠약함 · 즐겁지 않음 · 하품 · 과식 · 게으름이다. 그것을 바르게 생각하지 않으면, 일어나지 않은 수면개는 일어나게 하고 이미 일어난 수면개는 더욱 많아지게 한다. 이것들을 수면개의 자양분이라고 한다. 어떤 것을 도회개掉悔蓋라 하는가? 거기에는 네 가지 법이 있다. 어떤 것이 그 네 가지인가? 친족이라는 생각, 사람이 많다는 생각, 하늘이라는 생각, 지금까지 경험한 것들이 즐거웠다는 생각이니, 이것은 스스로 기억하고 남을 기억하게 하는 데서 생기는 생각으로, 그것을 바르게 생각하지 않으면, 일어나지 않은 도회개는 일어나게 하고, 이미 일어난 도회개는 더욱 많아지게 한다. 이것들을 도회개의 자양분이라고 한다. 어떤 것을 의개疑蓋의 자양분이라고 하는가? 거기에는 세 세상이 있다. 어떤 것이 그 세 세상인가? 이른바 과거 세상 · 미래 세상 · 현재 세상을 말한다. 과거 세상에 대한 망설임과 미래 세상에 대한 망설임과 현재 세상에 대한 망설임이니, 그것을 바르게 생각하지 않으면, 일어나지 않은 의개는 일어나게 하고, 이미 일어난 의개는 더욱 많아지게 한다. 이것들을 의개의 자양분이라고 하느니라.

또 비유하면 몸은 음식을 의지하여 자라게 되나니, 음식이 없으면 존재하지 못한다. 이와 같이 7각지〔覺分〕도 자양분을 의지하여 머물고, 자양분을 의지하여 자라나나니, 만약 자양분이 없으면 존재하지 않는다. 어떤 것을 염각지〔念覺分〕의 자양분이 아니라고 하는가? 이른바 4념처念處에 대해 그것을 생각하지 않으면 아직 일어나지 않은 염각지는 일어나지 않고, 이미 일어난 염각지는 사라지게 된다. 이것을 염각지의 자양분이 아니라고 한다. 어떤 것을 택법각지〔擇法覺分〕의 자양분이 아니라고 하는가? 이른바 착한 법을 선별해 가리고 착하지 않은 법을 선별해 가리는 것에 대해, 그것을 생각하지 않으면 아직 일어나지 않은 택법각지는 일어나지 않게 하고 이미 일어난 택법각지는 사라지게 한다. 이것을 택법각지의 자양분이 아니라고 한다.

어떤 것을 정진각지〔精進覺分〕의 자양분이 아니라고 하는가? 이른바 4정단正斷에 대해 그것을 생각하지 않으면, 아직 일어나지 않은 정진각지는 일어나지 않게 하고, 이미 일어난 정진각지는 사라지게 한다. 이것을 정진각지의 자양분이 아니라고 한다. 어떤 것을 희각지〔喜覺分〕의 자양분이 아니라고 하는가? 희열〔喜〕과 희열 경계의 법〔喜處法〕이 있는데, 그것을 생각하지 않으면 아직 일어나지 않은 희각지는 일어나지 않게 하고, 이미 일어난 희각지는 사라지게 한다. 이것을 희각지의 자양분이 아니라고 한다.

어떤 것을 의각지〔猗覺分〕의 자양분이 아니라고 하는가? 몸의 쉼〔身猗息〕과 마음의 쉼〔心猗息〕이 있는데, 그것을 생각하지 않으면 아직 생기지 않은 의각지는 일어나지 않고 이미 생긴 의각지는 사라지게 한다. 이것을 의각지의 자양분이 아니라고 한다. 어떤 것을 정각지〔定覺分〕의 자양분이 아니라고 하는가? 4선禪이 있는데, 그것을 생각하지 않으면 아직 일어나지 않은 정각지는 일어나지 않게 하고 이미 일어난 정각지는 사라지게 한다. 이것을 정각지의 자양분이 아니라고 한다. 어떤 것을 사각지捨覺分의 자양분이 아니라고 하는가? 세 가지 세계가 있는데, 이른바 단계斷界·무욕계無欲界·멸계滅界이다. 그것을 생각하지 않으면 아직 일어나지 않은 사각지는 일어나지 않고 이미 일어난 사각지는 사라지게 한다. 이것을 사각지의 자양분이 아니라고 한다.

어떤 것을 탐욕개貪欲蓋의 자양분이 아니라고 하는가? 이른바 부정관不淨觀에 대해, 그것을 생각하면 아직 일어나지 않은 탐욕개는 일어나지 않고 이미 일어난 탐욕개는 끊어지게 한다. 이것을 탐욕개의 자양분이 아니라고 한다. 어떤 것을 진에개瞋恚蓋의 자양분이 아니라고 하는가? 저 자비慈悲의 마음을 생각하면 아직 일어나지 않은 진에개는 일어나지 않고 이미 일어난 진에개는 끊어지게 한다. 이것을 진에개의 자양분이 아니라고 한다. 어떤 것을 수면개睡眠蓋의 자양분이 아니라고 하는가? 저 밝게 비춤〔明照〕을 생각하면 아직 생기지 않은 수면개는 일어나지 않게 하고 이미 생긴 수면개는 사라지게 한다. 이것을 수면개의 자양분이 아니라고 한다. 어떤 것을 도회개掉悔蓋의 자양분이 아니라고 하는가? 저 고요히 머묾을 생각하면, 아직 생기지 않은 도회개는 일어나지 않게 하고 이미 생긴 도회개는 사라지게 한다. 이것을 도회개의 자양분이 아니라고 한다. 어떤 것을 의개疑蓋의 자양분이 아니라고 하는가? 저 연기법緣起法을 생각하면, 아직 생기지 않은 의개는 일어나지 않게 하고 이미 생긴 의개는 사라지게 한다. 이것을 의개의 자양분이 아니라고 한다.

비유하면 몸은 음식을 의지해 머물고 음식을 의지해 존립하는 것과 같이 7각지〔覺分〕도 자양분을 의지해 머물고 자양분을 의지해 존립한다. 어떤 것을 염각지의 자양분이라고 하는가? 이른바 4념처를 생각하면 아직 생기지 않은 염각지는 일어나게 하고, 이미 생긴 염각지는 더욱 생겨 많아지게 한다. 이것을 염각지의 자양분이라고 한다. 어떤 것을 택법각지의 자양분이라고 하는가? 착한 법을 가리고〔擇〕 착하지 않은 법을 가려 그것을 생각하면 아직 생기지 않은 택법각지는 일어나게 하고, 이미 생긴 택법각지는 거듭 생겨 더욱 많아지게 한다. 이것을 택법각지의 자양분이라고 한다.

어떤 것을 정진각지의 자양분이라고 하는가? 저 4정단에 대해 생각하면 아직 생기지 않은 정진각지는 일어나게 하고 이미 생긴 정진각지는 거듭 생겨 더욱 많아지게 한다. 이것을 정진각지의 자양분이라고 한다. 어떤 것을 희각지의 자양분이라고 하는가? 희열과 희열의 경계가 있는데, 그것을 생각하면 아직 생기지 않은 희각지는 일어나게 하고, 아직 생기지 않은 희각지는 거듭 생겨 더욱 많아지게 한다. 이것을 희각지의 자양분이라고 한다. 어떤 것을 의각지의 자양분이라고 하는가? 몸의 쉼과 마음의 쉼이 있는데 이것을 생각하면 아직 생기지 않은 의각지는 일어나지 않고, 이미 생긴 의각지는 거듭 생겨 더욱 많아지게 한다.

어떤 것을 정진각지의 자양분이라 하는가? 저 4정단正斷을 생각하면 아직 생기지 않은 정진각지는 일어나게 하고 이미 생긴 정진각지는 거듭 생겨 더욱 많아지게 한다. 이것을 정진각지의 자양분이라고 한다.

어떤 것을 정각지의 자양분이라고 하는가? 이른바 4선禪이 있는데, 그것을 생각하면 생기지 않은 정각지는 일어나게 하고 이미 생긴 정각지는 거듭 생겨 더욱 많아지게 한다. 이것을 정각지의 자양분이라고 한다. 어떤 것을 사각지의 자양분이라고 하는가? 세 세계가 있는데, 어떤 것이 그 세 가지인가? 단계斷界・무욕계無欲界・멸계滅界

이니, 그것을 생각하면 아직 생기지 않은 사각지는 일어나게 하고 이미 생긴 사각지는 거듭 생겨 더욱 많아지게 한다. 이것을 사각지의 자양분이라고 한다."

부처님께서 이 경을 말씀하시자 모든 비구들은 부처님의 말씀을 듣고 기뻐하며 받들어 행하였다.

716. 일법경一法經 ①

이와 같이 나는 들었다.

어느 때 부처님께서 사위국 기수급고독원에 계셨다.

그때 세존께서 모든 비구들에게 말씀하셨다.

"내부적 현상〔內法〕 중에 아직 생기지 않은 악하고 착하지 않은 법〔惡不善法〕은 생기게 하고 이미 생긴 악하고 착하지 않은 법을 거듭 생기게 하여 더욱 많아지게 하며, 아직 생기지 않은 착한 법은 생기지 못하게 하고 이미 생긴 착한 법은 곧 사라지게 하는 데는 이른바 바르지 않은 사색〔思惟〕 이외에 달리 어떤 법도 나는 보지 못했다.

비구들아, 바르지 않은 사색은 아직 생기지 않은 탐욕개貪欲蓋는 생기게 하고 이미 생긴 것은 거듭 생기게 하여 더욱 많아지게 한다. 아직 생기지 않은 진에개瞋恚蓋・수면개睡眠蓋・도회개掉悔蓋・의개疑蓋는 생기게 하고 이미 생긴 이런 것들은 거듭 생겨나게 하여 더욱 많아지게 한다. 또 아직 생기지 않은 염각지〔念覺分〕는 생기지 못하게 하고 이미 생긴 것은 사라지게 하며, 아직 생기지 않은 택법각지・정진각지・희각지・의각지・정각지・사각지는 생기지 못하게 하고 이미 생긴 그런 것들은 사라지게 하느니라.[2]

또 아직 생기지 않은 악하고 착하지 않은 법은 다시 생기지 않게 하고 이미 생긴 것은 끊으며, 아직 생기지 않은 착한 법은 생기게 하고 이미 생긴 것은 거듭 생기게 하여 더욱 많아지게 하는 데는, 이른바 바른 사색 이외에 달리 그 어떤 법도 나는 보지 못했다.

비구들아, 바르게 사색하면 아직 생기지 않은 탐욕개는 생기지 못하게 하고 이미 생긴 것은 끊어지게 하며, 아직 생기지 않은 진에개·수면개·도회개·의개는 생기지 못하게 하고 이미 생긴 것은 끊어지게 하며, 아직 생기지 않은 염각지는 생기게 하고 이미 생긴 것은 거듭 생겨 더욱 많아지게 하며, 아직 생기지 않은 택법각지·정진각지·희각지·의각지·사각지는 생기게 하고 이미 생긴 그런 것들은 거듭 생겨 더욱 많아지게 하느니라."

부처님께서 이 경을 말씀하시자 모든 비구들은 부처님의 말씀을 듣고 기뻐하며 받들어 행하였다.

717. 일법경 ②

이와 같이 나는 들었다.

어느 때 부처님께서는 사위국 기수급고독원에 계셨다.

그때 세존께서 모든 비구들에게 말씀하셨다.

"외부적 현상〔外法〕 중에 아직 생기지 않은 악하고 착하지 않은 법을 생기게 하고 이미 생긴 것은 거듭 생기게 하여 더욱 많아지게 하며, 아직 생기지 않은 착한 법은 생기지 못하게 하고 이미 생긴 것은

---

2 고려대장경 본문에는 '령증광令增廣'으로 되어 있으나, 이대로 번역할 경우 앞 문장과 문맥의 흐름이 서로 맞지 않는다. 신수대장경 각주에 의하면, "송宋·원元·명明 3본에는 령증광令增廣이 령퇴令退로 되어 있다"고 하였으므로 이에 의거해 번역해둔다.

사라지게 하는 것으로, 나쁜 친구〔惡知識〕와 나쁜 도반〔伴黨〕 이외에 다른 그 어떤 법도 나는 보지 못했다. 나쁜 친구와 나쁜 도반은 아직 생기지 않은 탐욕개를 생기게 하고 이미 생긴 것은 거듭 생기게 하여 더욱 많아지게 하며, 아직 생기지 않은 진에개·수면개·도회개·의개는 생기게 하고 이미 생긴 것들은 거듭 생기게 하여 더욱 많아지게 하느니라. 아직 생기지 않은 염각지는 생기지 못하게 하고 이미 생긴 것들은 사라지게 하며, 아직 생기지 않은 택법각지·정진각지·희각지·의각지·정각지·사각지는 생기지 못하게 하고 이미 생긴 것들은 사라지게 하느니라.

비구들아, 아직 생기지 않은 악하고 착하지 못한 법은 생기지 못하게 하고 이미 생긴 것은 끊어지게 하며, 아직 생기지 않은 착한 법은 생기게 하고 이미 생긴 것은 거듭 생기게 하여 더욱 많아지게 하는 것으로, 이른바 착한 친구·착한 도반·착함을 따르는 이 이외에 다른 그 어떤 법도 나는 보지 못하였다. 착한 친구·착한 도반·착함을 따르는 이는 아직 생기지 않은 탐욕개는 생기지 못하게 하고 이미 생긴 것은 끊어지게 하며, 아직 생기지 않은 진에개·수면개·도회개·의개는 생기지 못하게 하고 이미 생긴 그런 것들은 끊어지게 한다. 아직 생기지 않은 염각지는 생기게 하고 이미 생긴 것은 거듭 생기게 하여 더욱 많아지게 하며, 아직 생기지 않은 택법각지·정진각지·희각지·의각지·정각지·사각지는 생기게 하고 이미 생긴 그런 것들은 거듭 생기게 하여 더욱 많아지게 하느니라.”

부처님께서 이 경을 말씀하시자 모든 비구들은 부처님의 말씀을 듣고 기뻐하며 받들어 행하였다.

718. 사리불경舍利弗經

이와 같이 나는 들었다.

어느 때 부처님께서 사위국 기수급고독원에 계셨다.

그때 존자 사리불이 모든 비구들에게 말했다.

"일곱 가지 각지〔覺分〕가 있다. 어떤 것이 그 일곱 가지인가? 이른바 염각지〔念覺分〕·택법각지〔擇法覺分〕·정진각지〔精進覺分〕·희각지〔喜覺分〕·의각지〔猗覺分〕·정각지〔定覺分〕·사각지〔捨覺分〕이다. 나는 이 7각지를 노력하지 않고도 확실히 얻어, 내 마음대로 각지삼매〔覺支正受〕에 들어간다. 새벽이나 낮이나 저녁이나 그 삼매에 들려고 하면, 마음대로 얼마든지 각지삼매에 들어갈 수 있다. 비유하면 왕이나 대신이 갖가지 의복衣服을 옷장 안에 간직해 두고 낮에 필요하면 낮에 필요한대로 저녁에 필요하면 저녁에 필요한대로 때에 따라 마음대로 입을 수 있는 것과 같다. 이와 같이 비구들아, 나는 이 7각지를 노력하지 않고도 확실히 얻어 마음대로 삼매에 들 수 있다. 나의 이 염각지는 청정하고 순수하여 일어날 때는 일어나는 줄을 알고, 없어질 때는 없어지는 줄을 알며, 사라질 때는 사라지는 줄을 알고, 일어나고 나면 일어난 줄을 알고, 없어지고 나면 없어진 줄을 안다. 이와 같이 택법각지·정진각지·희각지·의각지·정각지·사각지에 있어서도 또한 그러하다."

존자 사리불이 이 경을 말하자 여러 비구들은 그 말을 듣고 기뻐하며 받들어 행하였다.

719. 우파마경憂波摩經

이와 같이 나는 들었다.

어느 때 부처님께서 파련불읍巴連弗邑에 계셨다.

그때 존자 우파마優波摩와 존자 아제목다阿提目多는 파련불읍 계림정사鷄林精舍에 머물고 있었다.

그때 존자 아제목다는 해질 무렵에 선정에서 깨어나 존자 우파마가 있는 곳으로 갔다. 서로 문안인사를 나눈 뒤에 위로하고 나서 한쪽에 물러앉아 존자 우파마에게 물었다.

"존자여, 7각지의 방편을 능히 알면 그와 같이 즐겁게 머묾을 그대로 알 수 있고 그와 같이 괴로움에 머묾을 그대로 알 수 있습니까?"

우파마가 대답하였다.

"존자 아제목다여, 비구가 방편을 잘 알아 7각지를 닦으면, 그와 같이 즐겁게 머묾을 그대로 알 수 있고 그와 같이 괴로움에 머묾을 그대로 알 수 있습니다."

또 물었다.

"비구는 어떻게 방편을 잘 알아 7각지를 닦습니까?"

우파마가 대답하였다.

"비구는 방편으로써 염각지를 닦을 때 이렇게 생각하여 압니다.

'그 마음[心]이 잘 해탈하지 못하고, 잠[睡眠]을 물리치지 못하며, 들뜸과 회한[掉悔]을 잘 항복 받지 못한다면, 나처럼 염각지법을 생각하고 방편으로 정진하더라도 마음이 평등해지지 못할 것이다.'

또한 마찬가지로 택법각지·정진각지·희각지·의각지·정각지·사각지에 있어서도 또한 이와 같이 말하는 것입니다.

비구가 만일 염각지를 닦을 때 이렇게 먼저 생각합니다.

'마음이 잘 해탈하고, 잠을 바로 물리치며 들뜸과 회한을 항복 받았

으니, 나처럼 여기에서 염각지법을 생각하고 나면 방편으로 정진하지 않더라도 마음이 평등해질 것이다.'

이와 같이 아제목다여, 비구가 방편을 알아 7각지를 닦으면 즐겁게 머묾을 그대로 알 수 있고 괴롭게 머묾을 그대로 알 수 있습니다."

그때 두 정사正士는 서로 이야기를 나눈 뒤에 제각기 자리에서 일어나 떠나갔다.

720. 아나율경阿那律經

이와 같이 나는 들었다.

어느 때 부처님께서 사위국 기수급고독원에 계셨다.

그때 존자 아나율阿那律도 사위국 송림정사松林精舍에 있었다.

그때 많은 비구들은 아나율이 있는 곳으로 나아가 서로 문안인사를 하고 위로하였으며 서로 문안인사를 하고 위로한 뒤에 한쪽에 물러나 앉아서 존자 아나율에게 말했다.

"존자께서는 방편을 알아 7각지를 닦을 때 즐거움에 머물 수 있습니까?"

존자 아나율이 모든 비구들에게 말했다.

"나는 비구들이 방편으로 7각지를 닦을 때 즐거움에 머무는 줄을 압니다."

모든 비구들이 존자 아나율에게 물었다.

"비구가 방편으로 7각지를 닦을 때 즐거움에 머무는 줄을 어떻게 압니까?"

존자 아나율이 모든 비구들에게 말했다.

"비구가 방편으로 염각지를 닦아 잘 사색하기 때문에 그런 것을 압니다.

'나는 마음이 잘 해탈하였고 잠을 잘 물리쳤으며, 들뜸과 회한을 잘 항복 받았다.'

이와 같이, 염각지법을 생각하고 나서 부지런히 정근하고 방편을 써서 마음이 게으르지 않고 몸이 편히 쉬어 동요되거나 산란하지 않으며, 마음을 잡아매 멈추게 하여 어지러운 생각을 일으키지 않고 한마음으로 선정에 듭니다. 이와 같이 택법각지 · 정진각지 · 희각지 · 의각지 · 정각지 · 사각지에 있어서도 또한 이와 같습니다. 이것을 비구가 방편을 알아 7각지를 닦을 때 즐거움에 머물 수 있다고 하는 것입니다."

그때 많은 비구들은 존자 아나율의 말을 듣고 함께 기뻐하면서 자리에서 일어나 떠나갔다.

721. 전륜왕경轉輪王經 ①

이와 같이 나는 들었다.

어느 때 부처님께서 사위국 기수급고독원에 계셨다.

그때 세존께서 모든 비구들에게 말씀하셨다.

"전륜성왕轉輪聖王이 세상에 출현할 때 일곱 가지 보배가 세상에 함께 나타난다. 일곱 가지 보배는 즉 금륜보金輪寶 · 상보象寶 · 마보馬寶 · 신주보神珠寶 · 옥녀보玉女寶 · 주장신보主藏臣寶 · 주병신보主兵臣寶이다. 이와 마찬가지로 여래가 세상에 출현하실 때에도 7각지의 보배〔覺分寶〕가 나타나느니라. 왕이 재계하고 누관樓觀 위에서 대신들에게 둘러싸여 있으면 동방東方에서 금륜보가 나타나는데, 바퀴에는 천 개의 바퀴 살이 있고 가지런한 바퀴통과 둥근 걸 바퀴로서 바퀴 모양을 완전히 갖추었다. 그때 이렇게 생각한다.

'이런 상서로움이 있을 경우 반드시 전륜성왕이 출현한다고 했으니, 이제 내가 분명 전륜왕이 되겠구나.'

그리고는 곧 두 손으로 금륜보를 받들어 왼손에 잡고 오른손으로 돌리면서 이렇게 말한다.

'만일 이것이 전륜성왕의 금륜보이거든 마땅히 다시 전륜성왕의 옛 길로 가자.'

그러자 금륜보는 곧 출발해, 왕 앞에서 동쪽 허공을 타고 떠나 옛 성왕이 가던 바른 길을 밟고 가면, 왕은 그 윤보輪寶를 따르고 네 종류의 군사[四兵]도 그 뒤를 따른다. 그리고 어디서든지 윤보가 머무르면 왕도 거기서 머물고 네 종류의 군사도 거기서 머문다. 동쪽의 여러 작은 나라 왕들은 성왕이 오는 것을 보고 모두 와서 항복한다.

여래가 세상에 출현하면 7각지가 세상에 함께 나타나는데, 그것은 염각지·택법각지·정진각지·희각지·의각지·정각지·사각지이니라."

부처님께서 이 경을 말씀하시자 모든 비구들은 부처님의 말씀을 듣고 기뻐하며 받들어 행하였다.

722. 전륜왕경 ②

이와 같이 나는 들었다.

어느 때 부처님께서 사위국 기수급고독원에 계셨다.

그때 세존께서 모든 비구들에게 말씀하셨다.

"전륜성왕이 세상에 출현할 때는 일곱 가지 보배가 세상에 함께 나타난다. 어떻게 전륜성왕이 세상에 출현할 때 금륜보가 나타나는가?

찰리관정성왕刹利灌頂聖王이 보름날 깨끗이 목욕하고 계戒를 지키며 누각 위에서 대신들에게 둘러싸여 있을 때이다. 그때 금륜보가 동쪽에서 나오는데 바퀴에는 천 개의 바퀴살이 있고, 바른 바퀴통과 둥근 겉 바퀴로서 바퀴 모양을 완전히 갖추었으며 하늘의 순금 보배이다. 그러면 왕은 이렇게 생각한다.

'옛날 말을 들으면, 찰리관정대왕은 보름날 포살布薩할 때에 깨끗이 목욕하고 복되고 착한 일을 받아가졌더니 윤보가 나타났구나. 이제 옛날과 같은 이런 상서로움이 있으니 내가 전륜성왕이라는 것을 알 수 있다.'

그리고 곧 두 손으로 금륜보를 받들어 왼손에 쥐고 오른손으로 돌리면서 말한다.

'만일 이것이 전륜성왕의 금륜보이거든 다시 전륜성왕의 옛길로 가자.'

이렇게 말하자 윤보는 곧 왕의 앞에서 허공을 타고 동방을 향해 떠나서 옛 성왕의 곧바른 길을 따라 갈 때 왕과 네 종류의 군사는 윤보를 따라가 머물렀다. 동쪽의 여러 작은 나라 왕들은 성왕이 오는 것을 보고 모두 치하하면서 말한다.

'훌륭하십니다. 잘 오셨습니다. 대왕이시여, 여기는 대왕의 나라입니다. 이 나라는 안온하고 백성들은 풍족해 즐거워합니다. 원컨대 여기 계시면서 이 나라 백성들을 교화해 주시면 우리들은 그대로 따르겠습니다.'

성왕은 대답한다.

'여러 마을의 주인들이여, 너희들은 마땅히 백성들을 잘 교화하되 순종하지 않는 자가 있으면 당장 와서 내게 알려라. 그리고 법답게 교화하고 법답지 않게 행하지 말며, 또 백성들로 하여금 법답지 않은 것을 잘 교화하도록 하라. 그렇게 하면 그것이 곧 내 교화를 따르는

것이니라.'

그리고 성왕은 동해東海를 건너 옛 성왕의 길을 따라 남해南海로 갔고, 다시 옛 성왕의 길을 따라 남해를 건너 서해西海로 갔고, 다시 옛 성왕의 길을 따라 서해를 건너 북해北海로 갔다. 남·서·북방의 여러 작은 나라 왕들이 받들어 맞이하면서 아뢴 내용은 동방에서 자세히 말한 것과 같으니라.

그리고 금륜보는 성왕을 따라 북해를 건너 되돌아와 왕궁王宮 안에 있는 정치전政治殿에 이르러 허공중에 머문다. 이것이 전륜성왕이 세상에 출현하면 금륜보가 세상에 나타난다는 것이니라.

어떻게 전륜성왕이 세상에 출현하면 백상보白象寶가 세상에 출현하는가? 만일 찰리관정대왕刹利灌頂大王의 새하얀 코끼리가 그 빛깔이 곱고 좋으며, 일곱 발로 땅을 디디면 왕은 그것을 보고 마음으로 매우 기뻐해 '이 보배 코끼리가 나에게 와서 응하니, 능숙한 코끼리 조련사에게 알려 이 보배 코끼리를 빨리 잘 조련시켜서 잘 조련되거든 데리고 오라'고 한다. 그리고 코끼리 조련사가 명령을 받은 지 채 하루가 못 되었는데, 코끼리는 곧 항복하고 완전히 항복하여 조련된 모습을 전부 갖추게 된다. 마치 해를 넘겨가면서 조련 받은 다른 코끼리들처럼 지금 이 보배 코끼리를 하루 동안에 항복 받은 것도 그와 같다. 조련을 마치고 왕의 처소로 나아가 바치고서 대왕에게 아뢴다.

'이 코끼리는 이제 조련되었습니다. 대왕께서는 마음대로 하소서.'

그때 성왕은 조련된 모양이 갖추어진 이 코끼리를 관찰한 뒤에 곧 그 보배 코끼리를 타고 이른 아침에 나가 천하를 두루 돌아 점심 때 왕궁으로 돌아오리니, 이것이 이른바 '전륜성왕이 세상에 출현하면 이런 상보象寶가 세상에 출현한다'고 하는 것이니라.

어떻게 전륜성왕이 세상에 출현하면 마보馬寶가 세상에 출현하는가? 전륜성왕이 가진 마보는 순수한 푸른 빛깔로서 머리는 새까맣고

꼬리는 붉다. 성왕은 그 말을 보고 마음으로 매우 기뻐해 '지금 이 신령스런 말이 나에게 와서 응하니 말 조련사에게 맡겨 말을 잘 빨리 조련시켜서 잘 조련되거든 데리고 오라'고 한다. 그리고 말 조련사가 지시를 받은 지 채 하루가 못 되었는데, 그 말은 곧 항복하게 된다. 마치 해를 넘겨가면서 조련 받은 다른 말들처럼 마보를 항복 받은 것도 그와 같다. 말이 조련되었다는 것을 알고 그는 데리고 돌아와 왕에게 바치고서 아뢴다.

'대왕이시여, 이 말은 이제 조련되었습니다.'

그때 성왕은 완전히 조련된 모습을 갖춘 보배 말을 관찰한 뒤에 이른 아침에 그 보배 말을 타고 천하를 두루 돌아 점심 때 왕궁으로 돌아오리니, 이것을 일러 '전륜성왕이 세상에 출현하면 마보가 세상에 출현한다'고 하는 것이니라.

어떻게 전륜성왕이 세상에 출현하면 마니보주摩尼寶珠가 세상에 출현하는가? 만일 전륜성왕이 가진 보배 구슬이 그 모양은 여덟모로서 광명이 환히 비치고 아무 잡티가 없어 언제나 왕궁 안의 등불로 삼는다. 전륜성왕은 그 보배 구슬을 시험하려고 하여 구름 낀 어둔 밤에 네 종류의 군사를 거느리고 동산으로 들어가면서 보배 구슬을 가지고 앞에서 인도하면 그 광명은 밝고 밝아 사방 1유순由旬까지 뻗친다. 이것을 일러 '전륜성왕이 세상에 출현하면 마니보주가 세상에 출현한다'고 하는 것이니라.

어떻게 전륜성왕이 세상에 출현하면 착한 옥녀보玉女寶가 세상에 출현하는가? 전륜성왕이 소유한 옥녀는 검거나 희지도 않고 키가 크거나 작지도 않으며, 거칠거나 곱지도 않고 살찌거나 여위지도 않으며, 사지와 몸체가 단정하다. 추울 때는 몸이 따뜻하고 더울 때는 몸이 시원하며, 몸은 가릉가迦陵伽 옷처럼 부드러우며, 몸의 털구멍마다 전단栴檀향 냄새가 나고 입과 코로 나오는 숨길에서는 우발라優鉢羅

향내가 난다. 나중에 잠자리에 들고 먼저 일어나며, 왕의 마음과 기색을 살펴 알맞게 받들어 섬기며, 부드럽고 상냥한 말과 단정한 마음과 바른 생각으로 왕의 도심〔道意〕을 일으켜 조금도 어기는 마음이 없나니, 하물며 몸과 입이겠는가? 이것이 이른바 전륜성왕의 보배여자이니라.

어떻게 전륜성왕의 주장신보主藏臣寶가 세상에 출현하는가? 이른바 전륜성왕의 주장 대신은 본래부터 보시를 행하였으므로 천안天眼이 생겨 묻히고 저장된 것들을 능히 볼 수 있고, 주인이 있고 없음과 물인지 뭍인지, 혹은 멀고 가까운지를 다 볼 수 있다. 전륜성왕이 필요한 보물을 곧 명命하면, 그는 왕이 필요로 하는 것에 따라 곧 가져다 바친다. 그러자 성왕은 어느 때 그 대신의 능력을 시험해 보려고 배를 타고 바다에서 노닐다가 그 대신에게 말한다.

'나는 보물이 필요하다.'

대신이 왕에게 아뢴다.

'잠깐 언덕에 계시면 곧 가져다 바치겠습니다.'

'나는 지금 언덕의 보물은 필요하지 않다. 여기서 곧 내게 올려라.'

그러자 대신들은 물속에서 금 항아리 네 개를 끌어올리는데, 그 안에는 금이 가득 차 있다. 그것을 성왕에게 바치면 왕은 필요한 대로 그것을 쓰고 한껏 쓰고도 남으면 곧 물속에 도로 넣으리니, 성왕이 세상에 출현하면 이런 주장신이 세상에 출현하느니라.

어떻게 성왕이 세상에 출현하면 주병신主兵臣이 세상에 출현하는가? 이른바 주병신은 총명하고 지혜로워, 마치 세상에서 생각이 잘 성취된 사람과 같아서 성왕이 좋다고 생각하는 것은 곧 따르되 알맞게 가고 알맞게 머물며, 알맞게 나가고 알맞게 들어온다. 성왕의 네 종류의 군사가 길을 가는 데에도 알맞게 그치게 하여 지치지 않게 한다. 또 성왕으로서 마땅히 행하여야 할 현세現世와 후세後世의 공덕이 되는 일을 모두 알아 성왕에게 그것을 아뢴다. 전륜성왕이 이 세상에 출현하면 이러한 주병신이 출현하느니라.

이와 같아서 여래 · 응공 · 등정각이 세상에 출현하면 7각지가 세상에 출현하느니라. 어떤 것이 일곱 가지인가? 이른바 염각지 · 택법각지 · 정진각지 · 희각지 · 의각지 · 정각지 · 사각지이니라."

부처님께서 이 경을 말씀하시자 모든 비구들은 부처님의 말씀을 듣고 기뻐하며 받들어 행하였다.

723. 연소경年少經

이와 같이 나는 들었다.

어느 때 부처님께서 사위국 기수급고독원에 계셨다.

그때 세존께서 모든 비구들에게 말씀하셨다.

"훌륭하다. 비구들아, 사람을 의지하여 법을 들을 때 연소年少한 비구들은 높은 장로長老들을 공양하고 받들어 섬겨야 한다. 왜냐하면 연소한 비구들이 높은 장로 비구들을 공양하고 받들어 섬기면 때때로 깊고 묘한 법을 들을 수 있기 때문이니, 깊은 법을 들으면 두 가지 바른 일을 성취할 수 있다. 즉 몸과 마음이 바르게 되는 것이다. 이때 염각지〔念覺分〕를 닦고 염각지를 닦고 나면 염각지를 원만히 구족하게 되리니, 염각지를 원만히 구족하고 나면, 법을 가려 선택하여 법을 분별하고 법을 생각하게 된다. 그래서 이때 방편으로 택법각지〔擇法覺分〕을 닦고……(이하 생략)……사각지〔捨覺分〕를 닦아 익혀 만족하게 되느니라."

부처님께서 이 경을 말씀하시자 모든 비구들은 부처님의 말씀을 듣고 기뻐하며 받들어 행하였다.

724. 봉사과보경奉事果報經

이와 같이 나는 들었다.

어느 때 부처님께서 사위국 기수급고독원에 계셨다.

그때 세존께서 모든 비구들에게 말씀하셨다.

"만일 비구가 계戒를 지키고 덕을 닦으며, 제 자신에 대한 부끄러움〔慚〕과 남에게 부끄러운 것〔愧〕을 알아 진실한 법을 성취할 때, 그런 사람을 친견하는 이는 많은 과보를 얻는다. 혹은 그런 말을 듣거나 그런 사람을 생각하거나, 그런 사람을 따라 출가하는 이는 많은 공덕을 얻겠거늘, 하물며 친근親近히 하여 공경하고 받들어 섬기는 것이겠느냐? 왜냐하면 그런 사람을 친근히 하여 받들어 섬기는 이러한 사람은 때때로 깊고도 오묘한 법을 들을 수 있기 때문이다. 깊고도 오묘한 법을 들으면 두 가지 바른 일을 성취할 것이니, 즉 몸이 바르게 되고 마음이 바르게 되는 것이다. 그리하여 방편으로 정각지〔定覺分〕를 닦아 익히고, 닦아 익히기를 마치고 나면 닦아 익히기를 원만히 구족하게 되며,……(이하 생략)……사각지〔捨覺分〕를 닦아 익혀 원만히 구족하게 되느니라."

부처님께서 이 경을 말씀하시자 모든 비구들은 부처님의 말씀을 듣고 기뻐하며 받들어 행하였다.

725. 불선취경不善聚經

이와 같이 나는 들었다.

어느 때 부처님께서 사위국 기수급고독원에 계셨다.

그때 세존께서 모든 비구들에게 말씀하셨다.

"착하지 않은 무더기〔不善積聚〕라고 말하는데, 그것은 5개蓋를 이르는 것이니, 이것이 올바른 가르침〔正說〕이다. 왜냐하면 순전하게 착하지 않은 무더기란 5개를 일컫는 말이기 때문이다. 어떤 것이 다섯 가지인가? 탐욕개貪欲蓋·진에개瞋恚蓋·수면개睡眠蓋·도회개掉悔蓋·의개疑蓋를 말하느니라.

착한 무더기라고들 말하는데, 그것은 7각지〔覺分〕를 이르는 말이다. 이것은 올바른 가르침이다. 왜냐하면 순전하게 원만하고 깨끗한 것이 바로 7각지이기 때문이다. 어떤 것이 일곱 가지인가? 염각지〔念覺分〕·택법각지〔擇法覺分〕·정진각지〔精進覺分〕·희각지〔喜覺分〕·의각지〔猗覺分〕·정각지〔定覺分〕·사각지〔捨覺分〕을 말하느니라."

부처님께서 이 경을 말씀하시자 모든 비구들은 부처님의 말씀을 듣고 기뻐하며 받들어 행하였다.

726. 선지식경善知識經

이와 같이 나는 들었다.

어느 때 부처님께서 왕사성 협곡정사夾谷精舍에 계셨다.

그때 존자 아난도 거기에 머물고 있었다.

이때 존자 아난은 혼자 고요한 곳에서 선정에 들어 이렇게 생각하였다.

'범행梵行을 하는 데 있어서 그 절반은 이른바 선지식善知識·훌륭한 도반·착한 일을 따르는 이요, 악지식·나쁜 도반·나쁜 일을 따르는 이가 아니다.'

이때 존자 아난이 선정에서 깨어나 부처님께서 계신 곳으로 나아가 머리를 조아려 발에 예배하고 한쪽에 물러나 앉아서 부처님께 여쭈었다.

"세존이시여, 저는 혼자 고요한 곳에서 선정에 들어 '범행을 하는데 있어서 그 절반은 이른바 선지식·훌륭한 도반·착한 일을 따르는 이요, 악지식·나쁜 도반·나쁜 일을 따르는 이가 아니다'라고 생각하였습니다."

부처님께서 아난에게 말씀하셨다.

"'범행을 하는 데 있어서 그 절반은 이른바 선지식·훌륭한 도반·착한 일을 따르는 이요, 악지식·나쁜 도반·나쁜 일을 따르는 이가 아니다'라는 그런 말을 하지 말라. 왜냐하면 순수하고 원만하며 깨끗하고 맑은 범행이 바로 이른바 선지식·훌륭한 도반·착한 일을 따르는 이요, 악지식·나쁜 도반·나쁜 일을 따르는 이는 아니기 때문이다. 나는 선지식이기 때문에 중생들은 내게서 염각지를 취해 멀리 여의는 것에 의존하고 욕심 없음에 의존하며, 사라짐에 의존하고 소멸에 의존하며, 여의어 버림으로 열반으로 회향하는〔向於捨〕[3] 데로 나아간다. 이와 같이 택법각지·정진각지·희각지·의각지·정각지·사각지도 멀리 여읨에 의존하고 욕심 없음에 의존하며, 사라짐에 의존하고 소멸에 의존하며, 여의어 버림으로 열반으로 회향하는 데로 나아간다. 그러므로 마땅히 알아야 하나니, 아난아, 순수하고 원만하며 깨끗하고 맑은 범행이 바로 선지식·훌륭한 도반·착한 일을 따르는 이요, 악지식·나쁜 도반·나쁜 일을 따르는 이가 아닌 줄을 알아야 하느니라."

부처님께서 이 경을 말씀하시자 모든 비구들은 부처님의 말씀을 듣고 기뻐하며 받들어 행하였다.

---

3 전히 떠나보냄을 말함. 즉 열반에 이르는 경지를 의미함.

727. 구이나갈경拘夷儒竭經

이와 같이 나는 들었다.

어느 때 부처님께서 역사力士라고 하는 마을을 유행하시다가 구이나갈성拘夷那竭城과 희련하希連河 중간에 머무시면서 그 마을 옆에서 존자 아난에게 말씀하셨다.

"내 울다라승鬱多羅僧을 네 겹으로 접어 깔아라. 나는 지금 등이 아파 잠깐 누워서 쉬어야겠다."

존자 아난은 분부를 받고 곧 울다라승을 네 겹으로 접어 깔고서 부처님께 아뢰었다.

"세존이시여, 울다라승을 네 겹으로 접어 깔았습니다. 세존께서는 때를 아시옵소서."

그때 세존께서 승가리僧伽梨를 두텁게 접어 머리에 베고 오른쪽으로 누워 발을 포개시고 생각을 밝은 모양에 두고 바른 생각과 바른 지혜로 깨달음의 생각을 가지신 뒤에 존자 아난에게 말씀하셨다.

"너는 7각지를 설명해보아라."

그러자 존자 아난이 곧 부처님께 아뢰었다.

"세존이시여, 이른바 염각지는 세존께서 스스로 깨달아 등정각等正覺을 이루신 뒤에 '멀리 여읨에 의존하고 욕심 없음에 의존하며 소멸에 의존하고 버림으로 회향한다〔向於捨〕'고 말씀하신 바로 그 것입니다. 택법각지 · 정진각지 · 희각지 · 의각지 · 정각지 · 사각지도, 세존께서 스스로 깨달아 등정각을 이루신 뒤에 '멀리 여읨에 의존하고 욕심 없음에 의존하며 소멸에 의존하고 버림으로 회향한다'고 말씀하신 바로 그것입니다."

부처님께서 아난에게 말씀하셨다.

"너는 정진을 설명하였느냐?"

아난이 부처님께 아뢰었다.

"저는 정진을 설명하였습니다, 세존이시여. 저는 정진을 설명하였습니다, 선서시여."

부처님께서 아난에게 말씀하셨다.

"다만 정진만이라도 닦아 익히고 많이 닦아 익히면 아뇩다라삼먁삼보리阿耨多羅三藐三菩提를 얻느니라."

이렇게 말씀하신 뒤에 몸을 바르게 하시고 단정히 앉아 삼매에 드셨다.

그때 어떤 비구가 곧 게송으로 말했다.

아름답고 묘한 법 즐겨 들으시려고
병환을 참고 남을 시켜 말하게 하자
비구는 분부 받고 곧 법을 설하여
7각지를 하나하나 설명하였네.

장하여라, 존자 아난이여,
밝은 지혜와 묘한 말솜씨와
훌륭하고 깨끗한 법을 가지고
더러움을 여의는 미묘한 말씀이었네.

염각지·택법각지·정진각지와
희각지·의각지·정각지·사각지
이것이 바로 7각지〔覺分〕로서
미묘한 좋은 진리의 말씀이라네.

7각지에 대한 설명 듣고

바른 깨달음의 맛 깊게 알게 하고자
몸은 비록 큰 고통을 더하더라도
아픔을 참고 단정히 앉아 들으셨네.

바른 법을 관하여 법의 왕 되어서도
언제나 남을 위해 연설하시고
그리고도 남의 설법 즐겨 들으시거니
하물며 그 법 듣지 못한 다른 사람이겠느냐.

비록 으뜸가는 큰 지혜 있고
열 가지 힘 가지고 존경을 받는 사람
그도 또한 마땅히 빨리 서둘러
여기 와서 바른 법 들어야 하리.

많이 들어 아는 것 많은 사람으로서
경전과 아비담을 환히 알고
법과 율에 깊이 잘 통달한 이도
이 법을 들어야 하겠거늘 하물며 다른 사람이겠느냐.

참다운 그 법의 연설을 듣되
오롯한 마음과 지혜로써 들으면
부처님 말씀하신 그 법 안에서
탐욕을 여의고 기쁨을 얻으리라.

기쁨을 얻으면 몸도 편히 쉬게 되고
그와 같이 마음도 스스로 즐거우며

마음이 즐거우면 선정을 얻게 되어
바르게 관찰하여 일을 행하리라.

세 가지 세계 싫어하고 미워하면
탐욕을 여의어 마음이 해탈하고
모든 존재의 세계 싫어하고 미워하면
인간이나 천상에는 태어나지 않으리니
등불이 꺼진 듯 남음이 없어
마침내 반열반般涅槃에 들리라.

가장 훌륭한 진리 말씀하시는
그 법을 들으면 복과 이익 많으리니
그러므로 마땅히 오롯한 생각으로
이 대사大師의 말씀을 들어라.

그 비구는 이 게송을 말하고 자리에서 일어나 떠나갔다.

728. 설경說經

이와 같이 나는 들었다.

어느 때 부처님께서 사위국 기수급고독원에 계셨다.

그때 세존께서 모든 비구들에게 말씀하셨다.

"7각지〔覺分〕가 있다. 어떤 것이 일곱 가지인가? 이른바 염각지와……(이하 생략)……사각지이니라."

부처님께서 이 경을 말씀하시자 모든 비구들은 부처님의 말씀을 듣

고 기뻐하며 받들어 행하였다.

729. 멸경滅經

이와 같이 나는 들었다.

어느 때 부처님께서 사위국 기수급고독원에 계셨다.

그때 세존께서 모든 비구들에게 말씀하셨다.

"마땅히 7각지를 닦아야 한다. 어떤 것이 그 일곱 가지인가? 이른바 염각지와……(이하 생략)……사각지이니라. 만일 비구가 염각지를 닦으면 멀리 여읨에 의존하고 욕심 없음에 의존하며 소멸에 의존하고 버림으로 나아간다. 이와 같이 택법각지・정진각지・희각지・의각지・정각지・사각지를 닦으면 멀리 여읨에 의존하고 욕심 없음에 의존하며 소멸에 의존하고 버림으로 나아가느니라."

부처님께서 이 경을 말씀하시자 모든 비구들은 부처님의 말씀을 듣고 기뻐하며 받들어 행하였다.

730. 분경分經

이와 같이 나는 들었다.

어느 때 부처님께서 사위국 기수급고독원에 계셨다.

그때 세존께서는 모든 비구들에게 말씀하셨다.……이 사이의 자세한 내용은 위의 소경에서 설한 것과 같으며, 다만 그와 다른 내용은 다음과 같다.

"비구들아, 과거에도 이미 이와 같이 7각지를 닦았으니, 미래에도 또한 이와 같이 7각지를 닦아야 하느니라."

부처님께서 이 경을 말씀하시자 모든 비구들은 부처님의 말씀을 듣고 기뻐하며 받들어 행하였다.

731. 지절경支節經

이와 같이 나는 들었다.

어느 때 부처님께서 사위국 기수급고독원에 계셨다.

그때 세존께서 모든 비구들에게 말씀하셨다.

"만일 비구가 염각지가 청정하고 산뜻하면 얽는 고리가 없어 모든 번뇌를 여의어 아직 일어나지 않은 것은 일어나지 않게 하리니, 부처님께서 조복調伏하시고 가르치신 것을 제외하고는……(이하 생략)……사각지에 있어서도 또한 그러하니라. 비구들아, 염각지가 청정하고 산뜻하면 얽는 고리가 없어 모든 번뇌를 여의어 아직 일어나지 않은 것을 일어나게 할 것이다. 이것은 부처님께서 조복하시고 가르치신 것이요, 그와 다른 것이 아니다.……(이하 생략)……사각지에 있어서도 또한 그러하니라."

부처님께서 이 경을 말씀하시자 모든 비구들은 부처님의 말씀을 듣고 기뻐하며 받들어 행하였다.

732. 기경紀經

이와 같이 나는 들었다.

어느 때 부처님께서 사위국 기수급고독원에 계셨다.

그때 세존께서 모든 비구들에게 말씀하셨다.……이 사이의 자세한 내용은 위의 소경에서 설한 것과 같으며, 다만 그와 다른 내용은 다음과 같다.

"아직 일어나지 않은 것은 일어나지 못하게 할 것이다. 선서善逝께서 조복하시고 나서 가르치신 것은 제외된다. 아직 일어나지 않은 것을 일어나게 한다고 하는 것은 곧 선서께서 조복하시고 나서 가르치신 것이고 그 밖에 것은 아니다."

부처님께서 이 경을 말씀하시자 모든 비구들은 부처님의 말씀을 듣고 기뻐하며 받들어 행하였다.

733. 칠도품경七道品經

이와 같이 나는 들었다.

어느 때 부처님께서 사위국 기수급고독원에 계셨다.

그때 어떤 비구가 부처님께서 계신 곳으로 나아가, 머리를 조아려 발에 예배한 뒤에 한쪽에 물러나 앉아서 부처님께 아뢰었다.

"세존께서는 각지〔覺分〕라고 말씀하셨는데, 세존이시여, 어떤 것을 각지라고 합니까?"

부처님께서 그 비구에게 말씀하셨다.

"이른바 각지란, 일곱 가지 도의 갈래 법〔七道品法〕을 말하는 것이다. 그런데 비구들아, 7각지가 차례로 일어나는데, 그것을 닦아 익혀서 원만하게 구족하게 되는 것이니라."

"세존이시여, 어떻게 각지가 차례로 일어나 그것을 닦아 익혀 원만히 구족하게 됩니까?"

부처님께서 그 비구에게 말씀하셨다.

"만일 비구가 안의 몸〔內身〕을 몸 그대로 관찰하여 머물고, 그가 안의 몸을 몸 그대로 관찰하여 머물 때 마음을 거두고 생각을 집중하여 잊지 않으면, 그는 그때 염각지를 방편으로써 닦아 익히고, 염각지를 방편으로 닦아 익힌 뒤에는 닦아 익힌 것을 원만히 구족하게 된다. 염각지를 원만히 구족한 뒤에 법을 선택하고 가려 분별하고 헤아리면 이때 택법각지를 방편으로써 닦고, 방편으로 닦은 뒤에는 닦아 익힌 것을 원만히 구족하게 된다. 이와 같이 나아가 사각지를 닦아 익혀 원만히 구족하게 되느니라.

안의 몸을 몸 그대로 관찰하는 생각에 머무르는 것과 같이, 바깥의 몸〔外身〕과 안팎의 몸〔內外身〕·느낌〔受〕·마음〔心〕·법法을 법 그대로 관찰하는 생각에 머물러, 그때 전일한 마음으로 생각을 집중하여 잊지 않으면,……(이하 생략)……사각지도 또한 그와 같다. 이와 같이 머물면 차례로 각지가 일어날 것이고, 차례로 일어난 뒤에는 닦아 익힌 것을 원만히 구족하게 되느니라."

부처님께서 이 경을 말씀하시자 모든 비구들은 부처님의 말씀을 듣고 기뻐하며 받들어 행하였다.

734. 과보경果報經 ①

이와 같이 나는 들었다.

어느 때 부처님께서 사위국 기수급고독원에 계셨다.

그때 세존께서 모든 비구들에게 말씀하셨다.……이 사이의 자세한 내용은 위의 소경에서 설한 것과 같으며, 다만 그와 다른 내용은 다음과 같다.

"만일 비구가 이와 같이 7각지를 닦아 익히면 두 가지 과보果報를 얻을 것이니, 하나는 현세에서 번뇌가 다한 무여열반無餘涅槃을 얻는 것이요, 다른 하나는 아나함과阿那含果를 얻는 것이니라."

부처님께서 이 경을 말씀하시자 모든 비구들은 부처님의 말씀을 듣고 기뻐하며 받들어 행하였다.

735. 과보경 ②

이와 같이 나는 들었다.

어느 때 부처님께서는 사위국 기수급고독원에 계셨다.……이 사이의 자세한 내용은 위의 소경에서 설한 것과 같으며, 다만 그와 다른 내용은 다음과 같다.

"이와 같이 비구들이 7각지를 닦아 익히고 많이 닦아 익히면 네 가지 과果와 네 가지의 복된 이익을 얻을 것이다. 어떤 것이 네 가지인가? 이른바 수다원과須陀洹果·사다함과斯陀含果·아나함과阿那含果·아라한과阿羅漢果이다."

부처님께서 이 경을 말씀하시자 그 비구는 부처님의 말씀을 듣고 기뻐하며 받들어 행하였다.

736. 칠종과경七種果經

이와 같이 나는 들었다.

어느 때 부처님께서 사위국 기수급고독원에 계셨다.……이 사이의 자세한 내용은 위의 소경에서 설한 것과 같으며, 다만 그와 다른 내용은 다음과 같다.

"만일 비구가 7각지를 닦아 익히고 많이 닦아 익히면 일곱 가지 과와 일곱 가지 복된 이익을 얻을 것이다. 어떤 것이 일곱 가지인가? 그 비구는 현세에서 열반〔智證〕의 즐거움을 얻을 것이고, 만약 현세에서 얻지 못하면 목숨을 마칠 때 열반의 즐거움을 얻을 것이며, 또는 목숨을 마칠 때 5하분결下分結이 다해 중반열반中般涅槃을 얻을 것이고, 만일 중반열반을 얻지 못한다면 생반열반生般涅槃을 얻을 것이며, 만약 생반열반을 얻지 못한다면 무행반열반無行般涅槃을 얻을 것이고, 만일 무행반열반을 얻지 못한다면 유행반열반有行般涅槃을 얻을 것이며, 만일 유행반열반을 얻지 못했다면 상류반열반上流般涅槃을 얻을 것이니라."

737. 칠도품경七道品經

이와 같이 나는 들었다.

어느 때 부처님께서 사위국 기수급고독원에 계셨다.

그때 세존께서 모든 비구들에게 말씀하셨다.

"각지〔覺分〕라 말했는데 어떤 것을 각지라고 하는가?"

비구들이 부처님께 아뢰었다.

"세존께서는 법의 근본이시고, 법의 눈이시며, 법의 의지처이십니다. 원컨대 말씀하여 주십시오. 저희 비구들은 마땅히 그것을 듣고 받들어 행하겠습니다."

부처님께서 비구와 비구니들에게 말씀하셨다.

"7각지란 7도품道品을 일컫는 말이다. 비구들아, 이 7각지는 차례로 일어나는데, 차례로 일어나면 그것을 닦아 익혀 원만히 구족해야 하느니라."

비구들이 부처님께 아뢰었다.

“7각지는 어떻게 차례로 일어나며, 차례로 일어나면 어떻게 닦아 익혀 원만히 구족해야 합니까?”

“만일 비구가 몸을 몸 그대로 관찰하는 생각에 머물고, 그가 몸을 몸 그대로 관찰하는 생각에 머문 뒤에는 전일한 마음으로 생각을 집중하여 잊지 않으면, 그때 염각지를 방편으로써 닦고 염각지를 방편으로 닦은 뒤에는 닦고 익힌 것을 원만히 구족하게 된다. 이른바 염각지를 닦은 뒤에 법을 선택하고 가리면 이때 택법각지를 방편으로써 닦고 택법각지를 방편으로써 닦은 뒤에는 닦아 익힌 것을 원만히 갖추게 된다. 이와 같아서 정진각지·희각지·의각지·정각지·사각지도 또한 마찬가지이다.

안의 몸과 마찬가지로 바깥의 몸·안팎의 몸·느낌〔受〕·마음〔心〕·법法을 법 그대로 관찰하는 생각에 머물러 전일한 마음으로 생각을 집중하여 잊지 않으면, 그때 염각지를 방편으로써 닦고 염각지를 방편으로써 닦은 뒤에는 닦고 익힌 것을 원만히 구족하게 되며,……(이하 생략)……사각지도 또한 그와 같다. 이것을 이름하여 비구가 7각지가 차례로 일어나는데, 차례로 일어난 뒤에는 닦아 익혀 원만히 구족하게 하는 것이라고 하느니라.”

부처님께서 이 경을 말씀하시자 모든 비구들은 부처님의 말씀을 듣고 기뻐하며 받들어 행하였다.

738. 과보경果報經 ①

이와 같이 나는 들었다.

어느 때 부처님께서 사위국 기수급고독원에 계셨다.

그때 세존께서 모든 비구들에게 말씀하셨다.……이 사이의 자세한 내용은 위의 소경에서 설한 것과 같으며, 다만 그와 다른 내용은 다음과 같다.

"이 7각지를 닦아 익히고 많이 닦아 익히면 마땅히 두 가지 과를 얻으리니, 현세에서 지혜의 유여열반有餘涅槃과 아나함과阿那含果를 얻는다."

부처님께서 이 경을 말씀하시자 모든 비구들은 부처님의 말씀을 듣고 기뻐하며 받들어 행하였다.

739. 과보경 ②

이와 같이 나는 들었다.

어느 때 부처님께서 사위국 기수급고독원에 계셨다.

그때 세존께서 모든 비구들에게 말씀하셨다.……이 사이의 자세한 내용은 위의 소경에서 설한 것과 같으며, 다만 그와 다른 내용은 다음과 같다.

"만일 비구가 7각지를 닦아 익히고 많이 닦아 익히면 반드시 네 가지 과보를 얻을 것이다. 어떤 것이 그 네 가지인가? 수다원과 · 사다함과 · 아나함과 · 아라한과를 이르는 말이다."

부처님께서 이 경을 말씀하시자 모든 비구들은 부처님의 말씀을 듣고 기뻐하며 받들어 행하였다.

740. 과보경 ③

이와 같이 나는 들었다.

어느 때 부처님께서 사위국 기수급고독원에 계셨다.……이 사이의 자세한 내용은 위의 소경에서 설한 것과 같으며, 다만 그와 다른 내용은 다음과 같다.

"만일 비구가 이 7각지를 닦아 익히고 많이 닦아 익히면, 반드시 일곱 가지 과보를 얻을 것이다. 어떤 것이 일곱 가지인가? 이른바 현세에서 지혜의 유여열반을 얻거나 또는 목숨을 마칠 때 그것을 얻을 것이다. 만일 그렇지 않으면 5하분결이 다해 중반열반을 얻을 것이요, 만일 그렇지 않으면 생반열반을 얻을 것이며, 만일 그렇지 않으면 무행반열반을 얻을 것이요, 만일 그렇지 않으면 유행반열반을 얻을 것이며, 만일 그렇지 않으면 상류반열반을 얻을 것이니라."

부처님께서 이 경을 말씀하시자 모든 비구들은 부처님의 말씀을 듣고 기뻐하며 받들어 행하였다.

741. 부정관경不淨觀經

이와 같이 나는 들었다.

어느 때 부처님께서 사위국 기수급고독원에 계셨다.

그때 세존께서 모든 비구들에게 말씀하셨다.

"부정관不淨觀 닦기를 많이 닦아 익히면 반드시 큰 과果와 크게 복된 이익을 얻을 것이다. 어떻게 부정관 닦기를 많이 닦아 익히면 큰 과와 크게 복된 이익을 얻겠는가? 이 비구는 부정관을 수반하는 염각지를 닦아, 멀리 여읨에 의존하고, 욕심 없음에 의존하며, 소멸에 의존하고 열반으로 향한다. 택법각지·정진각지·희각지·의각지·정각지·사각지를 닦아 멀리 여읨에 의존하고 욕심 없음에 의존하며 소멸에 의존하고 열반으로 향한다."

부처님께서 이 경을 말씀하시자 모든 비구들은 부처님의 말씀을 듣고 기뻐하며 받들어 행하였다.

742. 수사념경隨死念經

이와 같이 나는 들었다.

어느 때 부처님께서 사위국 기수급고독원에 계셨다.

그때 세존께서 모든 비구들에게 말씀하셨다.

"만일 비구가 죽음에 대한 생각을 닦아 익히고, 많이 닦아 익히면 반드시 큰 과果와 크게 복된 이익을 얻을 것이다. 어떻게 비구가 죽음에 대한 생각을 닦아 익히기를 많이 닦아 익히면 큰 과와 크게 복된 이익을 얻는가? 이 비구는 죽음에 대한 생각을 염각지를 수반하여 닦아, 멀리 여읨에 의존하고, 욕심 없음에 의존하며, 소멸에 의존하고 열반을 향한다.……(이하 생략)……사각지도 또한 그와 같다."

부처님께서 이 경을 말씀하시자 모든 비구들은 부처님의 말씀을 듣고 기뻐하며 받들어 행하였다.

743. 자경慈經 ①

이와 같이 나는 들었다.

어느 때 부처님께서 석씨의 황침읍黃枕邑에 계셨다.

그때 많은 비구들은 이른 아침에 가사를 입고 발우를 들고 황침읍으로 들어가 걸식하려 하다가 이렇게 생각하였다.

'오늘은 너무 일러 아직 걸식할 시간이 못되었으니, 우리는 우선 외도外道들이 있는 정사精舍에 들렀다 가자.'

그리고 비구대중들은 곧 외도들의 정사로 들어가 여러 외도 출가자들과 서로 문안 인사를 하고 위로한 뒤에 한쪽에 앉았다. 외도 출가자들이 비구들에게 물었다.

"사문 구담은 제자들을 위해 설법하기를 '5개蓋를 끊지 않으면, 마음으로 고뇌하고 지혜의 힘은 약해져서 그것이 장애가 되어 열반으로 나아가지 못한다. 마음을 잘 거두어 4념처에 머물며 자애로운 마음을 갖추고 있으면 원한도 없고 미움도 없으며 또한 성냄도 없이 넓고 크고 한량없게 잘 닦아 사방四方·사유四維·상하의 일체 세간에 충만할 것이다. 자애로운 마음〔慈心〕을 갖추고 있으면 원한도 미움도 없고 또한 성냄도 없이 넓고 크고 한량없게 잘 닦고 익혀 충만하게 되는 것처럼 불쌍히 여기는 마음〔悲心〕·기뻐하는 마음〔喜心〕·평정한 마음〔捨心〕을 닦아 익히는 것도 또한 그와 같다고 말하노라'라고 말한다. 그러나 우리들도 역시 제자들을 위해 그렇게 말한다. 그렇다면 우리들과 저 사문 구담과는 어떤 차이가 있는가? 다 훌륭한 설법이다."

그때 그 비구들은 외도 출가자들의 말을 듣고 마음이 불쾌하였으나 꾸짖지 않고, 잠자코 자리에서 떠나왔다. 그들은 황침읍으로 들어가 걸식을 마친 뒤에 정사로 돌아와 가사와 발우를 챙기고 발을 씻은 뒤에 부처님께서 계신 곳으로 나아가 부처님 발에 머리를 조아리고 한쪽에 물러나 앉아서 외도 출가자들이 한 말을 그대로 자세하게 세존께 아뢰었다.

그때 세존께서 모든 비구들에게 말씀하셨다.

"가령 저 외도 출가자들이 그렇게 말했다면 너희들은 마땅히 '자애로운 마음〔慈心〕을 닦아 익히면, 그것의 탁월한 점은 무엇인가? 불쌍히 여기는 마음〔悲心〕·기뻐하는 마음〔喜心〕·평정한 마음〔捨心〕을 닦아 익히면 그것의 탁월한 점은 무엇인가?' 하고 물었어야 했다. 그랬다면 그 외도 출가자들은 마음이 곧 놀라 뿔뿔이 흩어졌을 것이고, 혹은 다른 엉뚱한 일들을 말하거나 성내고 교만을 부리며 비방하고 미워하며, 참지 못하는 마음이 생기거나, 혹은 잠자코 기가 죽어 머리를 숙인 채 할 말을 잃고 생각에 잠겼을 것이다. 왜냐하면 나는 아직 여래와 성문들을 제외하고는 모든 하늘이나 마魔·범梵·사문·바라문·하늘·사람들 가운데서 내 말을 듣고 기뻐하여 그대로 따르는 사람을 보지 못하였기 때문이다. 비구들아, 자애로운 마음을 수반하여 많이 닦아 익히면 청정함이 가장 훌륭하고 불쌍히 여기는 마음을 닦아 익히고 많이 닦아 익히면 공입처空入處가 가장 훌륭하며, 기뻐하는 마음을 닦아 익히고 많이 닦아 익히면 식입처識入處가 가장 훌륭하고, 평정한 마음을 닦아 익히고 많이 닦아 익히면 무소유입처無所有入處가 가장 훌륭하느니라."

부처님께서 이 경을 말씀하시자 모든 비구들은 부처님의 말씀을 듣고 기뻐하며 받들어 행하였다.

744. 자경 ②

이와 같이 나는 들었다.

어느 때 부처님께서 사위국 기수급고독원에 계셨다.

그때 세존께서 모든 비구들에게 말씀하셨다.

"만일 비구가 자애로운 마음을 닦아 익히고, 많이 닦아 익히면 큰

과果와 크게 복된 이익을 얻을 것이다. 어떻게 비구가 자애로운 마음을 닦아 익혀야 큰 과와 크게 복된 이익을 얻겠는가? 그 비구가 자애로운 마음을 수반하는 염각지를 닦으면 멀리 여읨에 의존하고 욕심 없음에 의존하며 소멸에 의존하고 열반으로 향한다.……(이하 생략)……사각지를 닦으면 멀리 떠남에 의존하고 욕심 없음에 의존하며 소멸에 의존하고 열반으로 향한다."

부처님께서 이 경을 말씀하시자 모든 비구들은 부처님의 말씀을 듣고 기뻐하며 받들어 행하였다.

745. 공경空經

이와 같이 나는 들었다.

어느 때 부처님께서 사위국 기수급고독원에 계셨다.

그때 세존께서 모든 비구들에게 말씀하셨다.

"만일 비구가 공입처空入處를 닦고 많이 닦아 익히면 큰 과果와 복된 이익을 얻을 것이다. 어떻게 비구가 공입처를 닦고 많이 닦아 익히면 큰 과와 크게 복된 이익을 얻는가? 그 비구가 마음이 공입처를 수반하는 염각지를 닦으면 멀리 여읨·욕심 없음·고요함에 의하여 열반으로 나아가며,……(이하 생략)……사각지를 닦으면, 멀리 여읨에 의존하고 욕심 없음에 의존하며 소멸에 의존하고 열반으로 향하느니라."

부처님께서 이 경을 말씀하시자 모든 비구들은 부처님의 말씀을 듣고 기뻐하며 받들어 행하였다.

공입처를 설한 소경에서와 같이 식입처識入處·무소유입처無所有入

處・비상비비상입처非想非非想入處 이 세 경에 대해서도 똑같이 말씀하셨다.

746. 안나반나념경安那般那念經

이와 같이 나는 들었다.

어느 때 부처님께서 사위국 기수급고독원에 계셨다.

그때 세존께서 모든 비구들에게 말씀하셨다.

"만일 비구가 안나반나념安那般那念[4]을 닦아 익히고 많이 닦아 익히면 큰 과와 크게 복된 이익을 얻을 것이다. 어떻게 안나반나념을 닦아 익히고 많이 닦아 익혀야 큰 과보와 크게 복된 이익을 얻는가? 그 비구가 마음이 안나반나념을 수반하는 염각지를 닦으면 멀리 여읨에 의존하고 욕심 없음에 의존하며 소멸에 의존하고 열반으로 향하느니라.……(이하 생략)……사각지를 닦으면 멀리 여읨에 의존하고 욕심 없음에 의존하며 소멸에 의존하고 열반으로 향하느니라."

부처님께서 이 경을 말씀하시자 모든 비구들은 부처님의 말씀을 듣고 기뻐하며 받들어 행하였다.

747. 무상경無常經

이와 같이 나는 들었다.

---

4 팔리어로는 ānāpānasati라고 함. 또는 출입식념出入息念이라고도 하는데, 수식관數息觀을 말함. 몸에서 나오는 숨[出息]과 몸에 들어가는 숨[入息]을 세어서 마음을 안정시키는 관법을 말함.

어느 때 부처님께서 사위국 기수급고독원에 계셨다.

그때 세존께서 모든 비구들에게 말씀하셨다.

"만일 비구가 무상하다는 생각을 닦고 많이 닦아 익히면 큰 과와 크게 복된 이익을 얻을 것이다. 어떻게 비구가 무상하다는 생각을 닦고, 많이 닦아 익혀야 큰 과와 크게 복된 이익을 얻는가? 그 비구가 마음과 입이 무상한 것이라는 생각을 수반하여 염각지를 닦으면 멀리 여읨에 의존하고 욕심 없음에 의존하며 소멸에 의존하고 열반으로 향하느니라.……(이하 생략)……사각지를 닦으면 멀리 여읨에 의존하고 욕심 없음에 의존하며 소멸에 의존하고 열반으로 향하느니라."

부처님께서 이 경을 말씀하시자 모든 비구들은 그 말씀을 듣고 기뻐하며 받들어 행하였다.

무상하다는 생각〔無常想〕을 설한 경과 같이 무상하고 괴롭다는 생각〔無常苦想〕·괴롭고 내가 없다는 생각〔苦無我想〕·음식을 관하는 생각〔觀食想〕·모든 세간은 즐거워할 것이 아니라는 생각〔一切世間不可樂想〕·다한다는 생각〔盡想〕·단절된다는 생각〔斷想〕·욕심낼 것이 없다는 생각〔無欲想〕·없어진다는 생각〔滅想〕·근심이라는 생각〔患想〕·깨끗하지 못하다는 생각〔不淨想〕·푸르딩딩하다는 생각〔青瘀想〕·고름이 터진다는 생각〔膿潰想〕·팅팅 붓는다는 생각〔膖脹想〕·허물어진다는 생각〔壞想〕·음식이 다하지 않는다는 생각〔食不盡想〕·피라는 생각〔血想〕·뼈라는 생각〔骨想〕·헤어진다는 생각〔分離想〕·공이라는 생각〔空想〕 등 열 한 경도 앞에서와 똑같이 말씀하셨다.

잡아함경 제 28 권

748. 일출경日出經

이와 같이 나는 들었다.

어느 때 부처님께서 사위국 기수급고독원에 계셨다.

그때 세존께서 모든 비구들에게 말씀하셨다.

"해가 뜰 때에 그 전조가 되는 현상은 이른바 첫새벽 빛의 밝은 모습이듯이, 비구가 괴로움의 끝을 완전히 다하고 괴로움의 끝을 궁극적으로 다하는 그 전조가 되는 현상은 이른바 바른 견해〔正見〕이다.

저 바른 견해란 바른 뜻〔正志〕[1] · 바른 말〔正語〕 · 바른 행위〔正業〕 · 바른 생활〔正命〕 · 바른 방편〔正方便〕 · 바른 생각〔正念〕 · 바른 선정〔正定〕을 능히 일으키는 것이다. 바른 선정을 일으켜 정수正受에 들기 때문에 거룩한 제자는 탐욕과 성냄과 어리석음에서 마음이 진정 해탈하나니, 이와 같이 마음이 잘 해탈한 거룩한 제자는 바른 지견知見을 얻어 '나의 생生은 이미 다하였고, 범행은 이미 섰으며, 할 일을 이미

1 신역의 정사유正思惟에 해당함. 대상을 꾸준히 사량思量하여 분별하는 것을 말함.

다 마쳐 후세에는 몸을 받지 않는다'라고 스스로 아느니라."

부처님께서 이 경을 말씀하시자 모든 비구들은 부처님의 말씀을 듣고 기뻐하며 받들어 행하였다.

749. 무명경無名經 ①

이와 같이 나는 들었다.

어느 때 부처님께서 사위국 기수급고독원에 계셨다.

그때 세존께서 모든 비구들에게 말씀하셨다.

"무명無明이 앞서 나타나는 현상이 되면 온갖 악하고 착하지 않은 법이 생긴다. 그에 따라 제 자신에 대해 부끄러워할 줄 모르고〔無慚〕 남에게도 부끄러워할 줄 모르게〔無愧〕 되며 제 자신에 대해 부끄러워할 줄 모르고 남에게도 부끄러워할 줄 모르게 되면, 그에 따라 삿된 견해〔邪見〕가 생기고 삿된 견해가 생기게 되면 삿된 뜻〔邪志〕·삿된 말〔死語〕·삿된 행위〔邪業〕·삿된 생활〔邪命〕·삿된 방편〔邪方便〕·삿된 생각〔邪念〕·삿된 선정〔邪定〕을 일으키느니라. 만일 밝음〔明〕을 일으켜 그것이 앞서 나타나는 현상이 되면, 온갖 착한 법이 생긴다. 그에 따라 제 자신에 대한 부끄러움과 남에 대한 부끄러움이 생기게 되고 제 자신에 대한 부끄러움과 남에 대한 부끄러움이 생기게 되면 바른 견해가 생기고 바른 견해가 생기게 되면 바른 뜻·바른 말·바른 행위·바른 생활·바른 방편·바른 생각·바른 선정이 차례로 일어나게 되느니라. 바른 선정이 생기게 되면 거룩한 제자는 탐욕·성냄·어리석음에서 바르게 해탈한다.

이와 같이, 거룩한 제자가 바르게 해탈하면 바른 지견을 얻어 '나의 생은 이미 다하였고 범행은 이미 섰으며, 할 일을 이미 다 마쳐, 후세에는 몸을 받지 않는다'라고 스스로 아느니라."

부처님께서 이 경을 말씀하시자 모든 비구들은 그 말씀을 듣고 기뻐하며 받들어 행하였다.

750. 무명경 ②

이와 같이 나는 들었다.

어느 때 부처님께서 사위국 기수급고독원에 계셨다.

그때 세존께서 모든 비구들에게 말씀하셨다.

"만일 비구에게 모든 악하고 착하지 않은 법이 생긴다면,[2] 그것은 다 무명無明이 근본이 된 것이고 무명이 원인이 된 것이며 무명의 생겨나게 하는 것이요, 무명이 일으키는 것이니라. 왜냐하면 무명이란 무지無知로써 착한 것과 착하지 않은 법을 사실 그대로 알지 못하고 죄가 있고 죄가 없는 것, 하위법〔下法〕과 상위법〔上法〕, 물든 것과 물들지 않은 것, 분별하는 것과 분별하지 못하는 것, 인연인 것과 인연이 아닌 것 등을 사실 그대로 알지 못하기 때문이다. 사실 그대로 알지 못하므로 삿된 견해를 일으키나니, 삿된 견해를 일으키면 삿된 뜻·삿된 말·삿된 행위·삿된 생활·삿된 방편·삿된 생각·삿된 선정이 일어나느니라.

또 만일 온갖 착한 법이 생긴다면 그것은 밝음〔明〕이 근본이 되기 때문이고 밝음이 원인이 되었기 때문이며 밝음이 생겨나게 하는 것이

2 고려대장경 본문에는 '비구比丘'로 되어 있다. 그러나 의미가 잘 통하지 않고, 신수대장경 각주에 의하면"비구比丘 2자는 송宋·원元·명明 3본에 생生으로 되어 있다"고 하였으므로 역자도 이를 따라 번역하였다.

요, 밝음이 일어나게 하는 것이니라. 왜냐하면 밝음은 착한 것과 착하지 않은 법을 사실 그대로 알고 죄가 있고 죄가 없는 것, 친근한 것과 친근하지 않은 것, 저급한 법과 뛰어난 법, 더러운 것과 깨끗한 것, 분별 있는 것과 분별없는 것, 인연인 것과 인연이 아닌 것 등을 사실 그대로 다 아는 것이니라.

사실 그대로 다 안다는 것은 곧 바른 견해를 이르는 말이다. 바른 견해란 바른 뜻 · 바른 말 · 바른 행위 · 바른 생활 · 바른 방편 · 바른 생각 · 바른 선정을 일으키는 것이다.

바른 선정이 일어나면 거룩한 제자는 탐욕 · 성냄 · 어리석음에서 바르게 해탈하고 탐욕 · 성냄 · 어리석음에서 바르게 해탈하게 되면 거룩한 제자는 바른 견해를 얻어, '나의 생은 이미 다하였고 범행은 이미 섰으며 할 일을 이미 다 마쳐 후세에는 몸을 받지 않는다'라고 스스로 아느니라."

부처님께서 이 경을 말씀하시자 모든 비구들은 부처님의 말씀을 듣고 기뻐하며 받들어 행하였다.

751. 기경玘經

이와 같이 나는 들었다.

어느 때 부처님께서 사위국 기수급고독원에 계셨다.

그때 세존께서 모든 비구들에게 말씀하셨다.

"만일 재가자在家者거나 출가자出家者가 삿된 일〔邪事〕을 일으키면 나는 칭찬하지 않는다. 왜냐하면 재가자나 출가자가 삿된 일을 일으킨다면 그는 바른 법을 좋아하지 않기 때문이다. 어떤 것이 삿된 일인가? 이른바 삿된 일이란, 삿된 견해와……삿된 선정을 말한다. 재가

자나 출가자가 바른 일을 일으킨다면 나는 칭찬할 것이다. 왜냐하면 바른 법을 일으킨다면 그는 바른 법을 좋아하는 것이기 때문이다. 어떤 것이 바른 일인가? 이른바 바른 견해와……바른 선정을 말하느니라."

그때 세존께서 게송으로 말씀하셨다.

재가자나 출가자로서
삿된 일을 일으키는 이
그는 끝내 저 위없는
바른 법을 좋아하지 않는다.

재가자나 출가자로서
바른 일을 일으키는 이
그는 언제나 저 위없는
바른 법을 마음으로 좋아한다.

부처님께서 이 경을 말씀하시자 모든 비구들은 부처님의 말씀을 듣고 기뻐하며 받들어 행하였다.

752. 가마경迦摩經

이와 같이 나는 들었다.

어느 때 부처님께서 사위국 기수급고독원에 계셨다.

그때 가마迦摩라고 하는 비구가 부처님께서 계신 곳으로 나아가 부처님 발에 머리를 조아리고 한쪽에 물러앉아 부처님께 아뢰었다.

"세존이시여, 탐욕이라고 말들 하는데 어떤 것을 탐욕이라고 합니까?"

부처님께서 가마에게 말씀하셨다.

"탐욕이란 이른바 5욕공덕欲功德을 말하느니라. 어떤 것이 그 다섯 가지인가? 눈에 의해 인식되는 형색이 사랑스럽고 마음에 들며 기분이 좋아 감각적 쾌락을 더욱 자라게 한다. 이와 같이 귀·코·혀도 그러하며 몸에 의해 인식되는 감촉이 사랑스럽고 마음에 들며 기분이 좋아 감각적 쾌락을 더욱 자라게 하나니, 이것을 탐욕이라고 한다. 그러나 그것은 탐욕이 아니다. 그것을 탐해 집착하면 이것을 탐욕이라 하느니라."

그때 세존께서 곧 게송을 말씀하셨다.

세상에 잡된 다섯 가지 빛깔
그것을 애욕이라고 하지는 않는다.
그것을 탐하고 생각하는 것
그것이 곧 사람의 욕심이니라.
온갖 빛깔 언제나 세상에 있나니
수행하는 사람은 욕심을 끊어야 한다.

가마 비구가 부처님께 아뢰었다.

"세존이시여, 이 애욕을 끊을 수 있는 어떤 길과 방도가 있습니까?"

부처님께서 비구에게 말씀하셨다.

"애욕을 끊는 데에는 여덟 가지 바른 길이 있으니, 이른바 바른 견해〔正見〕·바른 뜻〔正志〕·바른 말〔正語〕·바른 행위〔正業〕·바른 생활〔正命〕·바른 방편〔正方便〕·바른 생각〔正念〕·바른 선정〔正定〕이 그것이니라."

부처님께서 이 경을 말씀하시자 가마 비구는 부처님 말씀을 듣고 기뻐하며 받들어 행하였다.

753. 아리슬타경阿梨瑟吒經

이와 같이 나는 들었다.

어느 때 부처님께서 사위국 기수급고독원에 계셨다.

그때 아리슬타阿梨瑟吒라는 비구가 부처님께서 계신 곳으로 나아가 부처님 발에 머리를 조아리고 한쪽에 물러앉아 부처님께 아뢰었다.

"세존이시여, 감로甘露라고 말들 하는데 어떤 것을 감로라고 합니까?"

부처님께서 아리슬타에게 말씀하셨다.

"감로란 열반계涅槃界의 이름이다. 그러나 나는 번뇌를 다한 사람을 위해 현재에 이 이름을 쓰느니라."

"세존이시여, 어떤 길과 방도를 닦아 익히고, 또 많이 닦아 익혀야 감로법을 얻을 수 있습니까?"

처님께서 비구에게 말씀하셨다.

이른바 여덟 가지 거룩한 길의 갈래〔八聖道分〕이니, 바른 견해와……바른 선정이니라."

부처님께서 이 경을 말씀하시자 모든 비구들은 부처님의 말씀을 듣고 기뻐하며 받들어 행하였다.

754. 사리불경舍利弗經

이와 같이 나는 들었다.

어느 때 부처님께서 사위국 기수급고독원에 계셨다.

그때 존자 사리불이 부처님께서 계신 곳으로 나아가 그 발에 예배하고 한쪽에 물러앉아 부처님께 아뢰었다.

"세존이시여, 성현의 등삼매等三昧의 근본이 되는 여러 가지 갖출 것〔衆具〕라고 말들 하는데, 어떤 것을 성현의 등삼매의 근본이 되는 여러 가지 갖출 것이라고 합니까?"

부처님께서 사리불에게 말씀하셨다.

"일곱 가지 바른 길의 갈래〔七正道分〕가 성현의 등삼매의 근본이 되는 여러 가지 갖출 것이니라. 어떤 것이 그 일곱 가지인가? 바른 견해 · 바른 뜻 · 바른 말 · 바른 행위 · 바른 생활 · 바른 방편 · 바른 생각이 그것이다. 사리불아, 이 일곱 가지 길의 갈래를 기초 행위로 삼으면 그 마음이 하나가 되리니, 이것을 성현의 등삼매의 근본이 되는 여러 가지 갖출 것이라고 하느니라."

부처님께서 이 경을 말씀하시자 모든 비구들은 부처님의 말씀을 듣고 기뻐하며 받들어 행하였다.

755~757. 비구경比丘經

앞의 세 경에서 설하신 것과 같이, 부처님께서 여러 비구들에게 질문하신 세 경도 그와 똑같이 말씀하셨다.

758. 외경畏經

이와 같이 나는 들었다.

어느 때 부처님께서 사위국 기수급고독원에 계셨다.

그때 세존께서 모든 비구들에게 말씀하셨다.

"어머니나 자식이 없어 두렵다고 하는 말과 어머니나 자식이 있어서 두렵다고 하는 말은 어리석고 무식한 범부들의 말로서 어머니나 자식이 없어 두려운 것이나 어머니나 자식이 있어서 두려운 것을 알지 못하는 말이다. 비구들아, 어머니나 자식이 없는 두려움에 세 가지가 있으니, 어리석고 무식한 범부들의 말이다.

어떤 것이 그 세 가지인가? 비구들아, 혹 때로 전쟁이 일어나 나라가 짓밟히고 백성들이 물결처럼 휘돌면 자식은 그 어머니를 잃고 어머니는 그 자식을 잃는다. 이것이 어머니나 자식이 없어서 생기는 첫 번째 두려움이니, 어리석고 무식한 범부들의 말이니라. 또 비구들아, 혹 어느 때에 큰 불이 갑자기 일어나 도시나 시골을 태울 때 백성들은 다투어 달아나다가 어머니나 자식을 서로 잃어버린다. 이것이 어머니나 자식이 없는 데에서 생기는 두 번째 두려움이니, 어리석고 무식한 범부들의 말이니라.

또 비구들아, 그 다음에는 혹 어느 때에 산중에 큰 비가 내려 홍수가 흘러나와 마을이 떠내려 갈 때 사람들이 다투어 달아나다가 어머니나 자식을 서로 잃어버린다. 이것이 어머니나 자식이 없는 데에서 생기는 세 번째 두려움이니, 어리석고 무식한 범부들의 말이다. 그러나 이러한 두려움은 어머니나 자식이 있는 데에서 생겨나는 두려움인데 어리석고 무식한 범부들은 도리어 이것을 어머니나 자식이 없는 데에서 생겨나는 두려움이라고 하느니라.

그들은 때로 전쟁이 일어나 나라가 짓밟혀 백성들이 물결처럼 휘돌리어 어머니나 자식 간에 서로 잃어버리더라도, 때로는 그 어머니와 자식이 서로 만날 수도 있다. 이것은 어머니나 자식이 있는 데에서 생겨나는 첫 번째 두려움이지만 어리석고 무식한 범부들은 어머니나 자식이 없는 데에서 생겨나는 두려움이라고 말한다. 다음에는 큰 불이 갑자기 일어나 도시나 시골을 태울 때 백성들이 다투어 달아나다가 어머니나 자식 간에 서로 잃어버리더라도 혹은 서로 다시 만날 수가 있다. 이것은 어머니나 자식이 있는 데에서 생겨나는 두 번째 두려움이지만 어리석고 무식한 범부들은 어머니나 자식이 없는 데에서 생겨나는 두려움이라고 말한다.

다음에는 산중에 큰 비가 내려 홍수가 져서 마을이 떠내려 갈 때, 사람들이 다투어 달아나다가 어머니나 자식 간에 서로 잃더라도 혹이내 서로 만날 수가 있다. 이것은 어머니나 자식이 있는 데에서 생겨나는 세 번째 두려움이지만 어리석고 무식한 범부들은 어머니나 자식이 없는 데에서 생겨나는 두려움이라고 하느니라.

비구들아, 어머니나 자식이 없는 데에서 생겨나는 세 가지 두려움이 있으니, 이것은 내가 스스로 깨달아 삼보리三菩提를 이룬 뒤에 말한 것이다. 어떤 것이 그 세 가지인가? 비구들아, 자식이 만일 늙을 때 어머니로서 자식에게 '자식아, 너는 늙지 마라. 내 마땅히 너를 대신하리라'라고 말할 수 없고, 또 그 어머니가 늙을 때도 자식이 '어머님, 늙지 마십시오. 제가 대신 늙겠습니다'라고 말할 수 없다. 이것이 어머니나 자식이 없는 데에서 생겨나는 첫 번째 두려움이니, 내가 스스로 깨달아 삼보리를 이룬 뒤에 말한 것이다. 또 비구들아, 혹 자식이 병이 났을 때 어머니가 '자식아, 앓지 말라. 내 마땅히 너를 대신하리라'라고 말할 수 없고, 어머니가 병이 났을 때 자식도 어머니에게 '어머니, 앓지 마세요. 제가 마땅히 어머니를 대신하리다'라고 말할 수 없다. 이것이 어머니나 자식이 없는 데에서 생겨나는 두 번째 두려움이니, 내가 스스로 깨달아 삼보리를 이룬 뒤에 말한 것이다. 또 자식이 죽을 때 어머니는 '자식아, 죽지 마라. 내가 지금 너를 대신하리라'라고 말할 수 없고, 어머니가 죽을 때 자식도 '어머니, 죽지 마세요. 제가 마땅히 어머니를 대신하리다'라고 말할 수 없다. 이것이 어머니와 자식이 없는 데에서 생겨나는 세 번째 두려움이니, 내가 스스로 깨달아 삼보리를 이룬 뒤에 말한 것이니라."

그러자 비구들이 부처님께 아뢰었다.

"어떤 길과 방도를 닦아 익히고, 더 많이 닦아 익혀야 앞의 세 가지, 즉 어머니나 자식이 있는 데에서 생겨나는 두려움을 끊고, 뒤의 세 가지, 즉 어머니나 자식이 없는 데에서 생겨나는 두려움을 끊을 수 있겠습니까?"

부처님께서 비구들에게 말씀하셨다.

"그 세 가지 두려움을 끊을 수 있는 길과 방도가 있다. 어떤 길과 어떤 방도를 닦아 익히고 더 많이 닦아 익혀야 앞의 세 가지 어머니나 자식이 있는 데에서 생겨나는 두려움을 끊고 뒤의 세 가지 부모나 자식이 없는 데에서 생겨나는 두려움을 끊을 수 있겠는가? 그것은 여덟 가지 거룩한 길의 갈래〔八聖道分〕이니, 바른 견해·바른 뜻·바른 말·바른 행위·바른 생활·바른 방편·바른 생각·바른 선정으로만 그렇게 할 수 있느니라."

부처님께서 이 경을 말씀하시자 여러 비구들은 부처님의 말씀을 듣고 기뻐하며 받들어 행하였다.

759. 수경受經

이와 같이 나는 들었다.

어느 때 부처님께서 사위국 기수급고독원에 계셨다.

그때 세존께서 모든 비구들에게 말씀하셨다.

"세 가지 느낌〔受〕이 있으니, 그것은 무상無常한 것이고 유위有爲의 마음을 반연하여 생기는 것이다. 어떤 것이 그 세 가지인가? 낙수(樂受 : 즐거운 느낌) · 고수(苦受 : 괴로운 느낌) · 불고불락수(不苦不樂受 : 괴롭지도 즐겁지도 않은 느낌)이니라."

비구들이 부처님께 아뢰었다.

"세존이시여, 어떤 길과 어떤 방도를 닦아 익히고 더 많이 닦아 익혀야 이 세 가지 느낌을 끊을 수 있겠습니까?"

부처님께서 비구들에게 말씀하셨다.

"닦아 익히기고 더 많이 닦아 익히면 이 세 가지 느낌을 끊을 수 있는 길과 방도가 있다. 그러면 어떤 길과 방도를 닦아 익히고 더욱 많이 닦아 익혀야 이 세 가지 느낌을 끊을 수 있는가?"

부처님께서 비구들에게 말씀하셨다.

"여덟 가지 거룩한 길〔八聖道〕이니, 즉 바른 견해 · 바른 뜻 · 바른 말 · 바른 행위 · 바른 생활 · 바른 방편 · 바른 생각 · 바른 선정만이 그렇게 할 수 있느니라."

부처님께서 이 경을 말씀하시자 모든 비구들은 부처님의 말씀을 듣고 기뻐하며 받들어 행하였다.

760. 삼법경三法經

이와 같이 나는 들었다.

어느 때 부처님께서 사위국 기수급고독원에 계셨다.

그때 세존께서 모든 비구들에게 말씀하셨다.

"세상에 세 가지 법이 있으니, 그것은 기뻐할 만한 것도 아니요, 사랑스러운 것도 아니며, 기억할 만한 것도 아니다. 어떤 것이 그 세 가지인가? 늙음 · 병듦 · 죽음을 말하나니, 이 세 가지 법은 기뻐할 만한 것도 아니요, 사랑스러운 것도 아니며, 기억할 만한 것도 아니다. 세간에 만일 기뻐할 만한 것도 아니요, 사랑스러운 것도 아니며, 기억할 만한 것도 아닌 이 세 가지 법이 없었다면, 여래·응공·등정각은 이 세상에 나오시지 않았을 것이요, 이 세상도 여래의 설법과 훈계와 가르침이 있어야 할 필요를 느끼지 못하였을 것이다. 이 세상에 기뻐할 만한 것도 아니요, 사랑스러운 것도 아니며, 기억할 만한 것도 아닌 이 세 가지 법이 있기 때문에 여래·응공·등정각께서 이 세상에 출현出現하셨고 이 세상도 여래의 설법과 훈계와 가르침이 필요하다는 것을 느끼는 것이다."

비구들이 부처님께 아뢰었다.

"기뻐할 만한 것도 아니요, 사랑스러운 것도 아니며, 기억할 만한 것도 아닌 이 세 가지 법을 끊을 수 있는 어떤 길과 방도가 있습니까?"

부처님께서 비구들에게 말씀하셨다.

"닦아 익히고 더 많이 닦아 익히면 기뻐할 만한 것도 아니요, 사랑스러운 것도 아니며 기억할 만한 것도 아닌 이 세 가지 법을 끊을 수 있는 길과 방도가 있다. 닦아 익히고 더 많이 닦아 익히면 기뻐할 만한 것도 아니요, 사랑스러운 것도 아니며 기억할 만한 것도 아닌 이 세 가지 법을 끊을 수 있는 어떤 길과 어떤 방도가 무엇인가? 이른바 여덟 가지 거룩한 길[八聖道]이니, 바른 견해·바른 뜻·바른 말·바른 행위·바른 생활·바른 방편·바른 생각·바른 선정을 말하느니라."

부처님께서 이 경을 말씀하시자 모든 비구들은 부처님의 말씀을 듣고 기뻐하며 받들어 행하였다.

761. 학경學經

이와 같이 나는 들었다.

어느 때 부처님께서 사위국 기수급고독원에 계셨다.

그때 세존께서 모든 비구들에게 말씀하셨다.

"내 이제 배울 것이 있는 이〔學〕[3]와 배울 것이 없는 이〔無學〕[4]에 대하여 설명하리니, 자세히 듣고 잘 생각하라. 어떤 이가 배울 것이 있는 사람인가? 바른 견해 · 바른 뜻 · 바른 말 · 바른 행위 · 바른 생활 · 바른 방편 · 바른 생각 · 바른 선정을 공부하고 있는 사람이니, 이것을 배울 것이 있는 사람이라고 한다. 어떤 사람이 배울 것이 없는 사람인가? 바른 견해 · 바른 뜻 · 바른 말 · 바른 행위 · 바른 생활 · 바른 방편 · 바른 생각 · 바른 선정을 성취한 사람이니, 이를 배울 것이 없는 사람이라고 하느니라."

부처님께서 이 경을 말씀하시자 모든 비구들은 부처님의 말씀을 듣고 기뻐하며 받들어 행하였다.

배울 것이 있는 이〔學〕와 배울 것이 없는 이〔無學〕를 설한 데에서와 같이 바른 선비〔正士〕 · 큰 선비〔大士〕에 대해서도 그와 똑같이 말씀하셨다.

---

3 팔리어로는 sekha라고 함. 또는 유학有學이라고도 하는데, 아직 배울 것이 있는 사람으로 아라한과阿羅漢果에까지 이르지 못한 성자聖者를 말함. 불교의 진리를 알고는 있으나, 아직 방황을 완전하게는 끊지 못했기 때문에 더욱 배워야 할 여지를 남기고 있는 자. 소승불교의 수행자가 도달해야 할 4과果중 앞의 3과를 말함.

4 번뇌가 이미 다 끊어지고 배워야 할 것을 이미 다 배워서 배워야 할 것이 남지 않은 경지. 또는 아라한과, 혹은 불과佛果의 지위에 오른 성자를 말함. 일반적으로 말하는 무학無學은 불교용어로는 비학비무학非學非無學에 해당함.

762. 누진경漏盡經

이와 같이 나는 들었다.

어느 때 부처님께서 사위국 기수급고독원에 계셨다.

그때 세존께서 모든 비구들에게 말씀하셨다.

"내가 번뇌가 다한〔漏盡〕 성인에 대해 설명하겠다. 어떤 이가 번뇌를 다한 성인인가? 이른바 배울 것이 없는〔無學〕 이로서 바른 견해〔正見〕를 성취하고……바른 선정〔正定〕을 성취한 사람이니, 이런 이를 번뇌가 다한 성인이라고 하느니라."

부처님께서 이 경을 말씀하시자 모든 비구들은 부처님의 말씀을 듣고 기뻐하며 받들어 행하였다.

763. 팔성도분경八聖道分經

이와 같이 나는 들었다.

어느 때 부처님께서 사위국 기수급고독원에 계셨다.

그때 세존께서 모든 비구들에게 말씀하셨다.

"내 이제 여덟 가지 거룩한 길의 갈래〔八聖道分〕를 말하리라. 어떤 것이 그 여덟 가지인가? 바른 견해·바른 뜻·바른 말·바른 행위·바른 생활·바른 방편·바른 생각·바른 선정이 그것이니라."

부처님께서 이 경을 말씀하시자 모든 비구들은 부처님의 말씀을 듣고 기뻐하며 받들어 행하였다.

764. 수경修經 ①

이와 같이 나는 들었다.

어느 때 부처님께서 사위국 기수급고독원에 계셨다.

그때 세존께서 모든 비구들에게 말씀하셨다.

"내 이제 여덟 가지 거룩한 길을 수행하는 방법에 대하여 설명하리니, 자세히 듣고 잘 생각하라. 어떤 것이 여덟 가지 거룩한 길을 수행하는 방법인가? 비구가 바른 견해를 닦으면, 멀리 여읨에 의존하고 욕심 없음에 의존하며 소멸에 의존하고 여의어 버림으로 열반으로 회향하는 데로 나아가고 바른 뜻·바른 말·바른 행위·바른 생활·바른 방편·바른 생각·바른 선정을 닦으면, 멀리 여읨에 의존하고, 욕심 없음에 의존하며 소멸에 의존하고 여의어 버림으로 열반으로 회향하는 데로 나아가나니, 이것을 여덟 가지 거룩한 길을 수행하는 것이라고 하느니라."

부처님께서 이 경을 말씀하시자 모든 비구들은 부처님의 말씀을 듣고 기뻐하며 받들어 행하였다.

765. 수경 ②

이와 같이 나는 들었다.

어느 때 부처님께서 사위국 기수급고독원에 계셨다. 그때 세존께서 모든 비구들에게 말씀하셨다.

"내 이제 비구로서 과거에도 이미 닦았던 여덟 가지 거룩한 길과 미래에도 닦아야 할 여덟 가지 거룩한 길에 대해 설명하리라."

그러자 모든 비구들은 부처님의 말씀을 듣고 기뻐하며 받들어 행하였다.

766. 청정경淸淨經

이와 같이 나는 들었다.

어느 때 부처님께서 사위국 기수급고독원에 계셨다.

그때 세존께서 모든 비구들에게 말씀하셨다.

"만일 비구의 바른 견해가 청정하고 선명하며, 모든 잘못과 근심이 없으며 온갖 번뇌를 여의었다면 부처님께서 항복 받은 것을 제외한 아직 일어나지 않은 것은 더 이상 일어나지 않으며,……(이하 생략)……바른 선정에 있어서도 그와 같다. 만일 바른 견해가 청정하고 결백하며 모든 잘못과 근심이 없으며 온갖 번뇌를 여의었다면 아직 일어나지 않은 것이 일어나며,……(이하 생략)……바른 선정에 있어서도 그와 같다고 말하리라."

부처님께서 이 경을 말씀하시자 모든 비구들은 부처님의 말씀을 듣고 기뻐하며 받들어 행하였다.

767. 취경聚經

이와 같이 나는 들었다.

어느 때 부처님께서 사위국 기수급고독원에 계셨다.

그때 세존께서 모든 비구들에게 말씀하셨다.

"착하지 않은 무더기〔不善聚〕란 이른바 5개蓋를 말하는 것이니, 이것이 바른 가르침〔正說〕이다. 왜냐하면 순일純一하게 착하지 못한 무더기가 5개蓋이기 때문이다. 어떤 것이 그 다섯 가지인가? 이른바 탐욕개貪欲蓋·진에개瞋恚蓋·수면개睡眠蓋·도회개掉悔蓋·의개疑蓋이니라. 착한 법의 무더기〔善法聚〕란 여덟 가지 거룩한 길을 말하는 것이니, 이것이 바른 가르침이다. 왜냐하면 순일하게 원만하고 깨끗한 착한 무더기가 여덟 가지 거룩한 길이기 때문이다. 어떤 것이 그 여덟 가지인가? 이른바 바른 견해 · 바른 뜻 · 바른 말 · 바른 행위 · 바른 생활 · 바른 방편 · 바른 생각 · 바른 선정을 말하는 것이니라."

부처님께서 이 경을 말씀하시자 모든 비구들은 부처님의 말씀을 듣고 기뻐하며 받들어 행하였다.

768. 반경半經

이와 같이 나는 들었다.

어느 때 부처님께서 왕사성 산곡정사山谷精舍[5]에 계셨다.

그때 존자 아난은 혼자 고요한 곳에서 이렇게 생각하였다.

'범행梵行의 절반은 이른바 선지식善知識 · 훌륭한 도반〔善伴黨〕 · 착한 일을 따르는 이라고 할 수 있다.'……(이하 생략.)

부처님께서 아난에게 말씀하셨다.

"순전하고 원만하며 깨끗한 범행을 갖추게 하는 이를 선지식이라고 한다. 왜냐하면 내가 선지식이기 때문에 모든 중생으로 하여금 바른 견해를 닦게 하여 멀리 여읨에 의존하고 욕심 없음에 의존하며 소멸에 의존하고 떠나보냄으로 열반으로 회향하는 데로 나아가게 하나니,……(이하 생략)……바른 선정을 닦게 하여 멀리 여읨에 의존하고 욕심 없음에 의존하며 소멸에 의존하고 여의어 버림으로써 열반으로 회향하는 데로 나아가게 하기 때문이니라."

부처님께서 이 경을 말씀하시자 존자 아난은 부처님의 말씀을 듣고

5 팔리어로는 Giribbaja라고 하며, 왕사성王舍城의 옛 성을 말함.

기뻐하며 받들어 행하였다.

769. 바라문경婆羅門經

이와 같이 나는 들었다.

어느 때 부처님께서 사위국 기수급고독원에 계셨다.

그때 존자 아난은 이른 아침에 가사를 입고 발우를 들고 사위성으로 들어가 걸식하려고 하였다.

그때 흰 마차를 탄 어떤 생문生聞 바라문이 있었는데 많은 젊은이들이 좌우에서 그를 따랐다. 그는 늘 흰 말·흰 수레·흰 고삐·흰 채찍을 사용하였고 머리에는 흰 모자를 쓰고 흰 일산을 썼으며 손에는 흰 총채를 잡고 흰 옷을 입고 흰 영락瓔珞을 걸쳤으며 흰 향香을 몸에 바르는 등 모두 흰 빛깔을 선호하였다. 가르침을 듣고 읽고 외우기 위해 사위성을 나와 숲 속으로 가는 길이었다. 사람들은 그것을 보고 모두 말하기를 '훌륭한 수레구나, 훌륭한 수레구나. 범천의 수레〔婆羅門乘〕[6]라고 할 만하구나'라고 하였다.

그때 존자 아난은 바라문의 권속들과 모든 차림들이 온통 흰 빛깔인 것을 보고는, 성에 들어가 걸식하고 정사로 돌아와, 가사와 발우를 두고 발을 씻은 뒤에, 부처님께서 계신 곳으로 나아가 머리를 조아려 부처님의 발에 예배하고 한쪽에 물러나 앉아서 부처님께 여쭈었다.

6 팔리어로는 brahmayāna라고 함. Brahma는 통상적으로 범梵 즉 범천으로 번역되며, brāhmaṇa는 바라문婆羅門 즉 바라문 종성으로 번역된다. 따라서 여기에서의 brahmayāna는 범승梵乘으로 번역해야 마땅하다. 고대 인도인들은 범천梵天에 올라갈 수 있는 법을 범행梵行 또는 범승梵乘이라고 하였다.

"세존이시여, 오늘 이른 새벽에 가사를 입고 발우를 가지고 걸식하러 사위성으로 들어가다가 생문 바라문이 흰 마차를 탔는데, 그 권속들과 모든 차림들이 온통 흰 빛깔이었습니다. 이를 본 사람들이 '훌륭한 수레구나, 훌륭한 수레구나. 범천의 수레라 할만하구나'라고 외치는 것을 보았습니다. 어떻습니까? 세존이시여, 우리는 바른 법法과 율律에서는 그런 것을 세속 사람의 수레라고 합니까, 아니면 범천의 수레라고 합니까?"

부처님께서 아난에게 말씀하셨다.

"그것은 세속 사람의 수레요, 우리의 법과 율이나 범천의 수레는 아니다. 아난아, 우리의 바른 법과 율의 수레는 하늘 수레·범천 수레·큰 수레〔大乘〕로서 번뇌의 군사를 능히 항복 받는 것이니, 자세히 듣고 잘 생각하라. 마땅히 너를 위해 설명하리라. 아난아, 어떤 것을 우리의 바른 법과 율의 수레·하늘 수레·범천 수레·큰 수레로서 번뇌의 군사를 능히 항복 받는다고 하는가? 그것은 이른바 여덟 가지 바른 길이니, 즉 바른 견해와……바른 선정을 말한다. 아난아, 이것을 '바른 법과 율의 수레·하늘 수레·범천 수레·큰 수레로서 번뇌의 군사를 능히 항복 받는 것'이라고 하느니라."

그때 세존께서 곧 게송을 말씀하셨다.

믿음과 계율로 법의 굴레를 삼고
부끄러워함〔慚愧〕으로 긴 고삐를 삼아
바른 생각으로 잘 지켜 가지면
그를 일러 훌륭한 제어자라고 하느니라.

평정과 삼매로 멍에를 삼고
지혜와 정진으로 바퀴를 삼으며

집착 없음과 참음으로 갑옷을 삼으면
안온하고 법답게 행할 수 있다.

바로 곧게 나아가 물러나지 않고
근심 없는 곳으로 아주 가나니
지혜로운 사람은 싸움의 수레 탔더라도
지혜 없는 원수를 무찔러 항복 받네.

770. 사경邪經

이와 같이 나는 들었다.

어느 때 부처님께서 사위국 기수급고독원에 계셨다.

그때 세존께서 모든 비구들에게 말씀하셨다.

"마땅히 삿된 견해[邪見]를 여의어야 하고 마땅히 삿된 견해를 끊어야 한다. 만일 삿된 견해가 끊을 수 없는 것이라면, 나는 끝내 삿된 견해를 여의고 끊어야 한다고 말하지 않았을 것이다. 삿된 견해는 끊을 수 있는 것이기 때문에 나는 비구들에게 삿된 견해를 여의어야 한다고 말하는 것이다. 삿된 견해를 여의지 않으면, 그것은 진리가 아니므로 이익이 없는 고통을 지어내리라. 그러므로 삿된 견해를 여의어야 한다고 나는 말하는 것이다.

이와 같이 삿된 뜻[邪志]·삿된 말[邪語]·삿된 행위[邪業]·삿된 생활[邪命]·삿된 방편[邪方便]·삿된 생각[邪念]·삿된 선정[邪定]에 대해서도 또한 그와 같다고 말하느니라.

비구들아, 삿된 견해를 여의었거든 바른 견해[正見]를 닦아야 한다. 만일 바른 견해가 닦을 수 없는 것이라면, 나는 끝내 바른 견해를 닦아 익히라고 말하지 않았을 것이다. 바른 견해를 닦을 수 있기 때문에 나는 비구들에게 바른 견해를 닦아야 한다고 말하는 것이다. 만일 바른 견해를 닦지 않으면, 그것은 진리가 아니므로 이익이 없는 고통을 지어내리라. 바른 견해를 닦지 않음으로써 진리가 아닌 것으로 이익이 없는 고통을 지어내기 때문에 나는 바른 견해를 닦아야 한다고 말하는 것이다. 그것은 진리로써 이롭게 하기 때문에 언제나 안락安樂을 얻게 되리니, 그러므로 비구들아, 마땅히 바른 견해를 닦아야 한다.

이와 같이 바른 뜻〔正志〕・바른 말〔正語〕・바른 행위〔正業〕・바른 생활〔正命〕・바른 방편〔正方便〕・바른 생각〔正念〕・바른 선정〔正定〕에 대해서도 그와 같다고 말하느니라."

부처님께서 이 경을 말씀하시자 모든 비구들은 부처님의 말씀을 듣고 기뻐하며 받들어 행하였다.

771. 피안경彼岸經 ①

이와 같이 나는 들었다.

어느 때 부처님께서 사위국 기수급고독원에 계셨다. 그때 어떤 생문 바라문이 부처님께서 계신 곳으로 나아가 세존과 서로 대면하고서 서로 문안인사를 하였다. 서로 문안인사를 나눈 뒤에 한쪽에 물러앉아 부처님께 아뢰었다.

"구담이시여, 어떤 것이 저 언덕〔彼岸〕이 아니며, 어떤 것이 저 언덕입니까?"

부처님께서 바라문에게 말씀하셨다.

"삿된 견해는 저 언덕이 아니요, 바른 견해는 저 언덕이니라. 삿된 뜻・삿된 말・삿된 행위・삿된 생활・삿된 방편・삿된 생각・삿된 선정은 곧 저 언덕이 아니요, 바른 견해 · 바른 뜻 · 바른 말 · 바른 행위 · 바른 생활 · 바른 방편 · 바른 생각 · 바른 선정은 곧 저 언덕이니라.”

그때 세존께서 곧 게송으로 말씀하셨다.

모든 사람들 중에
저 언덕으로 건넌 이 극히 드물고
모든 세상 사람들은
대부분 이 언덕에 어정거리고 있네.

우리의 이 바른 법과 율을
능히 잘 따라 행하는 사람
그는 저 나고 죽음의
건너기 어려운 강을 건너리라.

그때 생문 바라문은 부처님의 말씀을 듣고 따라 기뻐하면서 자리에서 일어나 떠나갔다.

772~774. 피안경 ②~④

이와 같이 다른 비구가 존자 아난에게 묻고〔異比丘問尊者阿難〕· 부처님께 묻고〔問佛〕· 여러 비구들에게 물은〔問諸比丘〕 이 세 가지 경도 위에서 설한 것과 똑같이 설하셨다.

775. 정부정사유경正不正思惟經 ①

이와 같이 나는 들었다.

어느 때 부처님께서 사위국 기수급고독원에 계셨다.

그때 세존께서 모든 비구들에게 말씀하셨다.

"내부적 현상〔內法〕 중에 아직 생기지 않은 악하고 착하지 않은 법〔惡不善法〕은 생기게 하고 이미 생긴 악하고 착하지 않은 법은 거듭 생겨 더욱 많아지게 하며, 생기지 않은 착한 법〔善法〕은 생기지 못하게 하고 이미 생긴 것은 곧 사라지게 하는 데는 이른바 바르지 않은 생각〔不正思惟〕 이외에 달리 그 어떤 법도 나는 보지 못했다. 비구들이여, 바르지 않은 생각은 아직 생기지 않은 삿된 견해〔邪見〕는 생기게 하고 이미 생긴 것은 거듭 생겨 더욱 많아지게 하며 아직 생기지 않은 바른 견해〔正見〕는 생기지 못하게 하고 이미 생긴 것은 곧 사라지게 한다. 이와 같이 아직 생기지 않은 삿된 뜻 · 삿된 말 · 삿된 행위 · 삿된 생활 · 삿된 방편 · 삿된 생각 · 삿된 선정은 생기게 하고, 이미 생긴 것들은 거듭 생기게 하여 더욱 많아지게 하며 아직 생기지 않은 바른 뜻 · 바른 말 · 바른 행위 · 바른 생활 · 바른 방편 · 바른 생각 · 바른 선정은 생기지 못하게 하고, 이미 생긴 것은 사라지게 하느니라.

비구들아, 내부적 현상 중에 아직 생기지 않은 악하고 착하지 않은 법은 생기지 못하게 하고 이미 생긴 악하고 착하지 않은 법은 사라지게 하며 이미 생긴 착한 법은 생기게 하고 이미 생긴 착한 법은 거듭 생겨 더욱 많아지게 하는 데는 이른바 바른 생각〔正思惟〕 이외에 달리 유일한 법을 나는 보지 못했다. 비구들아, 바른 생각은 아직 생기지 않은 삿된 견해는 생기지 못하게 하고, 이미 생긴 삿된 견해는 사라지게 하며 아직 생기지 않은 바른 견해는 생기게 하고 이미 생긴 바른 견해는 거듭 생기게 하여 더욱 많아지게 하느니라. 이와 같이 아직 생기지 않은 삿된 뜻 · 삿된 말 · 삿된 행위 · 삿된 생활 · 삿된 방편 · 삿된 생각 · 삿된 선정은 생기지 못하게 하고 이미 생긴 것은 사라지게 하며 아직 생기지 않은 바른 뜻 · 바른 말 · 바른 행위 · 바른 생활 · 바른 방편 · 바른 생각 · 바른 선정은 생기게 하고 이미 생긴 것은 거듭 생기게 하여 더욱 많아지게 하느니라."

부처님께서 이 경을 말씀하시자 모든 비구들은 부처님의 말씀을 듣고 기뻐하며 받들어 행하였다.

776. 정부정사유경 ②

이와 같이 나는 들었다.

어느 때 부처님께서 사위국 기수급고독원에 계셨다.

그때 세존께서 모든 비구들에게 말씀하셨다.

"내부적 현상〔內法〕 중에 아직 생기지 않은 착한 법〔善法〕은 생기지 못하게 하고 이미 생긴 착한 법은 사라지게 하는 데는 이른바 바르지 않은 생각〔不正思惟〕 이외에 다른 그 어떤 법도 나는 보지 못했다. 비구들아, 바르지 않은 생각은 아직 생기지 않은 바른 견해〔正見〕는 생기지 못하게 하고 이미 생긴 바른 견해는 사라지게 하느니라.

이와 같이 아직 생기지 않은 바른 뜻 · 바른 말 · 바른 행위 · 바른 생활 · 바른 방편 · 바른 생각 · 바른 선정은 생기지 못하게 하고 이미 생긴 것들은 사라지게 하느니라.

비구들아, 내부적 현상 중에 아직 생기지 않은 착한 법은 생기게 하고 이미 생긴 착한 법은 거듭 생기게 하여 더욱 많아지게 하는 데는 이른바 바른 생각〔正思惟〕 이외에 다른 그 어떤 법도 나는 보지 못했다. 비구들아, 바른 생각은 아직 생기지 않은 바른 견해는 생기게 하고 이미 생긴 바른 견해는 거듭 생기게 하여 더욱 많아지게 하느니라.

이와 같이 아직 생기지 않은 바른 뜻·바른 말·바른 행위·바른 생활·바른 방편·바른 생각·바른 선정은 생기게 하고 이미 생긴 것들은 거듭 생겨 더욱 많아지게 하느니라."

부처님께서 이 경을 말씀하시자 여러 비구들은 부처님의 말씀을 듣고 기뻐하며 받들어 행하였다.

777. 정부정사유경 ③

이와 같이 나는 들었다.

어느 때 부처님께서 사위국 기수급고독원에 계셨다.

그때 세존께서 모든 비구들에게 말씀하셨다.

"내부적 현상 중에 아직 생기지 않은 악하고 착하지 않은 법은 생기게 하고 이미 생긴 악하고 착하지 않은 법은 거듭 생기게 하여 더욱 많아지게 하며, 아직 생기지 않은 착한 법은 생기지 못하게 하고 이미 생긴 것은 사라지게 하는 데는 이른바 바르지 않은 생각 이외에 다른 그 어떤 법도 나는 보지 못했다. 비구들아, 바르지 않은 생각은, 아직 생기지 않은 삿된 견해〔邪見〕는 생기게 하고 이미 생긴 것은 생겨나게 하여 더욱 많아지게 하며 아직 생기지 않은 바른 견해는 생기지 못하게 하고 이미 생긴 것은 사라지게 하느니라.

이와 같이 아직 생기지 않은 삿된 뜻·삿된 말·삿된 행위·삿된 생활·삿된 방편·삿된 생각·삿된 선정은 생기게 하고 이미 생긴 것은 거듭 생기게 하여 더욱 많아지게 하며 아직 생기지 않은 바른 뜻·바른 말·바른 행위·바른 생활·바른 방편·바른 생각·바른 선정은 생기지 못하게 하고 이미 생긴 것은 사라지게 하느니라. 비구들아, 내부적 현상 중에 아직 생기지 않은 악하고 착하지 않은 법은 생기지 못하게 하고 이미 생긴 악하고 착하지 않은 법은 사라지게 하며 아직 생기지 않은 착한 법은 생기게 하고 이미 생긴 착한 법은 거듭 생기게 하여 더욱 많아지게 하는 것 중에 바른 생각 이외에 다른 그 어떤 법도 나는 보지 못했다.

비구들아, 바른 생각은, 아직 생기지 않은 삿된 견해는 생기지 못하게 하고 이미 생긴 삿된 견해는 사라지게 하며 아직 생기지 않은 바른 견해는 생기게 하고 이미 생긴 바른 견해는 거듭 생기게 하여 더욱 많아지게 하느니라. 이와 같이 아직 생기지 않은 삿된 뜻 · 삿된 말 · 삿된 행위 · 삿된 생활 · 삿된 방편 · 삿된 생각 · 삿된 선정은 생기지 못하게 하고 이미 생긴 것은 사라지게 하며 아직 생기지 않은 바른 뜻 · 바른 말 · 바른 행위 · 바른 생활 · 바른 방편 · 바른 생각 · 바른 선정은 생기게 하고 이미 생긴 것들은 거듭 생겨나게 하여 더욱 많아지게 하느니라."

부처님께서 이 경을 말씀하시자 모든 비구들은 부처님의 말씀을 듣고 기뻐하며 받들어 행하였다.

778. 선악지식경善惡知識經

이와 같이 나는 들었다.

어느 때 부처님께서 사위국 기수급고독원에 계셨다.

그때 세존께서 모든 비구들에게 말씀하셨다.

"외부적 현상 중에 아직 생기지 않은 악하고 착하지 않은 법은 생기게 하고 이미 생긴 악하고 착하지 못한 법은 거듭 생겨나게 하여 더욱 많아지게 하는 데는 이른바 악지식惡知識 · 나쁜 도반 · 나쁜 일을 따르는 것 이외에 다른 그 어떤 법도 나는 보지 못했다. 비구들아, 악지식 · 나쁜 도반 · 나쁜 일을 따르는 이는 아직 생기지 않은 삿된 견해는 생기게 하고 이미 생긴 삿된 견해는 거듭 생겨나게 하여 더욱 많아지게 한다. 이와 같이 아직 생기지 않은 삿된 뜻 · 삿된 말 · 삿된 행위 · 삿된 생활 · 삿된 방편 · 삿된 생각 · 삿된 선정은 생기게 하고 이미 생긴 것은 거듭 생겨나게 하여 더욱 많아지게 하느니라.

비구들아, 외부적 현상 중에 아직 생기지 않은 악하고 착하지 않은 법은 생기지 못하게 하고 이미 생긴 악하고 착하지 않은 법은 사라지게 하는 데는 이른바 선지식 · 훌륭한 도반 · 착한 일을 따르는 것 이외에 다른 그 어떤 법도 나는 아직 보지 못했다. 비구들아, 선지식 · 훌륭한 도반 · 착한 일을 따르는 이는 아직 생기지 않은 삿된 견해는 생기지 못하게 하고 이미 생긴 삿된 견해는 사라지게 하며 아직 생기지 않은 삿된 뜻 · 삿된 말 · 삿된 행위 · 삿된 생활 · 삿된 방편 · 삿된 생각 · 삿된 선정은 생기지 못하게 하고 이미 생긴 것은 사라지게 하느니라."

부처님께서 이 경을 말씀하시자 여러 비구들은 부처님의 말씀을 듣고 기뻐하며 받들어 행하였다.

779. 선지식경善知識經

이와 같이 나는 들었다.

어느 때 부처님께서 사위국 기수급고독원에 계셨다.

그때 세존께서 모든 비구들에게 말씀하셨다.

"외부적 현상 중에 아직 생기지 않은 착한 법은 생기게 하고 이미 생긴 착한 법은 거듭 생겨나게 하여 더욱 많아지게 하는 데는 이른바 선지식 · 훌륭한 도반 · 착한 일을 따르는 것 이외에 다른 그 어떤 법도 나는 보지 못했다. 비구들아, 선지식 · 훌륭한 동무들 · 착한 일을 따르는 이것은 아직 생기지 않은 바른 견해는 생기게 하고 이미 생긴 바른 견해는 거듭 생겨나게 하여 더욱 많아지게 한다. 이와 같이 아직 생기지 않은 바른 뜻 · 바른 말 · 바른 행위 · 바른 생활 · 바른 방편 · 바른 생각 · 바른 선정은 생기게 하고, 이미 생긴 것은 거듭 생겨나게 하여 더욱 많아지게 하느니라."

부처님께서 이 경을 말씀하시자 모든 비구들은 부처님의 말씀을 듣고 기뻐하며 받들어 행하였다.

780. 선악지식경善惡知識經

이와 같이 나는 들었다.

어느 때 부처님께서 사위국 기수급고독원에 계셨다.

그때 세존께서 모든 비구들에게 말씀하셨다.

"외부적 현상 중에 아직 생기지 않은 악하고 착하지 않은 법은 생기게 하고 이미 생긴 악하고 착하지 않은 법은 거듭 생겨나게 하여 더욱 많아지게 하며 아직 생기지 않은 착한 법은 생기지 못하게 하고 이미 생긴 착한 법은 사라지게 하는 데는 이른바 악지식 · 나쁜 도반 · 나쁜 일을 따르는 것 이외에 다른 그 어떤 법도 나는 보지 못했다.

비구들아, 악지식 · 나쁜 도반 · 나쁜 일을 따르는 것은, 아직 생기지 않은 삿된 견해는 생기게 하고 이미 생긴 삿된 견해는 거듭 생겨나게 하여 더욱 많아지게 하며 아직 생기지 않은 바른 견해는 생기지 못하게 하고 이미 생긴 바른 견해는 사라지게 하느니라.

이와 같이 아직 생기지 않은 삿된 뜻·삿된 말·삿된 행위·삿된 생활·삿된 방편·삿된 생각·삿된 선정은 생기게 하고, 이미 생긴 것은 거듭 생겨나게 하여 더욱 많아지게 하며 아직 생기지 않은 바른 뜻·바른 말·바른 행위·바른 생활·바른 방편·바른 생각·바른 선정은 생기지 못하게 하고 이미 생긴 것은 사라지게 하느니라.

비구들아, 외부적 현상 중에 아직 생기지 않은 악하고 착하지 않은 법은 생기지 못하게〔不生〕[1] 하고, 이미 생긴 악하고 착하지 않은 법은 사라지게 하며, 아직 생기지 않은 착한 법은 생기게 하고, 이미 생긴 착한 법은 거듭 생겨나게 하여 더욱 많아지게 하는 데는 선지식·훌륭한 도반·착한 일을 따르는 것 이외에 다른 그 어떤 법도 나는 보지 못했다.

비구들아, 선지식·훌륭한 도반·착한 일 따르는 이는 아직 생기지 않은 삿된 견해는 생기지 못하게 하고 이미 생긴 삿된 견해는 사라지게 하며 아직 생기지 않은 바른 견해는 생기게 하고 이미 생긴 바른 견해는 거듭 생겨나게 하여 더욱 많아지게 하느니라.

이와 같이 아직 생기지 않은 삿된 뜻·삿된 말·삿된 행위·삿된 생활·삿된 방편·삿된 생각·삿된 선정은 생기지 못하게 하고 이미 생긴 것은 사라지게 하며 아직 생기지 않은 바른 뜻·바른 말·바른 행위·바른 생활·바른 방편·바른 생각·바른 선정은 생기게 하고 이미 생긴 것은 거듭 생겨나게 하여 더욱 많아지게 하느니라."

부처님께서 이 경을 말씀하시자 여러 비구들은 부처님의 말씀을 듣고 기뻐하며 받들어 행하였다.

---

1 고려대장경 본문에는 '불不'자가 없다. 그러나 의미가 잘 통하지 않고, 신수대장경 각주에 의하면 "송宋·원元·명明 3본에는 생生자 앞에 불不자가 더 있다"고 하였으므로 역자도 이를 따라 번역하였다.

781. 정부정사유경正不正思維經

이와 같이 나는 들었다.

어느 때 부처님께서 사위국 기수급고독원에 계셨다.

그때 세존께서 모든 비구들에게 말씀하셨다.

"내부적 현상 중에 아직 생기지 않은 악하고 착하지 않은 법은 생기게 하고, 이미 생긴 것은 거듭 생겨나게 하여 더욱 많아지게 하며 아직 생기지 않은 착한 법은 생기지 못하게 하고 이미 생긴 것은 사라지게 하는 데는 이른바 바르지 않은 생각〔不正思惟〕 이외에 다른 그 어떤 법도 나는 보지 못했다.

비구들아, 바르지 않은 생각은 아직 생기지 않은 삿된 견해는 생기게 하고 이미 생긴 삿된 견해는 거듭 생겨나게 하여 더욱 많아지게 하며 아직 생기지 않은 바른 견해는 생기지 못하게 하고 이미 생긴 바른 견해는 사라지게 하느니라.

비구들아, 내부적 현상 중에 아직 생기지 않은 악하고 착하지 않은 법은 생기지 않게 하고 이미 생긴 악하고 착하지 않은 법은 사라지게 하며 아직 생기지 않은 착한 법은 생기게 하고 이미 생긴 착한 법은 거듭 생겨나게 하여 더욱 많아지게 하는 데에는 이른바 바른 생각 이외에 다른 그 어떤 법도 나는 보지 못했다.

비구들아, 바른 생각은 아직 생기지 않은 삿된 견해는 생기지 못하게 하고 이미 생긴 것은 사라지게 하며 아직 생기지 않은 바른 견해는 생기게 하고 이미 생긴 것은 거듭 생겨나게 하여 더욱 많아지게 하느니라."

부처님께서 이 경을 말씀하시자 모든 비구들은 부처님의 말씀을 듣고 기뻐하며 받들어 행하였다.

삿된 견해〔邪見〕와 바른 견해〔正見〕를 말씀하신 소경에서와 같이 삿된 뜻〔邪志〕과 바른 뜻〔正志〕·삿된 말〔邪語〕과 바른 말〔正語〕·삿된 행위〔邪業〕와 바른 행위〔正業〕·삿된 생활〔邪命〕과 바른 생활〔正命〕·삿된 방편〔邪方便〕과 바른 방편〔正方便〕·삿된 생각〔邪念〕과 바른 생각〔正念〕·삿된 선정〔邪定〕과 바른 선정〔正定〕의 일곱 경도 위에서 말씀하신 것과 똑같이 설하셨다.

또 내부적 현상의 여덟 가지 서경에서와 같이 외부적 현상의 여덟 가지 소경도 이와 똑같이 말씀하셨다.

782. 비법시법경非法是法經

이와 같이 나는 들었다.

어느 때 부처님께서 사위국 기수급고독원에 계셨다.

그때 세존께서 모든 비구들에게 말씀하셨다.

"그릇된 법과 올바른 법이 있으니 자세히 듣고 잘 생각하라. 지금 너희들을 위해 설명하리라. 어떤 것을 그릇된 법이라 하고, 또 올바른 법이라 하는가? 삿된 견해는 그릇된 법이요, 바른 견해는 올바른 법이며,……(이하 생략)……삿된 선정은 그릇된 법이요, 바른 선정은 올바른 법이니라."

부처님께서 이 경을 말씀하시자, 모든 비구들은 부처님의 말씀을 듣고 기뻐하며 받들어 행하였다.

그릇된 법〔非法〕과 올바른 법〔是法〕을 설한 소경에서와 같이 그릇된 계율〔非律〕과 바른 계율〔正律〕·거룩하지 않은 것〔非聖〕과 거룩한 것〔是聖〕·착하지 않은 법〔不善法〕과 착한 법〔善法〕·익히지 않아야 할 법〔非習法〕과 익혀야 할 법〔習法〕·착하지 않다는 법〔非善哉法〕과 착하다는 법〔善哉法〕·검은 법〔黑法〕과 흰 법〔白法〕·그릇된 도리〔非義〕와 바른 도리〔正義〕·낮은 법〔卑法〕과 뛰어난 법〔勝法〕·죄 있는 법〔有罪法〕과 죄 없는 법〔無罪法〕·버려야 할 법〔應去法〕과 버리지 않아야 할 법〔不去法〕의 열한 가지 소경에 대해서도 모두 앞에서와 똑같이 말씀하셨다.

783. 단탐경斷貪經

이와 같이 나는 들었다.

어느 때 부처님께서 구섬미국拘睒彌國 구사라원瞿師羅園에 계셨다.

그때 존자 아난도 거기에 머물고 있었다.

어떤 바라문이 존자 아난의 처소로 나아가 존자 아난과 함께 서로 문안 인사를 한 뒤에 한쪽에 물러나 앉아서 존자 아난에게 물었다.

"묻고 싶은 일이 있는데 여가가 있으시면 분명하게 말씀해 주시겠습니까?"

아난이 대답하였다.

"당신의 질문에 따라 아는 것이면 대답해 주겠소."

바라문이 물었다.

"존자 아난께서는 무엇 때문에 사문 구담瞿曇에게 출가하여 범행梵行을 닦습니까?"

아난이 대답하였다.

"바라문이여, 끊기 위해서입니다."

또 물었다.

"무엇을 끊기 위해서입니까?"

대답하였다.

"탐욕貪欲을 끊고 성냄〔瞋恚〕과 어리석음〔愚癡〕을 끊기 위해서입니다."

또 물었다.

"아난이시여, 어떤 길〔道〕과 방도〔跡〕로써 탐욕과 성냄과 어리석음을 끊을 수 있습니까?"

아난이 대답하였다.

"여덟 가지 거룩한 길〔八聖道〕이 있으니, 바른 견해·바른 뜻·바른 말·바른 행위·바른 생활·바른 방편·바른 생각·바른 선정입니다."

바라문이 말했다.

"아난이시여, 현명한 길이요, 현명한 방도이군요. 그것을 닦아 익히고, 더 많이 닦아 익히면 능히 탐욕·성냄·어리석음을 끊을 수 있을 것입니다."

존자 아난이 이 법을 설명하자 그 바라문은 그 말을 듣고 따라 기뻐하면서 자리에서 일어나 떠나갔다.

탐욕과 성냄과 어리석음을 끊는 것을 설하신 소경에서와 같이 탐욕과 성냄과 어리석음을 항복 받음·열반을 증득함〔得涅槃〕·싫어해 여읨〔厭離〕·열반으로 나아가지 않음〔不趣涅槃〕·사문의 도리〔沙門義〕·바라문의 도리〔婆羅門義〕·해탈〔解脫〕·괴로움을 끊음〔苦斷〕·괴로움을 완전히 벗어남〔究竟苦邊〕·괴로움을 바르게 다함〔正盡苦〕 등 낱낱의 경에 대해서도 모두 앞에서와 똑같이 말씀하셨다.

784. 사정경邪正經

이와 같이 나는 들었다.

어느 때 부처님께서 사위국 기수급고독원에 계셨다.

그때 세존께서 모든 비구들에게 말씀하셨다.

"삿된 것과 바른 것이 있으니 자세히 듣고 잘 생각하라. 지금 너희들을 위해 설명하리라. 어떤 것이 삿된 것인가? 이른바 삿된 견해와……삿된 선정을 말한다. 어떤 것이 바른 것인가? 바른 견해와……바른 선정을 말하느니라.

어떤 것이 바른 견해〔正見〕인가? 보시〔施〕가 있고 주장〔說〕이 있으며 재齋가 있고 선한 행위〔善行〕가 있으며 악한 행위〔惡行〕가 있고 선하고 악한 행위의 과보果報가 있으며 이 세상〔此世〕이 있고 다른 세상〔他世〕이 있으며 부모와 중생의 태어남이 있으며, 아라한의 경지에 잘 이르고 잘 향함이 있고 이 세상과 다른 세상이 있다. 거기서 증득한 줄을 스스로 알아 구족하게 머물면서, '나의 생은 이미 다하였고, 범행은 이미 섰으며, 할 일을 이미 다 마쳐, 다시는 후세에서는 몸을 받지 않는다'고 스스로 아는 것이다.

어떤 것이 바른 뜻〔正志〕인가? 번뇌를 벗어나겠다는 뜻〔出要志〕·성냄이 없는 뜻〔無恚志〕·해치지 않는 뜻〔不害志〕을 말한다.

어떤 것이 바른 말〔正語〕인가? 거짓말〔妄語〕을 안 하고 이간하는 말〔兩舌〕을 여의며 나쁜 말〔惡口〕을 여의고 꾸밈 말〔綺語〕을 여읜 것을 말한다.

어떤 것이 바른 행위〔正業〕인가? 살생〔殺〕과 도둑질〔盜〕과 사음〔婬〕을 여읜 것을 말한다.

어떤 것이 바른 생활〔正命〕인가? 의복·음식·침구·탕약을 법답게 구하고 법답지 않은 방법으로 구하지 않는 것을 말한다.

어떤 것이 바른 방편〔正方便〕인가? 방편으로 꾸준히 힘써 번뇌를 여의려고 하고 부지런히 나아가 항상 물러나지 않도록 행하는 것을 말한다.

어떤 것이 바른 생각〔正念〕인가? 생각을 따르고 생각을 잊지 않으며 헛되지 않게 하는 것을 말한다.

어떤 것이 바른 선정〔正定〕인가? 마음을 어지럽지 않은 데 두고 견고하게 하며 마음을 거두어 지녀 고요한 삼매에 들어 한 마음을 성취한 것을 말하느니라."

부처님께서 이 경을 말씀하시자 모든 비구들은 부처님의 말씀을 듣고 기뻐하며 받들어 행하였다.

785. 광설팔성도경廣說八聖道經

이와 같이 나는 들었다.

어느 때 부처님께서는 사위국 기수급고독원에 계셨다.

그때 세존께서 모든 비구들에게 말씀하셨다.……이 사이의 자세한 내용은 위의 소경에서 설한 것과 같으며 다만 그와 다른 내용은 다음과 같다.

"어떤 것이 바른 견해인가? 바른 견해에는 두 가지가 있다. 하나는 세상 사람과 세속의 바른 견해로서 번뇌〔漏〕가 있고 취함〔取〕이 있으면서 좋은 세계로 향하는 것이요, 또 하나는 성인과 출세간出世間의 바른 견해로서 번뇌가 없고 취함이 없어 바로 괴로움을 없애 괴로움의 끝으로 향하는 것이다. 어떤 것을 세상 사람과 세속의 바른 견해로서 번뇌가 있고 취함이 있으면서 좋은 세계로 향하는 것이라고 하는가? 만일 그가 보시〔施〕가 있고 주장〔說〕이 있음을 보고,……(이하 생략)……이 세상에 어떤 아라한이 있어 후생後生에 몸을 받지 않는다는 것을 안다면 그것이 세간의 바른 견해요, 세상 사람과 세속의 바른 견해로서 번뇌가 있고 취함이 있으면서 좋은 세계로 향하는 것이라고 한다. 어떤 것을 성인과 출세간의 바른 견해로서, 번뇌가 없고 취함이 없어 바로 괴로움을 없애 괴로움의 끝으로 향하는 것이라고 하는가? 이른바 거룩한 제자는 괴로움을 괴로움이라 생각하고 괴로움의 발생〔集〕·소멸〔滅〕도 마찬가지로 생각하며 소멸에 이르는 길〔道〕을 소멸에 이르는 길이라 생각하여 번뇌가 없는 생각과 서로 호응하여 법을 선택하고 분별하여 깨달아 앎을 구하고 지혜로 깨닫고 관찰한다. 이것을 성인과 출세간의 바른 견해로서 번뇌가 없고 취함이 없어 바로 괴로움을 없애 괴로움의 끝으로 향하는 것이라고 하느니라.

어떤 것이 바른 뜻〔正志〕인가? 바른 뜻에는 두 가지가 있다. 하나는 세상 사람과 세속의 바른 뜻으로서 번뇌가 있고 취함이 있으면서 좋은 세계로 향하는 것이요, 하나는 성인과 출세간의 바른 뜻으로서 번뇌가 없고 취함이 없어 바로 괴로움을 없애 괴로움의 끝으로 향하는 것이다. 어떤 것을 세상 사람과 세속의 바른 뜻으로서 번뇌가 있고 취함이 있으면서 좋은 세계로 향하는 것이라고 하는가? 바른 뜻은 번뇌를 벗어난 깨달음·성냄이 없는 깨달음·해치지 않는 깨달음이니, 이것을 세상 사람과 세속의 바른 뜻으로서 번뇌가 있고 취함이 있으면서 좋은 세계로 향하는 것이라고 한다. 어떤 것을 성인과 출세간의 바른 뜻으로서 번뇌가 없고 취함이 없어 바로 괴로움을 없애 괴로움의 끝으로 향하는 것이라고 하는가? 거룩한 제자는 괴로움을 괴로움이라고 생각하고 괴로움의 발생〔集〕·소멸〔滅〕도 그러하며 소멸에 이르는 길〔道〕을 소멸에 이르는 길이라고 생각하여 번뇌가 없는 생각과 마음이 서로 호응하여 스스로 결정하고 분별하여 그 뜻을 이해하고 헤아려 뜻을 세우나니, 이것을 성인과 출세간의 바른 뜻으로서 번뇌가 없고 취함이 없어 바로 괴로움을 없애 괴로움의 끝으로 향하는 것이라고 하느니라.

어떤 것이 바른 말〔正語〕인가? 바른 말에는 두 가지가 있다. 하나는 세상 사람과 세속의 바른 말로서 번뇌가 있고 취함이 있으면서 좋은 세계로 향하는 것이요, 하나는 성인과 출세간의 바른 말로서 번뇌가 없고 취함이 없어 바로 괴로움을 없애 괴로움의 끝으로 향하는 것이다. 어떤 것을 세상 사람과 세속의 바른 말로서 번뇌가 있고 취함이 있으면서 좋은 세계로 향하는 것이라고 하는가? 이른바 그 바른 말은 거짓말·이간하는 말·나쁜 말·꾸밈말을 하지 않는 것이니, 이것을 세상 사람과 세속의 바른 말로서 번뇌가 있고 취함이 있으면서 좋은 세계로 향하는 것이라고 한다. 어떤 것을 성인과 출세간의 바른 말로서 번뇌가 없고 취함이 없어 바로 괴로움을 없애 괴로움의 끝으로 향하는 것이라고 하는가? 거룩한 제자는 괴로움을 괴로움이라고 생각하고, 괴로움의 발생〔集〕·소멸〔滅〕도 그렇게 생각하며 소멸에 이르는 길〔道〕을 소멸에 이르는 길이라고 생각하여 삿된 생활인 입의 네 가지 나쁜 행과 다른 여러 가지 입의 나쁜 행에 대한 생각을 버리고 그것을 멀리 여의고 번뇌 없이 멀리 여의어 집착하지 않고 굳게 지키고 거두어 지녀 범하지 않되 때〔時〕를 벗어나지 않고 한계를 넘지 않는다. 이것을 성인과 출세간의 바른 말로서 번뇌가 없고 취함이 없어 바로 괴로움을 없애 괴로움의 끝으로 향하는 것이라고 하느니라.

어떤 것이 바른 행위〔正業〕인가? 바른 행위에는 두 가지가 있다. 하나는 세상 사람과 세속의 바른 행위로서 번뇌가 있고 취함이 있으면서 좋은 세계로 향하는 것이요, 하나는 성인과 출세간의 바른 행위로서 번뇌가 없고 취함이 없어 바로 괴로움을 없애 괴로움의 끝으로 향하는 것이다. 어떤 것을 세상 사람과 세속의 바른 행위로서 번뇌가 있고 취함이 있으면서 좋은 세계로 향하는 것이라고 하는가? 살생

〔殺〕·도둑질〔盜〕·사음〔婬〕을 여읜 것이니, 이것을 세상 사람과 세속의 바른 행위로서 번뇌가 있고 취함이 있으면서 좋은 세계로 향하는 것이라고 하느니라. 어떤 것을 성인과 출세간의 바른 행위로서 번뇌가 없고 취함이 없어, 바로 괴로움을 없애 괴로움의 끝으로 향하는 것이라고 하는가? 거룩한 제자는 괴로움을 괴로움이라고 생각하고 괴로움의 발생〔集〕·소멸〔滅〕도 그렇게 생각하며 소멸에 이르는 길〔道〕을 소멸에 이르는 길이라고 생각하여 삿된 생활인 몸의 세 가지 나쁜 행과 다른 여러 가지 몸의 나쁜 행에 대한 생각을 버리고 번뇌가 없고 마음으로 좋아 집착하는 것 없이 굳게 지켜 잡아 지니고서 범하지 않되 때〔時〕를 벗어나지 않고 한계를 넘지 않는다. 이것을 성인과 출세간의 바른 행위로서 번뇌가 없고 취함이 없어, 바로 괴로움을 없애 괴로움의 끝으로 향하는 것이라고 한다.

어떤 것이 바른 생활〔正命〕인가? 바른 생활에는 두 가지가 있다. 하나는 세상 사람과 세속의 바른 생활로서 번뇌가 있고 취함이 있으면서 좋은 세계로 향하는 것이요, 하나는 성인과 출세간의 바른 생활로서, 번뇌가 없고 취함이 없어 바로 괴로움을 없애 괴로움의 끝으로 향하는 것이다. 어떤 것을 세상 사람과 세속의 바른 생활로서 번뇌가 있고 취함이 있으면서 좋은 세계로 향하는 것이라 하는가? 의복·음식·침구·탕약을 법답게 구하여 법답지 않은 것이 아니니, 이것을 세상 사람과 세속의 바른 생활로서, 번뇌가 있고 취함이 있으면서 좋은 세계로 향하는 것이라고 한다. 어떤 것을 성인과 출세간의 바른 생활로서 번뇌가 없고 취함이 없어 바로 괴로움을 없애 괴로움의 끝으로 향하는 것이라고 하는가? 거룩한 제자는 괴로움을 괴로움이라고 생각하고 괴로움의 발생〔集〕·소멸〔滅〕도 그렇게 생각하며 소멸에 이르는 길〔道〕을 소멸에 이르는 길이라고 생각하여 모든 삿된 생활에 대해 번뇌가 없고, 좋아 집착하는 것 없이 굳게 지키고 잡아 지녀 범하지 않되 때를 벗어나지 않고 한계를 넘지 않으면 이것을 성인과 출세간의 바른 생활로서 번뇌가 없고 취함이 없어 바로 괴로움을 없애 괴로움의 끝으로 향하는 것이라고 하느니라.

어떤 것이 바른 방편〔正方便〕인가? 바른 방편에는 두 가지가 있다. 하나는 세상 사람과 세속의 바른 방편으로서 번뇌가 있고 취함이 있으면서 좋은 세계로 향하는 것이요, 하나는 성인과 출세간의 바른 방편으로서 번뇌가 없고 취함이 없어 바로 괴로움을 없애 괴로움의 끝으로 향하는 것이다. 어떤 것을 세상 사람과 세속의 바른 방편으로서 번뇌가 있고 취함이 있으면서 좋은 세계로 향하는 것이라고 하는가? 이른바 의욕을 내고 정진하고 뛰어난 방편으로 견고하게 세워 정진수행을 능히 견디며 마음을 거두어 잡고 언제나 쉬지 않는다. 이것을 세상 사람과 세속의 바른 방편으로서 번뇌가 있고 취함이 있으면서 좋은 세계로 향하는 것이라고 한다. 어떤 것을 성인과 출세간의 바른 방편으로서 번뇌가 없고 취함이 없어 바로 괴로움을 없애 괴로움의 끝으로 향하는 것이라고 하는가? 이른바 거룩한 제자는 괴로움을 괴로움이라고 생각하고 괴로움의 발생〔集〕·소멸〔滅〕도 그렇게 생각하며 소멸에 이르는 길〔道〕을 소멸에 이르는 길이라고 생각하여 번뇌 없는 생각과 마음이 서로 호응하여 의욕을 내고 정진하고 방편으로 정근하여 뛰어난 노력으로 견고하게 세워 정진수행을 능히 견디며 마음을 거두어 잡고 언제나 쉬지 않는다. 이것을 성인과 출세간의 바른 방편으로서 번뇌가 없고 취함이 없어 바로 괴로움을 없애 괴로움의 끝으로 향하는 것이라고 한다.

어떤 것이 바른 생각〔正念〕인가? 바른 생각에는 두 가지가 있다. 하나는 세상 사람과 세속의 바른 생각으로서 번뇌가 있고 취함이 있으면서 좋은 세계로 향하는 것이요, 하나는 성인과 출세간의 바른 생각으로서 번뇌가 없고 취함이 없어 바로 괴로움을 없애 괴로움의 끝으로 향하는 것이다. 어떤 것을 세상 사람과 세속의 바른 생각으로서 번뇌가 있고 취함이 있으면서 좋은 세계로 향한다고 하는가? 만일 생각〔念〕과 생각을 따름〔隨念〕과 생각을 소중히 함〔重念〕과 생각을 기억함〔憶念〕에 있어 망령되지 않고 헛되지 않으면, 이것을 세상 사람과 세속의 바른 생각으로서 번뇌가 있고 취함이 있으면서 좋은 세계로 향하는 것이라고 한다. 어떤 것을 성인과 출세간의 바른 생각으로서 번뇌가 없고 취함이 없어 괴로움의 끝으로 향하는 것이라고 하는가? 거룩한 제자는 괴로움을 괴로움이라고 생각하고 괴로움의 발생〔集〕·소멸〔滅〕도 그렇게 생각하며 소멸에 이르는 길〔道〕을 소멸에 이르는 길이라고 생각하여 번뇌 없는 생각이 서로 호응하여, 만일 생각〔念〕과 생각을 따름〔隨念〕과 생각을 소중히 함〔重念〕과 생각을 기억함〔憶念〕에 있어 망령되지 않고 헛되지 않으면 이것을 성인과 출세간의 바른 생각으로서 번뇌가 없고 취함이 없어 괴로움의 끝으로 향하는 것이라고 하느니라.

어떤 것이 바른 선정〔正定〕인가? 바른 선정에는 두 가지가 있다. 하나는 세상 사람과 세속의 바른 선정으로 번뇌가 있고 취함이 있으면서 좋은 세계로 향하는 것이요, 하나는 성인과 출세간의 바른 선정으로, 번뇌가 없고 취함이 없어 바로 괴로움을 없애 괴로움의 끝으로 향하는 것이다. 어떤 것을 세상 사람과 세속의 선정으로 번뇌가 있고 취함이 있으면서 좋은 세계로 향하는 것이라고 하는가? 만일 마음이 머물되 산란하지 않고 동요되지 않으며 거두어 잡아 고요히 그치고 삼매에 들어 한마음이 되면 이것을 세상 사람과 세속의 바른 선정으로서 번뇌가 있고 취함이 있으면서 좋은 세계로 향하는 것이라고 한다. 어떤 것을 성인과 출세간의 바른 선정으로서 번뇌가 없고 취함이 없어 바로 괴로움을 없애 괴로움의 끝으로 향하는 것이라고 하는가? 거룩한 제자는 괴로움을 괴로움이라고 생각하고 괴로움의 발생〔集〕·

소멸〔滅〕도 그렇게 생각하며 소멸에 이르는 길〔道〕을 소멸에 이르는 길이라고 생각하여 번뇌가 없는 생각과 서로 호응하여 마음이 머물되 산란하지 않고 동요되지 않으며 거두어 잡아 고요히 그치고 삼매에 들어 한마음이 되면 이것을 성인과 출세간의 바른 선정으로서 번뇌가 없고 취함이 없어 바로 괴로움을 없애 괴로움의 끝으로 향하는 것이라고 하느니라."

부처님께서 이 경을 말씀하시자 모든 비구들은 부처님의 말씀을 듣고 기뻐하며 받들어 행하였다.

786. 향사경向邪經

이와 같이 나는 들었다.

어느 때 부처님께서 사위국 기수급고독원에 계셨다.

그때 세존께서 모든 비구들에게 말씀하셨다.

"만일 비구의 마음이 삿됨〔邪〕으로 향하면 법法을 어기고 저버리게 될 것이요, 법을 좋아하지 않을 것이며, 만일 바름〔正〕으로 향하면 마음이 법을 좋아하고 법에 어긋나지 않을 것이다. 어떤 것이 삿된 것인가? 이른바 삿된 견해〔邪見〕와……삿된 선정〔邪定〕을 말한다. 어떤 것이 바른 것인가? 이른바 바른 견해〔正見〕와……바른 선정〔正定〕을 말하느니라."

부처님께서 이 경을 말씀하시자 모든 비구들은 부처님 말씀을 듣고 기뻐하며 받들어 행하였다.

787. 사견정견경邪見正見經 ①

이와 같이 나는 들었다.

어느 때 부처님께서 사위국 기수급고독원에 계셨다.

그때 세존께서 모든 비구들에게 말씀하셨다.

"삿된 것으로 향하면 법을 어기 법을 좋아하지 않을 것이요, 바름을 향하면 법을 좋아하고 법을 어기지 않을 것이다. 어떤 것을 삿된 것으로 향하면 법을 어기고 법을 좋아하지 않는다고 하는가? 이른바 삿된 견해를 가진 사람은 몸의 업〔身業〕이 그 견해와 같고 입의 업〔口業〕이 그의 견해와 같아서, 만일 생각하거나 바라거나 혹은 원하거나 행하는 것이 모두 그것을 따르면 모두 사랑스럽지 못한 결과를 얻고 기억할 만하거나 마음에 들지 않는 결과를 얻는다. 왜냐하면 악한 견해 때문에 삿된 견해라고 말한다. 삿된 견해는 삿된 뜻·삿된 말·삿된 행위·삿된 생활·삿된 방편·삿된 생각·삿된 선정을 일으키기 때문이다. 이것을 삿된 것으로 향하면 법을 어기고 법을 좋아하지 않는다고 하는 것이니라.

어떤 것을 바름을 향하면 법을 좋아하고 법에 어긋나지 않는다고 하는가? 바른 견해를 가진 사람은 몸의 업이 그 견해를 따라서, 만일 입으로 업을 짓거나, 만일 생각하거나 바라거나 혹은 원하거나 행하거나 하는 것이 모두 그것을 따르면, 사랑스럽고 기억할 만하거나 마음에 드는 결과를 얻는다. 왜냐하면 바른 견해로서 견해가 올바르기 때문이요, 바른 견해는 바른 뜻·바른 말·바른 행위·바른 생활·바른 방편·바른 생각·바른 선정을 일으키기 때문이다. 이것을 바름을 향하면 법을 좋아하고 법에 어긋나지 않는다고 하는 것이니라."

부처님께서 이 경을 말씀하시자 모든 비구들은 부처님의 말씀을 듣고 기뻐하며 받들어 행하였다.

788. 사견정견경 ②

이와 같이 나는 들었다.

어느 때 부처님께서 사위국 기수급고독원에 계셨다.

그때 세존께서 모든 비구들에게 말씀하셨다.

"삿된 것으로 향하면 법을 어기고 법을 좋아하지 않을 것이요, 바른 것으로 향하면 법을 좋아하고 법을 어기지 않을 것이니라. 어떤 것을 삿된 것으로 향하면 법을 어기고 법을 좋아하지 않는다고 하는가? 만일 삿된 견해를 가진 사람이 몸의 업이 그 견해와 같고 입의 업이 그 견해와 같아서, 만일 생각하거나 바라거나 혹은 원하거나 행하는 것이 모두 그것을 따르면 사랑스럽지 못한 결과를 얻고 기억할 만하거나 마음에 들지 않는 결과를 모두 얻는다. 왜냐하면 삿된 견해로서 견해가 나쁘기 때문이요, 삿된 견해는 삿된 뜻·삿된 말·삿된 행위·삿된 생활·삿된 방편·삿된 생각·삿된 선정을 일으키기 때문이다.

비유하면 쓴 종자를 땅에 심고 시절을 따라 물을 주면 그것은 땅 맛〔地味〕·물 맛〔水味〕·불 맛〔火味〕·바람 맛〔風味〕을 얻더라도 모두 쓴 것과 같나니, 왜냐하면 종자가 쓰기 때문이다. 이와 같이 삿된 견해를 가진 사람이 몸의 업이 그 견해와 같고 입의 업이 그 견해와 같아서, 만일 생각하거나 바라거나 혹은 원하거나 행하는 것이 모두 그것을 따르면 사랑스럽지 못하고 기억할 만하거나 마음에 들지 않는 결과를 모두 얻는다. 왜냐하면 나쁜 견해는 삿된 견해이기 때문이요, 삿된 견해는 삿된 뜻과……(이하 생략)……삿된 선정을 일으키기 때문이니, 이것을 삿된 것으로 향하면 법을 어기고 법을 좋아하지 않는다고 하는 것이니라.

어떤 것을 바름을 향하면 법을 좋아하고 법을 어기지 않는다고 하는가? 만일 바른 견해를 가진 사람이 몸의 업이 그 견해와 같고 입의 업이 그 견해와 같아서, 만일 생각하거나 바라거나 혹은 원하거나 행하거나 하는 것이 모두 그것을 따르면 그는 사랑스럽고 기억할 만하거나 마음에 드는 결과를 모두 얻는다. 왜냐하면 착한 견해가 바른 견해이기 때문이요, 바른 견해는 바른 뜻과……바른 선정을 일으키기 때문이다.

비유하면, 감자나 벼·보리·포도 종자를 땅에 심고 때맞추어 물을 주면 그것은 땅 맛·물 맛·불 맛·바람 맛을 얻더라도 그 맛은 모두 달콤하나니, 왜냐하면 종자가 달기 때문이다. 이와 같이 바른 견해를 가진 사람이 몸의 업이 그 견해와 같고 입의 업이 그 견해와 같아서, 만일 생각하거나 바라거나 혹은 원하거나 행하거나 하는 것이 모두 그것을 따르면 그는 사랑스럽고 기억할 만하거나 마음에 드는 결과를 모두 얻는다. 왜냐하면 착한 견해가 바른 견해이기 때문이요, 바른 견해는 바른 뜻과……바른 선정을 일으키기 때문이니, 이것을 바름을 향하면 법을 좋아하고 법을 어기지 않는다고 하는 것이니라."

부처님께서 이 경을 말씀하시자 모든 비구들은 부처님의 말씀을 듣고 기뻐하며 받들어 행하였다.

세간世間과 출세간出世間에 대해서도 앞의 세 경에서와 같이 말씀하셨고, 또 모두 게송으로 말씀하셨다.

더러운 법은 가까이하지 말고
방일은 행하지 않아야 하며
삿된 견해는 익히지 말라.
그것들은 이 세상을 자라게 한다.

비록 이 세간에 살고 있어도
바른 견해를 더 많이 가지면
비록 백 번 천 번이나 태어난다 하더라도
끝내 나쁜 세계에는 떨어지지 않으리.

부처님께서 이 경을 말씀하시자 모든 비구들은 부처님의 말씀을 듣고 기뻐하며 받들어 행하였다.

789. 생문경生聞經

이와 같이 나는 들었다.

어느 때 부처님께서 사위국 기수급고독원에 계셨다.

그때 어떤 생문生聞 바라문이 부처님께서 계신 곳으로 나아가 부처님 발에 머리 조아려 문안인사를 한 뒤에 한쪽에 물러나 앉아서 부처님께 여쭈었다.

"구담이시여, 바른 견해〔正見〕라고 말들 하는데 어떤 것을 바른 견해라고 합니까?"

부처님께서 바라문에게 말씀하셨다.

"바른 견해에는 두 가지가 있다. 하나는 세상 사람과 세속의 바른 견해로서 번뇌가 있고 집착이 있으면서 좋은 세계로 향하는 것이요, 하나는 성인과 출세간의 바른 견해로서 번뇌가 없고 집착이 없어 바로 괴로움을 없애 괴로움의 끝으로 향하는 것이다. 어떤 것을 세상 사람과 세속의 바른 견해로서 번뇌가 있고 집착이 있으면서 좋은 세계로 향하는 것이라고 하는가? 바른 견해란 보시〔施〕가 있고 주장〔說〕이 있으며 재齋가 있고,……(이하 생략)……후세의 몸을 받지 않는다는 것을 스스로 아는 것이다. 바라문아, 이것을 세상 사람과 세속의 바른 견해로서 번뇌가 있고 집착이 있으면서 좋은 세계로 향한다고 하는 것이니라.

바라문아, 어떤 것을 성인과 출세간의 바른 견해로서 번뇌가 없고 집착이 없어 바로 괴로움을 없애 괴로움의 끝으로 향하는 것이라고 하는가? 거룩한 제자는 괴로움을 괴로움이라고 생각하고 괴로움의 발생〔集〕·소멸〔滅〕도 그렇게 생각하며 소멸에 이르는 길〔道〕을 소멸에 이르는 길이라고 생각하여 번뇌가 없는 생각과 서로 호응하여 법을 선택하고 구별하여 깨달음을 구하고 공교로운 방편지혜로 관찰하나니 이것을 성인과 출세간의 바른 지혜로서 번뇌가 없고 집착이 없어 바로 괴로움을 없애 괴로움의 끝으로 향한다고 하는 것이니라."

부처님께서 이 경을 말씀하시자 생문 바라문은 부처님의 말씀을 듣고, 따라 기뻐하면서 자리에서 일어나 떠나갔다."

바른 견해를 설한 소경에서와 같이 바른 뜻〔正志〕·바른 말〔正語〕·바른 행위〔正業〕·바른 생활〔正命〕·바른 방편〔正方便〕·바른 생각〔正念〕·바른 선정〔正定〕 등 낱낱 경에서도 앞에서와 똑같이 말씀하셨다.

790. 사정경邪正經 ①

이와 같이 나는 들었다.

어느 때 부처님께서 사위국 기수급고독원에 계셨다.

그때 세존께서 모든 비구들에게 말씀하셨다.

"삿됨〔邪〕과 삿된 길〔邪道〕이 있고 바름〔正〕과 바른 길〔正道〕이 있으니, 자세히 듣고 잘 생각하라. 마땅히 너희들을 위해 설명하리라.

어떤 것을 삿됨이라고 하는가? 이른바 지옥地獄 · 축생畜生 · 아귀餓鬼를 말한다. 어떤 것을 삿된 길이라 하는가? 이른바 삿된 견해〔邪見〕와……삿된 선정〔邪定〕을 말하느니라. 어떤 것을 바름이라고 하는가? 이른바 인간 · 하늘 · 열반을 말한다. 어떤 것을 바른 길〔正道〕이라고 하는가? 이른바 바른 견해〔正見〕와……바른 선정을 말하느니라."

부처님께서 이 경을 말씀하시자 모든 비구들은 부처님의 말씀을 듣고 기뻐하며 받들어 행하였다.

791. 사정경 ②

이와 같이 나는 들었다.

어느 때 부처님께서 사위국 기수급고독원에 계셨다.

그때 세존께서 모든 비구들에게 말씀하셨다.

"삿됨과 삿된 길이 있고 바름과 바른 길이 있으니, 자세히 듣고 잘 생각하라. 지금 너희들을 위해 설명하리라. 어떤 것을 삿됨이라 하는가? 이른바 지옥 · 축생 · 아귀를 말하느니라. 어떤 것을 삿된 길이라 하는가? 이른바 살생〔殺〕 · 도둑질〔盜〕 · 사음邪婬 · 거짓말〔妄語〕 · 이간하는 말〔兩舌〕 · 나쁜 말〔惡口〕 · 꾸밈 말〔綺語〕 · 탐욕〔貪〕 · 성냄〔恚〕 · 삿된 견해〔邪見〕를 말한다. 어떤 것을 바름이라고 하는가? 이른바 인간 · 천상 · 열반을 말한다. 어떤 것을 바른 길이라고 하는가? 이른바 살생하지 않음 · 도둑질하지 않음 · 사음하지 않음 · 거짓말하지 않음 · 이간하는 말을 하지 않음 · 나쁜 말을 하지 않음 · 꾸밈말 하지 않음 · 탐욕 없음 · 성냄 없음과 바른 견해를 말하느니라."

부처님께서 이 경을 말씀하시자 모든 비구들은 부처님의 말씀을 듣고 기뻐하며 받들어 행하였다.

792. 사정경 ③

이와 같이 나는 들었다.

어느 때 부처님께서 사위국 기수급고독원에 계셨다.

그때 세존께서 모든 비구들에게 말씀하셨다.……이 사이의 자세한 내용은 위의 소경에서 설한 것과 같으며 다만 그와 다른 내용은 다음과 같다.

"어떤 것을 나쁜 갈래의 길〔惡趣道〕이라고 하는가? 아버지를 죽임·어머니를 죽임·아라한을 죽임·화합승가和合僧家를 깨뜨림·나쁜 마음으로 부처의 몸에 피를 내는 것을 말하느니라."……이 사이의 자세한 내용은 위의 소경에서 설한 것과 같다.

부처님께서 이 경을 말씀하시자 모든 비구들은 부처님의 말씀을 듣고 기뻐하며 받들어 행하였다.

793. 순류역류경順流逆流經

이와 같이 나는 들었다.

어느 때 부처님께서 사위국 기수급고독원에 계셨다.

그때 세존께서 모든 비구들에게 말씀하셨다.

"흐름을 따르는 길〔順流道〕과 흐름을 거스르는 길〔逆流道〕이 있으니, 자세히 듣고 잘 생각하라. 지금 너희들을 위해 설명하리라. 어떤 것을 흐름을 따르는 길이라고 하는가? 이른바 삿된 견해와……삿된 선정을 말한다. 어떤 것을 흐름을 거스르는 길이라 하는가? 이른바 바른 견해와……바른 선정을 말하느니라."

부처님께서 이 경을 말씀하시자 모든 비구들은 부처님의 말씀을 듣

고 기뻐하며 받들어 행하였다.

흐름을 따르고 거스르는 것을 설하신 소경에서와 같이 물러나는 길〔退道〕과 훌륭한 길〔勝道〕·아랫길〔下道〕과 윗길〔上道〕 및 세 경의 길에 대해서도 앞에서와 같이 말씀하셨다.

794. 사문사문과경沙門沙門果經

이와 같이 나는 들었다.

어느 때 부처님께서 사위국 기수급고독원에 계셨다.

그때 세존께서 모든 비구들에게 말씀하셨다.

"사문沙門과 사문법沙門法이 있으니 자세히 듣고 잘 생각하라. 지금 너희들을 위해 설명하리라. 어떤 것을 사문법이라고 하는가? 여덟 가지 거룩한 길〔八聖道〕를 이르는 말이니, 즉 바른 견해와……바른 선정을 말하느니라. 어떤 것을 사문이라고 하는가? 만일 이 법을 성취하면 그를 사문이라고 하느니라."

부처님께서 이 경을 말씀하시자 모든 비구들은 그 말씀을 듣고 기뻐하며 받들어 행하였다.

795. 사문법사문의경沙門法沙門義經

이와 같이 나는 들었다.

어느 때 부처님께서 사위국 기수급고독원에 계셨다.

그때 세존께서 모든 비구들에게 말씀하셨다.

"사문법沙門法과 사문의 목표〔沙門義〕가 있다. 어떤 것을 사문법이라고 하는가? 여덟 가지 거룩한 길을 일컫는 말이니, 바른 견해와……바른 선정을 말한다. 어떤 것을 사문의 목표라고 하는가? 이른바 탐욕貪欲이 영원히 다하고 성냄〔瞋恚〕과 어리석음〔愚癡〕이 영원히 다하고 일체 번뇌가 영원히 다하면 이것을 사문의 목표라고 하느니라."

부처님께서 이 경을 말씀하시자 모든 비구들은 부처님의 말씀을 듣고 기뻐하며 받들어 행하였다.

796. 사문법사문과경沙門法沙門果經

이와 같이 나는 들었다.

어느 때 부처님께서 사위국 기수급고독원에 계셨다.

그때 세존께서 모든 비구들에게 말씀하셨다.

"사문법과 사문의 과위〔沙門果〕가 있으니, 자세히 듣고 잘 생각하라. 지금 너희들을 위해 설명하리라. 어떤 것을 사문법이라고 하는가? 여덟 가지 거룩한 길을 이르는 말이니, 바른 견해와……바른 선정을 말한다. 어떤 것을 사문의 과위[2]라고 하는가? 이른바 수다원과須陀洹果·사다함과斯陀含果·아나함과阿那含果·아라한과阿羅漢果이니라."

부처님께서 이 경을 말씀하시자 모든 비구들은 부처님의 말씀을 듣고 기뻐하며 받들어 행하였다.

2 네 가지 사문의 과위를 말하며, 이것을 또 예류과預流果·일래과一來果·불환과不還果·아라한과阿羅漢果라고도 함.

잡아함경 제 29 권

797. 사문법사문과경沙門法沙門果經

이와 같이 나는 들었다.

어느 때 부처님께서는 사위국 기수급고독원에 계셨다.

그때 세존께서 모든 비구들에게 말씀하셨다.

"사문법沙門法과 사문과沙門果가 있다. 너희들을 위해 설명하리니, 자세히 듣고 잘 생각해 보아라. 어떤 것을 사문법이라 하는가? 여덟 가지 거룩한 길〔八聖道〕이니, 바른 견해〔正見〕와……바른 선정〔正定〕을 말하는 것이니라.

어떤 것을 사문과라고 하는가? 수다원과須陀洹果 · 사다함과斯陀含果 · 아나함과阿那含果 · 아라한과阿羅漢果를 말하느니라. 어떤 것을 수다원과라고 하는가? 세 가지 번뇌〔三結〕가 끊어진 것을 말한다. 어떤 것을 사다함과라고 하는가? 세 가지 번뇌가 끊어지고 탐욕 · 성냄 · 어리석음이 엷어진 것을 말한다. 어떤 것을 아나함과라고 하는가? 5하분결下分結이 다 끊어진 것을 말한다. 어떤 것을 아라한과라고 하는가? 탐욕 · 성냄 · 어리석음이 영원히 모두 끊어지고 일체 번뇌가 영원히 다 없어진 것을 말하느니라."

부처님께서 이 경을 말씀하시자 모든 비구들은 부처님의 말씀을 듣고 기뻐하며 받들어 행하였다.

798. 사문법사문의경沙門法沙門義經

이와 같이 나는 들었다.

어느 때 부처님께서는 사위국 기수급고독원에 계셨다.

그때 세존께서 모든 비구들에게 말씀하셨다.

"사문법沙門法과 사문沙門과 사문의 목표〔沙門義〕가 있다. 너희들을 위해 설명하리니 자세히 듣고 잘 생각해 보아라. 어떤 것을 사문법이라 하는가? 이른바 여덟 가지 거룩한 길이니 바른 견해와……바른 선정을 말하느니라. 어떤 것을 사문이라 하는가? 이른바 이 여덟 가지 거룩한 법을 성취한 사람을 말한다. 어떤 것을 사문의 목표라 하는가? 탐욕을 영원히 끊고 성냄과 어리석음을 영원히 끊으며 일체 번뇌를 영원히 끊은 것을 말하느니라."

부처님께서 이 경을 말씀하시자 모든 비구들은 부처님의 말씀을 듣고 기뻐하며 받들어 행하였다.

799. 사문과경沙門果經

이와 같이 나는 들었다.

어느 때 부처님께서는 사위국 기수급고독원에 계셨다.

그때 세존께서 모든 비구들에게 말씀하셨다.……이 사이의 내용은 앞에서 말한 것과 같고, 다만 다른 것은 다음과 같다.

"사문과가 있다. 어떤 것이 사문과인가? 수다원과·사다함과·아나함과·아라한과를 말하느니라."

부처님께서 이 경을 말씀하시자 모든 비구들은 부처님의 말씀을 듣고 기뻐하며 받들어 행하였다.

800. 바라문경婆羅門經

마찬가지로 바라문법婆羅門法·바라문婆羅門·바라문의 목표〔婆羅門義〕·바라문과婆羅門果·범행법梵行法·범행자梵行者·범행의 목표〔梵行義〕·범행과梵行果에 대한 것도 앞 소경에서 말한 것과 같다.

801. 오법경五法經

이와 같이 나는 들었다.

어느 때 부처님께서는 사위국 기수급고독원에 계셨다.

그때 세존께서 모든 비구들에게 말씀하셨다.

"다섯 가지 법이 있으니 그 법은 요익함이 많은 안나반나념(安那般那念 : 數息觀)을 닦는 것이다. 어떤 것이 그 다섯 가지인가? 청정한 계戒인 바라제목차율의波羅提木叉律儀[1]에 머물러 위의威儀를 가는 곳마

1 팔리어로는 pātimokkha-saṃvara이며, 별해탈율의別解脫律儀 혹은 별해탈계別解脫戒라고도 함. 방비지악防非止惡이라는 의미로 많은 계의 조문條文을 말함. 수계受戒의 작법에 따라 다수의 계를 실천하여 몸[身]·말[口]·뜻[意]의 악업惡業을 벗어나는 것. 따로따로 계를 지키는 것에 의해 전체로서 해탈을 얻는다. 여기서 많은 조항의 계가

다 원만하게 갖추고 아주 미세微細한 죄에 대해서도 두려워할 줄 알며 계율을 받아 가지는 것이니, 이것을 첫 번째 요익함이 많은 안나반나념을 닦아 익히는 것이라고 말한다.

비구야, 다음에는 욕심이 적고 일이 적으며 업무가 적은 것이니, 이것을 두 번째 요익함이 많은 안나반나념을 닦아 익히는 것이라고 말한다.

비구야, 다음에는 음식에 분량을 알아 많건 적건 음식에 대하여 구하고 싶은 욕심을 내지 않고 열심히 정진하고 사유思惟하는 것이니, 이것을 세 번째 요익함이 많은 안나반나념을 닦아 익히는 것이라고 말한다.

비구야, 다음에는 초저녁이나 새벽에 잠에 빠지지 않고 열심히 정진하고 사유하는 것이니, 이것을 네 번째 요익함이 많은 안나반나념을 닦아 익히는 것이라고 말한다.

비구야, 다음에는 텅 비어 한적한 숲 속에서 모든 시끄러움을 떠나는 것이니, 이것을 다섯 번째 요익함이 많은 안나반나념을 닦아 익히는 것이라고 말한다."

부처님께서 이 경을 말씀하시자 모든 비구들은 부처님의 말씀을 듣고 기뻐하며 받들어 행하였다.

802. 안나반나념경安那般那念經 ①

이와 같이 나는 들었다.

어느 때 부처님께서는 사위국 기수급고독원에 계셨다.

완비된 것이 구족계具足戒임.

그때 세존께서 모든 비구들에게 말씀하셨다.

"꼭 안나반나념을 닦아야 한다. 만일 비구가 안나반나념을 닦아 익히되 많이 닦아 익히면 몸이 그쳐 쉬게 되고 마음이 그쳐 쉬게 되며 거친 생각〔覺〕도 있고 세밀한 생각〔觀〕도 있으며 고요하고 순일純一하여 분명한 생각을 닦아 익혀 만족하게 되느니라."

부처님께서 이 경을 말씀하시자 모든 비구들은 부처님의 말씀을 듣고 기뻐하며 받들어 행하였다.

803. 안나반나념경 ②

이와 같이 나는 들었다.

어느 때 부처님께서는 사위국 기수급고독원에 계셨다.

그때 세존께서 모든 비구들에게 말씀하셨다.

"안나반나념을 닦고 익혀라. 만일 비구가 안나반나념을 닦아 익히되 많이 닦아 익힌 사람은 몸과 마음이 그쳐 쉬게 되고 거친 생각〔覺〕도 있고 세밀한 생각〔觀〕도 있으며 고요하고 순일하여 분명한 생각을 닦아 익혀 만족하게 되느니라.

어떤 것을 안나반나념을 닦아 익히되 많이 닦아 익히고 나면 몸과 마음이 그쳐 쉬게 되고 거친 생각도 있고 세밀한 생각도 있으며, 고요하고 순일하여 분명한 생각을 닦아 익혀 만족하게 된다고 하는가?

만일 그 비구가 촌락村落에 의지해 살거나 성읍城邑에 머물러 살면서 이른 아침에 가사를 입고 발우를 가지고 마을에 들어가 걸식할 때에는 그 몸을 잘 단속하고 여러 감관의 문〔根門〕을 지키고 마음을 잘 매어두어야 한다. 걸식을 마치고 나서는 머물던 곳으로 돌아와 가사와 발우를 챙겨두고 발을 씻은 다음, 혹 숲 속이나 고요한 방이나 나무 아래든지, 혹은 텅 빈 노지露地에서 몸을 단정히 하고 바로 앉아야 한다. 그리고 생각〔念〕을 눈앞에 매어두고 세상의 탐욕과 애정을 끊고 욕심을 여의어 청정하게 하고 성냄〔瞋恚〕·잠〔睡眠〕·들뜸〔掉悔〕·의심〔疑〕을 끊어 모든 의혹에서 벗어나고 온갖 착한 법에 대해 마음으로 확고히 증득하면 지혜의 힘을 약하게 하고 장애거리가 되어 열반으로 나아가지 못하게 하는 5개蓋의 번뇌심煩惱心을 멀리 여의게 될 것이다.

그러니 숨을 들이쉬고〔內息 : 入息〕 있다고 생각하고는 생각을 잡아매어 잘 배우고 숨을 내쉬고〔外息 : 出息〕 있다고 생각하고는 생각을 잡아매어 잘 배워야 한다. 또 긴 숨인지 짧은 숨인지와, 온몸으로 숨을 들이쉬고 있음을 깨달아 알고는 온몸으로 숨을 들이쉬고 있다고 잘 배우고 온몸으로 숨을 내쉬고 있음을 깨달아 알고는 온몸으로 숨을 내쉬고 있다고 잘 배워야 한다. 또 온몸으로 행하면서 숨을 들이쉬고 있음을 깨달아 알고는 온몸으로 행하면서 숨을 들이쉬고 있다고 잘 배워야 하며 온몸으로 행하면서 숨을 내쉬고 있음을 깨달아 알고는 온몸으로 행하면서 숨을 내쉬고 있다고 잘 배워야 한다.[2]

또 기쁨〔喜〕을 깨달아 알고 즐거움〔樂〕을 깨달아 알며 마음이 행하는 것을 깨달아 알고 마음이 행할 때 숨을 들이쉬고 있음을 깨달아 알고 마음이 행할 때 숨을 들이쉬고 있음을 깨달아 아는 것에 대해 잘 배우며 마음이 행할 때 숨을 내쉬고 있음을 깨달아 알고 마음이 행할 때 숨을 내쉬고 있음을 깨달아 아는 것에 대해 잘 배워야 한다.[3]

또 마음을 깨달아 알고 마음의 기쁨을 깨달아 알며 마음의 안정됨

2 이상은 4념처念處 중 신관신념처身觀身念處에서 안나반나념을 닦는 것을 말한다.
3 이상은 4념처 중 수관수념처受觀受念處에서 안나반나념을 닦는 것을 말한다.

을 깨달아 알고 마음이 해탈하여 숨을 들이쉬고 있음을 깨달아 알고 마음이 해탈하여 숨을 들이쉬고 있음을 깨달아 아는 것에 대해 잘 배우고 마음이 해탈하여 숨을 내쉬고 있음을 깨달아 알고 마음이 해탈하여 숨을 내쉬고 있음을 깨달아 아는 것에 대해 잘 배워야 한다.[4]

무상함〔無常〕을 관찰하고 사라짐〔斷〕을 관찰하며, 욕심 없음〔無欲〕을 관찰하고 들이쉬는 숨이 멸함을 관찰하며, 들이쉬는 숨이 멸함을 관찰하는 것에 대해 잘 배우고 내쉬는 숨이 멸함을 관찰하며, 내쉬는 숨이 멸함을 관찰하는 것에 대해 잘 배워야 하나니,[5] 이것을 안나반나념을 닦으면 몸이 그쳐 쉬게 되고〔止息〕 마음이 그쳐 쉬게 되며, 거친 생각도 있고 세밀한 생각도 있어서, 몸과 마음이 그쳐 쉬게 되고 거친 생각도 있고 세밀한 생각도 있으며, 고요하고 순일하여 분명한 생각을 닦아 익혀 만족하게 된다고 말한 것이니라."

부처님께서 이 경을 말씀하시자 모든 비구들은 부처님의 말씀을 듣고 기뻐하며 받들어 행하였다.

804. 단각상경斷覺想經

이와 같이 나는 들었다.

어느 때 부처님께서는 사위국 기수급고독원에 계셨다.

그때 세존께서 모든 비구들에게 말씀하셨다.

"꼭 안나반나념을 닦아야 한다. 안나반나념을 닦아 익히되 많이 닦아 익힌 사람은 모든 거친 생각〔覺想〕을 끊을 수 있다. 어떻게 안나반

4 이상은 4념처 중 심관심념처心觀心念處에서 안나반나념을 닦는 것을 말한다.

5 이상은 4념처 중 법관법념처法觀法念處에서 안나반나념을 닦는 것을 말한다.

나념을 닦아 익히되 많이 닦아 익혀야 모든 거친 생각을 끊을 수 있는가? 만일 비구가 촌락이나 도시에 의지해 살면서……이 사이의 자세한 내용은 앞에서 말한 것과 같다.……내쉬는 숨이 멸하는 것에 대해 잘 배워야 한다. 이것을 안나반나념을 닦아 익히되 많이 닦아 익히면 모든 거친 생각이 끊어진다고 한 것이니라."

부처님께서 이 경을 말씀하시자 모든 비구들은 부처님의 말씀을 듣고 기뻐하며 받들어 행하였다.

거친 생각을 끊는 법을 설한 경에서와 같이 흔들리지 않음, 큰 결과와 큰 복리福利를 얻음, 감로甘露와 구경究竟의 감로를 얻음, 두 가지 과위〔果〕·네 가지 과위·일곱 가지 과위를 얻는 것에 대한 낱낱의 경에 대한 것도 앞에서 말한 것과 같다.

805. 아리슬타경阿梨瑟吒經

이와 같이 나는 들었다.

어느 때 부처님께서는 사위국 기수급고독원에 계셨다.

그때 세존께서 모든 비구들에게 말씀하셨다.

"내가 말한 안나반나념을 그대로 너희들은 닦아 익혔느냐?"

그때 아리슬타阿梨瑟吒라고 하는 비구가 대중들 가운데 있다가 곧 자리에서 일어나 옷을 여미고 부처님께 예배한 뒤에 땅에 오른 무릎을 꿇고 합장하고 부처님께 아뢰었다.

"세존이시여, 세존께서 말씀하신 안나반나념을 저는 이미 닦아 익혔습니다."

부처님께서 아리슬타 비구에게 말씀하셨다.

"너는 내가 말한 안나반나념을 어떻게 닦아 익혔느냐?"

비구가 부처님께 아뢰었다.

"세존이시여, 저는 과거의 모든 행을 돌아보고 기억하지 않고 미래의 모든 행에 대해 기쁜 마음을 내지 않으며, 현재의 모든 행에 대하여 물들어 집착하지 않고 안팎의 대상에 대해 장애되는 생각을 잘 제거하여 없앴습니다. 저는 이미 세존께서 말씀하신 안나반나념을 이와 같이 닦았습니다."

부처님께서 아리슬타 비구에게 말씀하셨다.

"너는 진실로 내가 말한 안나반나념을 닦았나니, 닦지 않은 것이 아니다. 그러나 비구야, 네가 닦은 안나반나념보다 더 뛰어나고 훌륭하고 묘한 것이 또 있느니라. 어떤 것이 아리슬타가 닦은 안나반나념보다 더 훌륭하고 묘한 것인가? 비구가 도시나 촌락에 의지해 살면서……이 사이의 자세한 내용은 앞에서 말한 것과 같다.……내쉬는 숨이 멸함을 관찰하여 잘 배우는 것이다. 아리슬타 비구야, 이것을 네가 닦은 안나반나념보다 더 뛰어난 훌륭하고 묘한 법이라고 하느니라."

부처님께서 이 경을 말씀하시자 모든 비구들은 부처님의 말씀을 듣고 기뻐하며 받들어 행하였다.

806. 계빈나경罽賓那經

이와 같이 나는 들었다.

어느 때 부처님께서는 사위국 기수급고독원에 계셨다.

그때 세존께서 이른 아침에 가사를 입고 발우를 가지고 사위성에 들어가 걸식하고 계셨다. 걸식을 다 마치시고는 정사精舍로 돌아와 가사와 발우를 챙겨두시고 발을 씻은 뒤에 니사단尼師壇을 가지고 안타림安陀林으로 들어가 어떤 나무 밑에 앉아 낮 선정에 드셨다.

그때 존자 계빈나罽賓那[6]도 이른 새벽에 가사를 입고 발우를 가지고 사위성으로 들어가 걸식하고 돌아와서는 가사와 발우를 챙겨두고 발을 씻은 다음 니사단尼師檀을 가지고 안타림으로 들어가 부처님으로부터 그리 멀지 않은 나무 밑에 앉아서 선정에 들어 몸을 바르게 하고 움직이지 않고 몸과 마음을 곧고 바르게 하고는 훌륭하고 묘한 사색에 들어 있었다.

그때 많은 비구들은 해질 무렵에 선정에서 깨어나 부처님께서 계신 곳으로 찾아가 부처님의 발에 머리 조아려 예배하고 한쪽에 물러앉았다. 부처님께서 모든 비구들에게 말씀하셨다.

"너희들은 존자 계빈나를 보았느냐? 그는 내게서 멀리 떨어지지 않은 곳에서 몸을 바르게 하고 단정히 앉아 몸과 마음을 움직이지 않고 훌륭하고 묘한 선정에 들어 있느니라."

비구들이 부처님께 아뢰었다.

"세존이시여, 저희들은 그 존자가 몸을 바르게 하고 단정히 앉아 그 몸을 잘 거두어 기울거나 움직이지 않고 전일한 마음으로 훌륭하고 묘한 선정에 들어있는 것을 자주 보았습니다."

부처님께서 모든 비구들에게 말씀하셨다.

"만일 비구가 삼매를 닦아 익힐 때 몸과 마음이 편안하게 머물러서 기울게 하지도 않고 움직이지 않으며 훌륭하고 묘한 선정에 머물면

---

6 팔리어로는 kappina이며, 겁비나劫譬那 혹은 겁빈나劫賓那·금비라金毘羅고도 하며, 방성房星 혹은 방숙房宿으로 한역하기도 한다. 부처님의 제자이며, 교살라국憍薩羅國 사람으로 부모가 방성房星에 빌어서 태어났다고 해서 붙여진 이름임. 어느 날 부처님께 가려다가 비가 많이 와서 가지 못하고 옹기장이[陶師]의 집에서 머물 때 부처님께서 그의 근기가 깊은 것을 아시고 늙은 비구의 모습을 하고 나타나시어 함께 묵으면서 그를 교화하여 도를 증득하게 하셨다. 부처님의 제자 가운데 천문과 역수에 제일 능하여 지성숙知星宿이 제일임.

그 비구는 이 삼매를 얻어 애써 방편을 쓰지 않더라도 마음대로 곧 증득할 수 있을 것이니라."

모든 비구들이 부처님께 아뢰었다.

"그것은 어떠한 삼매이기에 비구가 그 삼매를 얻으면 몸과 마음이 움직이지 않고 훌륭하고 묘한 선정에 머물게 되나이까?"

부처님께서 모든 비구들에게 말씀하셨다.

"만일 비구가 촌락을 의지하고 살면서 이른 아침에 가사를 입고 발우를 가지고 마을에 들어가 걸식하고 정사로 돌아와서는 가사와 발우를 챙겨두고 발을 씻은 다음 숲 속에 들어가 혹은 고요한 방이나 한데에 앉아서 삼매에 들어 생각을 잡아매고,……(이하 생략)……숨이 멸함을 관찰하여 잘 배우면 이것을 삼매라고 말한다. 만일 비구가 단정히 앉아 사유하면 몸과 마음이 움직이지 않아 훌륭하고 묘한 선정에 머물 수 있을 것이니라."

부처님께서 이 경을 말씀하시자 모든 비구들은 부처님의 말씀을 듣고 기뻐하며 받들어 행하였다.

807. 일사능가라경一奢能伽羅經

이와 같이 나는 들었다.

어느 때 부처님께서는 일사능가라一奢能伽羅 숲 속에 계셨다.

그때 세존께서 모든 비구들에게 말씀하셨다.

"나는 두 달 동안 선정에 들려고〔坐禪〕 한다. 다만 밥을 가져오는 비구와 포살布薩할 때를 제외하고는 모든 비구들은 오가지 말라."

그때 세존께서 이렇게 말씀하시고 나서 즉시 두 달 동안 선정에 드셨고 다만 밥을 가져오는 비구와 포살할 때를 제외하고는 어떤 비구도 감히 오가지 않았다. 그때 세존께서 두 달 동안의 좌선을 마치시고 곧 선정에서 깨어나 비구들 앞에 앉아 비구들에게 말씀하셨다.

"만일 모든 외도 출가자들이 너희들을 찾아와서 '사문 구담은 두 달 동안 어떻게 좌선하였는가?' 하고 묻거든, 너희들은 꼭 '여래께서는 두 달 동안 안나반나념을 하면서 선정에 들어 사유하셨다'라고 대답하라. 왜냐하면 나는 이 두 달 동안 안나반나(安那般那 : 呼吸)를 계속 기억하면서 오랫동안 머물러 사색하였기 때문이다. 즉 숨을 들이쉴 때에는 숨을 들이쉰다고 생각하여 사실 그대로 알고 숨을 내쉴 때에는 숨을 내쉰다고 생각하여 사실 그대로 알며, 혹은 숨이 긴지 짧은지와, 혹은 온 몸으로 지각하면서 숨을 들이쉰다고 생각하여 사실 그대로 알고, 온몸으로 지각하면서 숨을 내쉰다고 생각하여 사실 그대로 알며, 몸의 움직임을 쉬면서 숨을 들이쉰다고 생각하여 사실 그대로 알고,……(이하 생략)……내쉬는 숨이 멸한다고 생각하여 사실 그대로 알았다. 나는 그것을 다 안 뒤에는 이렇게 생각하였다.

'이것은 거친 생각에 머무는 것이다. 나는 이제 이 생각을 쉬고 다시 다른 미세한 생각을 닦아 머물리라.'

그때 나는 거친 생각을 쉬고 곧 미세한 생각에 들어 오래 머물렀다. 그때 매우 잘 생긴 어떤 세 명의 천자가 밤이 지나자 내게로 찾아왔다. 한 천자는 '사문 구담이 때〔時 : 죽음〕가 이르렀다'라고 말했고, 다시 한 천자는 '아직 때가 온 것이 아니다. 때가 오려고 한다'라고 말하였으며, 세 번째 천자는 '때가 온 것도 아니고 오려고 하는 것도 아니다. 이것은 아라한이 적멸寂滅을 닦아 머물러 있는 모습일 뿐이다'라고 말했느니라."

부처님께서 모든 비구들에게 말씀하셨다.

"만일 바르게 말하면 그것은 성인의 머묾이요, 하늘의 머묾이며, 범梵의 머묾이요, 배우는 이의 머묾이며, 배울 것이 없는 이의 머묾이요, 여래의 머묾이다. 그것은 배울 것이 있는 이가 얻지 못한 것을 얻음이요, 이르지 못한 것에 이름이며, 증득하지 못한 것을 증득함이다. 그리고 배울 것이 없는 이의 현재 세상에 즐겁게 머묾을 곧 안나반나념이라 하나니, 이것은 부처님의 바른 가르침〔正說〕이다. 왜냐하면 안나반나념은 곧 성인의 머묾이요, 하늘의 머묾이며, 범의 머묾이고,……(이하 생략)……배울 것이 없는 이의 현재 세상에 즐겁게 머묾이기 때문이니라."

부처님께서 이 경을 말씀하시자 모든 비구들은 부처님의 말씀을 듣고 기뻐하며 받들어 행하였다.

808. 가마경迦磨經

이와 같이 나는 들었다.

어느 때 부처님께서는 가비라월迦毘羅越 니구율수원尼拘律樹園에 계셨다.

그때 석씨 마하남摩訶男은 존자 가마迦磨 비구의 처소에 찾아가 가마 비구의 발에 예배하고 한쪽에 물러앉아 가마 비구에게 말했다.

"어떻습니까? 존자 가마여, 배울 것이 있는 이의 머묾은 곧 여래의 머묾입니까? 배우는 이의 머묾과 여래의 머묾은 다릅니까?"

가마 비구가 대답했다.

"마하남이여, 배울 것이 있는 이의 머묾은 여래의 머묾과 다릅니다. 마하남이여, 배울 것이 있는 이의 머묾은 5개(蓋 : 번뇌)를 끊고도 많이 머물고, 여래의 머묾은 5개를 이미 끊고 이미 알아, 그 뿌리를 끊음이 마치 다라多羅나무 밑둥치를 끊어 다시는 싹이 나지 않는 것처럼 미래 세상에 다시 태어나지 않는 법을 성취하셨습니다."

어느 때 세존께서는 일사능가라 숲 속에 계셨다. 그때 세존께서 모든 비구들에게 말씀하셨다.

"나는 이 일사능가라 숲 속에서 두 달 동안 좌선하려고 한다. 다만 밥을 가져오는 비구와 포살할 때를 제외하고는 너희 비구들은 오가지 말라.……이 사이의 자세히 내용은 앞의 경전에서 말한 것과 같다.……배울 것이 없는 이는 현재 세상에서 즐겁게 머문다. 그러므로 마하남아, 배울 것이 있는 이의 머묾과 여래의 머묾은 다르다는 것을 알아야 하느니라."

석씨 마하남은 가마 비구의 말을 듣고 기뻐하면서 자리에서 일어나 떠나갔다.

809. 금강경金剛經

이와 같이 나는 들었다.

어느 때 부처님께서는 금강金剛이라는 마을의 발구마하跋求摩河 곁에 있는 살라리림薩羅梨林에 계셨다.

그때 세존께서는 모든 비구들에게 부정관不淨觀에 대하여 설명하시고 또 부정관을 찬탄하시면서 말씀하셨다.

"비구들아, 부정관을 닦되 많이 닦아 익힌 사람은 큰 결과와 큰 복리福利를 얻을 것이다."

그때 모든 비구들은 부정관을 닦고 난 뒤에 몹시 몸을 싫어하고 근심하여, 혹은 칼로 찔러 자살하기도 하고 혹은 독약을 마시기도 하며, 혹은 목을 매 자살하기도 하고 바위에서 떨어져 자살하기도 하며, 혹은 다른 비구를 시켜 죽이게 하기도 하였다. 어떤 비구는 오로惡露 따위의 부정한 것을 매우 싫어하고 근심하는 마음을 내어 녹림鹿林 범지

梵志의 아들에게 가서 녹림 범지의 아들에게 말하였다.

"현수賢首여, 그대가 나를 죽인다면 옷과 발우는 네 것이 될 것이다."

그러자 녹림 범지의 아들은 곧 그 비구를 죽이고 칼을 가지고 발구마하 곁으로 가서 그 칼을 씻었다. 그때 어떤 마천魔天이 허공에서 녹림 범지의 아들을 찬탄해 말했다.

"훌륭하고 훌륭하다. 현수여, 너는 한량없는 공덕을 얻었다. 그리하여 계율을 지키고 덕이 있는 모든 사문 석자釋子들로 하여금 건너지 못한 이는 건너게 하였고 벗어나지 못한 이는 벗어나게 하였으며 평온을 얻지 못한 이는 평온을 얻게 하였고 열반에 들지 못한 이는 열반에 들게 하였다. 그리고 오래도록 이익이 될 가사와 발우와 여러 가지 물건들은 모두 네 것이 될 것이다."

그때 녹림 범지의 아들은 이 찬탄하는 소리를 듣고 나서 악하고 삿된 견해가 더욱 불어나 이런 생각을 하였다.

'나는 지금 진실로 복덕을 많이 지었다. 계율을 지키고 공덕이 있는 사문 석자들로 하여금 건너지 못한 이는 건너게 하였고, 벗어나지 못한 이는 벗어나게 하였으며, 평온을 얻지 못한 이는 평온을 얻게 하였고 살아나지 못한 이는 살아나게 하였고, 열반에 들지 못한 이는 열반에 들게 하였다. 그리하여 그들의 가사와 발우와 여러 가지 물건들은 내 것이 되었다.'

그리고는 곧 손에 날카로운 칼을 들고 여러 방사房舍와 경행經行하는 곳과 특별한 방과 선방을 골고루 돌아다니면서 비구들을 보고 이렇게 말했다.

"어떤 사문이 계를 잘 지키고 덕이 있는가? 건너지 못한 이는 내가 능히 건너게 해줄 것이고 벗어나지 못한 이는 내가 벗어나게 해줄 것이며 평온하지 못한 이는 내가 평온하게 해줄 것이요 열반에 들지 못한 이는 내가 열반에 들게 해줄 것이다."

그때 모든 비구들 중에 몸을 싫어하고 근심하던 사람들은 방에서 모두 나와 녹림 범지의 아들에게 말했다.

"나는 아직 건너지 못하였으니 네가 나를 건너게 해다오. 나는 아직 벗어나지 못하였으니 네가 나를 벗어나게 해다오. 나는 아직 평온을 얻지 못하였으니 네가 나를 평온을 얻게 해다오. 나는 아직 열반에 들지 못하였으니 네가 나를 열반에 들게 해다오."

그때 녹림 범지의 아들은 곧 예리한 칼로 그 비구들을 차례로 죽여……(이하 생략)……그 죽인 사람이 60명에 이르렀다.

그때 세존께서는 보름날 계戒를 설명하실 때가 되자, 모든 비구들 앞에 앉아 존자 아난에게 말씀하셨다.

"무슨 인因과 무슨 연緣으로 비구들이 점점 적어지고 자꾸 줄어들고 없어지느냐?"

아난이 부처님께 아뢰었다.

"세존께서 모든 비구들에게 부정관 닦는 법을 말씀하시고 또 부정관을 찬탄하시자 비구들이 부정관을 닦고는 몸을 싫어하고 근심하는 마음이 심해져서……이 사이 자세한 내용은 앞에서 자세히 말한 것과 같다.……60명이나 되는 비구들을 죽였습니다. 세존이시여, 그런 까닭에 비구들이 자꾸 적어지고 점점 줄어들어 없어져 가나이다. 원하옵건대 세존이시여, 또 다른 법을 말씀하시어 비구들로 하여금 그 법을 듣고 부지런히 지혜를 닦고 바른 법 받기를 좋아하게 하여 바른 법에 즐겁게 머물게 하소서."

부처님께서 아난에게 말씀하셨다.

"그런 까닭이 있었구나. 그렇다면 나는 이제 차례로 설법하리라. 미세한 선정에 머물러 그것을 따라 깨달음이 열리면 이미 일어났거나 아직 일어나지 않은 악하고 착하지 못한 법을 빨리 그치게 하라. 비유하면 마치 큰 비가 와서 일어났거나 아직 일어나지 않은 티끌을 빨리 잠재우게 하는 것과 같다. 이와 같아서 비구들아, 미세한 선정을 닦으면 일어났거나 아직 일어나지 않은 모든 악하고 착하지 못한 법을 빨리 그치게 할 수 있으리라. 아난아, 어떤 미세한 선정을 많이 닦아 익히고 그것을 따라 깨달음이 열리면, 이미 일어난 것이거나 아직 일어나지 않은 악하고 착하지 못한 법을 능히 그치게 하겠느냐? 이른바 안나반나념(安那般那念 : 數息觀)에 머무는 것이니라."

아난이 부처님께 여쭈었다.

"안나반나념에 머물기를 어떻게 닦아 익혀야 그것을 따라 깨달음이 열리면, 이미 일어난 것이거나 아직 일어나지 않은 악하고 착하지 못한 법을 능히 그치게 할 수 있겠습니까?"

부처님께서 아난에게 말씀하셨다.

"만일 비구가 마을을 의지하여 살면서……이 사이의 자세한 내용은 앞에서 말한 것과 같다.……내쉬는 숨이 멸한다는 생각을 배우는 것이니라."

부처님께서 이 경을 말씀하시자 존자 아난은 부처님의 말씀을 듣고 기뻐하며 받들어 행하였다.

810. 아난경阿難經

이와 같이 나는 들었다.

어느 때 부처님께서는 금강金剛이라는 마을의 발구마하跋求摩河 가에 있는 살라리림薩羅梨林에 계셨다.

그때 존자 아난은 혼자 고요한 곳에서 선정에 들어 사유하다가 이렇게 생각하였다.

'혹 어떤 한 법이 있어 닦아 익히고 많이 닦아 익히면 네 가지 법을 다 만족하게 하고 네 가지 법을 다 만족하고 나면 일곱 가지 법을 다 만족하게 되며 일곱 가지 법을 다 만족하고 나면 두 가지 법을 만족하게 될 것인가?'

그때 존자 아난이 선정에서 깨어나 부처님께서 계신 곳으로 나아가 부처님 발에 머리 조아려 예배하고 한쪽에 물러앉아 부처님께 아뢰었다.

"세존이시여, 저는 혼자 어떤 고요한 곳에서 선정에 들어 사유하다가 이런 생각을 하였습니다.

'혹 어떤 한 법이 있어 많이 닦아 익히면 네 가지 법을 다 만족하게 되고……(이하 생략)……두 가지 법이 만족하게 될 것인가?'

저는 이제 세존께 여쭈옵니다. 과연 어떤 한 법이 있어 많이 닦아 익히고 나면,……(이하 생략)……두 가지 법을 만족하게 할 수 있습니까?"

부처님께서 아난에게 말씀하셨다.

"한 가지 법이 있어 그것을 많이 닦아 익히고 나면,……(이하 생략)……두 가지 법까지 만족하게 할 수 있다. 어떤 것이 그 한 가지 법인가? 안나반나념을 말한다. 그것을 많이 닦아 익히고 나면 4념처念處를 만족하게 할 수 있고 4념처를 만족하게 하고 나면 7각분覺分을 만족하게 되며 7각분을 만족하게 하고 나면 명지明智와 해탈解脫[7]을 만족하게 되느니라.

안나반나념을 어떻게 닦아야 4념처를 만족하게 되는가? 비구가 촌

---

7 3명明·3해탈解脫을 말함. 3명은 숙명지증명宿命智證明·생사지증명生死智證明·누진지증명漏盡智證明을 말하고, 3해탈은 욕유루심해탈欲有漏心解脫·유유루심해탈有有漏心解脫·무명유루심해탈無明有漏心解脫을 말함.

락을 의지하고 살면서,……(이하 생략)……내쉬는 숨이 멸한다는 생각을 배우는 것이니라. 아난아, 이와 같이 거룩한 제자는 숨을 들이쉰다고 생각할 때에는 숨을 들이쉰다고 생각한 대로 배우고 숨을 내쉰다고 생각할 때에는 숨을 내쉰다고 생각한 대로 배우며, 혹 숨이 긴지 짧은지와, 혹은 온몸으로 행함을 깨달아 알면서 숨을 들이쉰다고 생각할 때에는 숨을 들이쉰다고 생각한 대로 배우고, 숨을 내쉰다고 생각할 때에는 숨을 내쉰다고 생각한 대로 배운다. 몸의 움직임을 멈추면서 숨을 들이쉰다고 생각할 때에는 몸의 움직임을 멈추면서 숨을 들이쉰다고 생각한 대로 배우고 몸의 움직임을 멈추면서 숨을 내쉰다고 생각할 때에는 몸의 움직임을 멈추면서 숨을 내쉰다고 생각한 대로 배워야 한다. 이때 거룩한 제자는 몸을 몸 그대로 관찰하는 생각에 머물면서 몸과 다른 것이 있으면 그 또한 몸을 따라 비교해 생각해야 한다.

만일 그때 거룩한 제자가 기쁨을 깨달아 알고〔喜覺知〕 즐거움을 깨달아 알며〔樂覺知〕 마음이 행하는 것을 깨달아 알고〔心行覺知〕 마음의 행이 쉼을 깨달아 알게 되면〔心行息覺知〕 숨을 들이쉰다고 생각할 때에는 마음의 행을 쉬면서 숨을 들이쉰다고 생각한 대로 배우고 마음이 행을 쉬면서 숨을 내쉰다고 생각할 때에는 마음의 행을 쉬면서 숨을 내쉰다고 생각한 대로 배워야 한다. 그때 그 거룩한 제자는 느낌〔受〕을 느낌 그대로 관찰하는 생각에 머물면서, 만일 또 느낌과 다른 것이 있으면 그 또한 느낌을 따라 비교해 생각해야 한다.

그때 거룩한 제자가 마음〔心〕을 깨달아 알고 마음의 기쁨 · 마음의 안정 · 마음의 해탈을 깨달아 알면서 숨을 들이쉴 때에는 숨을 들이쉰다고 생각한 대로 배우고 마음이 해탈하여 숨을 내쉰다고 생각할 때에는 마음이 해탈하여 숨을 내쉰다고 생각한 대로 배워야 한다. 이때 이 거룩한 제자는 마음을 마음 그대로 관찰하는 생각에 머물면서, 만일 또 마음과 다른 것이 있으면 그 또한 마음을 따라 비교해 생각해야 한다.

만일 거룩한 제자가 무상함·끊어짐·욕심 없음·사라짐에 대하여 관찰할 때 무상함·끊어짐·욕심 없음·사라짐을 사실 그대로 관찰하는 데 머물러 사실 그대로 배워야 한다. 그때 거룩한 제자는 법을 법 그대로 관찰하는 생각에 머물면서 법과 다른 것이 있으면 그 또한 법을 따라 비교해 생각해야 한다. 이것을 안나반나념법을 닦아 4념처를 만족하게 하는 것이라고 말하는 것이니라."

아난이 부처님께 아뢰었다.

"이와 같은 안나반나념을 닦아 익히면 4념처念處를 만족하게 하는 것처럼, 어떻게 4념처를 닦아야 7각분을 만족하게 할 수 있습니까?"

부처님께서 아난에게 말씀하셨다.

"만일 비구가 몸을 몸 그대로 관찰하는 생각에 머물고 그런 생각에 머문 다음에는 생각을 매어 머물게 하고서 잊지 않으면, 그때는 방편으로써 염각분念覺分을 닦는다. 염각분을 닦고 나면 염각분을 만족하게 되고 염각분을 만족하고 나면 법에 대하여 선택하고 헤아리게 된다. 그때는 다시 방편을 써서 택법각분擇法覺分을 닦는다. 택법각분을 닦고 나면 택법각분을 만족하게 되고 법에 대하여 선택하고 분별하고 생각해 헤아리고 난 다음에는 부지런히 방편을 쓸 수 있다. 그때는 다시 방편으로 정진각분精進覺分을 닦는다. 정진각분을 닦고 나면 정진각분을 만족하게 되고 방편으로 정진하고 나면 곧 마음이 기뻐진다.

그때는 다시 방편으로 희각분喜覺分을 닦는다. 희각분을 닦고 나면 희각분을 만족하게 되고 희각분을 만족하게 되면 몸과 마음이 의지하여 쉬게 된다. 그때는 다시 방편으로 의각분猗覺分을 닦는다. 의각분을 닦고 나면 의각분을 만족하게 되어 몸과 마음이 즐거워서 삼매三昧를 얻게 된다. 그때는 정각분定覺分을 닦는다. 정각분을 닦고 나면 정각분을 만족하게 되고 정각분을 만족하게 되면 탐욕과 근심이 없어져서 평등한 평정〔捨〕을 얻게 된다. 그때는 다시 방편으로 사각분捨覺分을 닦는다. 사각분을 닦고 나면 사각분을 만족하게 되나니 느낌〔受〕·마음〔心〕과, 법法의 염처도 또한 이와 같다고 말하리니, 이것이 4념처를 닦으면 7각지를 만족하게 된다고 한 것이니라."

아난이 부처님께 여쭈었다.

"그것이 4념처를 닦으면 7각분을 만족하게 된다고 하신 것이군요. 그렇다면 또 어떻게 7각분을 닦아야 명지明智과 해탈解脫을 만족할 수 있겠습니까?"

부처님께서 아난에게 말씀하셨다.

"만일 비구가 염각분을 닦으면 멀리 여읨〔遠離〕에 의존하고 욕심 없음〔無欲〕에 의존하며 소멸함에 의존하고 보내버림으로 열반으로 회향한다. 염각분을 닦고 나면 명지와 해탈을 만족하게 되고,……(이하 생략)……사각분을 닦으면 멀리 여읨에 의존하고 욕심 없음에 의존하며 소멸함에 의존하고 보내버림으로 열반으로 회향하나니, 이와 같이 사각분을 닦고 나면 명지와 해탈을 만족하게 된다. 아난아, 이것을 바로 법과 법이 서로 짝하고 법과 법이 서로 윤택하게 하는 것이라고 한다. 이와 같이 열세 가지 법은 한 법이 왕성하게 되면 다른 한 법은 문門이 되어, 이렇게 차례로 점점 나아가 닦아 익혀 만족하게 되느니라."

부처님께서 이 경을 말씀하시자 존자 아난은 부처님의 말씀을 듣고 기뻐하며 받들어 행하였다.

811~812. 비구경比丘經

이와 같이 어떤 비구가 부처님께 물은 것과 부처님께서 모든 비구들에게 물으신 것도 앞에서 말한 것과 같다.

813. 금비라경金毘羅經

이와 같이 나는 들었다.

어느 때 부처님께서는 금비라金毘羅라는 마을의 금비림金毘林에 계셨다.

그때 세존께서 존자 금비라에게 말씀하셨다.

"내가 지금 마땅히 4념처念處를 부지런히 닦아 익혀야 함을 말하리니 자세히 듣고 잘 생각해 보아라. 너를 위해 설명해주리라."

그때 존자 금비라는 잠자코 아무 말이 없었다. 이와 같은 일이 두 번 세 번 지나갔다. 그때 존자 아난이 존자 금비라에게 말했다.

"지금 스승님께서는 그대에게 말씀하시는 것입니다."

또 이렇게 세 번씩이나 말했다.

존자 금비라가 존자 아난에게 말했다.

"저는 이미 알고 있습니다. 존자 아난이여, 저는 이미 알고 있습니다. 존자 구담이시여."

그때 존자 아난이 부처님께 여쭈었다.

"세존이시여, 지금이 그때입니다. 세존이시여, 지금이 그때입니다. 선서善逝시여, 비구들을 위해 4념처를 부지런히 닦아야 함을 말씀해주시기 바라옵니다. 비구들이 그것을 들으면 받들어 행할 것입니다."

부처님께서 아난에게 말씀하셨다.

"자세히 듣고 잘 생각해 보아라. 너희들을 위해 설명해주리라. 만일 비구가 숨을 들이쉰다고 생각할 때에는 숨을 들이쉬는 것 그대로 배워야 하고,……(이하 생략)……내쉬는 숨이 멸할 때는 내쉬는 숨이 멸하는 것 그대로 배워야 한다. 그때 거룩한 제자는 다시 숨을 들이쉰다고 생각할 때엔 숨을 들이쉰다고 생각하는 그대로 배워야 하고,……(이하 생략)……몸의 움직임을 멈추면서 숨을 내쉴 때에는 몸의 움직임을 멈추면서 숨을 내쉬는 것 그대로 배워야 한다. 그때 거룩한 제자는 또 몸을 몸 그대로 관찰하는 생각에 머물게 되고, 그때 거룩한 제자가 몸을 몸 그대로 관찰하는 생각에 머물고 나면 그런 줄을 알아 안으로 잘 사유하게 되느니라."

부처님께서 아난에게 말씀하셨다.

"비유하면 어떤 사람이 수레를 타고 엎어지고 자빠지면서 동쪽에서 온 것과 같다. 그 길을 올 때 그는 많은 언덕을 넘었겠느냐?"

아난이 부처님께 아뢰었다.

"아마도 그랬을 것입니다, 세존이시여."

부처님께서 아난에게 말씀하셨다.

"이와 같아서 거룩한 제자는 숨을 들이쉰다고 생각할 때는 숨을 들이쉰다는 생각 그대로 배워야 한다. 이와 같이……(이하 생략)……안으로 잘 사유하게 되느니라. 만일 그때 거룩한 제자는 기쁨을 깨달아 알고,……(이하 생략)……뜻의 행이 쉼을 깨달아 알고 배워야 한다. 그러면 그는 느낌〔受〕을 느낌 그대로 관찰하는 생각에 머물게 되고 그가 느낌을 느낌 그대로 관찰하는 생각에 머물고 나면 그런 줄을 알아 안으로 잘 사유하게 되느니라. 비유하면 어떤 사람이 수레를 타고 엎어지고 자빠지면서 남쪽에서 온 것과 같다. 어떤가? 아난아, 그는 많은 언덕을 넘었겠느냐?"

아난이 부처님께 아뢰었다.

"아마도 그랬을 것입니다, 세존이시여."

부처님께서 아난에게 말씀하셨다.

"그와 같이 거룩한 제자는 느낌을 느낌 그대로 관찰하는 생각에 머물게 되면 그런 줄 알아 안으로 잘 사유하게 되느니라. 만일 거룩한 제자가 다시 마음의 기쁨·마음의 안정됨·마음의 해탈·마음의 들이쉬는 숨을 깨달아 알아 해탈한 마음의 들이쉬는 숨이라는 것 그대로 배우고, 해탈한 마음이 내쉬는 숨이면 해탈한 마음이 내쉬는 숨이라는 것 그대로 배워야 한다. 그때 거룩한 제자는 다시 마음을 마음 그대로 관찰하는 생각에 머물게 되고 거룩한 제자가 그렇게 마음을 마음 그대로 관찰하는 생각에 머물고 나면 그런 줄을 알아 안으로 잘 사유하게 되느니라. 비유하면 어떤 사람이 수레를 타고 서쪽에서 오는 것과 같다. 그는 많은 언덕을 넘었겠느냐?"

아난이 부처님께 아뢰었다.

"아마도 그랬을 것입니다, 세존이시여."

부처님께서 아난에게 말씀하셨다.

"그와 같이 거룩한 제자는 마음을 깨달아 알고……(이하 생략)……마음이 해탈하여 숨을 내쉬면 마음이 해탈하여 숨을 내쉬는 것 그대로 배워야 한다. 그때 거룩한 제자는 마음을 마음 그대로 관찰하는 생각에 머물게 되고 그런 줄을 알아 안으로 잘 사유하고 몸·느낌·마음의 탐욕과 근심을 잘 없애버린다. 그때 거룩한 제자는 다시 법을 법 그대로 관찰하는 생각에 머물게 되고 거룩한 제자가 그렇게 법을 법 그대로 관찰하는 생각에 머물고 나면 그런 줄을 알아 안으로 잘 사유하게 되느니라. 아난아, 비유하면 길 네거리에 언덕이 있는데 어떤 사람이 수레를 타고 엎어지고 자빠지면서 북쪽에서 온 것과 같다. 그는 그 언덕을 넘었겠느냐?"

아난이 부처님께 아뢰었다.

"아마도 그랬을 것입니다, 세존이시여."

부처님께서 아난에게 말씀하셨다

"이와 같이 거룩한 제자는 법을 법 그대로 관찰하는 생각에 머물게 되면 그런 줄 알고 안으로 잘 사유하게 되느니라. 아난아, 이것을 비구가 4념처를 방편으로 부지런히 닦아 익혀야 하는 것이라고 하느니라."

부처님께서 이 경을 말씀하시자 존자 아난은 부처님의 말씀을 듣고 기뻐하며 받들어 행하였다.

814. 불피경不疲經

이와 같이 나는 들었다.

어느 때 부처님께서는 사위국 기수급고독원에 계셨다.

그때 세존께서 모든 비구들에게 말씀하셨다.

"너희들은 마땅히 안나반나념을 닦아야 한다. 안나반나념을 닦되 많이 닦아 익히고 나면 몸은 피곤하지 않고 눈은 또한 싫어하거나 좋아하지 않으며 관법을 따라 즐겁게 머물고 깨달아 알아서 즐거움에 물들거나 집착하지 않는다. 어떻게 안나반나념을 닦아야 몸이 피곤하지 않고 눈도 또한 싫어하거나 좋아하지 않으며 관법을 따라 즐겁게 머물고 깨달아 알아 즐거움에 물들거나 집착하지 않는가? 그 비구는 마을을 의지해 살면서,……(이하 생략)……내쉬는 숨이 소멸되는 것을 관찰할 때 내쉬는 숨이 소멸되는 그대로 배워야 한다. 이것을 안나반나념을 닦으면 몸이 피곤하지 않고 눈이 싫어하거나 좋아하지 않는 것이며 관법을 따라 즐겁게 머물고 깨달아 알아 즐거움에 물들거나 집착하지 않는 것이라고 하나니, 이와 같이 안나반나념을 닦으면 큰 결과와 복리福利를 얻으리라.

만일 이 비구가 탐욕과 악하고 착하지 못한 법을 여의고, 거친 생각〔覺〕과 미세한 생각〔觀〕은 있지만, 욕계의 악을 여읨으로 인해서 기쁨과 즐거움〔離生喜樂〕이 생겨 초선初禪에 원만하게 머물기를 바란다면, 이 비구는 안나반나념을 닦아야 한다. 이와 같이 안나반나념을 닦으면 큰 결과와 복리를 얻게 되리라. 또 그 비구가 만일 두 번째·세 번째·네 번째 선정을 얻기를 바라고 자애로움〔慈〕·불쌍히 여김〔悲〕·기뻐함〔喜〕·평정함〔捨〕을 바라며, 공입처空入處·식입처識入處·무소유입처無所有入處·비상비비상입처非想非非想入處를 얻기를 바라며, 세 가지 결박〔三結〕이 완전히 다해 수다원과須陀洹果를 얻고, 세 가지 결박이 다 끊어지고 탐욕·성냄·어리석음이 엷어져서 사다함과斯陀含果를 얻으며, 5하분결下分結이 다해 아나함과阿那含果를 얻고, 한량없는 신통의 힘인 천이天耳·타심지他心智·숙명지宿命智·생사지生死智·누진지漏盡智를 구하려고 한다면, 그와 같은 비구는 안나반나념법을 닦아야 한다. 이와 같이 안나반나념법을 닦으면 그 큰 결과와 복리福利를 얻게 될 것이니라."

부처님께서 이 경을 말씀하시자 모든 비구들은 부처님의 말씀을 듣고 기뻐하며 받들어 행하였다.

815. 포살경布薩經

이와 같이 나는 들었다.

어느 때 부처님께서는 사위국 기수급고독원에 머무시면서 여름 안거安居를 지내셨다.

그때 많은 상좌上座 성문들은 세존의 좌우에 있는 나무 밑 굴속에서 안거하고 있었다. 그때 승랍이 적은 비구들이 많이 부처님께서 계신 곳으로 찾아와서 부처님의 발에 머리를 조아려 예배하고 한쪽에 물러앉았다. 부처님께서 여러 승랍이 적은 비구들을 위해 갖가지로 설법하시어 가르쳐 보이시어 그들을 기쁘게 해주셨고, 가르쳐 보이시어 그들을 기쁘게 해주시고 나서는 잠자코 계셨다. 그러자 여러 승랍이 적은 비굴들은 부처님의 말씀을 듣고 기뻐하고 따라 기뻐하면서 자리에서 일어나 예배하고 떠났다.

여러 승랍이 적은 비구들은 상좌上座 비구들이 있는 곳으로 찾아가서 그 상좌 비구들의 발에 예배하고 한쪽에 앉았다. 그때 모든 상좌 비구들이 다음과 같이 생각하였다.

'우리들은 마땅히 이 여러 승랍이 적은 비구들을 받아들여 보살펴 주어야 한다. 혹은 한 사람이 한 사람을 받아들이기도 하고, 혹은 한 사람이 둘, 셋, 여러 사람을 받아들이기도 해야 한다.'

이렇게 생각하고는 곧 받아들여 보살펴 주되, 혹은 한 사람이 한 사람을 받아들이기도 하고, 혹은 한 사람이 둘, 셋, 여러 사람을 받아들이기도 하였다. 혹 어떤 상좌 비구는 60명까지 받아들이기도 하였다.

그때 세존께서는 보름날 포살布薩할 시기가 되어 대중들 앞에 자리를 펴고 앉으셨다. 세존께서는 모든 비구들을 관찰해 보시고 나서 비구들에게 말씀하셨다.

"훌륭하고 훌륭하다. 나는 지금 비구들이 온갖 바른 일을 행하는 것을 기뻐한다. 그러니 비구들아, 부지런히 정진해야 한다."

이 사위국에서 만가저월滿迦低月[8]에 여러 곳의 인간 세상을 유행하

8 월령月令의 명칭. 인도에서 비가 가장 많이 내리는 석 달 동안의 계절 중 가장 마지막 달이다. 인도의 달력으로는 8월에 해당하며, 중국中國의 경우에는 8월 16일에서 9월

던 비구들이 세존께서 사위국에서 안거하신다는 말을 들었다. 그래서 만가저월의 기한을 지내고 가사 짓기를 마친 뒤 가사를 입고 발우를 가지고 사위국 인간 세상을 유행하였다. 사위국에 점점 가까이 이르러 가사와 발우를 챙겨두고 발을 씻은 뒤에 세존께서 계신 곳으로 나아가 발에 머리 조아려 예배하고 나서 한쪽으로 물러앉았다.

그때 세존께서 인간 세상을 유행하던 비구들을 위해 갖가지 법을 설하시어 가르쳐 보이시고 기쁘게 해주신 뒤에 잠자코 계셨다. 그때 인간 세상을 유행하던 비구들은 부처님의 설법을 듣고 기뻐하고 따라 기뻐하면서 자리에서 일어나 예배하고 떠나갔다.

그들은 상좌 비구들의 처소를 찾아가 그 발에 머리 조아려 예배하고 한쪽에 물러앉았다. 그때 상좌 비구들은 다음과 같이 생각하였다.

'우리들은 마땅히 이 인간 세상을 유행하는 비구들을 받아들여야 한다. 혹은 한 사람이 한 사람을 받아들이기도 하고, 혹은 한 사람이 둘, 셋……(이하 생략)……여러 사람을 받아들이기도 해야 한다.'

이렇게 생각하고는 곧 그들을 받아들였는데, 혹은 한 사람이 한 사람을 받아들이기도 하고, 혹은 한 사람이 둘, 셋,……(이하 생략)……60명까지 받아들인 사람도 있었다.

저 상좌 비구들은 인간 세상을 유행하던 여러 비구들을 받아들여 훈계하고 가르쳐 앞뒤의 차례를 잘 알았다.

그때 세존께서는 보름날 포살할 시기가 되어 대중들 앞에 자리를 펴고 앉으셨다. 세존께서는 모든 비구들을 관찰해 보시고 나서 비구들에게 말씀하셨다.

"훌륭하고 훌륭하다. 모든 비구들아, 나는 지금 그대들이 행하는 바른 일을 기뻐하고 그대들이 행하는 바른 일을 즐거워한다. 비구들

15일에 해당한다.

아, 과거 여러 부처님에게도 비구들이 있어 지금 너희들처럼 바른 일을 행하였고 미래 여러 부처님들에게도 마땅히 이와 같은 비구들이 있어 지금 너희들처럼 바른 일을 행할 것이다. 왜냐하면 지금 이 대중 속의 여러 장로長老 비구들로서 어떤 이는 첫 번째 선정을 얻기도 하고 두 번째 선정·세 번째 선정·네 번째 선정과 자애로움·불쌍히 여김·기뻐함· 평정과, 공입처空入處·식입처識入處·무소유입처無所有入處·비상비비상입처非想非非想入處를 얻어 머물기도 한다. 어떤 비구는 세 가지 결박〔結〕이 다 끊어져서 수다원과를 얻어 나쁜 세계에 떨어지지 않으며 결정코 곧바로 삼보리三菩提로 향하며 일곱 번 천상과 인간 세계를 오가면서 태어났다가 결국에는 괴로움의 끝〔苦邊〕을 다하게 되는 이도 있다. 어떤 비구는 세 가지 결박이 다 끊어지고 탐욕·성냄·어리석음이 엷어져서 사다함과를 얻고, 어떤 비구는 5하분결이 다 끊어져서 아나함과를 얻고 생반열반生般涅槃[9]에 들어 다시는 이 세간에 환생하지 않는다. 어떤 비구는 한량없는 신통 경계인 천이·타심지·숙명지·생사지·누진지를 얻은 이도 있다. 어떤 비구는 부정관不淨觀을 닦아 탐욕을 끊고 자애로운 마음〔慈心〕을 닦아 성냄을 끊으며 무상한 것이라는 생각을 닦아 아만我慢을 끊고 안나반나념安那般那念을 닦아 거친 생각〔覺想〕을 끊었기 때문이니라.

비구들아, 어떻게 안나반나념을 닦아 거친 생각을 끊는가? 비구는 촌락을 의지해 살면서,……(이하 생략)……내쉬는 숨이 멸함을 관찰하여 내쉬는 숨이 멸함을 관찰한 것을 그대로 배워야 한다. 이것을 안나반나념을 닦아 거친 생각을 끊는 것이라고 말하느니라."

부처님께서 이 경을 말씀하시자 모든 비구들은 부처님의 말씀을 듣

9 색계色界에 태어나서부터 열반에 드는 것. 욕계로부터 색계에 태어나서 오래지 않아 반열반般涅槃하는 것.

고 기뻐하며 받들어 행하였다.

816. 학경學經 ①

이와 같이 나는 들었다.

어느 때 부처님께서는 사위국 기수급고독원에 계셨다.

그때 세존께서는 모든 비구들에게 말씀하셨다.

"삼학三學이 있다. 어떤 것이 그 세 가지인가? 왕성한 계율 공부〔增上戒學〕·왕성한 마음 공부〔增上意學〕[10]·왕성한 지혜 공부〔增上慧學〕를 3학이라고 하느니라."

그때 세존께서 곧 게송으로 말씀하셨다.

세 가지 공부를 원만하게 갖추면
그것이 바로 비구의 바른 행이니라.
왕성한 계율과 마음과 지혜
이 세 가지 법을 열심히 정진하라.

용맹스럽고 단단한 성城에서
언제나 모든 감관 잘 지켜 단속하되
낮에와 같이 밤에도 그러하고
밤에와 같이 낮에도 그렇게 하라.

앞에서와 같이 뒤에서도 그러하고

---

10 증상심학增上心學 혹은 증상정학增上定學이라고도 한다.

뒤에서와 같이 앞에서도 그러하며
위에서와 같이 아래서도 그러하고
아래서와 같이 위에서도 그렇게 하라.

한량없는 모든 삼매가
일체의 모든 곳을 두루 비추리니
이것을 깨달음의 방도라 하는데
가장 맑고 시원한 원인이 되네.

무명으로 인한 다툼 버려 여의고
그 마음이 잘 해탈하였으니
나는 이 세간의 깨달은 사람
지혜와 실천을 원만하게 갖추었다.

바른 기억으로 잊지 않고 살아가면
그 마음이 능히 해탈케 되리니
몸이 무너지고 목숨이 끝나는 것
기름등이 다해 불이 꺼지는 것 같네.

부처님께서 이 경을 말씀하시자 모든 비구들은 부처님의 말씀을 듣고 기뻐하며 받들어 행하였다.

817. 학경 ②

이와 같이 나는 들었다.

어느 때 부처님께서는 사위국 기수급고독원에 계셨다.

그때 부처님께서 모든 비구들에게 말씀하셨다.

“또 삼학三學이 있다. 어떤 것이 그 세 가지인가? 왕성한 계율 공부·왕성한 마음 공부·왕성한 지혜 공부를 3학이라고 하느니라. 어떤 것이 왕성한 계율 공부인가? 만일 비구가 계율인 바라제목차율의波羅提木叉律儀에 머물고 위엄 있는 태도와 행동을 원만하게 갖추어 아주 미세한 죄를 보더라도 곧 두려워하는 마음을 내고 계율을 받아 지녀 배우는 것을 말한다. 어떤 것이 왕성한 마음 공부인가? 만일 비구가 탐욕과 악하고 착하지 못한 법을 여의고,……(이하 생략)……네 번째 선정까지 완전히 갖추어 머무는 것을 말한다. 어떤 것이 왕성한 지혜 공부인가? 이 비구가 이것은 괴로움의 거룩한 진리라고 사실 그대로 알고, 괴로움의 발생〔集〕·괴로움의 소멸〔滅〕·괴로움의 소멸에 이르는 길〔道〕에 대한 성스러운 진리라고 사실 그대로 알면, 이것을 왕성한 지혜 공부라고 말하느니라.”

그때 세존께서 곧 게송으로 말씀하셨는데 그 내용은 위에서 말씀하신 것과 같다.

부처님께서 이 경을 말씀하시자 모든 비구들은 부처님의 말씀을 듣고 기뻐하며 받들어 행하였다.

818. 학경 ③

이와 같이 나는 들었다.

어느 때 부처님께서는 사위국 기수급고독원에 계셨다.

그때 세존께서 모든 비구들에게 말씀하셨다.

“어떤 비구는 왕성한 계율 공부는 했으나 왕성한 마음과 왕성한 지혜의 공부는 하지 않았고, 왕성한 계율과 왕성한 마음공부는 했으나 왕성한 지혜 공부는 하지 않았다. 거룩한 제자로서 왕성한 지혜의 방편을 따라 성취하여 머무르면, 왕성한 계율과 왕성한 마음을 닦아 익히는 것을 원만히 갖추게 된다. 이와 같이 거룩한 제자로서 왕성한 지혜의 방편을 따라 성취하여 머무르면 위없는 지혜를 이룩하여 오래 살게 되느니라."

부처님께서 이 경을 말씀하시자 모든 비구들은 부처님의 말씀을 듣고 기뻐하며 받들어 행하였다.

819. 학경 ④

이와 같이 나는 들었다.

어느 때 부처님께서는 사위국 기수급고독원에 계셨다.

그때 세존께서는 모든 비구들에게 말씀하셨다.

"250가지가 넘는 계戒를 차례를 따라 보름마다 바라제목차수다라(波羅提木叉修多羅 : 律藏)를 설명하여 스스로 배우기를 원하는 이로 하여금 배우게 할 때, 세 가지 공부를 설명하면 그것은 모든 계戒를 다 포섭할 수 있다. 어떤 것이 그 세 가지인가? 왕성한 계율 공부 · 왕성한 마음공부 · 왕성한 지혜 공부를 말하는 것이니라."

부처님께서 이 경을 말씀하시자 모든 비구들은 부처님의 말씀을 듣고 기뻐하며 받들어 행하였다.

820. 학경 ⑤

이와 같이 나는 들었다.

어느 때 부처님께서는 사위국 기수급고독원에 계셨다.

그때 세존께서는 모든 비구들에게 말씀하셨다.……이 사이의 내용은 앞에서 말한 것과 같고 다만 다른 것은 다음과 같다.

"어떤 것이 왕성한 계율 공부인가? 비구가 계를 소중하게 여겨 계는 왕성한데 선정〔定〕은 소중하게 여기지 않아 선정은 왕성하지 못하고 지혜도 소중하게 여기지 않아서 지혜도 왕성하지 못하다. 그래서 그는 저렇게 나누어진 미세한 계에 대해서라도 그것을 범하면 곧 따라 참회하곤 한다. 그런 까닭에 나는 그에게 만일 저 계를 따르고 범행梵行을 잘 따라서 범행을 유익하게 하고 범행에 오래 머무는 것을 감당할 만하지 못하다고 말하지 않는다. 그와 같은 비구는 계가 견고하고 계를 가르치는 스승이 언제나 있어서, 항상 계가 그를 따라 생기고 그것을 받아 가져 공부하면 그와 같이 알고 그와 같이 보아 이른바 신견身見·계취견戒取見·의疑, 이 세 가지 번뇌〔結〕를 끊게 된다. 이 세 가지 번뇌를 다 끊으면 수다원須陀洹을 얻어 나쁜 세계에 떨어지지 않으며, 결정코 곧바로 삼보리三菩提로 향하며 일곱 번 천상과 인간 세계를 오가면서 태어났다가 결국에는 괴로움의 끝〔苦邊〕을 다하게 되나니, 이것을 왕성한 계율 공부라고 말하느니라.

어떤 것이 왕성한 마음공부인가? 그 비구가 계를 소중하게 여겨 계가 왕성하고 선정을 소중하게 여겨 선정은 왕성한데 지혜는 소중하게 여기지 않아 지혜가 왕성하지 못하다. 그래서 그는 저렇게 나누어진 미세한 계에 대해서라도……(이하 생략)……계를 받아 가져 공부하면, 그와 같이 알고 보아 그와 같이 보아 신견身見·계취견戒取見·의疑·탐욕貪欲·진에瞋恚 등의 5하분결을 끊게 된다. 그 5하분결을 끊으면 생반열반生般涅槃을 받고 아나함阿那含을 얻어 이 세상에 다시는 돌아오지 않나니, 이것을 왕성한 마음공부라고 말하느니라.

어떤 것이 왕성한 지혜 공부인가? 그 비구가 계를 소중하게 여겨서 계가 왕성하고 선정을 소중하게 여겨서 선정이 왕성하며, 지혜도 소중하게 여겨서 지혜도 왕성하다. 그는 그와 같이 알고 그와 같이 보아 욕유루(欲有漏 : 탐욕)의 번뇌에서 마음이 해탈하고 유유루(有有漏 : 존재)의 번뇌에서 마음이 해탈하며 무명유루(無明有漏 : 무명)의 번뇌에서 마음이 해탈한다. 그리고 해탈한 줄을 알아 '나의 생은 이미 다하고 범행은 이미 섰으며 할 일은 이미 다 마쳐 후세의 몸을 받지 않는다'고 스스로 아나니, 이것을 왕성한 지혜 공부라고 하느니라."

부처님께서 이 경을 말씀하시자 모든 비구들은 부처님의 말씀을 듣고 기뻐하며 받들어 행하였다.

821. 학경 ⑥

이와 같이 나는 들었다.

어느 때 부처님께서는 사위국 기수급고독원에 계셨다.

그때 세존께서 모든 비구들에게 말씀하셨다.

"250가지가 넘는 계율을 차례를 따라 보름마다 바라제목차수다라(波羅提木叉修多羅 : 律藏)를 설명하여 만일 저 선남자가 스스로 마음껏 배우려고 한다면 나는 그를 위해 3학에 대하여 설명하리라. 만일 이 3학을 배우면 모든 계를 다 포섭할 것이다. 어떤 것이 그 세 가지인가? 왕성한 계율 공부·왕성한 마음공부·왕성한 지혜 공부가 그것이니라.

어떤 것이 왕성한 계율 공부인가? 비구가 계를 소중하게 여겨 계는 왕성한데 선정은 소중하게 여기지 않아 선정은 왕성하지 못하고 지혜도 소중하게 여기지 않아서 지혜도 왕성하지 못하다. 그래서 그는 저렇게 나누어진 미세한 계에 대해서라도……(이하 생략)……계를 받아 가져 공부하면 그는 그와 같이 알고 그와 같이 보아 이른바 신견·계취견·의 등의 세 가지 번뇌를 끊고 탐욕·성냄·어리석음이 엷어져 일종자도一種子道를 성취하리니, 그 지위〔地〕에서 다 깨닫지 못한 이를 사다함斯陀含이라 하고 그 지위에서 다 깨닫지 못한 이를 가가家家라고 하며 그 지위에서 다 깨닫지 못한 이를 7유有라 하고, 그 지위에서 다 깨닫지 못한 이를 수법행隨法行이라고 하며, 그 자리에서 다 깨닫지 못한 이를 수신행隨信行이라고 하나니, 이것을 왕성한 계율 공부라고 하느니라.

어떤 것을 왕성한 마음공부라고 하는가? 비구가 계를 소중하게 여겨 계는 왕성하고 선정을 소중하게 여겨 선정은 왕성한데 지혜는 소중하게 여기지 않아 지혜가 왕성하지 못하다. 그래서 그는 저렇게 나누어진 미세한 계에 대해서라도……(이하 생략)……계를 받아 가져 공부하면 그와 같이 알고 그와 같이 보아 이른바 신견·계취견·의·탐욕·진에 등의 5하분결을 끊게 된다. 5하분결을 끊고 나면 중반열반中般涅槃을 얻는데, 이 지위에서 완전히 깨닫지 못한 이는 생반열반을 얻고, 이 지위에서 완전히 깨닫지 못한 이는 무행반열반無行般涅槃을 얻으며, 또 이 지위에서 다 깨닫지 못한 이는 유행반열반有行般涅槃을 얻고, 또 이 지위에서 다 깨닫지 못한 이는 상류반열반上流般涅槃을 얻나니, 이것을 왕성한 마음공부라고 말하느니라.

어떤 것을 왕성한 지혜 공부라고 하는가? 그 비구가 계를 소중하게 여겨서 계가 왕성하고 선정을 소중하게 여겨서 선정이 왕성하며 지혜도 소중하게 여겨서 지혜가 왕성하다. 그러면 그는 그와 같이 알고 그와 같이 보아 욕유루에서 마음이 해탈하고, 유유루에서 마음이 해탈하며, 무명유루에서 마음이 해탈한다. 그리고 해탈한 줄을 알아 '나의 생은 이미 다하고 범행은 이미 섰으며 할 일을 이미 마쳐 후세의 몸을 받지 않는다'고 스스로 아나니, 이것을 왕성한 지혜 공부라고 말하느니라."

부처님께서 이 경을 말씀하시자 모든 비구들은 부처님의 말씀을 듣고 기뻐하며 받들어 행하였다.

822. 열반경涅槃經 ①

이와 같이 나는 들었다.

어느 때 부처님께서는 사위국 기수급고독원에 계셨다.

그때 세존께서 모든 비구들에게 말씀하셨다.

"만일 비구가 계를 완전하게 갖추어 머문다면 바라제목차波羅提木叉를 잘 거두어 가지고 위엄 있는 태도와 행동을 원만하게 갖추어서 아주 미미한 죄를 보아도 능히 두려워할 줄을 알게 된다. 비구가 계를 완전하게 갖추어 머문다면 바라제목차를 잘 거두어 가지고 위엄 있는 태도와 행동을 원만하게 갖추어서 아주 미세한 죄를 보아도 능히 두려워할 줄을 알며 3학을 평등하게 받고 3학을 닦아 익혀 만족하게 된다. 어떤 것이 그 세 가지인가? 왕성한 계율 공부와 왕성한 마음공부와 왕성한 지혜 공부가 그 세 가지이다.

어떤 것이 왕성한 계율 공부인가? 비구가 계는 원만하게 갖추었으나 선정도 적고 지혜도 적어서 저렇게 나누어진 미세한 계에 대해서라도……(이하 생략)……계를 받아 가져서 공부하면 그는 그와 같이 알고 그와 같이 보아 이른바 신견·계취견·의 등의 세 가지 번뇌를 끊는다. 이 세 가지 번뇌를 끊으면 수다원과를 얻어 나쁜 세계에 떨어지지 않으며 결정코 곧바로 삼보리三菩提로 향하며 천상과 인간 세계를 일곱 번 오가면서 태어났다가 결국에는 괴로움의 끝〔苦邊〕을 다하게 되느니라.

어떤 것이 왕성한 마음공부인가? 비구가 선정도 원만하게 갖추었고 삼매도 원만하게 갖추었으나 지혜는 적어서 그는 저렇게 나누어진 미세한 계라 하더라도 조금만 범하면 곧 따라 참회하고……(이하 생략)……계를 받아 가져 공부하면 그는 그와 같이 알고 그와 같이 보아 이른바 신견·계취견·의·탐욕·진에 등의 5하분결을 끊게 된다. 그 5하분결을 끊으면 생반열반生般涅槃을 얻고 아나함이 되어 이 세상에 다시는 돌아오지 않나니, 이것을 왕성한 마음공부라고 말하느니라.

어떤 것이 왕성한 지혜 공부인가? 그 비구가 계를 원만하게 갖추었고 선정을 원만하게 갖추었으며 지혜도 원만하게 갖추었다. 그러면 그는 그와 같이 알고 그와 같이 보아 욕유루에서 마음이 해탈하고, 유유루에서 마음이 해탈하며, 무명유루에서 마음이 해탈한다. 그리고 해탈한 줄을 알아 '나의 생은 이미 다하고 범행은 이미 섰으며, 할 일을 이미 마쳐 후세의 몸을 받지 않는다'고 스스로 아나니, 이것을 왕성한 지혜 공부라고 말하느니라."

부처님께서 이 경을 말씀하시자 모든 비구들은 부처님의 말씀을 듣고 기뻐하며 받들어 행하였다.

823. 열반경 ②

이와 같이 나는 들었다.

어느 때 부처님께서는 사위국 기수급고독원에 계셨다.

그때 세존께서 모든 비구들에게 말씀하셨다.

"만일 비구가 계를 완전하게 갖추어 머문다면 바라제목차를 잘 거두어 가지고, 위엄 있는 태도와 행동을 원만하게 갖추어서 아주 미세한 죄를 보아도 능히 두려워할 줄을 알게 되고 계를 받아 가지고 공부함에 머물러서 3학學이 원만하게 갖추어지게 된다.

어떤 것이 그 세 가지인가? 왕성한 계율 · 왕성한 마음 · 왕성한 지혜가 그 세 가지이다.

어떤 것이 왕성한 계율인가? 비구가 계는 원만하게 갖추었으나 선정도 적고 지혜도 적어서 저렇게 나누어진 미세한 계에 대해서라도……(이하 생략)……계를 받아 가져 공부하면 그는 그와 같이 알고 그와 같이 보아 세 가지 번뇌를 끊고 탐욕과 성냄과 어리석음이 엷어져 일종자도一種子道를 성취한다. 만일 그 지위에서 다 깨닫지 못한 이는 사다함을 얻고, 그 지위에서 다 깨닫지 못한 이는 가가家家라고 하며, 그 지위에서 다 깨닫지 못한 이는 수다원을 얻고 그 지위에서 다 깨닫지 못한 이는 수법행隨法行을 얻으며 그 지위에서 다 깨닫지 못한 이는 수신행隨信行을 얻나니, 이것을 왕성한 계율 공부라고 하느니라.

어떤 것을 왕성한 마음 공부라고 하는가? 비구가 계도 원만하게 갖추었고 선정도 원만하게 갖추었으나 지혜가 적어서 그는 저렇게 나누어진 미세한 계에 대해서도……(이하 생략)……계를 받아 가져 공부하면 그는 그와 같이 알고 그와 같이 보아 이른바 신견 · 계취견 · 의 · 탐욕 · 진에 등의 5하분결을 끊게 된다. 그 5하분결을 끊으면 중반열반을 얻는데, 이 지위에서 완전히 깨닫지 못한 이는 생반열반을 얻고 이 지위에서 완전히 깨닫지 못한 이는 무행반열반을 얻으며 또 이 지위에서 완전히 깨닫지 못한 이는 유행반열반有行般涅槃을 얻고 또 이 지위에서 다 깨닫지 못한 이는 상류반열반上流般涅槃을 얻나니, 이것을 왕성한 마음공부라고 말하느니라.

어떤 것이 왕성한 지혜 공부인가? 그 비구가 계를 원만하게 갖추었고 선정도 원만하게 갖추었으며 지혜도 원만하게 갖추었다. 그러면 그는 그와 같이 알고 그와 같이 보아 욕유루에서 마음이 해탈하고 유유루에서 마음이 해탈하며 무명유루에서 마음이 해탈한다. 그리고 해탈한 줄을 알아 '나의 생은 이미 다하고 범행은 이미 섰으며 할 일을 이미 마쳐 후세의 몸을 받지 않는다'고 스스로 아나니, 이것을 왕성한 지혜 공부라고 말하느니라."

부처님께서 이 경을 말씀하시자 모든 비구들은 부처님의 말씀을 듣고 기뻐하며 받들어 행하였다.

824. 학경學經 ①

이와 같이 나는 들었다.

어느 때 부처님께서는 사위국 기수급고독원에 계셨다.

그때 세존께서 모든 비구들에게 말씀하셨다.

"두 가지 공부가 있다. 어떤 것이 그 두 가지인가? 최상의 위의威儀 공부와 최상의 바라제목차波羅提木叉 공부가 그것이니라."

그때 세존께서 곧 게송으로 말씀하셨다.

공부하는 이 계율을 배울 때
바른 길을 따라 곧바르게 행하고
골똘하게 살피고 부지런히 방편을 써서
자신의 몸을 잘 단속하여 보호해야 한다.

처음에는 번뇌가 다하는 지혜를 얻고

다음에는 무지無知에서 해탈하나니
무지에서 해탈하고 나면
모든 지견知見에서 멀리 벗어나
움직이지 않는 해탈 성취하나니
모든 번뇌와 결박 모조리 없어진다.

그는 모든 감각 기관 원만하게 성취하고
모든 감각 기관이 고요하고 즐겁게 되나니
그 맨 마지막의 몸을 가지고
온갖 악마 원한을 무찔러 항복 받는다.

부처님께서 이 경을 말씀하시자 모든 비구들은 부처님의 말씀을 듣고 기뻐하며 받들어 행하였다.

825. 학경 ②

이와 같이 나는 들었다.

어느 때 부처님께서는 사위국 기수급고독원에 계셨다.

그때 세존께서 모든 비구들에게 말씀하셨다.

"계율 공부로 복과 이익이 많고 지혜가 최상인 데에 머물며 해탈이 견고해지고 생각이 왕성해지게 되느니라. 만일 비구가 계율 공부로 복과 이익을 얻고 지혜가 최상이 되며 해탈이 견고해지고 생각이 왕성하게 되면 3학學이 원만하게 되느니라. 어떤 것이 그 세 가지인가? 이른바 왕성한 계율 공부〔增上戒學〕·왕성한 마음 공부〔增上意學〕·왕성한 지혜 공부〔增上慧學〕가 그것이니라."

그때 세존께서 곧 게송으로 말씀하셨다.

계율 공부는 복과 이익이 따르고
골똘하게 사유하면 삼매선정 이루며
그리고 또 지혜는 최상이 되나니
그것은 현재 생의 마지막이 된다네.
나 모니는 여기 최후의 몸으로
악마를 항복 받고 저 언덕으로 건넜네.

부처님께서 이 경을 말씀하시자 모든 비구들은 부처님의 말씀을 듣고 기뻐하며 받들어 행하였다.

826. 학경 ③

이와 같이 나는 들었다.

어느 때 부처님께서는 사위국 기수급고독원에 계셨다.

그때 세존께서는 모든 비구들에게 말씀하셨다.……이 사이의 내용은 앞에서 말한 것과 같고, 다만 다른 것은 다음과 같다.

"비구들아, 어떤 것을 계율 공부에 복과 이익이 따르는 것이라고 하는가? 큰 스승께서는 모든 성문들을 위해 계를 제정하셨는데, 이른바 섭승攝僧과 극섭승極攝僧으로서 믿지 않는 이는 믿게 하고 믿는 이는 그 믿음을 더욱 불어나게 하며 악한 사람을 항복 받고 부끄러워할 줄 아는 사람은 즐겁게 살 수 있게 하며 현재 세상에서는 온갖 번뇌〔有漏〕를 막아 보호해주고 미래 세상에서는 바르게 미혹을 다스릴 수 있게 하는 것〔正對治〕이어서 범행梵行을 오랫동안 머물게 하는 것이니라.

큰 스승께서 이미 성문들을 위해 계를 제정하셨는데 이른바 섭승과……(이하 생략)……범행을 오랫동안 머무르게 하는 것이다. 그것을 그대로 따라 계를 공부하는 사람은 견고한 계·항상한 계·늘 행해야 할 계·받아 가져 공부해야 할 계를 행하는 것이니, 이것을 비구가 계를 지켜 얻는 복과 이익이라고 하느니라.

어떤 것을 지혜가 최상이 된다고 하는 것인가? 큰 스승께서는 모든 성문들을 위해 법을 연설하시는데 크게 가엾게 여기시어 진리로써 유익하게 하시며, 혹은 위로해 주시고 혹은 안락하게 해주시며, 또는 위로도 하고 안락하게도 해주신다. 이와 같이 큰 스승께서는 모든 성문들을 위해 법을 연설하시는데 크게 가엾게 여기시어 진리로써 유익하게 하시며 위로해주시고 안락하게 해주시는 것이다. 그것을 그대로 잘 따라 여러 가지 법과·여러 가지 이치를 지혜로 관찰해야 하나니, 이것을 비구의 지혜가 최상이 된다고 한 것이니라.

어떤 것을 해탈이 견고해진다고 하는 것인가? 큰 스승께서는 모든 성문들을 위해 법을 연설하시는데 크게 가엾게 여기시어 진리로써 유익하게 하시며 위로해주시고 안락하게 해주신다. 그러면 여러 가지 법을 설하신 그대로 잘 따르고 그와 같은 이치를 그 이치대로 따르면 해탈의 즐거움을 얻을 것이니, 이것을 비구의 해탈이 견고해진다고 한 것이니라.

어떤 것을 비구의 생각이 왕성하게 된다고 하는 것인가? 계가 완전하지 못한 사람은 전일한 마음으로 생각을 잡아매어 편안히 머물고 아직 관찰하지 못한 사람은 여러 이치에 대해 지혜로 생각을 잡아매어 편안히 머물며 이미 관찰한 사람은 여러 이치에 대해 생각을 거듭하여 편안히 머문다. 아직 법과 접촉하지 않은 사람은 여러 이치에 대해 해탈하리라는 생각에 편안히 머물고 이미 법과 접촉한 사람은 여러 이치에 대해 해탈했다는 생각에 편안히 머무나니, 이것을 비구의 바른 생각이 왕성하게 된다고 하는 것이니라."

그때 세존께서 곧 게송으로 말씀하셨다.

계율 공부는 복과 이익이 따르고
골똘하게 사유하면 삼매선정 이루며
그리고 또 지혜는 최상이 되나니
그것은 현재 생의 마지막이 된다네.
나 모니는 여기 최후의 몸으로
악마를 항복 받고 저 언덕으로 건넜네.

부처님께서 이 경을 말씀하시자 모든 비구들은 부처님의 말씀을 듣고 기뻐하며 받들어 행하였다.

이후에 부처님께서 말씀하실 시바가경〔尸婆迦修多羅〕도 마찬가지이다.

이와 같이 아난다 비구와 다른 비구의 물음과 부처님께서 모든 비구들에게 물으신 세 경도 앞의 경에서 말씀하신 것과 같다.

827. 경마경耕磨經

이와 같이 나는 들었다.

어느 때 부처님께서는 사위국 기수급고독원에 계셨다.

그때 세존께서 모든 비구들에게 말씀하셨다.

"비유하면 농부가 세 가지로써 농사를 짓는데 절기를 따라야 잘 짓는 경우와 같다. 어떤 것이 그 세 가지인가? 저 농부는 절기를 따라 밭을 갈고 절기를 따라 물을 대며 절기를 따라 종자를 뿌린다. 저 농부는 절기를 따라 밭을 갈고 물을 대며 종자를 뿌려놓고 나서 '오늘 싹이 트고 자라서 오늘 열매를 맺고 오늘 여물었으면 혹 내일이나 혹은 좀 뒷날에라도 그렇게 되었으면' 하고 생각하지는 않는다.

비구들아, 그러나 저 장자가 밭을 갈고 물을 대고 종자를 뿌리고 나서는 '오늘 싹이 터서 자라고 오늘 열매를 맺고 오늘 여물었으면, 혹은 내일이나, 혹은 좀 뒷날에라도 그렇게 되었으면' 하고 그렇게 생각하지 않더라도 그 종자가 이미 땅에 들어갔으니 저절로 때를 따라 싹이 트고 자라서 열매를 맺고 여물게 될 것이다. 그와 같이 비구들아, 이 세 가지 공부를 때를 따라 잘 배워야 하리니, 계율 공부를 잘하고 마음 공부를 잘하며 지혜 공부를 잘하고 나서는 '내가 오늘 바로 온갖 번뇌를 일으키지 않고 마음이 잘 해탈하였으면 혹은 내일이나 혹은 좀 뒷날에라도 그렇게 되었으면' 하고 그렇게 생각하지 않아야 한다.

그렇게 생각하지 않아도 저절로 신통력으로 능히 오늘……혹은 내일이나 혹은 좀 뒷날에라도 모든 번뇌를 일으키지 않고 마음이 잘 해탈하게 될 것이다. 그가 이미 때를 따라 계율 공부를 왕성하게 하고 마음공부를 왕성하게 하며 지혜 공부를 왕성하게 하여 마치고 나면 그 시절을 따라 저절로 모든 번뇌가 일어나지 않고 마음이 잘 해탈하게 되는 것이다.

비구들아, 비유하면 암탉이 알을 품고 있을 때 혹은 열흘 내지 열이틀 동안 때를 따라 그 동정을 살피면서 혹은 시원하게 혹은 따뜻하게 아끼고 보살피는 것과 같다. 그러면서도 저 알을 품는 어미 닭은, '나는 오늘 아니면 내일 혹은 좀 뒷날에라도 입으로 쪼고 발톱으로 긁어서 병아리가 편안하게 나오도록 하리라'고 이렇게 생각하지 않는다. 그저 그 암탉이 알을 잘 품고 때를 따라 아끼고 보살피기만 하면 병아리는 저절로 편안하게 나오게 될 것이다. 그와 같이 비구들아,

세 가지 공부를 잘 하기만 하면 시절을 따라 저절로 모든 번뇌가 일어나지 않고 마음이 잘 해탈하게 되느니라."

부처님께서 이 경을 말씀하시자 모든 비구들은 부처님의 말씀을 듣고 기뻐하며 받들어 행하였다.

828. 여경驢經

이와 같이 나는 들었다.

어느 때 부처님께서는 사위국 기수급고독원에 계셨다.

그때 세존께서 모든 비구들에게 말씀하셨다.

"비유하면 나귀가 소 떼를 따라가면서 '나도 소 울음소리를 내어야겠다'라고 생각하는 경우와 같다. 그러나 그 생김새도 역시 소와 같지 않고 빛깔도 소와 같지 않으며 울음소리도 비슷하지 않나니, 그런데도 많은 소 떼를 따르면서 '나는 소이다'라고 생각하고 소 울음을 내어보지만 그는 실로 소와는 거리가 멀다. 그와 같이 어떤 어리석은 사내가 율律을 어기고 계戒를 범했으면서도 그는 대중을 따르며 말하기를 '나는 비구다, 나는 비구다'라고 해보지만, 그러나 그가 탐욕에 빠져서 왕성한 계율 공부와 왕성한 마음공부와 왕성한 지혜 공부를 배워 익히지 않고 대중들을 따르면서 '나는 비구다, 나는 비구다'라고 스스로 외친다 하더라도 그는 실로 비구와는 거리가 멀다."

그때 세존께서 곧 게송으로 말씀하셨다.

뿔 없는 짐승이나 발굽은 같으며
네 다리와 우는 소리는 갖추었기에
크게 무리지어 다니는 소 떼를 따르며

같은 무리라고 언제나 스스로 생각하네.
그러나 생김새도 소와는 같지 않고
또한 능히 소 울음소리도 내지 못하네.

그와 같이 저 어리석은 사람은
마음을 한곳에 매어두지 못하고
선서의 가르침과 훈계를 따라
부지런히 방편을 쓰려는 마음 없어
게으름 피고 마음으로 거만 부리면
위없는 큰 도를 거두지 못하리니

마치 저 나귀가 소 떼 속에 있지만
소와는 그 거리 스스로 먼 것처럼
비록 그가 대중들을 따라 다니나
그 마음과 행동은 언제나 어긋나네.

부처님께서 이 경을 말씀하시자 모든 비구들은 부처님의 말씀을 듣고 기뻐하며 받들어 행하였다.

829. 발기자경跋耆子經

이와 같이 나는 들었다.

어느 때 부처님께서는 발기跋耆라는 마을에 계셨는데 존자 발기자跋耆子가 부처님을 곁에서 모시고 있었다.

그때 발기자가 부처님의 처소를 찾아가 부처님 발에 머리 조아려 예배하고 한쪽에 물러앉아 부처님께 아뢰었다.

"세존이시여, 부처님께서는 250가지가 넘는 계를 말씀하시어 족성자族姓子들로 하여금 차례를 따라 보름마다 와서, 바라제목차수다라波羅提木叉修多羅를 설명하게 하시고, 여러 족성자들로 하여금 배우고 싶은 대로 배우게 하셨습니다. 그러나 세존이시여, 저는 지금 그들이 배우는 것을 따라 능히 공부를 해낼 수가 없습니다."

부처님께서 발기자에게 말씀하셨다.

"너는 수시로 3학學을 배울 수 있겠느냐?"

발기자가 부처님께 아뢰었다.

"해낼 수 있습니다. 세존이시여."

부처님께서 발기자에게 말씀하셨다.

"너는 마땅히 때를 따라 왕성한 계율 공부·왕성한 마음공부·왕성한 지혜 공부를 해야 한다. 때를 따라 부지런히 힘써 왕성한 계율 공부·왕성한 마음공부·왕성한 지혜 공부를 하고 나면, 머지않아 반드시 모든 번뇌가 다 끊어질 것이요, 번뇌 없이 마음이 해탈하고 지혜로 해탈하여 현재 세상에서 스스로 증득한 줄을 알아, '나의 생은 이미 다하고 범행은 이미 섰으며, 할 일을 이미 마쳐 다시는 후세의 몸을 받지 않는다'고 스스로 알 것이니라."

그때 존자 발기자는 부처님의 말씀을 듣고 기뻐하고 따라 기뻐하면서 예배하고 떠나갔다.

그때 존자 발기자는 부처님의 훈계와 가르침을 받고 나서 혼자 고요한 곳에서 골똘하게 사유하다가……이 사이의 내용은 앞의 경에서 말한 것과 같다.……마음이 잘 해탈하여 아라한이 되었다.

잡아함경 제 30 권

830. 붕가사경崩伽闍經

이와 같이 나는 들었다.

어느 때 부처님께서는 붕가사崩伽闍의 붕가기림崩伽耆林에 머물고 계셨다.

그때 세존께서 모든 비구들을 위해 계상응법戒相應法을 설하시고 제정한 계법戒法을 찬탄하셨다.

그때 존자 가섭씨迦葉氏가 붕가崩伽라는 마을에 머물고 있었는데 세존께서 계상응법을 설하시고 그 계에 대하여 찬탄하셨다는 말을 듣고 몹시 마음으로 참을 수 없고 언짢아 말했다.

"저 사문은 그 계를 몹시 찬탄하였다고 하는데, 그 계는 너무나 제한적이다."

그때 세존께서는 붕가 마을에서 편안히 머물러 계시다가 사위국을 향해 떠나셨고, 차례로 유행하시다가 사위국에 있는 기수급고독원에 이르셨다.

그때 존자 가섭씨는 세존께서 그곳을 떠나가신 지 그리 오래되지 않아 곧 마음으로 후회하였다.

'나는 이제 이익을 잃어 크게 불리하게 되었다. 세존께서 계상응법을 설하시고 제정하신 계를 찬탄하셨을 때 세존께 대해 마음으로 참을 수 없고 언짢아 불쾌한 기분에 말하기를 〈사문은 그 계를 몹시 제한적으로 만들어 놓고서 그 계에 대하여 지극히 찬탄하고 있다〉고 하였다.'

그때 존자 가섭씨는 밤이 지나고 이른 아침이 되자 가사를 입고 발우를 가지고 붕가 마을로 들어가 걸식하였다. 걸식을 마치고 정사精舍로 돌아와 침구를 부탁하고, 스스로 가사와 발우를 가지고 사위성을 향해 떠났다. 차례로 유행하면서 사위국에 이르러 가사와 발우를 챙겨두고 발을 씻은 뒤에 세존께서 계신 곳으로 나아가 세존의 발에 머리 조아려 예배하고 부처님께 아뢰었다.

"제 잘못을 뉘우칩니다. 세존이시여, 잘못을 뉘우칩니다. 선서善逝시여, 저는 우매하고 어리석어 착하지도 못하고 분별력도 없습니다. 그래서 저는 세존께서 비구들을 위해 계상응법을 말씀하시고 제정하신 계에 대하여 찬탄하셨다는 말을 듣고 세존께 대해 참을 수 없고 언짢아 불쾌한 기분에 말하기를 '저 사문은 그 계를 몹시 제한적으로 만들어 놓고서 그 계에 대하여 찬탄하고 있다'고 하였습니다."

부처님께서 가섭씨에게 말씀하셨다.

"너는 언제 나에 대해서 마음으로 참을 수 없고 언짢아 불쾌한 기분에 말하기를 '저 사문은 그 계를 몹시 제한적으로 만들어놓고서 그 계에 대하여 찬탄하고 있다'라고 말했느냐?"

가섭씨가 부처님께 아뢰었다

"그때 세존께서는 붕가사 마을에 있는 붕가기림 속에서 비구들을 위해 계상응법을 말씀하시고 그 계에 대하여 찬탄하셨습니다. 저는 그때 세존께 대해 마음으로 참을 수 없고 언짢아 불쾌한 기분에 '저 사문은 그 계를 몹시 제한적으로 만들어 놓고서 그 계를 찬탄하고 있다'라고 그런 말을 하였습니다. 세존이시여, 저는 오늘 스스로 죄를 깨닫고서 뉘우치며 스스로 죄를 보고서 뉘우치고 있습니다. 세존이시여, 오직 바라옵건대 저를 가엾게 여기시어, 제가 잘못을 뉘우치는 것을 받아 주소서."

부처님께서 가섭씨에게 말씀하셨다.

"너는 어리석고 착하지 못하며 분별력이 없음을 스스로 깨달아 뉘우칠 줄을 아는구나. 내가 비구들을 위해 계상응법을 설명하고, 제정한 계에 대하여 찬탄하는 말을 듣고 나에 대하여 참을 수 없고 언짢아 불쾌한 기분에 '저 사문은 계를 몹시 제한적으로 만들어놓고서 그 계를 매우 찬탄하고 있다'라고 그렇게 말했다. 그러나 가섭아, 너는 지금 스스로 깨닫고서 뉘우치고 스스로 보고서 뉘우쳤으니, 미래 세상에서는 율의계律儀戒가 생길 것이다. 나는 지금 너를 가엾이 여겨 이 계를 주리라. 가섭아, 그와 같이 뉘우치는 사람은 착한 법이 늘어나고 자라서 끝까지 물러나거나 줄어들지 않을 것이다. 왜냐하면 만일 스스로 죄를 깨닫고 스스로 죄를 보고서 잘못을 뉘우치는 사람은 미래 세상에서는 율의계가 생기고 착한 법이 더욱 늘어나고 자라서 물러가거나 줄어들지 않을 것이기 때문이다.

설령 가섭이 상좌上座 비구라 할지라도 계를 배우려고 하지 않고, 계를 중히 여기지 않으며, 그 계를 제정하는 것을 찬탄하지 않는다면, 그런 비구는 내가 칭찬하지 않을 것이다. 왜냐하면 만일 나로부터 칭찬을 받는 사람은 다른 사람들이 곧 그를 가까이하고 친근히 하며 또한 공경하고 존중할 것이요, 만일 다른 사람이 그를 가까이하고 친근히 하며 존중하여 곧 그들과 견해를 같이하고 일을 같이할 것이며, 그들과 일을 같이 하기 때문에 그는 오랜 세월 동안 이롭지 못한 고통을 받을 것이기 때문이다. 그러므로 나는 저 장로長老들을 처음부터 칭찬하지 않나니, 처음부터 계율 공부를 좋아하지 않았기 때문이다. 장로와 같이 중년中年·소년少年에 대해서도 또한 그와 같으니라.

만일 상좌上座 장로가 처음부터 계율 공부를 중히 여기고 계 제정하는 것을 찬탄한다면 그런 장로는 나로부터 칭찬을 받을 것이니, 처음부터 계율 공부를 즐겨하였기 때문이다. 나에게서 칭찬을 받는 사람은 다른 사람들도 그를 가까이하고 친근히 하며 또한 그를 존중하여 견해를 같이할 것이요, 견해를 같이 하기 때문에 그는 미래 세상에서 오랜 세월 동안 유익한 진리를 얻을 것이다.

그러므로 저 장로 비구를 항상 칭찬해야 한다. 처음부터 계율 공부하기를 좋아하였기 때문이니, 중년·소년에 있어서도 또한 그와 같으니라."

부처님께서 이 경을 말씀하시자 모든 비구들은 부처님의 말씀을 듣고 기뻐하며 받들어 행하였다.

831. 계경戒經

이와 같이 나는 들었다.

어느 때 부처님께서는 사위국 기수급고독원에 계셨다.

그때 세존께서 모든 비구들에게 말씀하셨다.

"만일 여러 상좌 장로 비구로서 처음부터 계율 공부하기를 좋아하지 않고 계를 중히 여기지 않으며, 다른 비구가 처음부터 계율 공부하기를 좋아하고 계를 중하게 여기며 계 제정한 것을 찬탄하는 것을 보고도 그가 마찬가지로 때를 따라서 그것을 찬탄하지 않는다면, 나는 그런 비구들에 대해 칭찬하지 않을 것이니, 그는 처음부터 계율 공부를 좋아하지 않았기 때문이다.

왜냐하면 만일 내가 그를 칭찬하면 다른 사람들도 또한 그를 가까이하고 친근히 하며 존중하여 견해를 같이할 것이요, 견해를 같이 하기 때문에 오랜 세월 동안 이롭지 못한 고통을 받을 것이기 때문이다. 그러므로 나는 저 장로들을……(이하 생략)……중년・소년에 대해서도 또한 그와 같으니라."……계율 공부하기를 좋아하는 사람에 대한 내용은 앞에서 말한 것과 같다.

부처님께서 이 경을 말씀하시자 모든 비구들은 부처님의 말씀을 듣고 기뻐하며 받들어 행하였다.

832. 삼학경三學經

이와 같이 나는 들었다.

어느 때 부처님께서는 사위국 기수급고독원에 계셨다.

그때 세존께서 모든 비구들에게 말씀하셨다.

"삼학三學이 있다. 어떤 것이 그 세 가지인가? 왕성한 계율 공부〔增上戒學〕・왕성한 마음 공부〔增上意學〕・왕성한 지혜 공부〔增上慧學〕를 말한다.

어떤 것이 왕성한 계율 공부인가? 만일 비구가 계율인 바라제목차波羅提木叉에 머물러, 위엄 있는 태도와 행동을 원만하게 갖추어서 아주 미세한 죄를 보아도 능히 두려워할 줄을 알게 되고 계를 받아 가지고 공부하면 이것을 왕성한 계율 공부라고 하느니라.

어떤 것이 왕성한 마음 공부인가? 만일 비구가 악하고 착하지 못한 법을 여의고 거친 생각〔覺〕과 미세한 생각〔觀〕은 있지만, 욕계의 악을 여읨으로 인해서 기쁨과 즐거움〔離生喜樂〕이 생겨 초선初禪에 원만하게 머물고……(이하 생략)……제4선에 원만하게 갖추어 머물면, 이것을 왕성한 마음공부라고 하느니라.

어떤 것이 왕성한 지혜 공부인가? 만일 비구가 이것은 괴로움에 대한 성스러운 진리임을 사실 그대로 알고 이것은 괴로움의 발생에 대한 성스러운 진리임을 사실 그대로 알며 이것은 괴로움의 소멸에 대한 성스러운 진리임을 사실 그대로 알고 이것은 괴로움의 소멸에 이르는 길에 대한 성스러운 진리임을 사실 그대로 알면 이것을 왕성한 지혜 공부라고 하느니라."

부처님께서 이 경을 말씀하시자 모든 비구들은 부처님의 말씀을 듣고 기뻐하며 받들어 행하였다.

이 삼학경의 나머지 부분은 앞에서 염처念處에 대해 설명한 것과 같다.

선정을 설하신 소경에서와 마찬가지로 무량無量·무색無色·사성제四聖諦·사념처四念處·사정단四正斷·사여의족四如意足·오근五根·오력五力·칠각분七覺分·팔성도八聖道·사도四道·사법구四法句·지관수습止觀修習 등에 대해서도 똑같이 설하셨다.

833. 리차경離車經

이와 같이 나는 들었다.

어느 때 부처님께서는 비사리국毘舍離國 미후지獼猴池 곁에 있는 2층 강당에 계셨다.

그때 그곳에는 코끼리를 잘 다루는 조련사가 있었는데, 그는 리차離車 종족으로 이름은 난다難陀라고 하였다. 그가 부처님께서 계신 곳으로 찾아가 부처님 발에 머리 조아려 예배하고는 한쪽에 물러앉았다.

그때 세존께서 리차족인 난다에게 말씀하셨다.

“만일 거룩한 제자로서 네 가지 무너지지 않는 깨끗한 믿음〔四不壞淨〕을 성취한 이가 있으면 그는 수명을 구하면 곧 수명을 얻게 되고 아름다운 얼굴이나 힘·즐거움·말솜씨·자재로움을 구하면 곧 그것을 다 얻게 될 것이다.

어떤 것이 그 네 가지인가? 부처님에 대한 무너지지 않는 깨끗한 믿음을 성취하고, 법과 승가에 대한 무너지지 않는 깨끗한 믿음을 성취하는 것이요, 거룩한 계율을 성취하는 것이니라. 그 거룩한 제자는 여기서 목숨을 마치면 천상에 태어나고 천상에서는 열 가지 법을 얻는 것을 나는 보느니라.

어떤 것이 그 열 가지인가? 하늘의 수명·하늘의 몸·하늘의 명칭·하늘의 즐거움·하늘의 자재自在로움·하늘의 빛깔·하늘의 소리·하늘의 냄새·하늘의 맛·하늘의 감촉이다. 만일 그 거룩한 제자가 천상天上에서 목숨을 마치고 인간 세계에 와서 태어나면 그는 열 가지 일을 완전히 갖추리라는 것을 나는 본다.

어떤 것이 그 열 가지인가? 인간으로서의 수명·인간으로서의 좋은 몸·인간으로서의 명칭·인간으로서의 즐거움·인간으로서의 자재로움·인간으로서의 빛깔·인간으로서의 소리·인간으로서의 냄새·인간으로서의 맛·인간으로서의 감촉이 그것이다. 그러나 그는 많이 들어 아는 거룩한 제자로서 남의 믿음을 말미암지 않고 남의 욕심을 말미암지 않으며, 남의 지식을 따르지 않고 남의 뜻을 취하지 않으며, 남의 생각을 따르지 않을 것이라고 나는 말할 것이요, 다만 자기의 진실 그대로의 바른 지혜와 지견知見을 지녔을 것이라고 나는 말하리라.”

그때 난다를 따르는 무리들이 난다에게 말했다.

"목욕할 때가 되었습니다. 이제 떠나야 하겠습니다."

난다가 대답하였다.

"나는 지금 인간 세계에서 하는 목욕은 필요하지 않다. 나는 지금 이 훌륭하고 묘한 법에서 스스로 목욕하였나니, 이른바 세존께서 계신 곳에서 청정한 믿음과 즐거움을 얻은 것을 말하느니라."

그때 리차 종족으로서 코끼리 조련사인 난다는 부처님의 말씀을 듣고 따라 기뻐하면서 자리에서 일어나 예배하고 떠나갔다.

834. 불빈경不貧經

이와 같이 나는 들었다.

어느 때 부처님께서는 비사리국 미후지 곁에 있는 2층 강당에 계셨다.

그때 세존께서 모든 비구들에게 말씀하셨다.

"만일 거룩한 제자로서 네 가지 무너지지 않는 깨끗한 믿음을 성취한 사람은 인간 세상에서 가난하게 살지 않고 추울 때 구걸하지 않고도 저절로 풍족하게 될 것이다. 어떤 것이 그 네 가지인가? 부처님에 대한 무너지지 않는 깨끗한 믿음을 성취하고 법과 승가에 대한 무너지지 않는 깨끗한 믿음을 성취하며 거룩한 계를 성취하는 것이다. 그런 까닭에 비구들아, 마땅히 '나는 반드시 부처님에 대한 무너지지 않는 깨끗한 믿음과 법과 승가에 대한 무너지지 않는 깨끗한 믿음을 성취하고 거룩한 계를 성취하리라'고 이와 같이 배워야 하느니라."

부처님께서 이 경을 말씀하시자 모든 비구들은 부처님의 말씀을 듣고 기뻐하며 받들어 행하였다.

835. 전륜왕경轉輪王經

이와 같이 나는 들었다.

어느 때 부처님께서는 사위국 기수급고독원에 계셨다.

그때 세존께서 모든 비구들에게 말씀하셨다.

"전륜왕轉輪王은 일곱 가지 보배를 원만히 갖추고 사람 가운데서 네 가지 신통력神通力을 성취하여 4천하天下[1]의 왕이 되었다가, 몸이 무너지고 목숨을 마치고 나면 천상에 태어난다. 비록 또 전륜성왕이 일곱 가지 보배를 원만히 갖추고 사람 가운데서 네 가지 신통력을 성취하여 사천하의 왕이 되었다가 몸이 무너지고 목숨을 마치고 나면 천상에 태어난다 하더라도 그래도 오히려 지옥·축생·아귀 등 나쁜 세계의 괴로움은 끊지는 못하였느니라.

왜냐하면 전륜왕은 부처님에 대한 무너지지 않는 깨끗한 믿음과 법과 승가에 대한 무너지지 않는 깨끗한 믿음을 얻지 못하고 거룩한 계를 성취하지 못했기 때문이니라.

그러나 많이 들어 아는 거룩한 제자는 누더기 옷을 입고 집집마다 돌아다니며 걸식하면서 풀 자리에 눕지만 저 많이 들어 아는 거룩한 제자는 지옥·축생·아귀 등 나쁜 세계의 괴로움은 벗어났느니라.

왜냐하면 저 많이 들어 아는 거룩한 제자는 부처님에 대한 무너지지 않는 깨끗한 믿음과 법과 승가에 대한 무너지지 않는 깨끗한 믿음과 거룩한 계를 성취했기 때문이니라.

그런 까닭에 비구들아, 마땅히 '부처님에 대한 무너지지 않는 깨끗

1 수미산首彌山의 사방에 있다고 하는 네 개의 대륙 즉 동·서·남·북의 4대주大洲로서, 동승신주東勝神洲·남섬부주南贍部洲·서우화주西牛貨洲·북구로주北俱盧洲 등의 4주洲를 말함. 이는 인도 고대의 상상적 세계관으로서 부처님의 설법에서도 이 설을 늘 인용하고 있다.

한 믿음과 법과 승가에 대한 무너지지 않는 깨끗한 믿음과 거룩한 계를 성취하리라'고 이와 같이 배워야 하느니라."

부처님께서 이 경을 말씀하시자 모든 비구들은 부처님의 말씀을 듣고 기뻐하며 받들어 행하였다.

836. 사불괴정경四不壞淨經

이와 같이 나는 들었다.

어느 때 부처님께서는 사위국 기수급고독원에 계셨다.

그때 세존께서는 모든 비구들에게 말씀하셨다.

"너희들은 마땅히 가엾이 여기는 마음과 자비한 마음을 내어야 한다. 만일 어떤 사람이 너희들의 말하는 것을 듣고 즐겁게 받아들이거든, 그들을 위해 네 가지 무너지지 않는 깨끗한 믿음을 설명하여 그들로 하여금 거기에 들어가 머물게 하라.

어떤 것이 그 네 가지인가? 부처님에 대한 무너지지 않는 깨끗한 믿음과 법에 대한 무너지지 않는 깨끗한 믿음과 승가에 대한 무너지지 않는 깨끗한 믿음과 거룩한 계를 성취하는 것이니라. 왜냐하면 지地·수水·화火·풍風 등의 4대大는 변하여 바뀌거나 더하고 덜함이 있지만 이 네 가지 무너지지 않는 깨끗한 믿음은 일찍이 더하거나 덜하거나 변하여 바뀌는 일이 없기 때문이니라.

그 더하거나 덜하거나 변하여 달라짐이 없다고 말하는 것은 많이 들어 아는 거룩한 제자가 부처님에 대한 무너지지 않는 깨끗한 믿음을 성취하고도 만일 지옥·축생·아귀의 세계에 떨어진다면 그럴 이치가 전혀 없기 때문이니라.

그런 까닭에 비구들아, 마땅히 '나는 반드시 부처님에 대한 무너지지지 않는 깨끗한 믿음과 법과 승가에 대한 무너지지 않는 깨끗한 믿음을 성취하고 거룩한 계를 성취하여 반드시 다른 사람도 세우고 성취하게 하리라'고 이와 같이 배워야 하느니라."

부처님께서 이 경을 말씀하시자 모든 비구들은 부처님의 말씀을 듣고 기뻐하며 받들어 행하였다.

837. 과환경過患經

이와 같이 나는 들었다.

어느 때 부처님께서는 사위국 기수급고독원에 계셨다.

그때 세존께서 모든 비구들에게 말씀하셨다.

"만일 사람을 믿으면 다섯 가지 허물이 생길 것이니, 저 사람이 혹 계戒를 범하고 율律을 어겼을 때에는 대중들에게 버림을 받을 것이다. 그러면 그 사람을 공경하던 사람들은 당연히 이렇게 생각할 것이다.

'이 사람은 나의 스승으로서 나는 스승을 존중하고 존경하는데 대중 스님들은 그를 버리고 천대한다. 그러니 내가 이제 무슨 인연으로 저 절〔塔寺〕에 들어가겠는가?'

그리하여 그가 절에 들어가지 않으면 스님들을 공경하지 않게 되고 스님들을 공경하지 않게 되면 법을 듣지 못하게 되며 법을 듣지 못하면 착한 법에서 물러나거나 그것을 잃게 되어 바른 법 가운데 오래 머물지 못하게 된다. 이것이 사람을 믿고 공경함으로써 생기는 첫 번째 허물이라 하느니라.

다음에는 사람을 공경하고 믿을 때 공경을 받는 사람이 계를 범하거나 율을 어겨서 대중 스님들이 그를 칭찬하지 않으면 그를 공경하고 믿던 사람은 마땅히 이렇게 생각할 것이다.

'이 사람은 나의 스승으로서 나는 스승을 존중하고 공경하는데 지금 대중 스님들은 칭찬하는 것을 보지 못했다. 그러니 내가 이제 무슨 인연으로 저 절에 들어가겠는가?'

그리하여 그가 절에 들어가지 않으면 스님들을 공경하지 않게 되고 스님들을 공경하지 않게 되면 법을 듣지 못하게 되며 법을 듣지 못하면 착한 법에서 물러나거나 그것을 잃게 되어 바른 법 가운데 오래 머물지 못하게 된다. 이것이 사람을 믿고 공경함으로써 생기는 두 번째 허물이라 하느니라.

또 만일 저 사람이 가사와 발우를 가지고 다른 지방을 유행하게 되면 그를 공경하던 사람들은 이렇게 생각할 것이다.

'내가 공경하는 사람이 가사와 발우를 가지고 인간 세상을 유행하고 있으니, 내가 이제 무슨 인연으로 저 절에 들어가겠는가?'

그리하여 그가 절에 들어가지 않으면 스님들을 공경하지 않게 되고 스님들을 공경하지 않게 되면 법을 듣지 못하게 되며 법을 듣지 못하면 착한 법에서 물러나거나 그것을 잃게 되어 바른 법 가운데 오래 머물지 못하게 된다. 이것이 사람을 믿고 공경함으로써 생기는 세 번째 허물이니라.

다음에는 그가 믿고 공경하는 사람이 계를 버리고 속세로 돌아가면 그를 공경하고 믿던 사람들은 이렇게 생각할 것이다.

'저 사람은 나의 스승으로서 나는 스승을 존중하고 공경하는데 그는 계를 버리고 속세로 돌아갔으니, 나는 이제 그 절에 들어갈 수 없다.'

그리하여 그가 절에 들어가지 않으면 스님들을 공경하지 않게 되고 스님들을 공경하지 않게 되면 법을 듣지 못하게 되며 법을 듣지 못하면 착한 법에서 물러나거나 그것을 잃게 되어 바른 법 가운데 오래 머물지 못하게 된다. 이것이 사람을 믿고 공경함으로써 생기는 네 번째 허물이라고 하느니라.

다음에는 그가 믿고 공경하는 사람이 몸이 무너지고 목숨을 마치고 나면 그를 공경하고 믿던 사람들은 이렇게 생각할 것이다.

'이 사람은 나의 스승으로서 나는 스승을 존중하고 공경하는데 목숨을 마쳤으니 이제 무슨 인연으로 그 절에 들어가겠는가?'

그리하여 그가 절에 들어가지 않으면 스님들을 공경하지 않게 되고 스님들을 공경하지 않게 되면 법을 듣지 못하게 되며 법을 듣지 못하는 까닭에 착한 법에서 물러나거나 그것을 잃게 되어 바른 법 가운데 오래 머물지 못하게 된다. 이것이 사람을 믿고 공경함으로써 생기는 다섯 번째 허물이라 하느니라.

그런 까닭에 비구들아, 마땅히 '부처님에 대한 무너지지 않는 깨끗한 믿음과 법과 승가에 대한 무너지지 않는 깨끗한 믿음을 성취하고 거룩한 계를 성취하리라'고 이와 같이 배워야 하느니라."

부처님께서 이 경을 말씀하시자 모든 비구들은 부처님의 말씀을 듣고 기뻐하며 받들어 행하였다.

838. 식경食經

이와 같이 나는 들었다.

어느 때 부처님께서는 사위국 기수급고독원에 계셨다.

그때 세존께서 모든 비구들에게 말씀하셨다.

"네 가지 음식이 있어 중생을 기르고 4대大를 거두어 자라게 한다.

어떤 것이 그 네 가지인가? 단식摶食・촉식觸食・의사식意思食・식식識食이니라. 이와 같은 것은 복과 덕을 윤택하게 하고 편안하고 즐거운 음식이 된다. 어떤 것이 그 네 가지인가? 부처님에 대한 무너지지 않는 깨끗한 믿음과 법과 승가에 대한 무너지지 않는 깨끗한 믿음과 거룩한 계를 성취하는 것이니라.

그런 까닭에 비구들아, 마땅히 '나는 부처님에 대한 무너지지 않는 깨끗한 믿음과 법과 승가에 대한 무너지지 않는 깨끗한 믿음을 성취하고 거룩한 계를 성취하리라'고 이와 같이 배워야 하느니라."

부처님께서 이 경을 말씀하시자 모든 비구들은 부처님의 말씀을 듣고 기뻐하며 받들어 행하였다.

839. 계경戒經 ①

이와 같이 나는 들었다.

어느 때 부처님께서는 사위국 기수급고독원에 계셨다.

그때 세존께서 모든 비구들에게 말씀하셨다.……이 사이의 내용은 앞에서 말한 것과 같고, 다만 다른 것은 다음과 같다.

"부처님에 대한 무너지지 않는 깨끗한 믿음을 성취하면 법을 듣고 승가대중을 생각하고 거룩한 계를 성취한 것이라고 하느니라."

부처님께서 이 경을 말씀하시자 모든 비구들은 부처님의 말씀을 듣고 기뻐하며 받들어 행하였다.

840. 계경 ②

……이 사이의 자세한 내용은 위의 소경에서 설한 것과 같으며 다만 그와 다른 내용은 다음과 같다.

"만일 부처님에 대한 무너지지 않는 깨끗한 믿음을 성취하면 법과 승가……(이하 생략)……아끼는 번뇌〔慳垢〕가 얽어매더라도 그 중생은 아끼는 번뇌의 마음을 여의고 세속에 있으면서도 해탈解脫에 머물러 마음을 베풀고 보시하기를 항상 좋아하며 항상 평온함을 좋아하고 평등한 보시를 행하며 거룩한 계를 성취해야 하느니라."

부처님께서 이 경을 말씀하시자 모든 비구들은 부처님의 말씀을 듣고 기뻐하며 받들어 행하였다.

841. 윤택경潤澤經

……이 사이의 자세한 내용은 위의 소경에서 설한 것과 같으며, 다만 그와 다른 내용은 다음과 같다.

"이와 같이 거룩한 제자의 네 가지 공덕은 복과 덕을 윤택하게 하고 착한 법을 윤택하게 한다. 그 거룩한 제자가 섭수攝受하는 공덕을 헤아려보면 그러한 결과의 복과 그 결과와 그 복된 결과가 발생하는 원인을 이루 다 헤아릴 수 없다. 그러나 그가 얻은 숱한 복과 이익도 결국에는 이 큰 공덕의 무더기인 셈이니라. 비유하면 마치 항하恒河·야보나耶菩那·살라유薩羅由·이라발제伊羅跋提·마혜摩醯 등의 다섯 강이 합해 흐를 때 그 물이 한량없이 많아서 백 병·천 병·백천만 병보다 더 많은 것과 같나니, 저 물이 그렇게 많은 이유는 큰 강물이 모였기 때문이니라.

그와 같이 거룩한 제자가 네 가지 공덕을 성취하여 윤택하게 하는 그 복의 많고 적음은 헤아릴 수 없나니, 그러나 저 많은 복도 곧 큰 공덕 무더기 수에 떨어지고 만다.

그런 까닭에 비구들아, 마땅히 '나는 부처님에 대한 무너지지 않는 깨끗한 믿음과 법과 승가에 대한 무너지지 않는 깨끗한 믿음을 성취하고 거룩한 계를 성취하리라'고 이와 같이 배워야 하느니라."

그때 세존께서 곧 게송을 설하셨다.

온갖 길상吉祥의 큰 바다는
자기도 깨끗해지고 남도 깨끗하게 하나니
넘실넘실 도도하고 편편하게 흐르는 강물
진실로 모든 하천의 어른이어라.

일체의 모든 강물과
온갖 생물이 의지하는 곳
그것은 모두 큰 바다로 돌아가나니
나도 또한 그것과 다름이 없네.
보시와 계율의 공덕 닦으면
온갖 복된 흐름 몰려들리라.

842. 바라문경婆羅門經

이와 같이 나는 들었다.

어느 때 부처님께서는 사위국 기수급고독원에 계셨다.

그때 세존께서 모든 비구들에게 말씀하셨다.

"바라문들은 거짓 도道를 말하고 어리석고 악하고 삿되어 바르게 나아가지도 않고, 지혜로 평등하게 깨달아 열반으로 향하지도 않는다. 저들은 이와 같은 방법으로 제자들을 교화한다. 즉 그들은 보름날에 참깨 가루와 암라마라菴羅摩羅 가루로 온몸을 씻고 새로 지은 무명옷〔劫貝衣〕을 입고 머리에는 긴 실을 드리우고 쇠똥을 땅에 바르고 그 위에 누워서 말하기를 '선남자들아, 이른 아침에 일찍 일어나 옷을 벗어 한곳에 두고 알몸으로 동쪽을 향해 달려가라.

설령 길에서 사나운 코끼리·모진 말·미친 소·미친 개·가시밭·숲 덤불·계곡·깊은 물 따위를 만나더라도 곧장 나아가고 피하지 말라. 그런 것들로 해를 입어 만일 죽게 된다면 틀림없이 범천梵天에 태어날 것이다'라고 한다.

이것을 외도外道들의 어리석고 삿된 견해로써 지혜로 평등하게 깨달아 열반으로 나아가지 않는 것이라고 하느니라.

그러나 나는 제자들을 위해 편편하고 바른 길을 연설한다. 이것은 어리석음이 아니요, 지혜로서 평등하게 깨달음으로 향하고 열반으로 향하는 것이니, 그 법은 바른 소견〔正見〕과……바른 선정〔正定〕의 8성도聖道를 말하느니라."

부처님께서 이 경을 말씀하시자 모든 비구들은 부처님의 말씀을 듣고 기뻐하며 받들어 행하였다.

843. 사리불경舍利弗經 ①

이와 같이 나는 들었다.

어느 때 부처님께서는 사위국 기수급고독원에 계셨다.

그때 세존께서 존자 사리불에게 말씀하셨다.

"이른바 흐름〔流〕이란 어떤 것을 흐름이라 하는가?"

사리불이 부처님께 아뢰었다.

"세존께서 말씀하시는 흐름이란 8성도聖道를 말하는 것이옵니다."

또 사리불에게 물으셨다.

"이른바 흐름에 드는 갈래〔入流分〕[2]란 어떤 것이냐?"

사리불이 부처님께 아뢰었다.

"세존이시여, 흐름에 드는 갈래에는 네 가지가 있습니다. 어떤 것이 그 네 가지인가? 이른바 선남자를 가까이 하고 바른 법을 들으며 안으로 바르게 사유하고 법에 의지해 차례대로 법으로 향하는 것이옵니다."

또 사리불에게 물으셨다.

"흐름에 드는 사람[3]은 몇 가지 법을 성취해야 하느냐?"

사리불이 부처님께 아뢰었다.

"네 갈래를 성취하면 흐름에 들게 됩니다. 어떤 것이 그 네 가지인가 하면, 부처님에 대한 무너지지 않는 깨끗한 믿음과 법에 대한 무너지지 않는 깨끗한 믿음과 승가에 대한 무너지지 않는 깨끗한 믿음과 거룩한 계를 성취하는 것이옵니다."

부처님께서 사리불에게 말씀하셨다.

"네 말과 같다. 흐름이란 곧 8성도이고 흐름에 드는 갈래에는 네 가지가 있으니, 이른바 선남자를 가까이 하고 바른 법을 들으며 안으로 바르게 사유하고 법에 의지해 차례대로 법으로 향하는 것이다. 또 흐름에 드는 사람은 네 가지 법을 성취해야 하나니, 곧 부처님에 대한 무너지지 않는 깨끗한 믿음과 법에 대한 무너지지 않는 깨끗한 믿음과 승가에 대한 무너지지 않는 깨끗한 믿음과 거룩한 계를 성취하는 것이니라."

부처님께서 이 경을 말씀하시자 존자 사리불은 부처님의 말씀을 듣

---

2 예류지預流支를 말하는 것으로 비로소 성자 흐름의 갈래에 들어간 자라는 뜻. 예류預流는 흐름에 맡긴다는 뜻으로 지금까지는 유루有漏의 범부凡夫였던 이가 비로소 성자가 되고 무루無漏의 성자의 흐름에 맡긴다는 뜻.

3 이미 성인의 도에 든 성자로서 수다원과須陀洹果를 가리킴.

고 기뻐하며 받들어 행하였다.

844. 사리불경 ②

이와 같이 나는 들었다.

어느 때 부처께서는 사위국 기수급고독원에 계셨다.

그때 존자 사리불이 존자 아난이 있는 곳으로 찾아가 문안하고 위로한 뒤에 한쪽으로 물러나 존자 사리불이 존자 아난에게 말하였다.

"묻고 싶은 말이 있는데 한가하시면 수기[記]하신 것에 대해 설명해주실 수 있겠습니까?"

존자 아난이 존자 사리불에게 말했다.

"마음대로 물어보십시오. 제가 아는 것이면 기꺼이 대답해드리겠습니다."

사리불이 존자 아난에게 물었다.

"몇 가지 법을 끊으면 여래如來·응공應供·등정각等正覺께서는 그것을 알고 보시어 '저 사람은 수다원이 되었으므로 나쁜 세계의 법에 떨어지지 않고 결정코 바른 깨달음을 향하여 일곱 번 천상과 인간 세계를 오가며 태어났다가 마침내는 괴로움을 완전하게 다 벗어날 것이다'고 수기하십니까?"

존자 아난이 존자 사리불에게 말했다.

"네 가지 법을 끊고 네 가지 법을 성취하면 여래·응공·등정각께서는 '저 사람은 수다원이 되었으므로 나쁜 세계의 법에 떨어지지 않고 결정코 삼보리三菩提로 향하여 일곱 번 천상과 인간 세계를 오가며 태어났다가 마침내는 괴로움을 완전하게 다 벗어날 것이다'고 수기하십니다.

어떤 것이 그 네 가지인가 하면 이른바 거룩한 제자는 부처님을 믿어 거기에 머무르지 않으면 곧 그것을 끊고 이미 끊은 줄 알아, 부처님에 대하여 무너지지 않는 깨끗한 믿음을 성취합니다. 법과 승가를 믿지 않고 나쁜 계율을 가졌으면 그는 곧 그것을 끊고 이미 끊은 줄을 알아 법과 승가에 대하여 무너지지 않는 깨끗한 믿음을 성취하고 거룩한 계를 성취합니다. 이와 같이 네 가지 법을 끊고 네 가지 법을 성취하면 여래·응공·등정각께서는 그것을 알고 보시어 '그 사람은 수다원이 되었으므로 나쁜 세계의 법에 떨어지지 않고 결정코 바르게 삼보리로 향하여 일곱 번 천상과 인간 세계를 오가며 태어났다가 마침내는 괴로움을 완전하게 다 벗어날 것이다'고 수기하십니다."

존자 아난이 존자 사리불에게 말했다.

"그렇고 그렇습니다. 네 가지 법을 끊고 네 가지 법을 성취하면 여래·응공·등정각께서는 그것을 알고 보시어 '그 사람은 수다원이 되었으므로 나쁜 세계의 법에 떨어지지 않고 결정코 바르게 삼보리로 향하여 일곱 번 천상과 인간 세계를 오가며 태어났다가 마침내는 괴로움을 완전하게 다 벗어날 것이다'고 수기하십니다."

그때 두 정사正士는 서로 이야기를 나누고는 서로 함께 기뻐하면서 자리에서 일어나 떠나갔다.

845. 공포경恐怖經 ①

이와 같이 나는 들었다.

어느 때 부처님께서는 사위국 기수급고독원에 계셨다.

그때 세존께서 모든 비구들에게 말씀하셨다.

"만일비구로서 다섯 가지 두려움과 원한을 없어지게 하고 세 가지 일을 결정하여 의혹이 생기지 않으며 성현의 바른 도를 사실 그대로 알고 보면 그런 거룩한 제자들은 스스로 수기하여 '지옥 · 축생 · 아귀 등 나쁜 세계가 이미 다하고 수다원須陀洹이 되어 나쁜 세계의 법에 떨어지지 않고 결정코 바르게 삼보리三菩提로 향하여 일곱 번 천상과 인간 세계를 오가며 태어났다가 마침내 괴로움을 완전하게 벗어나리라'라고 말할 수 있으리라.

어떤 것이 다섯 가지 두려움과 원한을 없어지게 하는 것인가? 혹 살생殺生을 하면 그 죄의 인연으로 원한과 두려움이 생기지만, 만일 그가 살생을 여의면 저 살생한 죄로 인한 원한과 그 인연으로 생겨난 두려움이 없어지게 된다. 만일 도둑질 · 삿된 음행 · 거짓말 · 술 마신 죄가 있으면 원한과 그 인연으로 두려움이 생기지만, 만일 그가 도둑질 · 삿된 음행 · 거짓말 · 술 마신 죄로 생기는 원한을 여의면, 그 인연으로 생기는 두려움이 없어질 것이다. 이것을 죄로 인한 원한과 그 인연으로 생기는 두려움을 없어지게 하는 것이라 하느니라.

어떤 것이 세 가지 일을 결정하면 의혹이 생기지 않는 것인가? 부처님에 대해 결정하여 의혹을 여의고 법과 승가에 대해 결정하여 의혹을 여의는 것이다. 이것을 세 가지 법을 결정하면 의혹을 여의게 되는 것이라고 하느니라.

어떤 것이 거룩한 도道를 사실 그대로 알고 보는 것인가? 이것은 괴로움에 대한 성스러운 진리〔苦聖諦〕임을 사실 그대로 알고, 이것은 괴로움의 발생에 대한 성스러운 진리〔苦集聖諦〕이고, 이것은 괴로움의 소멸에 대한 성스러운 진리〔苦滅聖諦〕이며, 이것은 괴로움의 소멸에 이르는 길에 대한 성스러운 진리〔苦滅道聖諦〕라고 사실 그대로 아는 것이다. 이것을 거룩한 도를 사실 그대로 알고 보는 것이라고 하는 것이니라.

만일 이 다섯 가지 죄로 인한 두려움과 원한을 없어지게 하고 세 가지 법을 결정하여 의혹을 여의며 거룩한 도道[4]를 사실 그대로 알고 보면 이러한 거룩한 제자는 스스로 수기하여 '나는 지옥의 고통이 다하고, 축생·아귀 등 나쁜 세계에 태어남이 다하였으며 수다원이 되어 나쁜 세계의 법에 떨어지지 않고 결정코 바르게 삼보리로 나아가 일곱 번 천상과 인간 세계를 오가며 태어났다가 마침내 괴로움을 완전하게 벗어나리라'고 말할 수 있느니라."

부처님께서 이 경을 말씀하시자 모든 비구들은 부처님의 말씀을 듣고 기뻐하며 받들어 행하였다.

846. 공포경 ②

이와 같이 나는 들었다.

어느 때 부처님께서는 사위국 기수급고독원에 계셨다.

그때 세존께서 모든 비구들에게 말씀하셨다.……이 사이의 내용은 앞에서 말한 것과 같고 다만 다른 것은 다음과 같다.

"어떤 것이 거룩한 도를 사실 그대로 알고 보는 것인가? 바른 소견〔正見〕과……바른 선정〔正定〕의 8성도聖道를 말하는 것이니라."……다음에 나오는 경의 내용도 앞에서 말한 것과 같고, 다만 다른 것은 다음과 같다.

"어떤 것이 거룩한 도〔聖道〕를 사실 그대로 알고 보는 것인가? 이른바 열두 갈래 연기〔十二支緣起〕를 사실 그대로 알고 보는 것이니, 말한 바와 같다.

4 고려대장경 본문에는 '의意'자로 되어 있지만, 앞의 문장에 의거해 '도道'자로 바로잡았다.

'이 일이 있으므로 그 일이 있고, 그 일이 일어나기 때문에 이 일이 일어난다. 그것은 마치 무명無明을 연緣하여 행行이 있고, 행을 연하여 식識이 있으며, 식을 연하여 명색名色이 있고, 명색을 연하여 6입처入處가 있으며, 6입처를 연하여 접촉〔觸〕이 있고, 촉을 연하여 느낌〔受〕이 있으며, 느낌을 연하여 애욕〔愛〕이 있고, 애욕을 연하여 취함〔取〕이 있으며, 취함을 연하여 존재〔有〕가 있고, 존재를 연하여 태어남〔生〕이 있으며, 태어남을 연하여 늙음〔老〕·병듦〔病〕·죽음〔死〕·근심〔憂〕·슬픔〔悲〕·괴로움〔苦〕·번민〔惱〕이 있다. 이것을 거룩한 제자가 사실 그대로 알고 보는 것이라고 하느니라.'"

부처님께서 이 경을 말씀하시자 모든 비구들은 부처님의 말씀을 듣고 기뻐하며 받들어 행하였다.

847. 천도경天道經 ①

이와 같이 나는 들었다.

어느 때 부처님께서는 사위국 기수급고독원에 계셨다.

그때 세존께서 모든 비구들에게 말씀하셨다.

"여러 하늘들의 하늘 길에는 네 가지가 있어 깨끗하지 못한 중생은 깨끗하게 하고 이미 깨끗해진 중생은 더욱더 깨끗하게 한다. 어떤 것이 그 네 가지인가? 이른바 거룩한 제자가 부처님에 대한 무너지지 않는 깨끗한 믿음과 법과 승가에 대한 무너지지 않는 깨끗한 믿음과 거룩한 계를 성취하는 것이다. 이것이 여러 하늘들의 하늘 길에 네 가지가 있어 깨끗하지 못한 중생은 깨끗하게 하고 이미 깨끗해진 중생은 더욱 더 깨끗하게 한다고 하는 것이니라."

부처님께서 이 경을 말씀하시자 모든 비구들은 부처님의 말씀을 듣

고 기뻐하며 받들어 행하였다.

848. 천도경 ②

이와 같이 나는 들었다.

어느 때 부처님께서는 사위국 기수급고독원에 계셨다.

그때 세존께서 모든 비구들에게 말씀하셨다.

"여러 하늘들의 하늘 길에는 네 가지가 있다. 어떤 것이 그 네 가지인가? 이른바 거룩한 제자는 여래에 대한 일에 대해 이렇게 생각한다.

'여래如來 · 응공應供 · 등정각(等正覺 : 正遍智) · 명행족明行足 · 선서善逝 · 세간해世間解 · 무상사無上士 · 조어장부調御丈夫 · 천인사天人師 · 불세존佛世尊이시다.'

이 여래에 대한 일에 대해 기뻐하는 마음이 생기고 따라서 기뻐하는 마음이 생기고 나면 마음이 즐거워진다. 마음이 즐거워지면 몸이 편히 쉬고 몸이 편히 쉬고 나면 즐거운 감각을 느끼고 즐거운 감각을 느끼고 나면 삼매三昧 선정에 들고 삼매 선정에 들고 나면 거룩한 제자는 이와 같이 배우게 된다.

'어떤 것이 여러 하늘들의 하늘길인가?'

그는 다시 생각한다.

'나는 성내지 않는 것이 여러 하늘로 올라가는 하늘길이라고 들었다.'

그래서 생각하기를 '나는 오늘부터 세상에서 두려워하는 것에든 혹은 편안하게 있는 것에든[5] 성냄을 일으키지 않고 나는 반드시 스스로

---

5 팔리본에는 이 내용이 '동물에게든 식물에게든tasaṃ vā thāvaraṃ vā'이라고 되어

순결하고 원만하며 깨끗하게 되어 여러 하늘들의 하늘 길을 얻을 것이다'라고 한다. 이것이 이른바 첫 번째 여러 하늘들의 하늘 길로서 깨끗하지 않은 중생은 깨끗하게 하고 이미 깨끗해진 중생은 더욱 더 깨끗하게 하는 것이니라.

또 비구들아, 거룩한 제자는 법에 대한 일에 대해 생각한다.

'여래께서는 바른 법과 율을 말씀하셨고 현재 세계에서 모든 번뇌를 여의었으며 시절을 기다리지 않고 열반을 밝게 아시며 몸에 대해 관찰하시어 인연을 스스로 깨달아 아신다.'

이와 같이 법에 대한 일을 알고 나면 따라서 기뻐하는 마음이 생기고 따라서 기뻐하는 마음이 생기고 나면 몸이 편히 쉬고 몸이 편히 쉬고 나면 즐거운 감각을 느끼고 즐거운 감각을 느끼고 나면 삼매 선정에 들고 삼매 선정에 들고나면 거룩한 제자는 이와 같이 배우게 된다.

'어떤 것이 여러 하늘들의 하늘 길인가?'

그는 다시 생각한다.

'나는 성내지 않는 것이 여러 하늘로 올라가는 하늘 길이라고 들었다. 나는 오늘부터 이 세상에서 두려워하는 것에든 혹은 편안하게 있는 것에든 성냄을 일으키지 않고, 나는 반드시 순결하고 원만하며 깨끗하게 되어 여러 하늘들의 하늘 길을 얻을 것이다.'

이것이 이른바 두 번째 여러 하늘들의 하늘 길이니라.

또 비구들아, 또 승가에 대한 일에 대해 바르게 생각하라.

'세존의 제자인 스님들은 정직하고 평등하게 나아가며, 공경과 존중과 공양을 받을 만한 위없는 복전福田이다.'

저들이 이와 같이 승가에 대한 일을 바르게 생각하면 따라서 기뻐

있으나 한역과정에서는 강자强者와 약자弱者의 의미로 의역한 것으로 보인다.

하는 마음이 생기고 따라서 기뻐하는 마음이 생기고 나면 몸이 편히 쉬며 몸이 편히 쉬고 나면 즐거운 감각을 느끼고 즐거운 감각을 느끼고 나면 삼매 선정에 들고 삼매 선정에 들고 나면 거룩한 제자는 이와 같이 배우게 된다.

'어떤 것이 여러 하늘들의 하늘 길인가?'

그는 다시 생각한다.

'나는 여러 하늘들은 성내지 않는 것이 여러 하늘로 올라가는 하늘 길이라고 들었다. 나는 오늘부터 모든 세상에서 두려워하는 것에든 혹은 편안하게 있는 것에든 성냄을 일으키지 않고, 나는 반드시 순결하고 원만하며 깨끗하게 되어 여러 하늘들의 하늘 길을 얻을 것이다.'

이것이 이른바 세 번째 여러 하늘들의 하늘 길이니라.

또 비구들아, 이른바 거룩한 제자는 여러 가지 계에 대한 일을 스스로 생각하고 그 기억을 따라 말한다.

'나는 여기에서 계를 깨뜨리거나 계를 더럽히거나 계를 잡되게 하지 않으리라. 밝은 지혜가 있는 사람은 계를 찬탄하고, 지혜로운 사람은 계를 싫어하지 않는다.'

이러한 계에 대한 일들을 바르게 생각하고 나면 따라서 기뻐하는 마음이 생기고, 따라서 기뻐하는 마음이 생기고 나면 즐거워지고, 즐거워지고 나면 몸이 편히 쉬고 몸이 편히 쉬고 나면 즐거운 감각을 느끼고 즐거운 감각을 느끼고 나면 삼매 선정에 들고 삼매 선정에 들고 나면 거룩한 제자는 이와 같이 생각하게 된다.

'어떤 것이 여러 하늘들의 하늘 길인가?'

그는 다시 생각한다.

'나는 여러 하늘은 성내지 않는 것이 여러 하늘로 올라가는 하늘 길[6]이라고 들었다. 나는 오늘부터 모든 세상에서 두려워하는 것에든 혹은 편안하게 있는 것에든 성냄을 일으키지 않고 나는 반드시 순결

하고 원만하며 깨끗하게 되어 여러 하늘들의 하늘 길을 얻을 것이다.'

이것이 이른바 네 번째 여러 하늘들의 하늘 길로서 깨끗하지 못한 중생은 깨끗하게 하고, 이미 깨끗해진 중생은 더욱더 깨끗하게 하는 것이니라."

부처님께서 이 경을 말씀하시자 모든 비구들은 부처님의 말씀을 듣고 기뻐하며 받들어 행하였다.

849. 천도경 ③

이와 같이 나는 들었다.

어느 때 부처님께서는 사위국 기수급고독원에 계셨다.

그때 세존께서는 모든 비구들에게 말씀하셨다.

"여러 하늘들의 하늘 길에는 네 가지가 있어, 깨끗하지 못한 중생은 깨끗하게 하고, 이미 깨끗해진 중생은 더욱 더 깨끗하게 한다. 어떤 것이 그 네 가지인가? 이른바 거룩한 제자는 여래에 대한 일에 대해 이렇게 생각한다.

'여래 · 응공 · 등정각 · 명행족 · 선서 · 세간해 · 무상사 · 조어장부 · 천인사 · 불세존이시다.'

그는 여래에 대한 일을 생각하고 나면 악한 탐욕을 끊고 마음에 악하고 착하지 않은 잘못을 끊게 된다. 그리고 여래에 대한 생각 때문에 기뻐하는 마음이 생기고, 따라서 기뻐하는 마음이 생기고 나면 즐거워지고, 즐거워지고 나면 몸이 편히 쉬고 몸이 편히 쉬고 나면 즐거운

6 고려대장경 본문에는 '제천천도諸天天道'의 내용이 없으나, 앞의 문장에 의거하여 보충해 해석하였다.

감각을 느끼고 즐거운 감각을 느끼고 나면 삼매 선정에 들고 삼매 선정에 들고 나면 거룩한 제자는 이와 같이 배우게 된다.

'어떤 것이 여러 하늘들의 하늘길인가?'

그는 다시 이런 생각을 한다.

'나는 성내지 않는 것이 여러 하늘로 올라가는 하늘 길이라고 들었다. 나는 오늘부터 모든 세상에서 두려워하는 것에든 혹은 편안하게 있는 것에든 성냄을 일으키지 않고, 나는 반드시 순결하고 원만하며 깨끗하게 되어 여러 하늘들의 하늘 길을 얻을 것이다.'

이와 같이 법과 승가와 거룩한 계의 성취에 대해서도 또한 그렇게 말하느니라."

부처님께서 이 경을 말씀하시자 모든 비구들은 부처님의 말씀을 듣고 기뻐하며 받들어 행하였다.

850. 천도경 ④

이와 같이 나는 들었다.

어느 때 부처님께서는 사위국 기수급고독원에 계셨다.

그때 세존께서 모든 비구들에게 말씀하셨다.

"여러 하늘들의 하늘 길에는 네 가지가 있어, 깨끗하지 못한 중생은 깨끗하게 하고, 이미 깨끗해진 중생은 더욱더 깨끗하게 한다. 어떤 것이 그 네 가지인가? 이른바 거룩한 제자는 여래에 대한 일에 대해 이렇게 생각한다.

'여래 · 응공 · 등정각 · 명행족 · 선서 · 세간해 · 무상사 · 조어장부 · 천인사 · 불세존이시다.'

저 거룩한 제자는 여래의 일에 대해 생각하고 나서 마음이 탐욕에 얽매이지 않고[7] 성냄과 어리석음에 그 마음이 얽매이지 않으며 그 마음이 정직해진다. 여래에 대한 일을 생각한 이 거룩한 제자는 법류수法流水를 얻고 의류수義流水를 얻는다. 여래를 생각하여 유익함을 얻으면 따라 기뻐하며, 따라서 기뻐하고 나면 즐거움이 생기고, 즐거움이 생기고 나면 몸이 편히 쉬고, 몸이 편히 쉬고 나면 즐거운 감각을 느끼고 즐거운 감각을 느끼고 나면 삼매 선정에 들고 삼매 선정에 들고 나면 거룩한 제자는 이와 같이 배우게 된다.

'어떤 것이 여러 하늘들의 하늘 길인가?'

그는 다시 생각한다.

'나는 성내지 않는 것이 여러 하늘로 올라가는 하늘 길이라고 들었다. 나는 오늘부터 모든 세상에 대하여 성냄을 일으키지 않고, 꼭 순결하고 원만하며 깨끗하게 되어 여러 하늘들의 하늘 길을 얻을 것이다.'

이와 같이 법과 승가와 거룩한 계의 성취에 대해서도 또한 그렇게 말하느니라."

부처님께서 이 경을 말씀하시자 모든 비구들은 부처님의 말씀을 듣고 기뻐하며 받들어 행하였다.

851. 법경경法鏡經 ①

이와 같이 나는 들었다.

---

7 고려대장경 본문에는 '불不'자가 없다. 그러나 앞뒤 문맥을 고려해볼 때 '불'자가 없으면 내용이 어울리지 않는다. 때문에 『잡아함경』 제33권 소경 번호 931을 참조해 이 글자를 보충하였다.

어느 때 부처님께서는 사위국 기수급고독원에 계셨다.

그때 세존께서 모든 비구들에게 말씀하셨다.

"내가 지금 법경경法鏡經[8]을 설할 터이니 자세히 듣고 잘 생각해 보아라. 너희들을 위해 설명하리라.

어떤 것을 법경경이라 하는가? 거룩한 제자는 부처님에 대하여 무너지지 않는 깨끗한 믿음을 내고 법과 승가에 대해서도 무너지지 않는 깨끗한 믿음을 내며 거룩한 계를 성취하나니, 이것을 법경경이라고 하느니라."

부처님께서 이 경을 말씀하시자 모든 비구들은 부처님의 말씀을 듣고 기뻐하며 받들어 행하였다.

852. 법경경 ②

이와 같이 나는 들었다.

어느 때 부처님께서는 사위국 기수급고독원에 계셨다.

그때 많은 비구들은 가사를 입고 발우를 가지고 사위성으로 들어가 걸식하였다. 걸식할 때에 그들은 난도難屠 비구가 목숨을 마쳤고 난다難陀 비구니가 목숨을 마쳤으며 선생善生 우바새도 목숨을 마쳤고 선생 우바이도 목숨을 마쳤다는 말을 들었다. 걸식을 마치고 정사精舍로 돌아와 가사와 발우를 챙겨두고 발을 씻은 뒤에 부처님께서 계신 곳으로 나아가 부처님의 발에 머리 조아려 예배하고 한쪽에 물러앉아 부처님께 여쭈었다.

---

8 네 가지 무너지지 않는 깨끗한 믿음이 곧 법경法鏡이다. 부처님의 대법大法은 능히 만물을 다 비추므로 거울에 비유한 것이다.

"세존이시여, 저희들은 오늘 이른 아침에 사위성에 들어가 걸식을 하였습니다. 그때 난도 비구 · 난다 비구니 · 선생 우바새 · 선생 우바이가 목숨을 마쳤다는 말을 들었습니다. 세존이시여, 저 목숨을 마친 네 사람은 어디에 가서 태어났습니까?"

부처님께서 모든 비구들에게 말씀하셨다.

"저 난도 비구와 난다 비구니는 모든 번뇌가 이미 다하고 번뇌 없이 마음이 해탈하고 지혜로 해탈하여 현재 세상에서 스스로 증득한 줄을 알아 '나의 생은 이미 다하고 범행梵行은 이미 섰으며 할 일은 이미 마쳐 다시는 후세의 몸을 받지 않는다'고 스스로 알았느니라. 또 저 선생 우바새와 선생 우바이는 5하분결下分結이 다 끊어지고 아나함阿那含이 되어 천상天上에 태어나서 반열반般涅槃에 들었으니, 다시는 이 세상에 태어나지 않을 것이다."

그때 세존께서 모든 비구들에게 말씀하셨다.

"나는 이제 너희들을 위해 법경경을 말하리라. 부처님에 대한 무너지지 않는 깨끗한 믿음과………(이하 생략)……거룩한 계를 성취하면 이것을 법경경이라고 말하느니라.'

부처님께서 이 경을 말씀하시자 모든 비구들은 부처님의 말씀을 듣고 기뻐하며 받들어 행하였다.

853. 법경경 ③

이와 같이 나는 들었다.

어느 때 부처님께서는 사위국 기수급고독원에 계셨다.……이 사이의 자세한 내용은 위의 소경에서 설한 것과 같으며 다만 그와 다른 내용은 다음과 같다.

다른 비구·다른 비구니·다른 우바새·다른 우바이도 목숨을 마쳤는데 그것 또한 앞에 말한 것과 같다.

854. 나리가경那梨迦經

이와 같이 나는 들었다.

어느 때 부처님께서는 나리가那梨迦라는 마을에 있는 번기가繁耆迦 정사에 계셨다.

그때 나리가 마을에서는 많은 사람이 죽었다. 그때 많은 비구들이 가사를 입고 발우를 들고 나리가 마을에 들어가 걸식하다가 나리가 마을의 계가사罽迦舍 우바새가 목숨을 마쳤고 니가타尼迦吒·가릉가라伽楞迦羅·가다리사바迦多梨沙婆·사로闍露·우바사로優婆闍露·이색타梨色吒·아리색타阿梨色吒·발타라跋陀羅·수발타라須跋陀羅·야사야수타耶舍耶輸陀·야사울다라耶舍鬱多羅 등이 모두 목숨을 마쳤다는 말을 들었다. 그들은 그것을 들은 뒤에 정사로 돌아와 가사와 발우를 챙겨두고 발을 씻은 뒤에 부처님께서 계신 곳으로 나아가 부처님의 발에 머리 조아리고는 한쪽에 물러앉아 부처님께 아뢰었다.

"세존이시여, 저희 비구들이 이른 아침에 나리가 마을에 들어가서 걸식하였는데 거기에서 계가사 우바새 등이 목숨을 마쳤다는 말을 들었습니다. 세존이시여, 저들은 목숨을 마치고 나서 어느 곳에 태어났습니까?"

부처님께서 모든 비구들에게 말씀하셨다.

"저 계가사 등은 이미 5하분결을 끊고 아나함이 되어 천상에서 반열반하였으니, 다시는 이 세상에 도로 태어나지 않을 것이다."

모든 비구들이 부처님께 아뢰었다.

"세존이시여, 다시 250명이 넘는 우바새가 목숨을 마쳤고, 또 5백 명의 우바새가 이 나리가 마을에서 목숨을 마쳤습니다. 그들도 다 5하분결을 끊고 아나함이 되어 천상에서 반열반하여 다시는 이 세상에 도로 태어나지 않겠습니까? 다시 250명이 넘는 우바새가 목숨을 마쳤습니다. 그들도 다 세 가지 결박이 다하고 탐욕·성냄·어리석음이 엷어져 사다함이 되어 한 번의 생을 받고는 마침내 괴로움을 완전하게 벗어나겠습니까? 이 나리가 마을에는 또 5백 명의 우바새가 있는데, 그들도 이 나리가 마을에서 목숨을 마쳤습니다. 그들도 다 세 가지 결박이 다하고 수다원須陀洹이 되어 나쁜 세계 법에는 떨어지지 않고, 결정코 바르게 삼보리로 향하여 일곱 번 천상과 인간 세상을 오가면서 태어났다가 마침내는 괴로움을 완전하게 벗어나겠습니까?"

부처님께서 모든 비구들에게 말씀하셨다.

"너희들이 그들의 죽을 때마다 그들의 죽음에 대해 묻는 것은 한낱 수고롭게만 할 뿐이라서 그런 것들은 여래如來가 대답하기 좋아하는 것이 아니다. 태어나는 것에는 반드시 죽음이 있거늘 무엇을 놀랍다 하겠는가? 여래가 이 세상에 출현했거나 또는 이 세상에 출현하지 않았거나 간에 법의 성품은 언제나 존재하는 것이다. 여래는 그것을 스스로 알아 등정각等正覺을 성취하여, 그것을 나타내어 자세히 연설하고 분별하여 열어 보인 것이다. 그것은 이른바 '이 일이 있으므로 저 일이 있고 저 일이 일어남으로 이 일이 일어난다. 즉 무명無明을 연緣하여 행行이 있고,……(이하 생략)……태어남을 연하여 늙음·병듦·죽음·근심·슬픔·괴로움·번민이 있다. 그리하여 괴로움의 무더기가 발생하는[集] 것이나, 무명이 사라지면 행이 사라지고,……(이하 생략)……태어남이 사라지면 늙음·병듦·죽음·근심·슬픔·괴로움·번민도 사라진다. 이리하여 괴로움의 무더기가 사라지는 것이다'라고 한 것이니라.

나는 이제 너희들을 위해 법경경을 설명하리니 자세히 듣고 잘 생각하라. 마땅히 너희들을 위해 말하리라. 어떤 것을 법경경이라고 하는가? 이른바 '거룩한 제자가 부처님에 대하여 무너지지 않는 깨끗한 믿음과 법과 승가에 대하여 무너지지 않는 깨끗한 믿음을 내고 거룩한 계를 성취하는 것이다'라고 한 것이니라."

부처님께서 이 경을 말씀하시자 모든 비구들은 부처님의 말씀을 듣고 기뻐하며 받들어 행하였다.

855. 난제경難提經 ①

이와 같이 나는 들었다.

어느 때 부처님께서는 사위국 기수급고독원에 계셨다.

그때 난제難提라는 우바새가 부처님께서 계신 곳으로 찾아가서 부처님의 발에 머리 조아리고 한쪽에 물러앉아 아뢰었다.

"세존이시여, 만일 거룩한 제자로서 이 5근根을 어느 때든지 항상하도록 성취하지 못한 사람이 있다면 그를 방일放逸하다 하겠습니까, 방일하지 않다고 하겠습니까?"

부처님께서 난제에게 말씀하셨다.

"만일 이 5근을 어느 때든지 항상하도록 성취하지 못한 사람이 있다면 나는 이들은 범부凡夫쪽의 수효에 들어간다고 말할 것이다. 그러므로 만일 거룩한 제자로서 그와 같이 성취하지 못한 사람은 방일한 것이고, 방일하지 않은 것이 아니니라.

난제야, 만일 거룩한 제자로서 부처님에 대하여 무너지지 않는 깨끗한 믿음을 성취했으나 더 이상 구하지 않으면 텅 비고 한적한 숲속이나 혹은 한데에 앉아 밤낮으로 고요히 사유하고 부지런히 닦아 익혀서 훌륭하고 묘하게 번뇌를 벗어난 요익함을 따라 생기는 기쁨도 없을 것이다. 그가 기뻐하지 않으면 즐거움도 생기지 않을 것이고 즐거움이 생기지 않는다면 몸이 의지하여 쉴 수도 없고 몸이 의지하여 쉴 수 없다면 괴로운 감각이 생길 것이고 괴로운 감각이 생기면 마음이 안정되지 못하며 마음이 안정되지 못하면 이러한 거룩한 제자를 이름하여 방일한 사람이라고 한다. 법과 승가에 대하여 무너지지 않는 깨끗한 믿음을 가지고 거룩한 계를 성취함에 있어서도 또한 그와 같으니라.

이와 같아서 난제야, 만일 거룩한 제자로서 부처님에 대하여 무너지지 않는 깨끗한 믿음을 성취하면 마음에 만족스럽다는 생각을 일으키지 말고, 텅 비고 한적한 숲속이나 나무 밑이나 한데에서 밤낮으로 고요히 사유하고, 방편으로 부지런히 노력해야만 능히 훌륭하고 묘하게 번뇌를 벗어남을 따라 생기는 기쁨을 일으킬 수 있을 것이다. 따라 기뻐하게 되면 즐거움이 생기고 즐거움이 생기면 몸이 쉬게 되고 몸이 쉬게 되면 즐거운 감각을 느낄 것이다. 즐거운 감각이 느끼면 마음이 안정되나니, 만일 거룩한 제자로서 마음이 안정되면 그것을 이름하여 방일하지 않다고 한다. 법과 승가에 대하여 무너지지 않는 깨끗한 믿음을 내고 거룩한 계를 성취함에 있어서도 또한 그와 같으니라."

부처님께서 이 경을 말씀하시자 난제 우바새는 부처님의 말씀을 듣고 기뻐하며 자리에서 일어나 부처님 발에 예배하고 떠났다.

856. 난제경 ②

이와 같이 나는 들었다.

어느 때 부처님께서는 사위국 기수급고독원에 계셨다.

그때 석씨 난제難提는 부처님께서 계신 곳으로 찾아가서 부처님의 발에 머리를 조아리고는 한쪽에 물러앉아 부처님께 아뢰었다.

“세존이시여, 만일 거룩한 제자로서 네 가지 무너지지 않는 깨끗한 믿음을 어느 때든지 항상하도록 성취하지 못한 사람이 있다면 그 거룩한 제자를 방일하다 하겠습니까, 방일하지 않다고 하겠습니까?”

부처님께서 석씨 난제에게 말씀하셨다.

“만일 네 가지 무너지지 않는 깨끗한 믿음을 어느 때이든 항상하도록 성취하지 못한 사람이 있다면, 나는 이들은 바깥 범부 쪽의 수효에 들어간다고 말할 것이다. 석씨 난제야, 만일 거룩한 제자로서 방일한 것인지, 방일하지 않은 것인지에 대하여 이제 마땅히 말해주리라.……이 사이의 자세한 내용은 앞에서 말한 것과 같다.”

부처님께서 이 경을 말씀하시자 석씨 난제는 부처님의 말씀을 듣고 기뻐하며 자리에서 일어나 예배하고 떠났다.

857. 난제경 ③

이와 같이 나는 들었다.

어느 때 부처님께서는 사위국 기수급고독원에 계셨다.

그때 지나간 석 달 동안의 여름 안거安居를 마치자 많은 비구들이 식당에 모여 부처님을 위해 가사를 지었다. 여래께서는 머지않아 가사가 완성되면 가사를 입고 발우를 가지고 정사精舍를 떠나 인간 세상을 유행하실 계획이었다.

그때 석씨 난제는 많은 비구들이 식당에 모여 부처님을 위해 가사를 짓고 있는데 여래께서는 머지않아 가사가 완성되면 가사를 입고 발우를 가지고 인간 세상을 유행하실 것이라는 말을 들었다. 석씨 난제는 그 말을 듣고 부처님께서 계신 곳으로 나아가 부처님의 발에 머리 조아려 예배하고는 한쪽에 물러앉아 부처님께 아뢰었다.

"세존이시여, 저는 지금 온 몸의 맥이 풀리고 천지가 아득하여 전에 들었던 법을 지금은 다 잊어버리고 말았습니다. 듣기로는 많은 비구들이 식당에 모여 세존을 위해 가사를 지으면서 말하기를 '여래께서는 머지않아 가사가 완성되면 가사를 입고 발우를 가지고 인간 세상을 유행하실 것이다'고 하였답니다. 그 때문에 저는 지금 마음으로 매우 괴로워하고 있습니다. 어느 때에나 다시 세존과 여러 친한 비구들을 뵈올 수 있겠습니까?"

부처님께서 석씨 난제에게 말씀하셨다.

"너는 부처님을 보거나 보지 않거나, 친한 비구들을 보거나 보지 않거나 간에, 너는 수시로 다섯 가지 기쁨의 일[9]을 닦아 익혀야 한다.

어떤 것이 그 다섯 가지인가? 너는 수시로 여래에 대한 일인 '여래·응공·등정각·명행족·선서·세간해·무상사·조어장부·천인사·불세존'임을 기억하고, 또 법에 대한 일과 승가와 제 자신이 지켜야 할 계와 자신이 행해야 할 보시[10]를 기억해야 한다. 수시로 '나는 내 자신의 이익을 얻었다. 나는 물질에 집착하는 번뇌〔慳垢〕를 가진 중생세간에서 많이 닦고 익혀 물질에 집착하는 번뇌에 머물기를 여의고, 해탈 보시〔解脫施〕·평등 보시〔捨施〕·항상 왕성한 보시〔常熾然施〕를 행하고, 평등을 좋아하여 항상 평등한 보시를 행하면서 그렇

9 여기에서 다섯 가지 기쁜 일이란 염불念佛·염법念法·염승念僧·염계念戒·염시念施·염천念天 등의 6념처念處 가운데 맨 뒤의 염천念天을 제외한 다섯 가지 염처를 말한다.

10 고려대장경 본문에는 '자행세사自行世事'라고 되어 있으나 이것은 다음에 나오는 6념처에 대비해보면 염시念施에 해당하는 것으로 여기서 '세世'자는 '시施'자라야 맞을 듯하여 고쳐 해석하였다.

게 보시할 마음을 가져야 한다'고 기억해야 한다. 이와 같아서 석씨 난제야, 이 다섯 가지 선정을 닦되 섰거나 다니거나 앉거나 눕거나 나아가 처자와 함께 있는 시간이라 하더라도 항상 이 삼매에 대한 기억을 마음에 매어두어야 하느니라."

부처님께서 이 경을 말씀하시자 석씨 난제는 부처님의 말씀을 듣고 기뻐하면서 예배하고 떠나갔다.

858. 난제경 ④

이와 같이 나는 들었다.

어느 때 부처님께서는 사위국 기수급고독원에 계시면서 지나간 석 달 동안 여름 안거에 드셨었다.

그때 석씨 난제는 부처님께서 사위국 기수급고독원에서 지나간 석 달 동안 여름 안거에 드셨다는 말을 듣고 이렇게 생각하였다.

'나는 당장 그곳을 찾아가서 부처님께 공양할 온갖 작업을 하고 여래와 비구 승가들에게 공양을 올리리라.'

그리고 곧 그곳에 이르자 석 달 동안의 수행이 끝났다. 그때 많은 비구들이 식당에 모여 부처님을 위해 가사를 지으면서 이렇게들 말했다.

'여래께서는 머지않아 가사가 완성되면 가사를 입고 발우를 가지고 인간 세상을 유행하실 것이다.'

그때 석씨 난제는 많은 비구들이 식당에 모여 '여래께서는 머지않아 가사가 완성되면 가사를 입고 발우를 가지고 인간 세상을 유행하실 것이다'라고 말하는 소리를 듣고는 부처님께서 계시는 곳으로 나아가 부처님 발에 머리 조아려 예배하고 한쪽으로 물러앉아 부처님께 아뢰었다.

"세존이시여, 저는 지금 온몸의 맥이 풀리고 천지가 아득하여, 전에 들었던 법을 지금 모두 잊어버리고 말았습니다. 제가 듣기로는 세존께서 인간 세상을 유행하실 것이라고 하던데, 그러면 저는 어느 때에나 다시 세존과 여러 친한 비구들을 뵙게 되겠습니까?"

부처님께서 석씨 난제에게 말씀하셨다.

"만일 여래를 보거나 혹 보지 못하거나 친한 비구들을 보거나 혹 보지 못하거나 간에 상관하지 말고 너는 마땅히 수시로 여섯 가지 기억하는 법〔六念〕을 닦아라. 어떤 것이 그 여섯 가지인가? 마땅히 여래와 법과 승가와 제 자신이 지킬 계와 제 자신이 행할 보시에 대하여 기억하며, 또 모든 하늘들을 기억하라."

부처님께서 이 경을 말씀하시자 석씨 난제는 부처님의 말씀을 듣고 기뻐하면서 예배하고 떠나갔다.

859. 이사달다경梨師達多經

이와 같이 나는 들었다.

어느 때 부처님께서는 사위국 기수급고독원에 계시면서 지나간 석 달 동안 여름 안거에 드셨었다.……이 사이의 자세한 내용은 위의 소경에서 설한 것과 같으며, 다만 그와 다른 내용은 다음과 같다.

그때 장자 이사달다梨師達多와 부란나富蘭那 두 형제는 많은 비구들이 식당에 모여 세존을 위해 가사를 기우면서……이 사이의 자세한 내용은 앞의 난제경에서 말한 것과 같다.

부처님께서 이 경을 말씀하시자 이사달다와 부란나는 부처님의 말씀을 듣고 함께 기뻐하면서 자리에서 일어나 예배하고 떠나갔다.

860. 전업경田業經

이와 같이 나는 들었다.

어느 때 부처님께서는 사위국 기수급고독원에 계셨다.

그때 지나간 석 달 동안의 여름 안거를 마치자 많은 비구들이 식당에 모여 세존을 위해 가사를 깁고 있었다.

그때 장자 이사달다와 부란나 두 형제가 녹경택鹿徑澤에서 농사일을 하다가 많은 비구들이 식당에 모여 세존을 위해 가사를 기우면서 여래께서는 머지않아 이 가사가 완성되면 이 가사를 입고 발우를 가지고 인간 세상을 유행하실 것이라고 말했다는 소식을 들었다. 그는 그 소식을 듣고 나서 어떤 장정〔士夫〕에게 말했다.

"너는 지금 당장 세존께서 계시는 곳으로 나아가 세존의 동정을 살펴보라. 만일 떠나시는 것이 틀림없거든 즉시 와서 내게 말해라."

그 장정은 지시를 받고 어느 한 곳에 이르러 세존께서 나오시는 것을 보고 곧 돌아와 이사달다와 부란나에게 알렸다.

"세존과 여러 대중들이 벌써 오셨습니다."

그러자 이사달다와 부란나는 세존을 맞이하러 나갔다. 세존께서는 멀리서 이사달다와 부란나가 오는 것을 보시고, 곧 길 가로 나와 니사단尼師壇을 펴고 몸을 바로하고 단정한 자세로 앉으셨다.

이사달다와 부란나는 부처님의 발에 머리를 조아리고 한쪽에 물러앉아 부처님께 아뢰었다.

"세존이시여, 저희들은 지금 온몸의 맥이 풀리고 천지가 아득하여 전에 들어 기억하고 있던 일들을 지금 다 잊어버리고 말았습니다. 어느 때에나 다시 세존과 여러 친한 비구들을 뵙게 되겠습니까? 세존께서 지금 이곳을 떠나시면 구살라국拘薩羅國으로 가실 것이요, 구살라국에서는 가시국伽尸國으로 가실 것이며, 가시국으로부터 마라국摩羅

國으로 가실 것이요, 마라국에서는 다시 마갈타국摩竭陀國으로 가실 것이며, 마갈타국으로부터는 앙가국殃伽國으로 가실 것이요, 앙가국에서는 수마국修摩國으로 가실 것이며, 수마국으로부터는 분다라국分陀羅國으로 가실 것이요, 분다라국에서는 가릉가국迦陵伽國으로 가실 것이옵니다. 그런 까닭에 저희들은 지금 몹시 걱정하고 있습니다. 언제나 다시 세존과 여러 친한 비구들을 뵈올 수 있겠습니까?"

부처님께서 이사달다와 부란나에게 말씀하셨다.

"너희들은 여래를 보거나 혹 보지 못하거나, 여러 친한 비구들을 보거나 혹 보지 못하거나 간에 상관하지 말고 너희들은 단지 수시로 여섯 가지 기억하는 법을 닦고 익혀라. 어떤 것이 그 여섯 가지인가? 너희들은 마땅히 여래에 대한 일을 기억하고……이 사이의 자세한 내용은 위의 소경에서 설한 것과 같다.……하늘들을 기억하라. 그러나 장자들이여, 세속에 있으면 시끄럽고 혼란스러우며, 또 세속에 있으면 물들고 집착하게 되겠지만 출가하게 되면 텅 비어 한가로울 것이다. 그러나 속인의 처지로는 집 없이 산다 하더라도 한결같이 깨끗하고 순수하며 원만하고 청정하여 범행이 청백하기는 어려울 것이니라."

장자들이 부처님께 아뢰었다.

"기묘한 일입니다. 세존이시여, '세속에 있으면 시끄럽고 혼란스러우며, 또 세속에 있으면 물들고 집착하게 되겠지만 출가하게 되면 텅 비어 한가로울 것이다. 그러나 속인의 처지로는 집 없이 산다 하더라도, 한결같이 깨끗하고 순수하며 원만하고 청정하여 범행이 청백하기는 어려울 것이다'라는 이 법을 잘 말씀해 주셨습니다.

저희들은 바사닉왕波斯匿王의 대신이옵니다. 바사닉왕이 공원에 들어가실 때에는 저희들로 하여금 큰 코끼리를 타게 하고 왕이 제일 사랑하는 궁녀들을 태우는데 한 여자는 우리 앞에 타게 하고 한 여자는 우리 뒤에 타게 하고는 우리를 그 가운데 앉게 하십니다. 그리하여 코끼리가 비탈길을 내려올 때엔 앞에 있는 여자는 우리의 목을 끌어안고 뒤에 있는 여자는 우리의 등을 붙잡습니다. 또 반대로 코끼리가 비탈길을 올라갈 때에는 뒤에 있는 여자는 우리의 목을 끌어안고 앞에 있는 여자는 우리의 옷자락을 붙잡습니다.

그리고 저 여러 채녀婇女들은 왕을 즐겁게 하기 위해 비단옷을 입고 온갖 묘한 향香을 바르며 영락瓔珞으로 장엄하고는 우리와 더불어 함께 놀았지만 항상 세 가지 일을 조심하곤 하였습니다. 첫째는 코끼리를 몰되 바른 길을 잃을까 두려워하는 것이고, 둘째는 제 자신의 마음을 단속하여 물들어 집착할까 두려워하는 것이며, 셋째는 제 자신의 몸을 단속하여 거기 넘어지고 떨어질까 두려워하는 것이었습니다. 세존이시여, 저희들은 그때 왕의 채녀들에 대해 잠깐이라도 바른 사유를 하지 않은 적이 없었습니다."

부처님께서 장자들에게 말씀하셨다.

"훌륭하고 훌륭하구나, 스스로의 마음을 잘 단속하였구나."

장자들이 부처님께 아뢰었다.

"저희들 집에 소유하고 있는 모든 재물을 늘 세존과 모든 비구·비구니·우바새·우바이들과 함께 같이 쓰겠사오며 내 것이라고 생각하지 않겠습니다."

부처님께서 장자들에게 말씀하셨다.

"훌륭하고 훌륭하구나. 너희들은 이 구살라국에서 돈과 재물로는 대단한 부자라서 너희들과 견줄 이가 없거늘 저 많은 재물에 대하여 내 것이라고 생각하지 않는구나."

그때 세존께서 그 장자들을 위해 여러 가지로 설법하여 가르쳐 보이시고 기쁘게 해 주셨고, 가르쳐 보이시고 기쁘게 해 주신 뒤에 자리에서 일어나 떠나가셨다.

월운스님

경기도 장단에서 태어나 한학을 수학하고,
남해 화방사에서 당대의 대강백 운허스님을
은사로 출가하였다.
통도사와 해인사 강원을 졸업하고 강사가 되었으며,
동국역경원 역경위원을 거쳐 동국역경원 원장으로 있다.
중앙승가대학 교수와 제25교구 본사 봉선사 주지를 역임하였고,
현재 조실로 있으면서 능엄학림과 불경서당을 통해
후학 양성에 매진하고 있다.
저서로는 『삼화행도집』·『일용의식수문기』·『금강경강화』·
『원각경강화』·『대승기신론강화』·『구름처럼 달처럼』 등이 있고,
번역서로는 『전등록』·『조당집』·『선문염송』을 비롯한
80여 종의 책이 있다.

잡아함경 3

2006년 11월 10일 개정판 1쇄 발행
2010년 3월 15일 개정판 2쇄 발행

지 은 이 김월운
발 행 인 박인성
발 행 처 동국대학교 부설
동국역경원
등 록 1964. 10. 제2-159호

서울특별시 중구 필동 3가 26
전 화 (02) 2260-3891~3
팩 스 (02) 2267-8578
홈페이지 www.tripitaka.or.kr

ISBN 89-5590-432-0
ISBN 89-5590-429-0(전5권)

값 20,000원